电动汽车充换电设施
运维人员培训教材

中国电力企业联合会标准化管理中心
能源行业电动汽车充电设施标准化技术委员会
主编

中国电力出版社
CHINA ELECTRIC POWER PRESS

内 容 提 要

为提高充换电设施的安装调试、运行维护、检修等方面相关专业人员的素质、知识储备和实际操作水平，中国电力企业联合会标准化管理中心特组织行业相关企业联合编制本教材。本书全面讲述了充换电设施的规划选址、施工、调试验收等基础知识，共计 11 个章节。

本书为电动汽车充换电设施运维人员的专业知识用书，也可供所有关心新能源电动汽车充换电事业的读者阅读参考。

图书在版编目（CIP）数据

电动汽车充换电设施运维人员培训教材 / 中国电力企业联合会标准化管理中心，能源行业电动汽车充电设施标准化技术委员会主编. —北京：中国电力出版社，2021.6（2023.5重印）

ISBN 978-7-5198-5498-0

Ⅰ. ①电… Ⅱ. ①中…②能… Ⅲ. ①电动汽车－充电－基础设施建设－运营管理－中国－技术培训－教材 Ⅳ. ① U469.72 ② TM910.6

中国版本图书馆 CIP 数据核字（2021）第 052476 号

出版发行：中国电力出版社
地　　址：北京市东城区北京站西街 19 号（邮政编码 100005）
网　　址：http://www.cepp.sgcc.com.cn
责任编辑：姜　萍（010-63412368）　李耀阳　代　旭
责任校对：黄　蓓　常燕昆
装帧设计：张俊霞
责任印制：吴　迪

印　　刷：北京瑞禾彩色印刷有限公司
版　　次：2021 年 6 月第一版
印　　次：2023 年 5 月北京第二次印刷
开　　本：787 毫米 ×1092 毫米　16 开本
印　　张：28
字　　数：480 千字
印　　数：1501—2500 册
定　　价：138.00 元

《电动汽车充换电设施运维人员培训教材》编委会

主　　编　王志轩

常务副主编　刘永东

编委（按编撰章节排序）

中国电力企业联合会	周丽波　刘博文　马小琨
北京新能源汽车股份有限公司	贾贝贝　黄志诚
中国电力科学研究院有限公司	李涛永　张元星　黄晓华
深圳职业技术学院	苗　狄
陕西电力科学研究院	锁　军　张志华　张钰声
上海电器科学研究院	刘　耿　尧车海
国网电力科学研究院	桑　林　李旭玲　张　萱
普大新能源有限公司	傅　晶
深圳市计量质量检测研究院	张　梅
万帮数字能源股份有限公司	辛　宝　刘　正　李　铮
特来电新能源股份有限公司	王　冰　高　黔　王士涛
蔚来汽车有限公司	马　骏
国网电动汽车服务有限公司	吴尚洁　白　鸥
南方电网电动汽车服务有限公司	黄　焘　张灿雄
南方电网数字电网研究院有限公司	朱贤文
中国质量认证中心	罗　亮　张　枫
许昌开普检测研究院股份有限公司	陈　卓

前 言

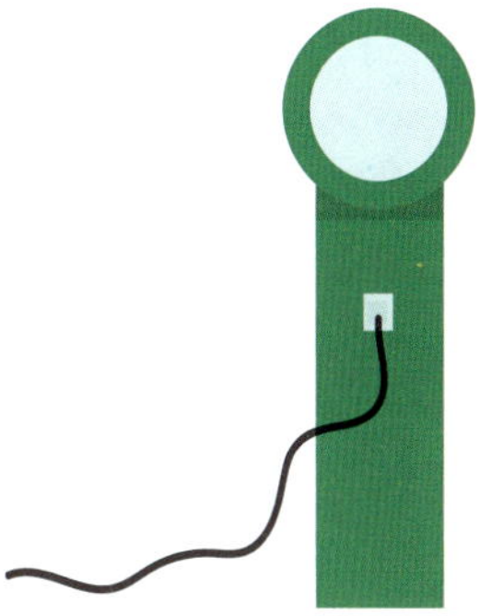

《电动汽车充换电设施运维人员培训教材》(以下简称《培训教材》)是由中国电力企业联合会标准化管理中心组织行业相关企业联合编制的，是面向电动汽车充换电设施运维人员的专业知识用书，于2021年首次出版。

从2009年“十城千辆”新能源汽车示范推广开始，在国家的大力支持下，我国的新能源汽车和充换电设施进入了发展快车道，截至2020年12月，全国充电基础设施累计数量为168.1万台，其中公共类充电桩80.7万台。随着产业快速发展，大量从业人员进入充电设施领域，但他们缺乏相应的专业知识。作为充电设施领域的第一本岗位培训教材，《培训教材》涵盖了规划选址、施工调试验收、运维检修、故障处理全生命周期中充换电设施运维人员所需的基础知识。《培训教材》共计11章，分别是电动汽车基础知识、充换电设施基础知识、电工基本知识、供配电基础知识、充换电设施、充电通信与漫游、充换电站设计及选址、充电设施施工、充电设施调试验收、充电设施运维及检修、充电设施故障及应急处理。同时，《培训教材》附录中给出了充电设施标准体系。

我们真诚地希望，《培训教材》能够成为帮助充换电设施运维人员和所有关心新能源汽车充换电事业的读者增长知识、提升技能的一部系统性、实用性文献。

由于编者水平有限，书中难免存在不足之处，欢迎读者批评指正。

编委会

2020年11月

目 录

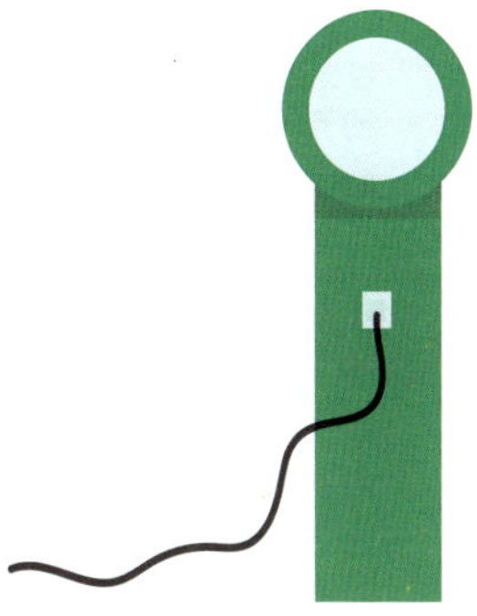

第一章

电动汽车基础知识

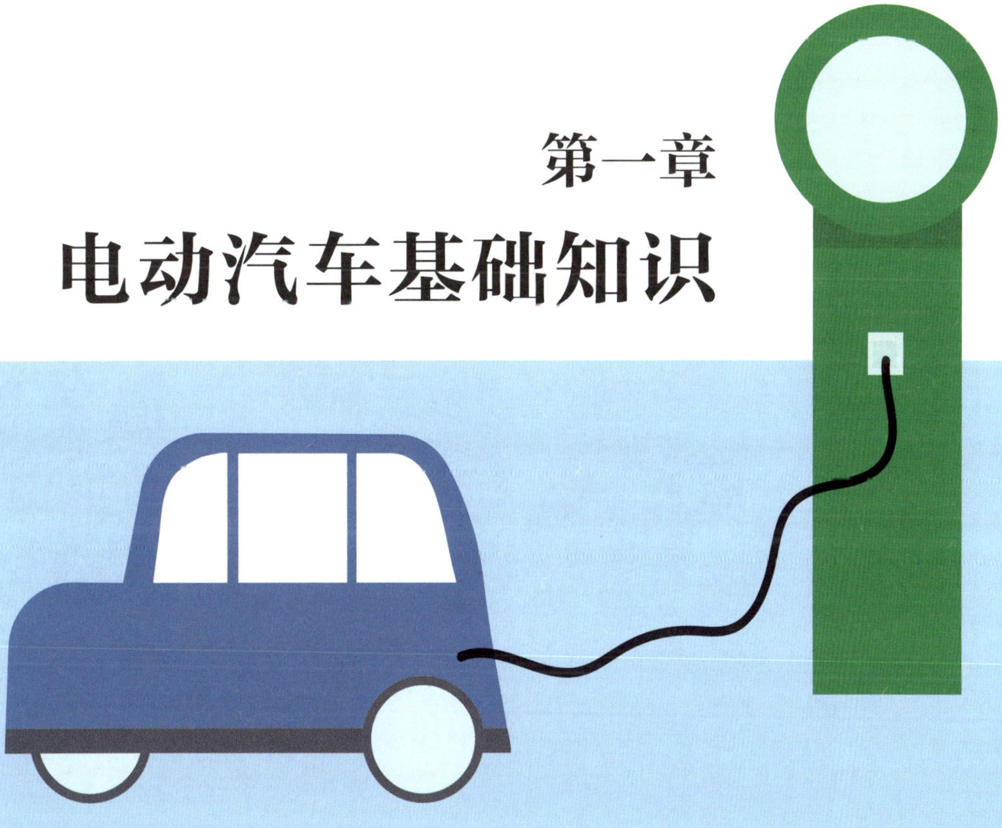

第一节 电动汽车概念及类型

电动汽车是指以车载电源为动力源，全部或部分由电动机驱动，符合道路交通安全法规的汽车。早在1873年，英国人罗伯特·戴维森就制造了世界上第一辆具有实用价值的电动汽车，如图1-1所示。1892年，美国人也制造出了电动汽车并在芝加哥展出。但是，早期电动汽车所用的蓄电池笨重，能量低，充电时间长，使用时间短。进入20世纪以后，由于内燃机技术的不断进步，1908年美国福特汽车公司T型车问世，之后以流水线生产方式大规模批量制造汽油机汽车，电动汽车逐步被内燃机汽车所取代。

图1-1 世界上早期的电动汽车

20世纪70年代后，由于新技术发展的推动，尤其是电池技术的进步和政府对汽车排放提出越来越苛刻的要求，标致、福特、戴姆勒克莱斯勒、丰田、本田等各大汽车公司投入了大量的人力、物力和财力开发电动汽车，不断推出自己的新产品。自1980年开始，我国开始掀起电动汽车的研究高潮，电动汽车被国家列为“八五”“九五”科技攻关项目。国内一些科研院所和生产企业，如一汽、长安、上汽、北汽等相继开始研究电动汽车，并取得了一些成果。经过不懈的努力，中国汽车研发呈现较好的发展局面，各大汽车厂商积极投入人力、物力研发电动汽车，取得了较好的成绩，据公安部统计，截至 2019 年年底，全国新能源汽车保有量达 381 万辆，占汽车总量的 1.46%。

GB/T 19596 —2017《电动汽车术语》中规定电动汽车包括纯电动汽车、混合动力汽车及燃料电池汽车，其中混合动力汽车包括插电式混合动力汽车、非插电式混合动力汽车和增程式混合动力汽车。《新能源汽车产业发展规划（2021—2035 年）》中指出新能源汽车包括纯电动汽车、插电式混合动力（含增程式）汽车和燃料电池汽车，政府及学术界所指新能源汽车一般采用该概念。为便于读者理解，本文采用 GB/T 19596 —2017《电动汽车术语》概念，即电动汽车包括纯电动汽车、混合动力汽车及燃料电池汽车，见图 1-2。根据国家发展战略，我国坚持以纯电动汽车为主的发展战略，在此基础上发展混合动力汽车和燃料电池汽车。

汽车领域常用缩略语：

EV：electric vehicle，电动汽车。

BEV：battery electric vehicle，纯电动汽车。

PHEV：plug-in hybrid electric vehicle，插电式混合动力汽车。

FCEV：fuel cell electric vehicle，燃料电池汽车。

REEV：range-extended electric vehicle，增程式电动汽车。

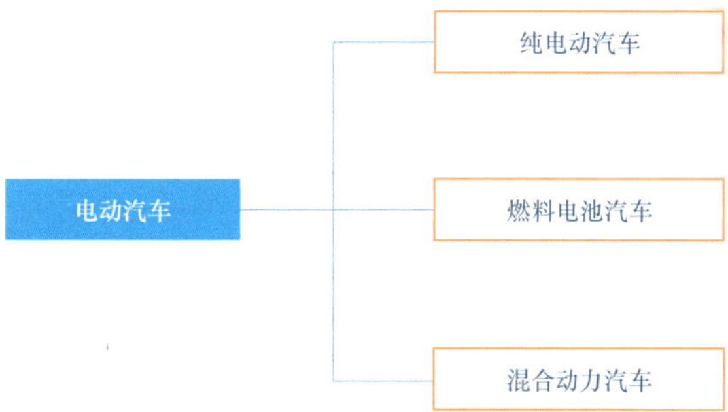

图 1-2　电动汽车的一般分类

纯电动汽车是指以车载电源为唯一动力源，用电动机驱动车轮行驶，符合道路交通、安全法规各项要求的车辆，一般采用高效率充电蓄电池为动力源，包括锂离子动力蓄电池、金属氢化物 / 镍动力蓄电池等。纯电动汽车不需要用内燃机，也不用复杂的变速器，结构比较简单，见图 1-3。因此，纯电动汽车的电动机相当于传统汽车的发动机，蓄电池相当于原来的油箱。

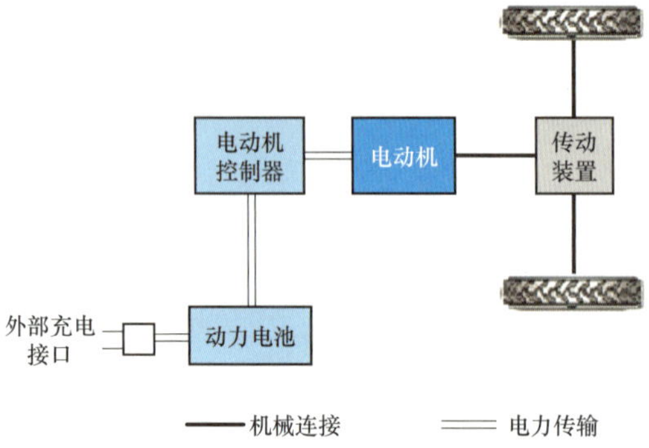

图 1-3　纯电动动力系统

混合动力电动汽车是指同时装备两种动力源，即热动力源（由传统的汽油机或者柴油机产生）与电动力源（电池与电动机）的汽车，也有的发动机经过改造使用其他替代燃料，如压缩天然气、丙烷和乙醇燃料等。按动力传输路径分类，即驱动系统中内燃机动力与电池动力的连接关系，混合动力汽车可分为串联式、并联式及混联式。按照是否可外接电源进行外部充电分类，混合动力汽车分为传统混合动力汽车和插电式混合动力汽车。

插电式串联混合动力汽车，也称为增程式电动汽车，相当于对纯电动汽车增加一套增程装置（一般由内燃机和发电机构成），可以自行补充电能，其混合动力系统的结构如图 1-4 所示，主要由一个电动机、一套增程装置、传动装置、电动机控制器、动力蓄电池组和外部充电接口等几个部件组成。该混合动力系统结构的主要特点是：电动机是车辆的唯一驱动力，电动机控制器将动力蓄电池组储存的电能和内燃机带动发电机发电产生的电能以电耦合方式实现动力耦合，最终通过

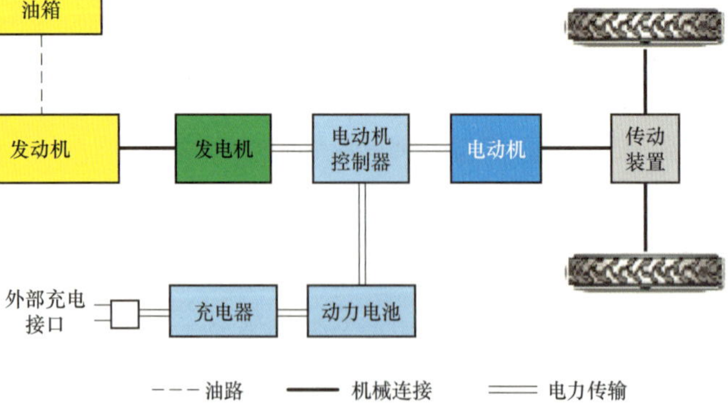

图 1-4　增程式电动汽车混合动力系统

驱动电动机驱动车辆行驶。

插电式并联混合动力系统是由两个或多个独立的驱动系统的联合，且每个驱动系统至少与一个车载能源连接。按驱动系统联合方式的不同，并联混合动力系统可分为单轴并联式、双轴并联式和单个驱动系统联合式三类。

典型的插电式双轴并联混合动力系统的结构如图 1-5 所示，主要由电动机、内燃机、动力耦合机构、传动装置、电动机控制器、动力蓄电池组和外部充电接口等部件组成。该混合动力系统结构的主要特点是具有两个相对独立的驱动系统，即内燃机驱动系统和电动机驱动系统，两个驱动系统既可以各自单独工作来驱动车轮，也可以联合驱动，以机械方式实现动力耦合。

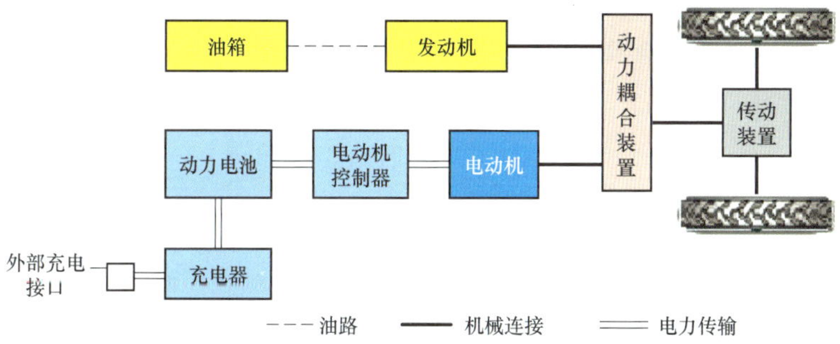

图 1-5　插电式电动汽车混合动力系统

燃料电池汽车是指采用燃料电池作为电源的电动汽车，典型动力系统见图 1-6。

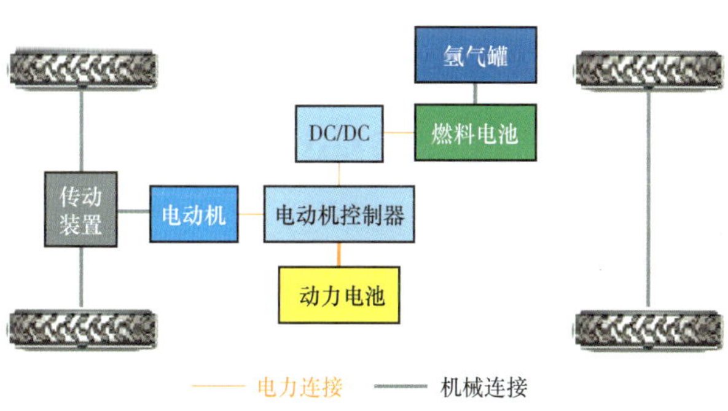

图 1-6　典型燃料电池汽车动力系统

国内燃料电池汽车主要是专用车和客车，主要有飞驰汽车、五洲龙汽车、上汽大通、厦门金旅、北汽福田等。国外乘用车方面中主要是丰田 Mirai，据统计，丰田 Mirai 上市以来累计销量超过 2000 辆，此外还有本田 Clarity、现代 ix35 FC 等车型。

在纯电动力技术方面，锂离子动力电池因其体积能量密度相对较高，已逐渐成为动力电池主流技术，但是高比能量动力电池的安全性成为纯电动汽车发展的瓶颈。同时，纯电动汽车还面临着续航里程、整车能耗和充电便利性等问题。纯电动力技术中动力电池将向高比能量、高安全性、长循环寿命方向发展，驱动系统将向集成化、轻量化、高可靠性方向发展。

在混合动力技术方面，存在常规混合动力、插电式混合动力、增程式混合动力等多种技术路线。我国混合动力技术的特色和优势仍然是纯电驱动，但是在混合动力的核心技术，即增程器或发动机技术方面，距离实现内燃机的极限效率，仍有较长的路要走。混合动力技术将成为我国汽车企业满足未来低油耗要求的主要技术方案，全新整车平台向着多动力兼容、混合动力专用、高度集成等全方面发展，多动力源转矩管理技术、能量管理及智能控制技术以及多热源全工况热管理技术等提升混合动力性能的相关技术将获得长足发展。

在燃料电池技术方面，氢燃料电池汽车的发展相比于纯电动汽车产业晚了十年左右。但我国燃料电池商业化进程已经取得一定成果，已在商用车、专用车领域及某些区域实现示范推广。技术方面面临的挑战包括燃料电池发动机层面的膜电极性能低、使用寿命短，空气压缩机转速低、效率低，氢能层面的制氢效率、车载储氢技术的能量密度仍然不高等。未来随着国家推出相关产业支持政策，燃料电池汽车及整个产业链成本将进一步降低，产业链上各个环节的零部件国产化率将进一步提升，燃料电池有望成为一种清洁能源形式。

第二节　电动汽车原理

截至2020年年底，我国纯电动汽车保有量400万辆，占新能源汽车80%以上。电动汽车与传统燃油车的主要差别在于整车电控系统、驱动系统和动力电池系统，即三电系统。三电系统也是纯电动汽车主要特征，因此本书主要以纯电动汽车为例。

一、纯电动汽车一般结构

纯电动汽车是完全由可充电动力蓄电池（如镍镉电池、镍氢电池或锂离子电池）提供动力源。一般来讲，传统内燃机汽车主要由发动机、底盘、车身、电气设备四大部分组成。纯电动汽车与传统汽车相比，取消了发动机，传动机构也发生了改变，根据驱动方式不同，部分部件已经简化或者取消，增加了高压电系统和驱动电动机等新机构。纯电动汽车改由新的四大部分组成：电动驱动及控制系统、底盘、车身、辅助系统，如图 1-7 所示，结构比较简单。

图 1-7　纯电动汽车典型结构

（一）车身

车身指的是车辆用来载人装货的部分，也指车辆整体。车身包括车窗、车门、驾驶舱、乘客舱、发动机舱和行李舱等。车身结构形式分单厢、两厢和三厢等类型。车身造型结构是车辆的形体语言，其设计好坏将直接影响车辆的性能。流线型设计、铝制车身以及碳纤维材料应用成为节能车身的主要技术。

（二）底盘

底盘是指汽车上由传动系、行驶系、转向系和制动系四部分组成的组合，支承、安装汽车电动机及其各部件、总成，形成汽车的整体造型，承受整车重力，保证正常行驶。底盘的好坏将影响整车的舒适性、安全性与操控性。纯电动汽车底盘根据实际的不同类型有很大变动，总体上朝着轻便、简化的方向发展。

（三）电动驱动及控制系统

电动驱动及控制系统决定了整个电动汽车的结构组成及性能特征，是电动汽车的核心，也是区别于内燃机汽车的最大不同点。一般地，电力驱动及控制系统由车载电源模块和电力驱动主模块构成，如图 1-8 所示，主要功用是将存储在蓄电池中的电能高效地转化为车轮的动能进而推进汽车行驶，并能够在汽车减速制动或者下坡时，实现再生制动。

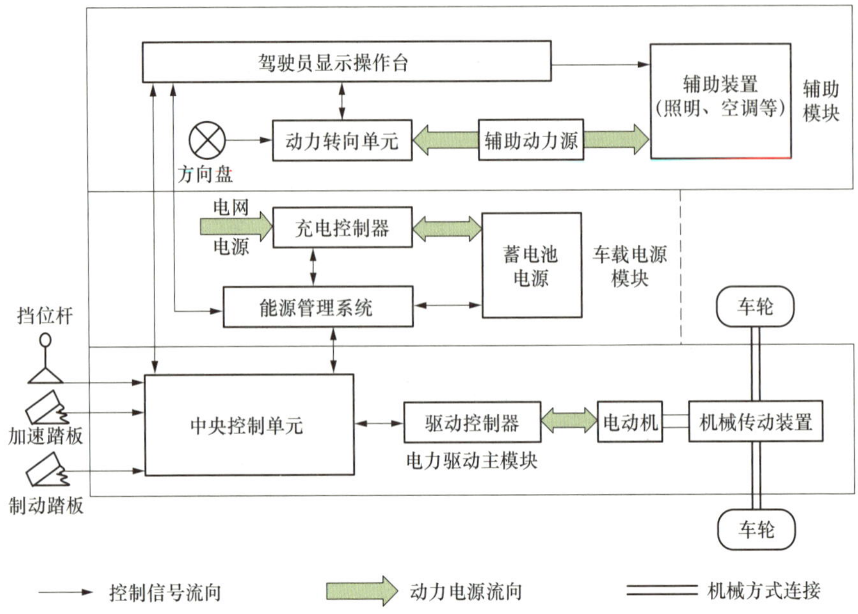

图 1-8　纯电动汽车电力驱动及控制系统

1. 电力驱动主模块

电力驱动主模块由中央控制单元、驱动控制器、电动机和机械传动装置等构成。电力驱动主模块控制动力电池输出电能，通过电动机控制器驱动电动机运转产生动力，再通过减速机构，将动力传给驱动车轮，使电动汽车行驶。其主要功能是将存储在动力电池系统中的电能高效地转化为车轮的动能，并能够在汽车减速制动时，将车轮的动能转化为电能充入动力电池组。集成化和模块化是驱动系统发展的方向，有利于减小驱动总成体积，降低质量，提升驱动功率密度。

中央控制单元对电动汽车的控制起协调作用。根据来自加速踏板、制动踏板、挡位操作杆等的外部信号，通过控制驱动控制器来调节电动机输出的转矩或转速，电动机输出的转矩通过汽车传动系统驱动车轮转动。当电动汽车加速或下坡滑行时，电动机运行在发电状态，配合车载电源模块的能量管理系统将汽车的部分动能回馈给蓄电池以对其充电，并延长电动汽车的续驶里程；配合辅助模块将电动汽车实时参数送至驾驶室操作台，方便驾驶员了解汽车状态。

驱动控制器，也称电动机控制器。按照中央控制单元的指令和电动机的速度、电流反馈信号，对电动机速度、驱动转矩和旋转方向进行控制。驱动控制器与电动机必须配套使用。

电动机，也称驱动电动机。在电动汽车中具有电动和发电双重功能，即正常行驶过程中作为驱动电动机，将电能转换为机械能；在减速和滑行过程中用作发电机，将机械能转换为电能。电动机与驱动控制器构成的驱动控制系统是电动汽车中最为关键的部件，直接影响电动汽车的各项功能指标。

机械传动装置包括减速器、传动轴、差速器及半轴等部分，将电动机的驱动转矩传输给汽车的驱动轴，带动汽车车轮行驶。

国内主流汽车厂家研发量产了多合一驱动系统，一般包括驱动电动机、电动机控制器和减速器三合一驱动系统。国外主要供应商博世、博格华纳、采埃孚等国际零部件巨头则推行将电动机、电控、减速器及功率电子模块等部件，与传统车桥相结合，形成一个高度集成化的电驱动桥产品。

2. 车载电源模块

车载电源模块包括蓄电池电源、能源管理系统和充电控制器三部分。

蓄电池电源，即动力电池，也称动力蓄电池。蓄电池作为纯电动汽车的唯一能源，除了供给汽车驱动行驶所需电能外，还必须供应汽车上各种辅助装置的工作电能。常用的纯电动汽车蓄电池电源有铅酸电池、镍铬电池、镍氢电池、锂离子电池等，主要以锂离子蓄电池为主（包括磷酸铁锂离子蓄电池、三元锂离子蓄电池等）。

能源管理系统，即电池管理系统（BMS，battery management system）能源管理系统的主要功能是在汽车行驶过程中进行合理的能源分配，协调各功能部分工作的能量管理，对动力电池组单体进行实时监控、检测电池使用情况以及控制充电机向电池组充电。能源管理系统与电力驱动主模块的中央控制单元配合控制发电回馈。

能源管理系统实时监控动力电池的使用情况，对动力电池的端电压、内阻、温度、蓄电池电解液浓度、电池剩余电量、放电时间、放电电流或放电深度等动力蓄电池状态参数进行检测，并按动力电池对环境温度的要求进行调温控制，通过限流控制避免动力蓄电池过充电、过放电，对有关故障进行显示和报警，其信号流向辅助系统，并在组合仪表上显示相关信息，以便驾驶员随时掌握车辆信息。

充电控制器，也称车载充电机，是把电网供电制式转换为对动力电池充电要求的制式，即把交流电（220V 或 380V）转换为相应电压（240~410V）的直流电，并按要求控制其充电电流，一般由控制电路和功率电路组成。

（四）辅助系统

辅助系统包括辅助动力源、驾驶室显示操作台、导航系统、刮水器、收音机，以及照明和除霜装置等各种辅助设备。这些辅助设备可提高汽车的操纵性和舒适性。

辅助动力源一般为12V或24V的直流低压电源，它主要给制动力调节控制、照明、空调、电动车窗等各种辅助用电装置提供所需的能源。

驾驶室显示操作台，相当于传统驾驶室仪表盘。

其他辅助装置主要由空调系统、各种声光信号装置、车载音响装置、电动门窗、电动座椅调节器、车身安全防护装置等构成，其主要目的是提升汽车操纵性、舒适性、安全性。

二、电动汽车电气原理

纯电动汽车电气系统包括高压电气系统和低压电气系统，高、低压系统电气原理图见图1-9。

低压电气系统的12V电源主要由蓄电池供给，由DC/DC变换器将高压转换成12V供给。低压系统主要包括点火开关、整车控制系统、灯光系统、信号系统、检测系统、车身附件及其他控制系统。低压线束则可以看作电气系统的“神经网络”和“毛细血管”，除了实现传统燃油汽车线束的功能之外，还负责实现强电控制单元模块功能。

（1）点火开关：具有多重开关功能。一是控制低压电气系统电压通断，一般包括检测系统、电调座椅、音响系统、雨刮喷水系统、点烟器、座椅加热、电动天窗等。二是通过控制低压继电器，连接高压模块，使电动汽车高压接通或断开，为车辆行驶提供电能，该功能要求必须踩下制动踏板才能接通高压，使车辆转换到“可行驶模式”。

（2）整车控制系统：为纯电动汽车的调度控制中心，负责与车辆其他部件进行通信，协调整车的运行。整车控制系统用来收集驾驶员的需求并反馈响应（如加速、转向等），调整驾驶的平顺性和舒适性，并根据车辆状况（当前高压电池系统和驱动电动机的实际能力）对车辆的输出扭矩进行限制，用来提高汽车的动力性、经济性、安全性和自动驾驶等性能。

（3）灯光系统：包括车内外各种照明灯及保证夜间安全行车所必需的灯光，其中前照明灯最重要。

（4）信号系统：包括电喇叭、蜂鸣器、闪光器及各种信号灯等，主要用来保证安全行车所必要的信号。

（5）检测系统：包括各种检测仪表如电压表、电流表、水温表、电池容量表、车速里程表、转速表和各种报警灯，用来监测电动机、电池和其他装置的工作情况。

（6）车身附件及其他：包括雨刮喷水系统、低温启动预热装置、音响系统、点烟器、防盗装置、玻璃升降器、座椅调节器、电动天窗等。车身附件有日益增多的趋势，主要向舒适、娱乐、保障安全方面发展。

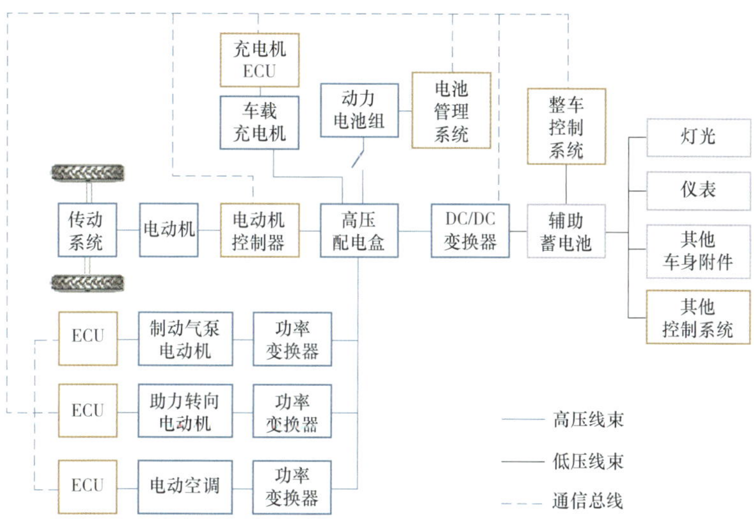

图 1-9　纯电动汽车高、低压电气系统结构原理

注：ECU 代表各零部件电子控制单元；橙色框内为控制系统组成部分。

高压电气系统主要功用是根据车辆行驶的功率需求完成从动力电池到驱动电动机的能量变换与传输。在传统的燃油汽车中，电动助力转向系统、制动系统等主要由低压电气系统供电；而在电动汽车中，为了节约能源，对于功率较大的子系统，如制动气泵电动机、电动助力转向系统和电动空调等一般采用高压供电。

第三节　电动汽车高压系统介绍

在电动汽车中，根据最大工作电压，一般将电气元件或电路分为两个电压等级，即 A 级和 B 级，见表 1-1。其中 B 级电压的电路系统称为高压系统。

表 1–1　　电压等级

电压等级	最大工作电压（V）	
	直流	交流
A	$0<U\leqslant 60$	$0<U\leqslant 30$
B	$60<U\leqslant 1500$	$30<U\leqslant 1000$

注　交流电压采用有效值。

对于 B 级电压的车载可充电存储系统 REESS 和燃料电池堆，应标记高压符号⚠，符号的底色为黄色，边框和箭头为黑色。高压电系统的电缆和线束的外皮及插接件一般为橘黄色醒目标识，以防止触电。

在纯电动汽车上，带有高压电的零部件包括动力电池系统、驱动电动机系统、高压配电盒、DC/DC 变换器、充电系统、空调系统、高压线束等，见图 1-10，这些部件组成了整车的高压系统，其中动力电池、驱动电动机、高压控制系统为纯电动汽车上的三大核心部件。

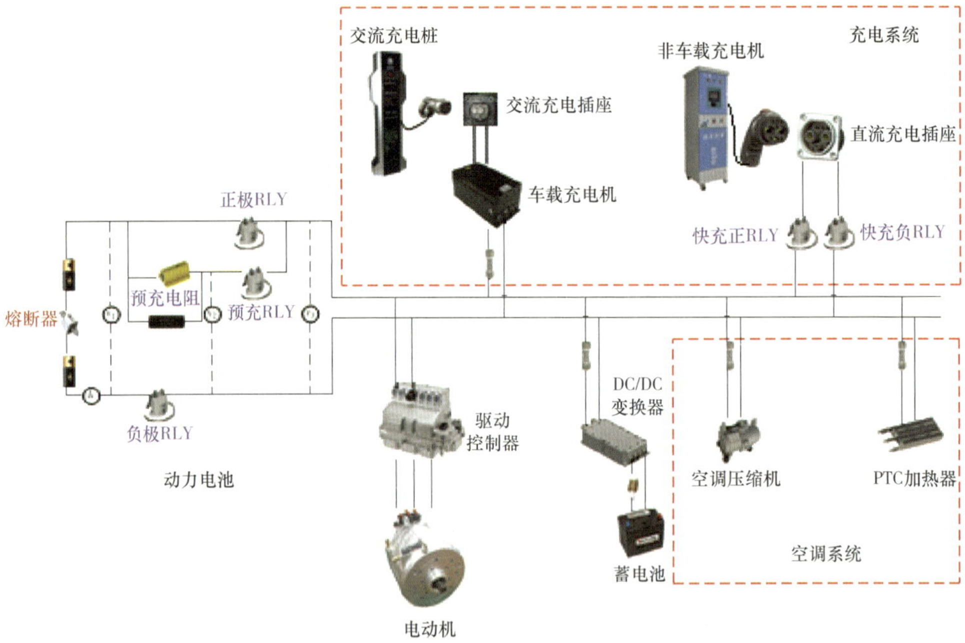

图 1–10　电动汽车的高压系统构成

RLY—继电器；PTC 加热器—热敏电阻加热器

一、动力电池系统

传统的燃油车能量来自发动机，而纯电动汽车的整车动力来源是动力电池。

动力电池系统一般安装汽车底盘上，如图 1-11 所示，动力电池的电压一般为 100～400V 的高压，其输出电流能够达到 300A，未来向 800V 等高电压发展。动力电池容量的大小直接影响整车的续航里程，同时也直接影响充电时间与充电效率。受技术的影响，绝大部分纯电动汽车均采用锂离子动力电池。

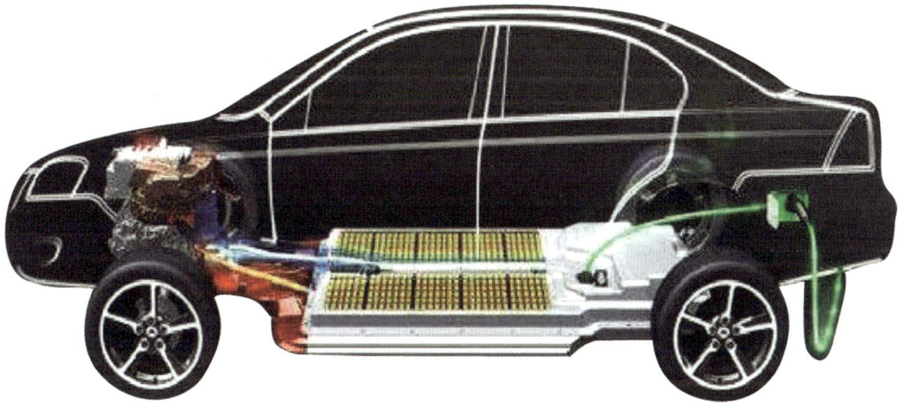

图 1-11　纯电动汽车动力电池系统安装位置

纯电动汽车动力电池系统（电池包）一般由以下几个部分构成：动力电池模组、壳体结构、电气系统、热管理系统、电池管理系统，见图 1-12。

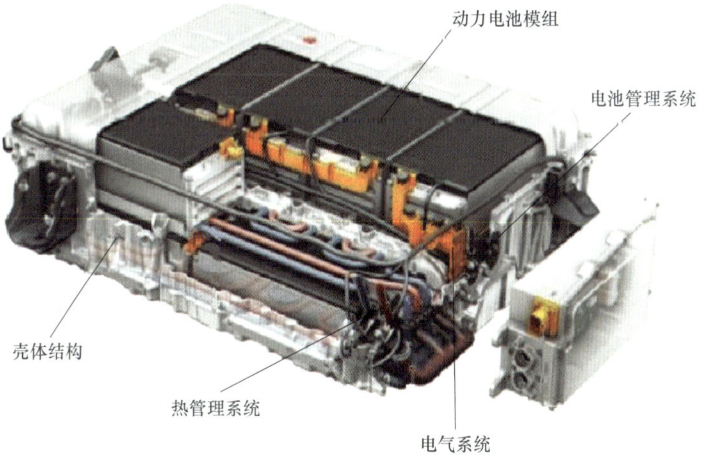

图 1-12　典型的电池包结构

电池单体也叫电芯，按一定规则组成模组，封装进电池壳体内，再布置电气系统、热管理系统等形成电池包系统。国内常用的电芯为方形和软包，国际上 Tesla 公司是以用 18650 圆柱形电池为主。常用动力电池包括镍氢电池和锂离子电池两大类，见表 1-2。

电池包壳体结构的一般采用轻质高强度材料，用来保护电池包免受路面上的各种干扰。通过将高电压回路设置在电池包中央，并用液体管路或冷风管把电池包内部包围起来的构造形成缓冲区来保护电池单体和高压回路，同时提供热管理。

电池管理系统是一套保护动力电池使用安全的控制系统，时刻监控电池的使用状态，通过必要措施缓解电池组的不一致性，为新能源车辆的使用安全提供保障。电池管理系统与整车控制器和充电机通信，通过 CAN 总线与整车控制系统通信，上报电池包状态参数，接收整车控制系统指令，确定功率输出；同时，监控整个电池包的运行状态，保护电池包不受过放电、过热等非正常运行状态的侵害；充电过程中，与充电机交互，管理充电参数，监控充电过程正常完成。

表 1-2　　纯电动汽车常用动力电池类型

类型		电池包能量密度（Wh/kg）	电池单体标称电压（通常情况）（V）	安全性	理论循环使用寿命（次）	商品化程度
镍氢电池		70~100	1.2	好	1000	现使用
锂离子电池	锰酸锂电池	100	3.7	较好	600~1000	已淘汰
	钴酸锂电池	170	3.6	差	300	已淘汰
	磷酸铁锂电池	100~150	3.2	好	1500~3000	现使用
	三元锂电池	120~190	3.8	较差	2500	现使用

二、驱动电动机系统

驱动电动机系统是电动汽车行驶的主要驱动系统，其特性决定了车辆的主要性能指标，直接影响车辆动力性、经济性和用户驾乘感受。

驱动电动机系统由驱动电动机、电动机控制器构成，通过高低压线束、冷却管路与整车其他系统连接，如图 1-13 所示。

整车控制器（VCU，vehicle control unit）根据加速踏板、制动踏板、挡位等信号通过 CAN 网络向电动机控制器发送指令，实时调节驱动电动机的扭矩输出，以实现整车的怠速、加速、能量回收等功能。电动机控制器能对自身温度、电动机的运行温度、转子位置进行实时监测，并把相关信息传递给整车控制器，进而调节水泵和冷却风扇工作，使电动机保持在理想温度下工作。驱动电动机将电能转化为机械能，驱动汽车行驶。国内外电动汽车的传动机构基本都是单级减速器。

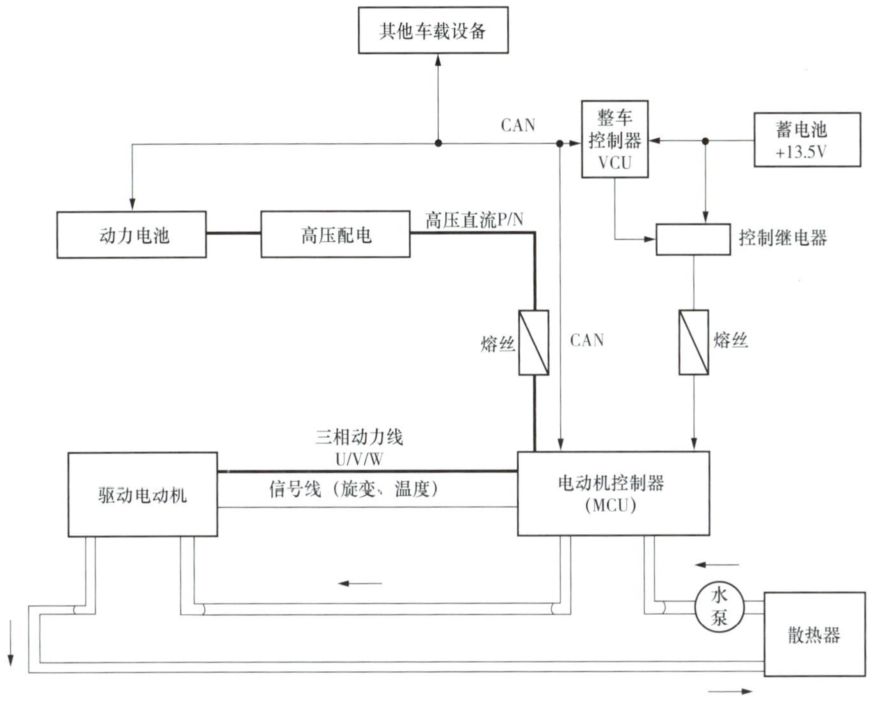

图 1-13　纯电动汽车驱动电动机系统电气原理

常用驱动电动机包括直流电动机、永磁同步电动机、异步电动机和开关磁阻电动机等，这四种电动机的性能比较见表 1-3。永磁同步电动机在纯电动乘用车上应用较广，交流异步感应电动机主要应用于纯电动商用车。永磁同步电动机具有效率高、体积小、可靠性高等特点，能为电动汽车提供最大的动力输出和加速度，这是其广泛应用的主要原因。

开关磁阻电动机作为一种新型电动机，具有结构简单坚固、可靠性高、质量

表 1-3　　四种电动机性能比较

性能及类型	直流电动机	异步电动机	永磁同步电动机	开关磁阻电动机
转速范围（r/min）	4000~6000	12000~20000	4000~10000	>15000
功率密度	低	中	高	较高
质量	重	中	轻	轻
体积	大	中	小	小
可靠性	差	好	一般	好
结构坚固性	差	好	好	好
控制器成本	低	高	高	一般

轻、成本低、效率高、温升低、易于维修等诸多优点，并且具备直流调速系统可控性好的优良特性，可适用于恶劣环境，非常适合作为电动汽车的驱动电动机使用，但其噪声以及振动较大，未来通过技术优化后将在电动汽车领域拥有很好的前景。

驱动电动机控制器（MCU，motor control unit）是驱动电动机系统的控制核心，称为智能功率模块，它以绝缘栅双极型晶体管（IGBT，insulated gate bipolar transistor）为核心，辅以驱动集成电路、主控集成电路构成。电动机控制器将高压直流电转为交流电，响应整车控制器发出的各种指令并反馈，实时调整驱动电动机输出，以实现整车的怠速、前行、倒车、停车、能量回收以及驻坡等功能；电动机控制器另一个重要功能是通信和保护，实时进行状态和故障检测，实现对驱动电动机的有效控制，保护驱动电动机系统和整车安全可靠运行。

早期的电动汽车电驱动系统包括驱动电动机、减速箱、逆变器以及电动机控制器等都是分布在整车的各个地方。同时，驱动电动机还需要三根又长又重的U/V/W（三相接线）高压线连接到逆变器，不仅会造成电磁干扰，生产成本还十分昂贵，且占用大量空间。随着新能源电驱技术的发展，集成化、模块化逐渐成为驱动电动机系统的发展方向。首先，以电动机和减速箱集成的“二合一”电驱动出现，相比普通电驱动系统来说结构更加紧凑，但“二合一”电驱动仍然没有解决电磁干扰问题，且三根高压线仍然存在。因此，电动机、减速箱（单挡或两挡变速箱）和逆变器集成的“三合一”电驱动系统应运而生，“三合一”电驱动的集成化将一个个汽车零部件实现标准化设计和生产，从而实现模块化。“三合一”电驱系统可以搭载在主机厂的不同车型上，以此减少大量的开发成本，未来几年内，“三合一”电驱动总成方案将成为主流。而从长远来看，电动机、减速器、电动机控制器、高压分线盒、DC/DC 变换器、DC/AC 变换器、车载充电机等零部件集成为一个大的动力总成是未来的发展趋势。

国际企业如博世、采埃孚、博格华纳、舍弗勒、麦格纳等为代表的零部件企业，将电动机、减速箱和逆变器与传统车桥相结合，开发形成了“三合一”电驱动产品，使得整个电驱动总成系统具备成本更低、体积更小的优势，博世 eAxle 电驱动桥产品实物见图 1-14。国内零部件企业如大洋电机、精进电动、华域汽车、卧龙电驱，整车企业如北汽新能源汽车、比亚迪汽车、吉利汽车、长安汽车、上汽集团等相继推出了自主的“三合一”电驱动产品，实现了轻量化，并有效增大车内空间，在整车产品上获得成功应用。

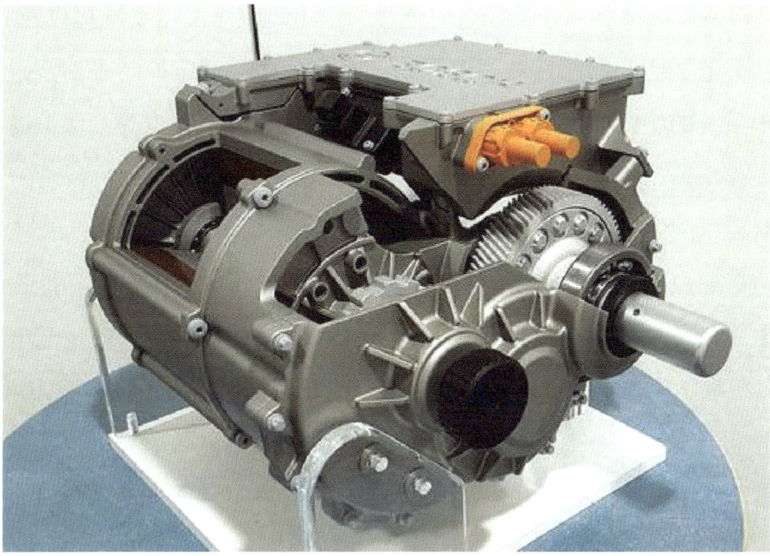

图 1-14　博世 eAxle 电驱动桥产品

博世集团将电动机、电动机控制器、变速箱和包括逆变器在内的功率电子模块集成化设计。据了解，该产品平台可设计 50~300kW 等不同的变型产品。

三、高压配电盒

高压配电盒（PDU，power distribution unit）是整车高压电路的一个电源分配的装置，是电动汽车高压系统解决方案中的高压电源分配单元。它由很多高压继电器和高压熔丝组成，它内部还有相关的芯片，以便同相关模块实现信号通信，确保整车高压用电安全。其实物图如图 1-15 所示。

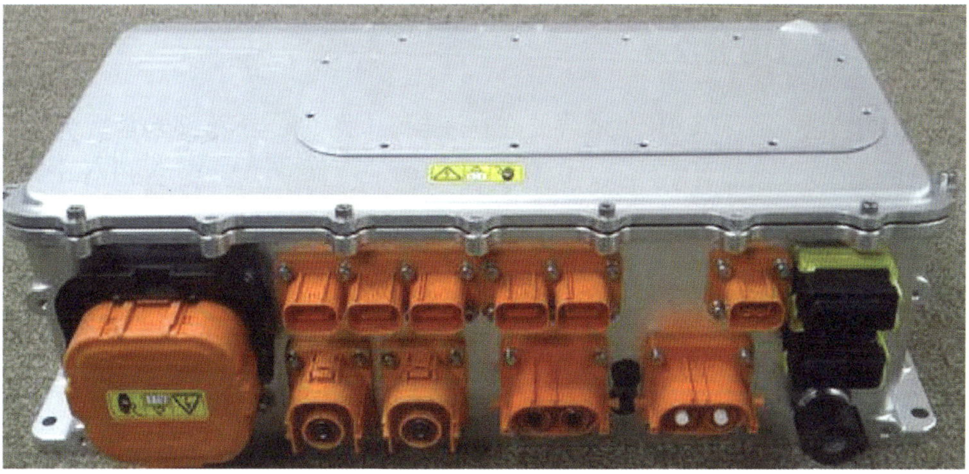

图 1-15　高压配电盒实物图

通过母排及线束将高压元器件电连接，为电动汽车高压系统提供充放电控制、高压部件上电控制、电路过载短路保护、高压采样、低压控制等功能，随时检测整个高压系统的绝缘故障、断路故障、接地故障及高压故障等，保护高压系统的运行。

新型高压配电盒能够集成电池管理系统主控单元、充电模块、DC/DC 变换器模块、PTC 加热器控制模块等，与传统高压配电盒相比多了整车功能模块，功能上更加集成化，结构上更复杂，具有水冷或风冷等散热结构。高压配电盒配置灵活，可以根据客户要求进行定制开发，能够满足不同客户、不同车型需求。

在电动汽车上，与高压配电盒相连接的高压部件包括动力电池、电动机控制器、变频器、逆变器、电动空调、电动除霜系统、充电系统等，如图 1-16 所示。

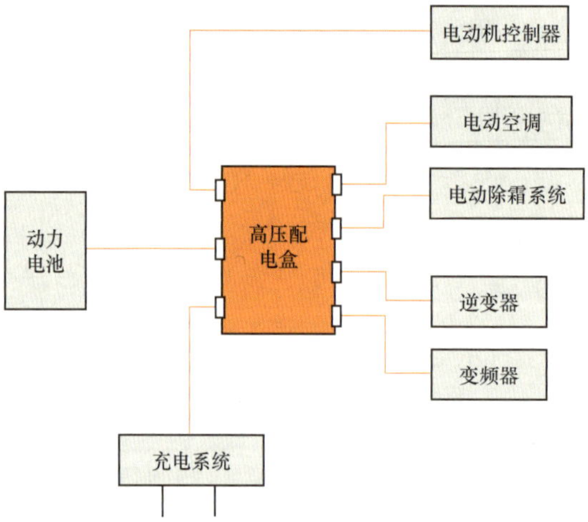

图 1-16　高压配电盒连接高压系统

四、DC/DC 变换器

在电动汽车上，DC/DC 变换器是在直流电路中将一种电压值的电能转换为另一种电压值的电能的装置，即电压转换器，如图 1-17 所示，它在电动汽车中起着能量转换和传递的作用。电动汽车用电的主要来源是动力电池和蓄电池，DC/DC 变换器一般用于动力电池向低压系统供电。由于整车用电器的额定电压是低压，因此需要 DC/DC 变换器来将高压直流电转为低压直流电，这样才能够保持整车用电平衡。DC/DC 变换器的重要作用是为动力转向系统、空调以及其他辅助设备提供所需的电力。DC/DC 变换器先将输入高压直流电通过逆变电路转换为交流电，然后利用变压器变压，再通过整流电路变回直流电。

图 1-17　DC/DC 变换器

DC/DC 变换器主要由控制芯片、电感线圈、二极管、三极管、电容器构成，一般被集成在逆变器的壳体中，并布置在电动机逆变器的附近，与逆变器共用冷却装置和高压接线端子。在国内部分设计公司，DC/DC 变换器也被设计成单独的设备。

还有一类 DC/DC 变换器是出现在复合电源系统中，与超级电容串联，起到调节电源输出、稳定母线电压的作用。

五、车载充电机

车载充电机作为车载充电系统的一部分，将电网的电能转化为车载蓄电池直流电电能，主要由功率电路和控制电路组成。

功率电路是将输入的工频交流电转化成动力电池系统能够接受的适当电压的直流电。

控制电路的核心是控制器，用来实现与电池管理系统的 CAN 通信，并控制功率电路对电源部分进行控制、监测、计量、计算、修正、保护以及与外界网络通信等，是车载充电机的“中枢大脑”。

车载充电机的基本功能要求包括：

（1）在充电过程中，充电机依据蓄电池管理系统提供的数据动态调整充电参数，执行相应动作，完成充电过程。

（2）充电机应具有与电动汽车或蓄电池管理系统通信的功能。当车载充电机接上交流电后，并不是立刻将电能输出给电池，而是首先通过电池管理系统对电池的状态进行采集分析和判断，进而调整充电机的充电参数。通信目的：判断电池类型；判断充电机是否与电动汽车蓄电池系统正确连接；获得电动汽车蓄电池系统参数、充电前和充电过程中蓄电池的状态参数。充电机还应具有与充电站监控系统通信的功能。

随着集成化发展，受整车总体布置的影响，越来越多整车生产企业趋向于将 DC/DC 变换器与车载充电机整合为“二合一”控制器，甚至将高压配电盒、DC/DC 变换器和车载充电机整合为“三合一”控制器。

六、电动汽车空调系统

电动汽车的空调系统与传统汽车基本相同，由压缩机、冷凝器、蒸发器、冷却风扇、鼓风机、膨胀阀、储液干燥器、高低压管理附件、传感器等组成。电动汽车采用电动压缩机，压缩机是空调制冷系统制冷剂循环的动力，由动力电池提供高压驱动，受整车控制器控制。

整车控制器采集到空调 A/C 开关信号、空调开关信号、蒸发器温度信号、风速信号以及环境温度信号，经过运算处理形成控制信号，通过 CAN 总线传输给空调控制器，由空调控制器控制空调压缩机高压电路的通断，如图 1-18 所示。

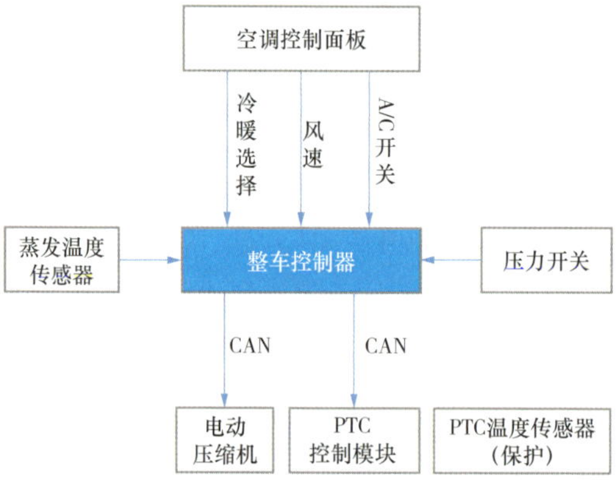

图 1-18　电动汽车空调系统电气原理

纯电动汽车空调的动力源为动力电池。当动力电池组的直流电经逆变器为电动压缩机供电，压缩机旋转，从而形成制冷循环，产生制冷效果。通过整车控制器控制空调控制器改变压缩机转速，实现空调压缩机排量及制冷量的灵活控制。

而在压缩机类型的选择上，纯电动汽车则选用涡旋式压缩机。相比于其他类型（如斜盘式、曲柄连杆式、叶片式等压缩机），涡旋式具有振动小、噪声低、使用寿命长、质量轻、转速高、效率高、外形尺寸小等多个优点，更符合电动汽车的空调使用要求。

暖风供给源常见有热泵型、PTC电加热器型、余热＋辅助PTC型三种。主流车型使用的基本都是PTC加热，如图1-19所示，也有部分汽车采用热泵制热。相比较于PTC加热，纯电动汽车使用热泵空调加热确实能节省不少电量，但也存在低温制热效率低、冷暖两用的热泵空调成本过高且结构较为复杂、制热速度慢、热效率低等缺点，制约了热泵空调推广。

图1–19　PTC加热器

PTC是一种直热式电阻材料，具有典型的温度敏感性，超过一定的温度（居里温度）时，其电阻值随着温度的升高呈阶跃性的增高，产生大量热量，可供空调制热。例如，有的电动汽车空调内部有8条PTC发热元件，由空调驱动器将动力电池高压电源向每条元件供电，功率可达300~600W，用于对冷空气或冷却液的加热。为提高制热器的效率，现在的制热多采取水为介质，将水加热后送到空调风道的散热器，再经风机吹向车厢内或风窗玻璃，用以提高车厢内温度和除去风窗玻璃的霜雾。

七、高压线束

总体上整车高压线束共分为5段：动力电池高压电缆、电动机控制器电缆、快充线束、慢充线束、高压附件线束，其中高压附件线束包括高压配电盒到DC/DC变换器、车载充电机、空调压缩机、加热器之间的线束，见图1-20，其中橙色线为高压线束。

高压线束将高压系统上各个部件相连，作为高压电源传输的媒介。区别于低压线束系统，高压线束均带有高压电，对整车的高压系统的稳定影响很大。高压电系统的电缆和线束的外皮及插接件一般为橘黄色醒目标识。

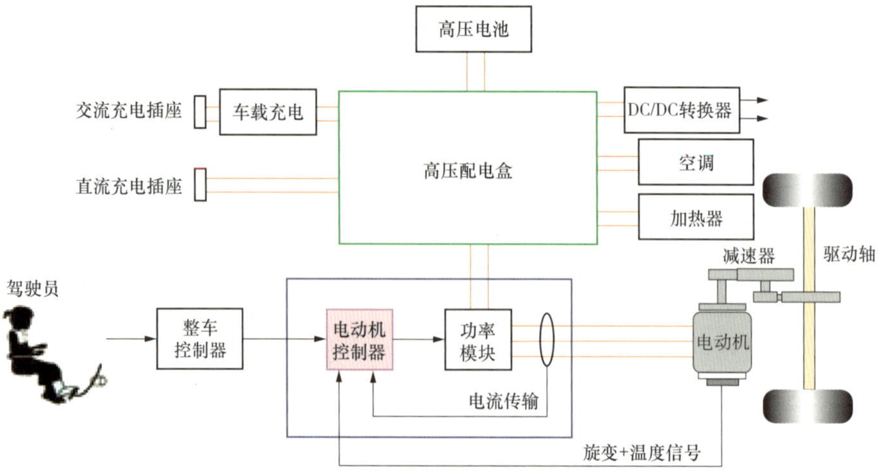

图 1-20　纯电动汽车上的高压线束连接示意图

第二章
充换电设施基础知识

第一节　充换电设备类型介绍

电动汽车充换电设备可分为传导式充电设备、换电设备及无线充电设备三大类。其中，传导式充电设备占据主要地位；换电设备已在公交、出租等特定领域开展应用，规模仍然较小；无线充电设备尚处于示范验证阶段。

电动汽车充电系统有连接方式和充电模式两种属性。连接方式是指使用电缆和连接器将电动汽车接入电网（电源）的方法，分为 3 种，详细区别见表 2-1，充电连接方式示意图见图 2-1~ 图 2-3。充电模式指将电动汽车连接到电网（电源）给电动汽车供电的方法，分为 4 类，如表 2-2 所示。其中模式 1 无任何保护措施，因此禁止使用；模式 2 指使用缆上控制盒进行充电，具备剩余电流动作保护功能，一般为随车配送附件；模式 3 指使用交流充电桩进行充电，具备完整的电气保护措施，一般为随车配送附件；模式 4 指使用直流充电机进行充电，具备完整的电气与通信保护措施，一般为充电运营商建设。

表 2-1　　3 种连接方式的区别

连接方式	充电电缆组件安装形式
A	与电动汽车永久连接
B	活动电缆
C	与供电设备永久连接

电动汽车充电电流通常大于 10A，出于安全考虑，禁止使用模式 1 对电动汽车进行充电。充电运营商建设的非车载充电机采用充电模式 4 和连接方式 C 对电动汽车进行充电。

图 2-1　连接方式 A

注：电缆组件是车辆的一部分。

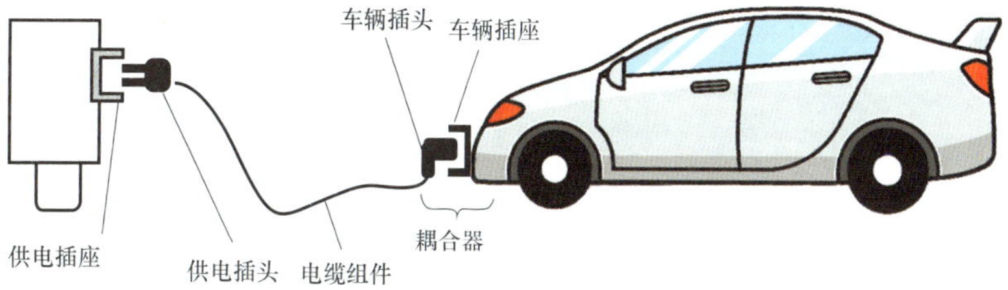

图 2-2　连接方式 B

注：可拆卸电缆组件不是车辆或者充电设备的一部分。

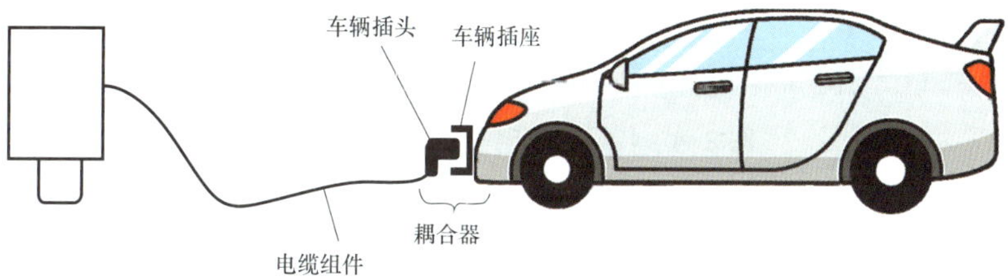

图 2-3　连接方式 C

注：电缆组件是充电设备的一部分。

表 2-2　4 类充电模式的区别及常用连接方式

模式	电源侧	常用连接方式	备注
1	L/N/PE	B	电动汽车充电禁止使用
2	L/N/PE	B	多为汽车配件
3	L/N/PE 或 L1/L2/L3/N/PE	B、C	常用于私人桩或公共站交流充电场景
4	L1/L2/L3/N/PE	C	常用于公共站或专用站直流充电场景

一、传导式充电设备

电动汽车传导式充电设备主要包括：缆上控制盒（模式 2）、交流充电桩（模式 3）、非车载直流充电机（模式 4）。随着各类快速、智能、便捷充电功能需求的不断提出，在传统充电技术框架下，市场上催生了一系列充电新技术，包括有序充电设备、群充群控充电设备、充电弓、ChaoJi 充电设备、自动充电设备、双向充放电设备、移动储能充电设备等。上述传导式充电设备技术分类架构如图 2-4 所示。

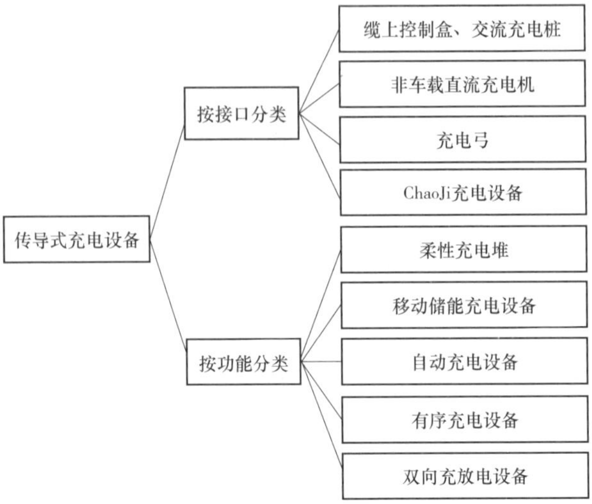

图 2-4　传导式充电设备技术分类架构

（一）缆上控制盒（模式 2）

缆上控制盒由线上控制盒、交流充电接口及单 / 三相插头等部分组成，额定工作电流优选值可以分为 6、8、10、13、15、16A 六种，根据车辆配置电池容量不同，充满电的时间一般需要 6~35h，具备过电流保护、过 / 欠电压保护、剩余电流动作保护、CP（控制导引）电压检测等功能，主输出采用双路继电控制，避免火 / 零错相时发生意外。缆上控制盒具有体积小、质量轻、携带方便、操作便捷、寿命长等优点，充电过程中可自动供电 / 断电，可有效避免带电操作的危险，实物如图 2-5 所示。

图 2-5　缆上控制盒实物图

（二）交流充电桩（模式 3）

交流充电桩是指采用传导方式为具有车载充电机的电动汽车提供交流电源的

专用供电装置。按照安装方式可以分为壁挂式和落地式两种；按照功率等级可以分为单相和三相两种，单相最大额定功率 / 电压 / 电流为 7kW/220V/32A，主要适用于为小型乘用车充电。根据车辆配置电池容量不同，充满电的时间一般需要 3~8h。三相最大额定功率 / 电压 / 电流为 21kW/380V/32A。交流充电桩实物如图 2-6 所示。

交流充电桩技术简单成熟，成本低，但充电时间长，运营价值低。交流充电桩对电网配电容量要求较低，可直接接入 220V 民用线路，单桩功率多为 3.5kW 和 7kW，无需对电网配电设施进行改造，方便维护。

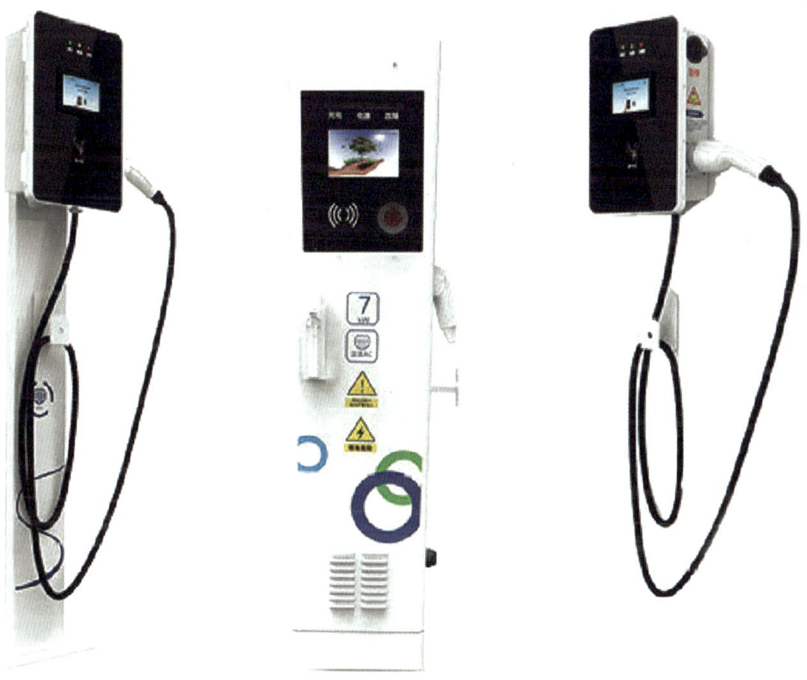

图 2-6　交流充电桩实物图

（三）非车载直流充电机（模式 4）

非车载直流充电机指输入侧与交流配电系统相连，可以为电动汽车动力电池提供直流电源的供电装置。按照型式结构可以分为一体式充电机（一桩一枪 / 一桩多枪）、分体式充电机（一机多桩）等类型。非车载直流充电机的输入电压采用三相五线 380V AC，频率 50Hz，输出为可调直流电压，输出电压范围一般在 200~1000V 之间，输出功率一般为 37.5、60、120、250、350kW 等，可直接为乘用车、大巴车、公交车的动力电池充电。由于直流充电机采用三相五线制供电，可以提供足够大的功率，输出的电压和电流调整范围大，可以实现快速充电，充满电的时间一般需要 0.5~2h。非车载直流充电机实物如图 2-7 所示。

非车载直流充电机功率大，充电快，但成本高且实施复杂，适合专业化集中运维，发展方向为大功率和智能化。非车载直流充电机将交流电转化为直流电，输入电压为 380V，对电网配电设施要求较高，多部署于集中式快速充电站内。非车载直流充电机需要大体积变压器和交直流转换模块，一般需要进行土建和配电增容。

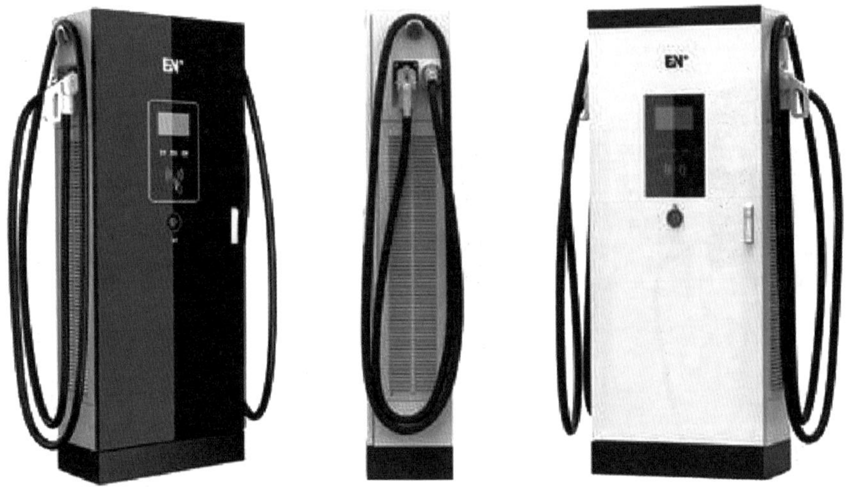

图 2-7 非车载直流充电机实物图

（四）群充群控充电设备

群充群控充电设备又称柔性充电堆、矩阵式柔性充电堆，是指通过将电动汽车充电站全部或部分充电模块集中在一起形成功率池，并进行集中监控及调度，在充电过程中按电动汽车 BMS 实际充电需求功率动态自动匹配最优的充电模块数量，提高充电设备的使用率，同时为多辆电动汽车快速充电，提高充电设备的使用率。它能够满足不同车型、不同功率的充电需求，为任一充电终端所连接的电动汽车动态匹配其所需的充电功率。随着电池充电倍率的提升、充电功率需求的增大，可扩充相应充电模块以满足不断增长的充电需求，避免设备升级改造或充电站重新建造所产生的重复投入。柔性充电堆具有集中化、预装式的特点，可大量节省现场安装调试时间，缩短建设工期。柔性充电堆实物如图 2-8 所示。

图 2-8　群充群控充电设备实物图

（五）充电弓

充电弓对接压力检测系统，司机只需一键启动，充电弓智能下压，与车辆导通，自动确认连接信号启动充电，司机可通过车载屏幕清晰观看整个充电过程。同时，采用多角度压力跟随和多触点搭接技术，通过充电弓弓头与伸缩机构连接的弹性缓冲技术，补偿车辆倾斜角度，确保充电弓对接吻合，从而实现便捷、智能、无人化充电。充电弓主要应用于公交车，充电弓实物如图 2-9 所示。

图 2-9　充电弓实物图

（六）ChaoJi 充电设备

ChaoJi 充电系统并不简单指大功率充电接口，它是一整套系统化电动汽车直流充电解决方案，可以满足大功率、小功率充电需求，包括控制导引电路、通信协议、连接装置的设计和兼容性、充电系统的安全性、大功率工况下的热管理等。ChaoJi 充电接口采用 7 针端面设计方案，电压等级可达 1000（1500）V，最大电流可达 600A。ChaoJi 充电接口在设计上减小了整体尺寸，优化了配合公差，降低了功率端子尺寸，满足 IPXXB 安全要求。

2019 年 1 月 22 日，由国网电动汽车服务有限公司研发的大功率充电桩在北京未来科技城充电站落地建成，单枪最大输出功率 360kW，最大输出电流 500A，可在 10min 内为一辆具备大功率充电能力的电动汽车提供足够行驶约 300km 里程的电量，充电时间与燃油汽车的加油时间相当。2019 年 3 月 29 日，由万帮新能源投资集团有限公司研发的新一代大功率充电站示范项目在江苏常州正式建成，采用大功率高效率全液冷充电系统，最大充电功率设计值为 500kW，在现场演示中，仅用 21min，车辆就充电近 40kWh。深圳奥特迅电力设备股份有限公司于 2 月在深圳建成示范站，万帮新能源投资集团有限公司于 3 月在常州建成大功率示范站，分别与一汽和比亚迪进行了实车充电、接口性能及充电兼容性测试。ChaoJi 大功率充电设备实物如图 2-10 所示。

图 2-10　ChaoJi 充电设备实物图

（七）移动储能式充电设备

移动储能式充电设备将储能单元与充电模块进行高度集成，储能单元可在电网低谷期进行充电，在电网高峰期时可将储能电量释放，供给电动汽车充电使用。主体结构上与普通充电桩一样，具有充电引导、状态监控、安全防护、过充保护、剩余电流动作保护、远程通信等功能，同时支持刷卡、扫码两种充电方式。

不同于普通充电桩的是，移动充电设备带有辅助的电驱动系统，可以低速安全行驶，存放地点灵活可变，服务范围大，不占用停车位。移动储能式充电设备主要为私人乘用车提供充电服务，有人值守与自助服务相结合，充电费用后台自动结算，方便电动车主使用。移动储能式充电设备实物如图 2-11 所示。

图 2-11 移动储能式充电设备实物图

（八）自动充电设备

自动充电设备又称充电机器人或机械臂充电手，主要通过自动化机械装置与视频识别系统，实现充电接口自动识别与充电枪自动插拔，满足个性化智能充电需求。特斯拉在该方面已经开展了相关的研究工作与产品研发，当车辆停好之后，充电机器人会自动寻找充电口，然后与充电接口自动对接，整个过程不需要人工的参与。自动充电设备实物如图 2-12 所示。

图 2-12 自动充电设备实物图

（九）有序充电设备

有序充电设备外形与普通充电桩类似，但具备功率调控与唤醒复充功能，主要通过有序充电管理系统对台区用电负荷及充电负荷进行动态监测，制订并下发有序充电策略，满足台区变压器不增容情况下电动汽车集群充电的需求。有序充电设备实物如图 2-13 所示。

图 2–13　有序充电设备实物图

（十）双向充放电设备

电动汽车双向充放电设备又称 V2G 充电桩，主要包括交流充放电桩、车载充放电机及非车载直流充放电机三类，其中车载充放电机需要与交流充放电桩配合完成放电操作，非车载直流充放电机可以独立完成放电操作，双向充放电设备除具备正常充电功能外，还具备为电动汽车提供反向放电并网通道的能力，行业标准中对充放电装置的定义为“实现电动汽车蓄电池系统与电网之间双向电能转换的装置”。放电功能一般通过安装双向电源模块、增加并网装置及反向并网保护等环节实现并网放电。国外主要以日本的 V2H 最具代表性，而大部分 V2G 推广工程开展了较多的电网辅助服务试验验证，受制于动力电池成本及电力市场机制问题，仍未实现持续商业化收益。国内外双向充放电设备实物如图 2-14 所示。

图 2–14　国内外双向充放电设备实物图

二、换电设备

换电设备指通过机械自动化装置对车辆动力电池进行快速更换的机电一体化系统。车辆在进入换电站后，通过快速更换设备将车辆的动力电池取下并更换另一组动力电池，全程不需要车主下车，一般可在3~5min内完成，该商业模式简称“车电分离”，更换下来的动力电池重新补电也是在电池架上完成。一个换电站可以储存5~28块电池组，按设计使用每天可以服务车辆288台/次。换电站实物如图2-15所示。

图2-15 换电站实物图

换电站运营效率高，但投入成本高，需要统一电池规格和标准。换电模式相对于充电模式有两点优势：一是电池租赁代替购买，用户初始购置成本降低；二是错峰换电，可缓解城市用电压力。

三、无线充电设备

无线充电设备按照电动汽车的运行状态划分可分为静态无线充电和动态无线充电，静态充电是指把电动车停进车位就可以进行充电，动态充电是指未来可以在高速公路上实现边走边充。最接近量产的是静态无线充电技术，充电效率最高能到95.4%，而动态无线充电还需要一段时间才能实现产业化。

无线充电按照工作原理可分为射频或微波式、电磁感应式和电磁谐振式三种，其中，电磁感应式和电磁共振式在中小距离场合的能量传输效率较高，更适用于电动车充电。无线充电设备成本高，对车辆结构改动较大，对充电环境要求严苛，远距离传输能耗较高，且技术及专利壁垒较高等。

（一）静态无线充电设备

静态无线充电设备是把电动汽车停进车位就可以充电，以磁场为介质，通过磁耦合方式从耦合线圈向电动汽车进行无线电能传输的充电方式，耦合线圈和电动汽车的物理位置为静止状态。众多企业均在大力研发汽车无线充电技术，除了丰田、日产、宝马、奥迪等汽车制造商，高通、中兴等高科技公司势力也不容忽视。如今已有多款高端车型开始搭载无线充电技术。静态无线充电设备实物如图 2-16 所示。

图 2–16　静态无线充电设备实物图

（二）动态无线充电设备

电动汽车动态无线充电技术主要利用磁耦合无线充电原理，在路面下层铺设供电导轨，当安装有受电装置的车辆经过此路段时，电能经供电导轨以电磁场为媒介持续不断地传输给车载电机或电池组，实现电动汽车“边走边充”。移动式无线充电技术可减轻车载电池组质量，延长续航里程，利用现有的公路资源有效缓解电动汽车对充电时间和空间需求。动态无线充电设备实物如图 2-17 所示。

国外方面，1997 年，新西兰奥克兰大学首先将无线充电的概念引入了电动汽车充电领域，开发了全球首台无线充电大巴。2017 年，高通公司在法国巴黎铺设了一条长度为 100m 的试验轨道，实现了一辆小型电动厢式货车行进过程中无线充电，充电功率 20kW。

国内方面，2016 年 5 月，广西电网公司电力科学研究院建成了一条电动汽车移动式无线充电路段，该条移动式无线充电模拟路段长 33m，总功率 30kW，实现了一辆高尔夫球车移动过程中充电。2018 年 8 月，中国电力科学研究院在河北张家口风电基地建成“电动汽车移动式无线充电实验路段”示范项目，实验线路长达 181m，充电功率为 20kW，效率为 80%，磁场强度小于 27μT，行驶速度超过 60km/h。

图 2–17　动态无线充电设备实物图

第二节　充电设施典型应用场景介绍

充电桩按照应用场景或安装地点可分为公共充电桩、专用充电桩、私人充电桩，三者在服务对象、充电方式、建设位置上也有所不同，具体差异见表 2-3。

表 2–3　安装地点分类

类型	服务对象	充电方式	建设位置
公共充电桩	社会车辆、私家车	直流快充、交流慢充	公共停车位（场）
专用充电桩	物流车、公交车及出租车等特定车辆	直流快充、交流慢充	常见于企业停车场内
私人充电桩	私家车	交流慢充为主	通常在车主的住宅小区内

一、公共、专用充电桩

公共充电桩的布置有多种方式，一种是运营商建设集中的充电站，布置一定数量的交直流充电桩；另外一种是根据城市特点零散布置的公共充电桩，不同的布置方式，其配电方案不同。

公共充电站一般设置专门的配电室和配电设备给充电桩提供输入电源，充电设施接入电网应充分考虑接入点的供电能力，保障电网安全和电动汽车的电能供给。因此，公共充电站的配电工作需要与当地供电公司进行沟通，确保将来提供电源的线路有足够的容量，避免对原有配网可靠性产生较大的影响。充电桩接入电压等级如表 2-4 所示。

表 2–4　　充换电设施宜采用的供电电压等级

供电电压等级	充电设备及辅助设备总容量	受电变压器总容量
220V	10kW 及以下单相设备	—
380V	500kW 及以下	50kVA 及以下
10kV	—	50kVA~10MVA

公共充电桩和专用充电桩的验收工作一般会委托专业的第三方机构和消防部门来进行。针对充电站的监控部分、供配电设施、电缆、变压器、高压开关柜、低压开关柜、低压母线、开关柜及二次回路接线、防雷接地装置、照明灯具及配线、土建工程、安健环设施、电气安全性测试、充电功能测试以及充电站系统整体性能来进行验收。

针对公共充电桩的充电价格，国家规定：电动汽车在公共场所充电执行大工业电价；在居民住宅里的充电设施上充电，执行居民电价。充电费用一般是由基本电费和服务费组成的，基本电费约 1 元 /kWh，服务费根据各地物价局批准范围不同，大部分服务费都是限制在 1 元 /kWh 以内，较多为 0.8 元 / kWh，也就是总价约为 1.8~2.0 元 /kWh。

充电费用支付结算方面，公共充电桩一般采用充电 App、微信、支付宝或充电卡等方式结算。其中充电卡需要预先充值后才能使用，充电启动与结束时各刷一次即可完成启动与结算，其优点是：在无通信网络的情况下可以完成充电启动结算，可应急使用；缺点包括：只能在特定运营商使用、有遗失的风险、卡内余额可能会被盗刷、补卡手续烦琐等。无介质支付相对灵活，可以扫描二维码进行支付，也可以通过手机验证码进行支付，还可以输入账号和密码进行支付。扫码支付只要有一部手机就可以完成支付，但是需要安装该运营商的 App，有些运营商还和支付宝、微信、银联等深度合作，可以直接进行支付结算，并且不受地域的限制，只要运营商在充电站点保证能有良好的通信信号就可以无障碍进行支付。

充电桩建设规模在不断扩大，但是问题也在不断衍生，故障桩大量出现。个别由于长久没有维护，导致散热孔被灰尘堵塞、元器件老化、绝缘失效、内部短路、液晶屏损坏、充电枪损坏等，严重危害设备运行安全及操作人员安全。以上问题都需要有专业的技术人员进行日常维护，以保证充电桩的正常运转。无论是电网公司还是其他运营商都要在自己的充电站配置巡检人员，巡检员按照规定的周期进行检查，发现故障或者隐患应该立刻上报给质量管理部门，并在职责和能力范围内处理相关问题。

二、私人充电桩

私人充电桩一般安装在小区车库或者车位上，因民用电入户一般接入单相电，私人充电桩大多为单相交流充电桩。

私人充电桩一般都是由汽车厂家随车赠送，因此安装都是由汽车厂家进行的，但是因配电等原因，充电桩的安装需要得到小区物业的同意。验收工作一般也是由物业进行安全确认，充电桩主人确认充电功能即可。

而私人充电桩的维护现在处于管理上的真空地带，平时缺乏养护，任何电器设备如果没有定期养护，都有安全隐患。充电桩厂家或者4S店若是能对安装的充电桩进行必要的定期维护保养，便可大大减少电动汽车的安全隐患。大多数厂家或物业公司会让车主写个类似于《安全协议》的文件，所有的安全隐患均由车主承担，与厂家、物业公司、供电公司无关。

私人充电桩应由专门的监管部门督察充电桩的日常维保。对于有物业服务企业或者主管单位的住宅小区、楼院，物业服务企业、主管单位应当依据《物业管理条例》等有关规定，对管理区域内电动汽车停放、充电设施实施消防安全管理；辖区乡镇人民政府、街道办事处应当按照《中华人民共和国消防法》和国务院办公厅印发的《消防安全责任制实施办法》等规范性文件，指导帮助村民委员会、居民委员会确定电动汽车停放、充电消防安全管理人员，落实管理责任。

第三节　电动汽车充电原理

一、充电基本原理

电动汽车充电方式分为交流充电、直流充电两种。其中交流充电指电网输入给车辆的电压为交流电，可以是 220V AC 单相电或 380V AC 三相电。交流电通过标准充电插头和充电插座，进入车载充电机，车载充电机再把交流电转化为直流电，给动力电池充电，完成基本的交流充电；直流充电是指外部电网输入给车辆的电压为直流电，即直流充电桩把 380V AC 三相电转化为直流电，通过标准直流充电插头和充电插座输送给车辆，直接给动力电池充电，完成基本的直流充电。

（一）交流充电

交流充电总共有三种充电模式，分别为模式 1、模式 2 和模式 3，根据国家标准要求，模式 1 严禁使用，模式 3 一般采用连接方式 C 的模式，其模式 2 和模式 3 连接方式 C 的交流充电工作原理电气图如图 2-18 和图 2-19 所示。交流充电的

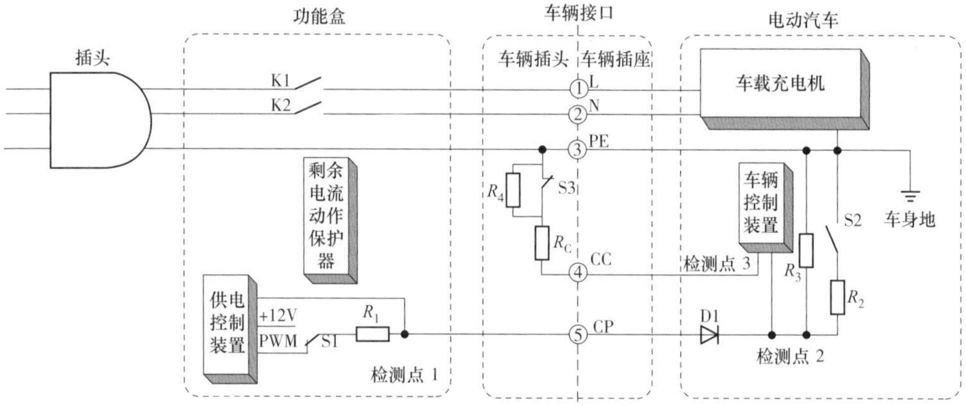

图 2-18 模式 2 充电的电气原理图

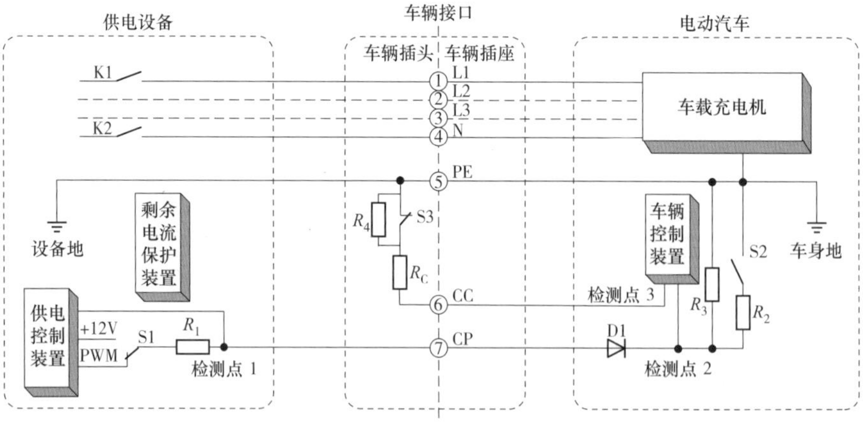

图 2-19 模式 3 充电的电气原理图

电气原理图、检测和控制要满足标准 GB/T 18487.1—2015《电动汽车传导充电系统　第 1 部分：通用要求》的要求，模式 2 和模式 3 原理图基本相同，只是交流供电方式不同，模式 2 采用移动式三相插头供电，模式 3 采用固定单相或三相电源供电。除此之外，不同汽车厂家会根据用户实际需求，增加充电提示或显示的功能，方便客户查看充电状态。

交流充电的控制策略和顺序如下：

（1）电动汽车用户进行插枪操作，在此过程中，供电设备控制装置通过检测点 1 判断供电插头与插座是否完全连接；车辆控制装置通过检测点 3 与 PE 间电阻值来判断插头与插座是否完全连接。

（2）当充电接口完全连接后，车辆控制装置通过判断检测点 2 的 PWM 信号占空比确认供电设备的最大供电能力，同时通过判断检测点 3 与 PE 之间的电阻值来确认供电电缆的额定容量。而在实际充电过程中，车载充电机最大允许输入电流会取供电设备最大供电能力、充电电缆额定载流能力及车载充电机额定电流三者中的最小值。

（3）当充电接口完全连接后，车辆控制装置检测到 CC 或 CP 信号，处于休眠或停车状态下的车辆会被唤醒，唤醒部分包括车辆控制装置、车载充电机和 BMS（电池管理系统）。

（4）车辆控制装置和 BMS 被唤醒后，车载充电机自检完成且没有故障的情况下，电池组处于可充电状态时，车辆控制装置闭合开关 S2，开始进入交流充电模式；供电控制装置通过检测点 1 判断车辆是否准备就绪，如就绪，则闭合供电回路开关 K1、K2。

（5）当车辆控制装置判断充电接口已完全连接，并完成车载充电机最大允许输入电流设置后，车辆控制装置反馈充电接口连接状态给车辆 BMS，BMS 根据反馈的信息和车辆的状态，发送开始充电或停止充电指令给车载充电机。

（6）充电过程中，车辆控制装置会持续监测检测点 2、3 信号，当检测点 2 的 PWM 占空比变化时，车辆控制装置则实时调整车载充电机的输出功率；供电控制装置会持续监测检测点 1 信号，确保充电接口始终处于完全连接状态。

（7）当车辆充满电或车主进行了停止充电操作时，车辆控制装置断开开关 S2；当充电设备达到设置的充电结束条件或操作人员对充电设备进行了停止充电操作时，供电控制装置将开关 S1 切换至 +12V，车辆断开开关 S2，充电设备再断开 K1、K2，即断开交流电的输入，另外，具备电子锁功能的充电接口会在充电结束后自动解锁。

以上是充电过程的关键环节控制策略，而在整个充电流程的开始阶段，车辆和交流充电桩（或缆上控制盒）都会先判断充电接口是否连接完好，车辆才会判断是否启动充电，所以客户必须确保插抢到位。另外在车辆充电过程中，车辆控制装置会通过互锁或者其他控制措施将车辆置于不可行驶状态，但一般仍可正常使用车辆电子娱乐系统或者空调功能。

在启动充电方面，对于私人交流充电桩，客户一般只需插抢，无需执行其他操作，车辆随即进入充电模式，提高了客户使用的便利性；对于公共交流充电桩，由于涉及计费结算，一般需要刷卡或扫码操作才可以启动充电。

在实际充电过程中，如果充电设备突然断电，车辆会自动进入休眠，减少自身的能耗，休眠时间一般由车企自行设定；当充电设备重新恢复供电时，需要重新进行插拔充电枪操作，车辆才会重新启动充电；如车辆已充满电，会停止充电并进入休眠。

（二）直流充电

直流充电只有一种模式，即充电模式 4，其电气原理图如图 2-20 所示。直流充电的电气原理图、控制导引信号检测和充电控制流程要满足标准 GB/T 18487.1—2015《电动汽车传导充电系统　第 1 部分：通用要求》的要求。根据标准要求，CC1 是非车载直流充电机判断充电插头和充电插座是否连接的信号；CC2 是车辆判断充电插头和插座是否连接的信号；S+ 和 S– 是 CAN 信号线；A+ 和 A– 是辅助电源，一般为 12V。直流充电桩可通过 A+ 和 A– 为车辆提供辅助电源，但

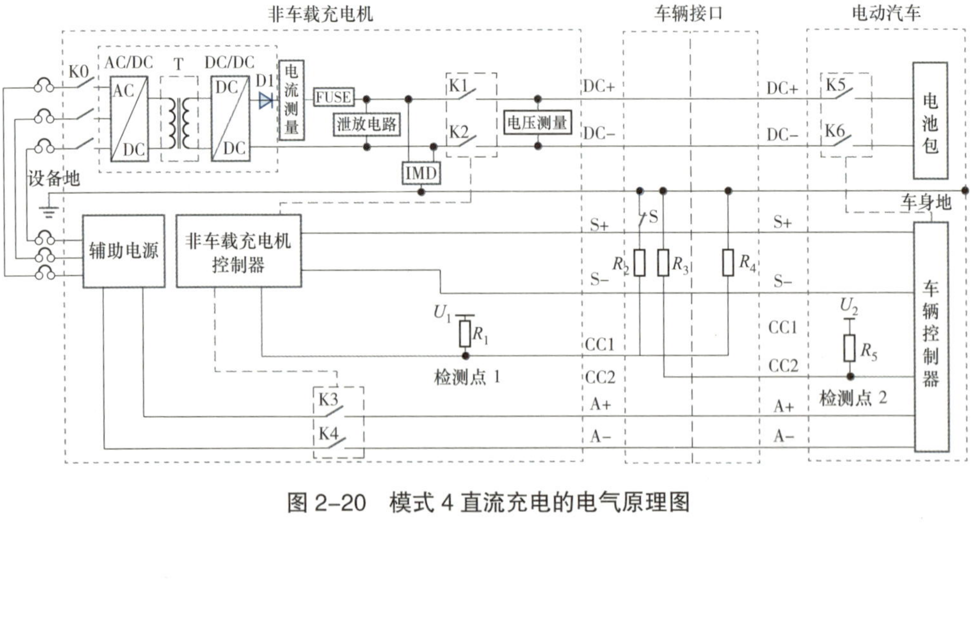

图 2-20　模式 4 直流充电的电气原理图

在标准里并未强调一定要使用此辅助电源，车辆可根据实际需求选择使用或不使用。上述电气原理图中的各电阻值都必须满足标准要求，且非车载充电机控制器和车辆控制器必须按照标准进行判断，非车载充电机与车辆 BMS 的通信协议也必须符合 GB/T 27930—2015《电动汽车非车载传导式充电机与电池管理系统之间的通信协议》相关要求，车辆才可正常充电。

直流充电的控制策略和顺序如下：

（1）电动汽车用户打开车辆充电插座盖进行插枪操作，当直流充电插头和直流充电插座完全插合时，处于休眠或停车状态的车辆被唤醒，车辆进入直流充电模式；电动汽车用户通过非车载充电机操作屏或手机 App 扫码对充电金额、充电时间、充电电量进行设置。

（2）非车载充电机控制装置通过检测点 1 对充电接口连接状态进行判断，当判断完全连接口，闭合辅助电源供电回路开关 K3、K4，再依次闭合开关 K1、K2 对充电系统回路进行绝缘检测。绝缘检测电压取电池最高允许充电总电压、供电设备额定电压中的较小值。

（3）绝缘检测完成后，非车载充电机断开 K1、K2，开始通过 S+ 和 S– 周期发送通信握手报文；当车辆控制器通过检测点 2 判断到充电接口完全连接后，车辆 BMS 也开始通过 S+ 和 S– 周期发送通信握手报文，握手报文信息包括充电机通信协议版本号、车辆最高允许充电总电压、充电机编号、BMS 通信协议版本号、电池类型、电池额定容量、电池额定总电压等。

（4）当非车载充电机与车辆双方辨识且握手成功后，开始发送双方的充电信息配置报文，主要包括充电机最大输出能力、车辆最高允许充电参数、车辆荷电状态、车辆当前电池电压、时间同步信息等。

（5）然后车辆控制装置闭合 K5、K6，导通充电回路，车辆 BMS 发送充电准备就绪报文；非车载充电机检测车辆电池电压正常后闭合开关 K1、K2，导通直流供电回路，非车载充电机控制器发送充电准备就绪报文。

（6）车辆 BMS 向非车载充电机发送电池充电需求及电池充电总状态报文，包括充电需求电流、充电需求电压、充电模式（恒压 / 恒流）、充电电压测量值、充电电流测量值、当前 SOC（系统级芯片）、最高单体电压及编号、预估剩余充电时间等信息，非车载充电机控制装置根据车辆实际需求实时调整充电电压、充电电流。

（7）当车辆控制装置判断电池充满或者收到充电机侧中止充电信息后，对车辆进行中止充电操作，并断开 K5、K6；当非车载充电机判断达到设定的充电结束条件或收到车辆中止充电信息后，对非车载充电机进行中止充电输出操作，并断开 K1、K2。对于具备电子锁功能的非车载充电机，在充电结束后自动解锁。

（8）当充电完成或停止充电后，整车进入休眠，减少能量的消耗。

以上是直流充电的控制过程，在使用和操作要求上与交流充电相似。为了确保充电安全，在直流充电过程中，当由于各种异常原因造成充电流程停止时，需重新进行插拔枪操作，才可重新启动充电。另外在车辆充电过程中，车辆控制器会通过互锁或者其他措施将车辆置于不可行驶状态，但一般仍可正常使用车辆电子娱乐系统或者空调功能。

二、动力电池充电特性

（一）动力电池基本参数

电动汽车动力电池根据正负极材料特性可以分为：锌系列电池、镍系列电池、铅系列电池、锂系列电池、二氧化锰系列电池、空气（氢气）系列电池等。自 20 世纪 90 年代以来，锂离子电池就以其能量密度高、循环寿命长、无记忆效应、环境友好等优点成为动力电池应用领域研究的热点。近年来，锂离子电池已经成为电动汽车动力电池的主体。锂离子电池根据正极材料的不同，又可以细分为钴酸锂电池、镍酸锂电池、锰酸锂电池、磷酸铁锂电池、钛酸锂电池和三元材料电池等。其中三元材料电池以其能量密度高、安全性好等优点在电动汽车上得到了广泛的应用。

动力电池的基本参数包括额定电压、额定容量、内阻、能量密度、功率密度、荷电状态、放电深度、循环使用寿命、自放电率等。

（1）额定电压：也叫作公称电压或标称电压，是指在规定条件下电池工作的标准电压，不同活性物质的电压表现不同，因此采用额定电压可以区分电池的化学体系，表 2-5 为常用不同化学体系电池的单体额定电压值。

表 2-5　　常用不同化学体系电池的单体额定电压值

序号	电池类型	单体额定容量（V）
1	铅蓄电池	2
2	镍锌电池	1.6
3	镍氢电池	1.2
4	钠硫电池	2.0
5	锰酸锂电池	3.7
6	磷酸铁锂电池	3.2

（2）额定容量：也叫作标称容量，是指按照国家或有关部门规定的标准，保证电池在一定的放电条件（如温度、放电率和终止电压等）下应该放出的最低限度的容量。额定容量是制造厂标明的安时容量，是电池的一个重要参数。

（3）内阻：电池内阻是化学电源一个极为重要的参数，直接影响电池的工作电压、工作电流、输出能量与功率等，对于一个实用的化学电源，其内阻越小越好，电池内阻不是常数，会在放电过程中随着活性物质组成、电解液浓度、电池温度以及放电时间的变化而变化。电池内阻包括欧姆内阻和极化内阻两部分。

（4）能量密度：是指单位质量或单位体积的电池所能输出的能量，相应地称为质量能量密度（Wh/kg）或体积能量密度（Wh/L），也称为质量比能量或体积比能量。在电动汽车应用方面，电池的质量比能量影响电动汽车的整车质量和续驶里程，而体积比能量影响到电池的布置空间。

（5）功率密度：又称为比功率，是单位质量或单位体积电池输出的功率，单位为 W/kg 或 W/L。比功率是评价电池及电池包是否满足电动汽车加速和爬坡能力的重要指标。

（6）荷电状态：描述了电池的剩余电量，其值为电池在一定放电倍率下，剩余电量与相同条件下额定容量的比值，荷电状态是一个相对量，一般用百分比的方式表示，SOC 的取值范围为 0%~100%。

（7）放电深度：简称 DOD，是放电容量与额定容量之比的百分数，与 SOC 之间存在如下数学计算关系：DOD=100%–SOC。

（8）循环使用寿命：是指以电池充电和放电一次为一个循环，按照一定测试标准，当电池容量降到某一规定值（一般规定为额定值的 80%）前，电池经历的充、放电循环总次数，以及循环寿命是评价电池寿命性能的一项重要指标。

（9）自放电率：是指电池在存放时间内，在没有负荷的条件下自身放电，使得电池容量损失的速度，用单位时间（月或年）内电池容量下降的百分数来表示。

（二）动力电池充电过程

作为纯电动汽车的核心，动力电池的充电过程由 BMS 进行控制和保护，车载充电机工作状态及指令均由 BMS 发出的指令进行控制，包括工作模式指令、最大允许充电电压、最大允许充电电流。锂离子电池的充电从安全、可靠及兼顾充电效率等方面考虑，通常采用两段式充电方法，第一阶段为恒流限压，第二阶段为恒压限流，锂离子电池的最高限压值根据正极材料不同而有一定差别。锂电池典型充电曲线如图 2-21 所示。

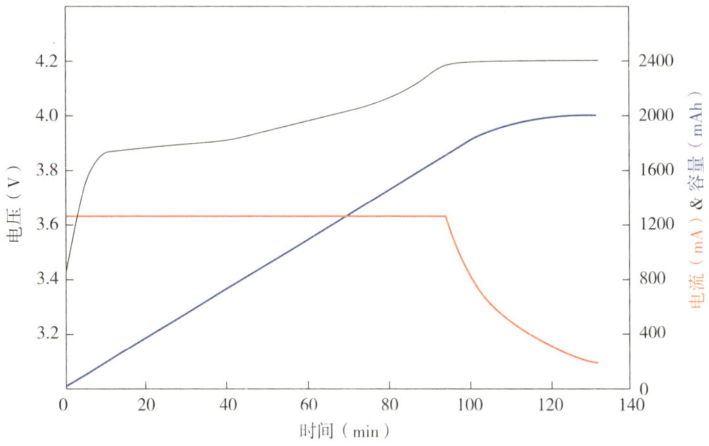

图 2-21　锂电池典型充电曲线示意图

在充电开始阶段，一般采用最佳充电倍率（锂电池为 0.3C）进行恒流充电，在这一阶段，由于动力电池的电动势较低，即使动力电池充电电压不高，动力电池的充电电流也会很大。随着充电时间的延续，动力电池电动势不断上升，动力电池的充电电压也不断上升，当动力电池电压上升到最高允许充电电压时，进入恒压充电阶段，在这一阶段，由于动力电池电动势不断上升，而充电电压又保持不变，所以动力电池的充电电流呈双曲线趋势不断下降，一直降到零，但在实际充电过程中，当充电电流减小到 0.015C 时就可停止充电。

锂离子电池放电在中、前期电压稳定，下降缓慢，但在放电后期电压下降迅速，此阶段必须进行有效控制，防止电池过放电，避免对电池造成不可逆性损害。对 18650 型号的三元锂单体电池进行充放电实测，其单体容量为 2000mAh，恒流充电电流设定为 2A，恒压充电电压设定为 4.2V，四个周期的充放电实测曲线如图 2-22 所示。

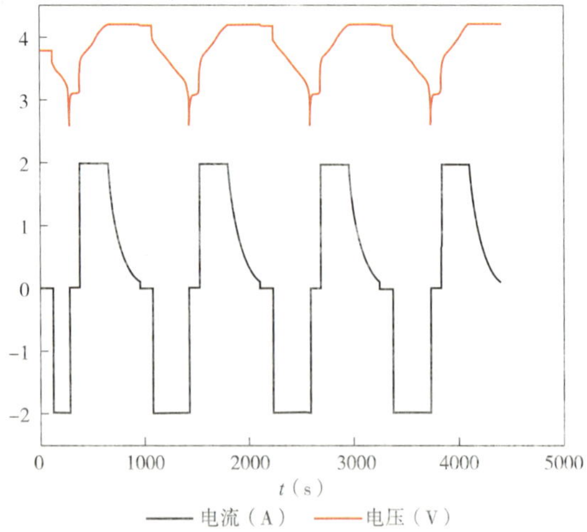

图 2-22　三元锂单体电池充放电过程实测曲线

随着电池循环次数的增加，电池容量不断衰退，电极材料的内部形状也会发生变化，使得极化现象比较明显。随着老化程度加大，两段式充电方法中恒流阶段的充电比例逐渐缩小，表现出以恒压模式充电为主的趋势，耗费时间逐渐延长。

第三章

电工基本知识

第一节　电磁的基本知识

一、磁的基本知识

（一）磁现象

人们把物体能够吸引铁、钴、镍及其合金的性质称为磁性，把具有磁性的物体叫作磁体。磁体上磁性最强的位置称为磁极，磁体有两个磁极，即南极和北极，通常用字母 S 表示南极（常涂红色），用字母 N 表示北极（常涂绿色或白色）。条形、蹄形、针形磁铁的磁极位于它们的两端。值得注意的是，任何一个磁体的磁极总是成对出现的。若把一个条形磁铁分割成若干段，则每段都会同时出现南极、北极，这叫作磁极的不可分割性。磁极与磁极之间存在的相互作用力称为磁力，其作用规律是同性磁极相斥，异性磁极相吸。一根没有磁性的铁棒，在其他磁铁的作用下获得磁性的过程叫磁化。如果把磁铁拿走，铁棒仍具有的磁性则称为剩磁。

（二）磁场、磁感应线

磁体周围存在磁力作用的空间称为磁场。我们经常看见两个互不接触的磁体之间具有相互作用力，它们是通过磁场这一特殊物质进行传递的。磁场之所以是一种特殊物质，是因为它不是由分子和原子等粒子组成的。虽然磁场是一种看不见、摸不着的特殊物质，但通过实验可以证明它的存在。例如，在一块玻璃板上均匀地撒些铁粉，在玻璃板下面放置一个条形磁铁。铁粉在磁场的作用下排列成规则线条，如图 3-1 所示。这些线条都是从磁铁的 N 极到 S 极的光滑曲线。我们把这些曲线称为磁感应线，用它能形象描述磁场的性质。

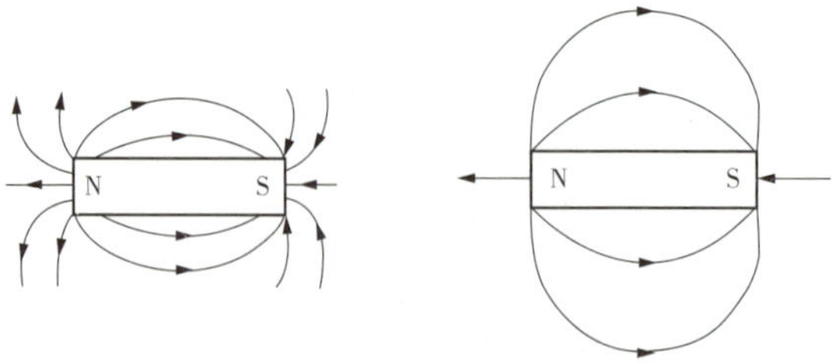

图 3-1　磁感应线分布情况

实验证明磁感应线具有下列特点：

（1）磁感应线是闭合曲线。在磁体外部，磁感应线从 N 极出发，然后回到 S 极，在磁体内部，是从 S 极到 N 极，这叫作磁感应线的不可中断性，如图 3-2 所示。

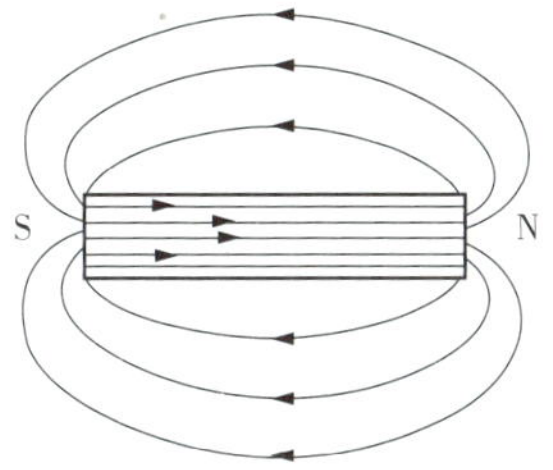

图 3–2　磁体内外磁感应线走向

（2）磁感应线互不相交。这是因为磁场中任何一点磁场方向只有一个。

（3）磁感应线的疏密程度与磁场强弱有关。磁感应线稠密表示磁场强，磁感应线稀疏表示磁场弱。

（三）磁通、磁感应强度

为了描述磁场在空间某一范围内的分布情况而引入了磁通这一物理量。

在磁场中，把通过与磁场方向垂直的某一面积的磁感应线的总数目，叫作通过该面积的磁通，用字母 Φ 表示。磁通的单位是韦伯，简称韦，用 Wb 表示。

磁感应强度是用来表示磁场中各点磁场强弱和方向的物理量，用字母 B 表示。

垂直通过单位面积的磁感应线的数目叫作该点的磁感应强度。它既有大小，又有方向。在磁场中某点磁感应强度的方向，就是位于该点磁针北极所指的方向，它的大小在均匀磁场中可表示为

$$B=\frac{\Phi}{S} \tag{3-1}$$

式中　B——磁感应强度，T；

Φ——磁通，Wb；

S——垂直于磁感应线方向通过磁感应线的面积，m^2。

公式（3-1）说明磁感应强度的大小等于单位面积的磁通。如果通过单位面积的磁通越多，则磁感应线越密，磁场也越强，反之磁场越弱。磁感应强度的单位是韦 / 米 ^{2}，称为特斯拉，简称特，用字母 T 表示。

（四）磁导率

实验证明，铁、钴、镍及其合金对磁场影响强烈，具有明显的导磁作用。但是自然界绝大多数物质对磁场影响甚微，导磁作用很差。为了衡量各种物质导磁的性能，引入磁导率这一物理量，用字母 μ 表示。磁导率的单位为亨利 / 米（H/m）。不同物质有不同的磁导率。在其他条件相同的情况下，某些物质的磁导率比真空中的强，另一些物质的磁导率比真空中的弱。

经实验测得真空的磁导率为 $\mu_0 = 4\pi \times 10^{-7}$ H/m，且是常数。

为了便于比较各种物质的导磁性能，把各种性质的磁导率与真空中的磁导率进行比较，引入相对磁导率这一物理量。任何一种物质的磁导率与真空的磁导率的比值叫作相对磁导率，用式（3-2）表示。

$$\mu_r = \frac{\mu}{\mu_0} \tag{3-2}$$

相对磁导率没有单位，只是说明在其他条件相同的情况下，物质的磁导率是真空磁导率的多少倍。

根据各种物质的磁导率的大小，可将物质分成三类：$\mu_r<1$ 的物质叫作反磁物质，如铜、银等；$\mu_r>1$ 的物质叫作顺磁物质，如空气、铝等；$\mu_r \gg 1$ 的物质叫作铁磁物质，如铁、钴、镍及其合金等。

由于铁磁物质的相对磁导率很高，所以铁磁物质被广泛地应用于电工技术方面，如制作变压器、电磁铁、电动机的铁芯等。

表 3-1 中列出了几种铁磁物质的相对磁导率，仅供参考。

表 3-1　几种铁磁物质的相对磁导率

铁磁物质名称	相对磁导率 μ_r
钴	174
镍	1120
退火的铁	7000
软钢	2180
硅钢片	7500
镍铁合金	60000
坡莫合金	115000

二、电流的磁场

（一）通电直导线的磁场

磁铁周围有磁场，通电直导线的周围也有磁场。例如，一根直导线垂直穿过水平放置的纸板，在纸板上均匀地撒些铁粉。当直导线通电时，铁粉以导线为中心形成许多同心圆，如图 3-3 所示，铁粉的分布情况表示磁感应线分布情况。若导线中电流消失，则纸板上的铁粉又呈均匀分布。

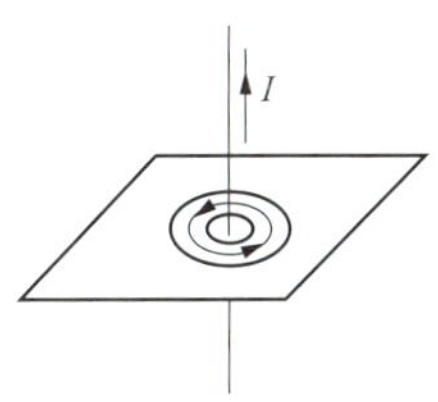

图 3–3　通电直导线的磁场

从而证明了“动电生磁”，即磁场是伴随电流而存在的，而电流永远被磁场所包围。经实验证明，磁场方向与电流方向有关。若导线垂直纸面，电流向着读者而来，则磁场方向是逆时针方向；若导线上的电流是离开读者而去，则磁场方向为顺时针方向，如图 3-4（a）所示，为了讨论问题方便起见，规定用符号“⊗”“⊙”分别表示电流或磁感应线垂直进入和流出纸面的方向。

通电直导线周围磁场方向与导线中的电流方向之间的关系可用安培定则（又称右手螺旋定则）进行判定。其具体内容是：右手拇指指向电流方向，贴在导线上，其余四指弯曲握住直导线，则弯曲四指的方向就是磁感应线的环绕方向，如图 3-4（b）所示。

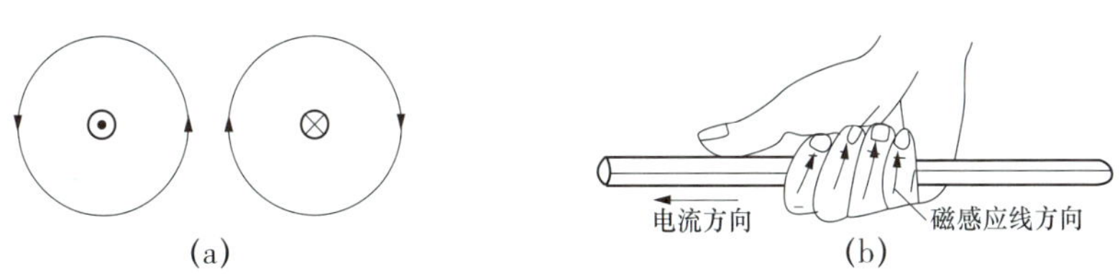

图 3–4　直导线周围的磁场方向

（a）直导线周围磁场关系；（b）右手螺旋定则

实验证明，通电直导线四周的磁感应线距直导线越近，磁感应线越密，磁感应强度越大，反之，磁感应线越疏，磁感应强度越小。导线中通过电流越大，靠近直导线的磁感应线越密集，磁感应强度越大；反之，导线中通过电流越小，靠近直导线的磁感应线越稀疏，磁感应强度越小。

（二）通电螺线管的磁场

通电直导线周围有磁场存在，那么若将通电直导线绕成多匝螺线管后，它的周围还有磁场存在吗？为证实这个问题，将磁针放在螺线管附近，当螺线管不通电时，磁针没有偏转；当通电时，磁针发生偏转。这说明通电螺线管周围有磁场存在。对于一个确定的螺线管，磁场的强弱与螺线管中所通过的电流大小成正比。

通电螺线管磁场方向，与螺线管中通过的电流方向有关，可用右手螺旋定则进行判定，如图 3-5 所示。

右手螺旋定则的内容是：用右手握住螺线管，让弯曲的四指所指的方向与螺线管中流过的电流方向一致，那么拇指所指的那一端就是螺线管的 N 极。由图 3-5 可知，通电螺线管的磁场与条形磁铁的磁场相似。因此，一个通电螺线管相当于一块条形磁铁。

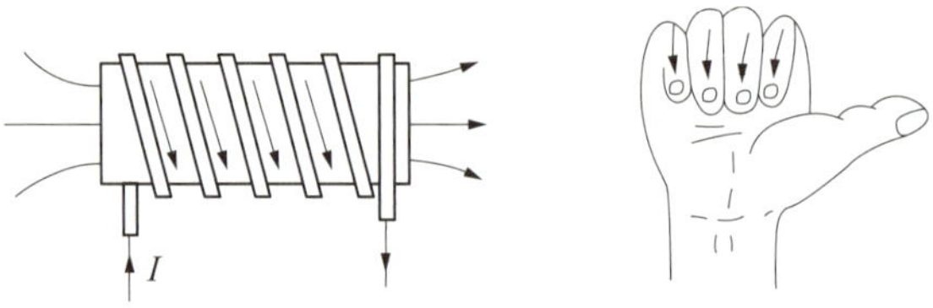

图 3–5　右手螺旋定则

总之，凡是通电的导线，在其周围必定会产生磁场，从而说明电流与磁场之间有着不可分割的联系。电流产生磁场的这种现象叫作电流的磁效应。

（三）磁场对载流直导线的作用

通过前面学习已经知道，两块磁铁之间有力的作用，且载流直导线周围存在磁场。若将载流直导线放入磁铁中，两者之间也会产生力，现在用如图 3-6 所示的实验来证实这一问题。

在图 3-6（a）中，U 形磁铁中水平放置一根直导线，即它与磁感应线垂直。当导线上没有电流通过时，导线在磁场里静止不动。当导线上有电流通过，且背离读者而去时，则导线因受磁场作用而向左运动。若改变导线中的电流方向，见图 3-6（b），即电流方向指向读者，则导线受磁场作用向右运动。上述实验说明，载流直导线在磁场的作用下而产生运动。在磁极固定时，运动方向与电流方向有关；

若导线中电流方向不变，只改变磁极方向，则导线的运动方向也发生改变。电动机就是利用载流导线在磁场中产生运动的原理制成的。

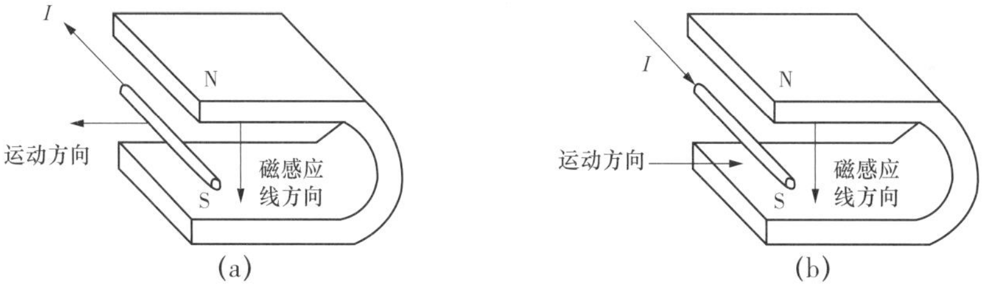

图 3-6 磁场对载流导线的作用

（a）导线上的电流方向背离读者；（b）导线上的电流方向指向读者

载流直导线在磁场作用下产生运动，而运动是在力的作用下产生的。载流直导线在磁场中所受到的力称为电磁作用力，简称电磁力，用字母 F 表示。电磁力既有大小，也有方向。

电磁力方向（即导线运动方向）、电流方向和磁场方向三者相互垂直。因为电磁力的方向与磁场方向及电流方向有关。所以，用左手定则（又称电动机定则）来判定三者之间的关系。

左手定则的内容是：伸平左手，使大拇指与其余四指垂直，手心对着 N 极，让磁感应线垂直穿过手心，四指的指向代表电流方向，则大拇指所示的方向就是磁场对载流直导线的作用力方向，如图 3-7 所示。

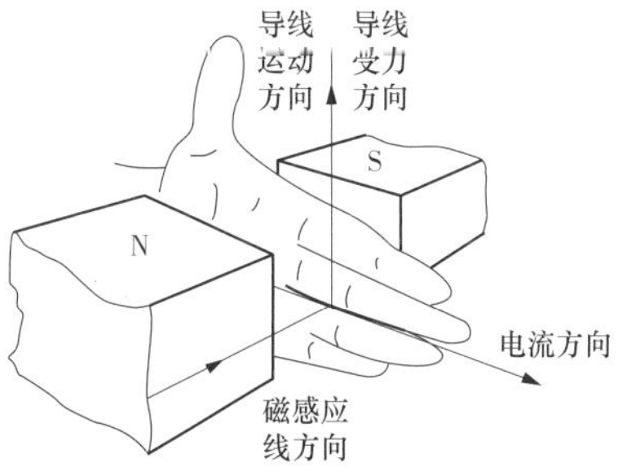

图 3-7 左手定则

实验证明，在匀强磁场中，当载流直导线与磁场方向垂直时，磁场对载流直导线作用力的大小，与导线所处的磁感应强度、通过直导线的电流以及导线在磁场中的长度的乘积成正比，即式（3-3）。

$$F = BIL \tag{3-3}$$

式中 B——磁感应强度，Wb/m^2；

I——直导线中通过的电流，A；

L——直导线在磁场中的长度，m；

F——直导线受到的电场力，N。

（四）磁场对通电线圈的作用

由于磁场对通电导线有作用力，因此，磁场对通电线圈也有力的作用。在均匀磁场中放置一个矩形通电线圈 abcd，如图 3-8 所示。

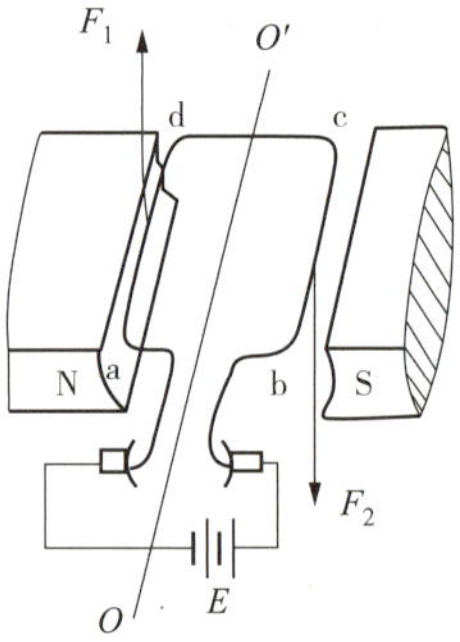

图 3-8　磁场对线圈作用

当线圈平面与磁感应线平行时，因为 ab 和 dc 与磁感应线平行，不受磁场作用，没有电磁力；ad 和 bc 与磁感应线垂直，受磁场作用而有电磁力。根据左手定则，ad 的受力方向是垂直向上，而 bc 的受力方向是垂直向下。因为 ad=bc，据式（3-3）可知，ad 和 bc 所受的电磁力大小相等。这一对电磁力大小相等，方向相反，所以可构成一对力偶。故线圈在力偶的作用下，围绕轴线 OO' 做顺时针旋转。图 3-8 是一个单匝线圈的直流电动机的工作原理图。

三、电磁感应

电和磁是可以互相转化的。在一定条件下，电流能够产生磁场；同样，磁场也能使导线中产生电流。磁转化为电的现象叫作电磁感应。

（一）电磁感应现象

1. 实验一

将直导线 AB 放在磁场中，它的两端与检流计连接构成闭合回路，如图 3-9 所示。当导线向右移动垂直切割磁感应线时，检流计指针偏转，如图 3-9（a）所示，表示导线中有电流产生；当导线向左方垂直移动切割磁感应线时，检流计指针也发生偏转，但方向与前面的相反，如图 3-9（b）所示。

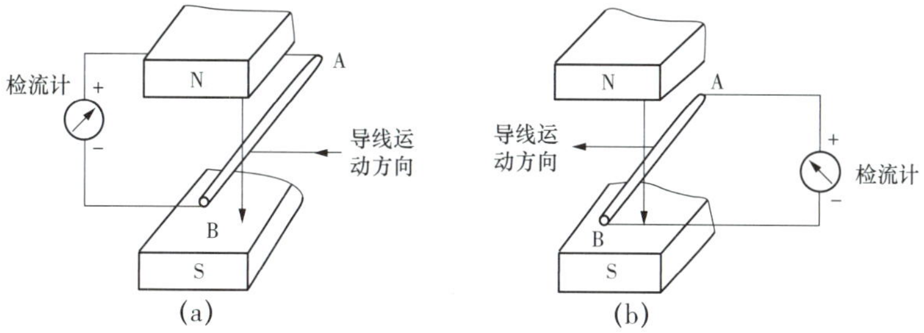

图 3–9 通电直导线的磁场中运动

（a）导线向右运动；（b）导线向左运动

当导体不动，没有切割磁感应线时，检流计指针无偏转，说明导线中没有电流。通过实验可以看到，导线的移动速度越快，检流计指针偏转越大，即电流越大。

2. 实验二

将线圈的两端与一个检流计连接而构成闭合回路，如图 3-10 所示。当条形磁铁插入线圈瞬间，检流计指针向右偏转，如图 3-10（a）所示，说明线圈中磁通发生变化，线圈中有电流出现。若把条形磁铁从线圈中拔出，在拔出瞬间，检流计指针向相反方向偏转，说明线圈中磁通也发生变化，线圈中也有电流出现，如图 3-10（b）所示。当条形磁铁在线圈中停止运动时，检流计指针无偏转，线圈中磁通没有变化，线圈中也没有电流。条形磁铁插入或拔出的速度越快，即磁通量变化得越快，则检流计指针偏转越大；反之，检流计指针偏转越小。

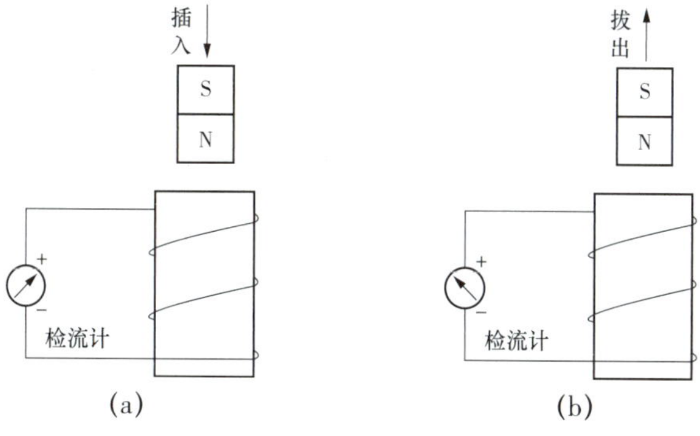

图 3–10 条形磁铁相对线圈运动

（a）向线圈中插入磁铁；（b）将磁铁拔出线圈

上述两个实验说明，无论是直导线在磁场中做切割磁感应线运动，还是磁铁对线圈做相对运动，都是由于运动使得穿过直导线或线圈组成的闭合回路中的磁通量发生了改变，因而在直导线或线圈中产生电动势。若直导线或线圈构成回路，则直导线或线圈中将有电流出现。回路中磁通量的变化是导致直导线或线圈中产生电动势的根本原因，即“动磁生电”。磁通量的变化越大，产生的电动势越大。

因磁通变化而在直导线或线圈中产生电动势的现象，叫作电磁感应。由电磁感应产生的电动势叫作感应电动势。由感应电动势在闭合电路形成的电流，叫作感应电流。

（二）法拉第定律

从图 3-10 所示的实验中可知，感应电动势的大小，取决于条形磁铁插入或拔出的快慢，即取决于磁通变化的快慢。磁通变化越快，感应电动势就越大；反之就越小。磁通变化的快慢，用磁通变化率来表示。例如，有一单匝线圈，在 t_1 时刻穿过线圈的磁通为 Φ_1，在此后的某二时刻 t_2，穿过线圈的磁通为 Φ_2，那么在 $\Delta t=t_2-t_1$ 这段时间内，穿过线圈的磁通变化量为

$$\Delta\Phi=\Phi_2-\Phi_1 \tag{3-4}$$

因此，单位时间内的磁通变化量，即磁通变化率是

$$\frac{\Delta\Phi}{\Delta t}=\frac{\Phi_2-\Phi_1}{t_2-t_1} \tag{3-5}$$

在单匝线圈中产生的感应电动势的大小是

$$e=\left|\frac{\Delta\Phi}{\Delta t}\right| \tag{3-6}$$

式（3-6）中的绝对值符号表示只考虑感应电动势的大小，不考虑方向。

对于多匝线圈来说，因为通过各匝线圈的磁通变化率是相同的，所以每匝线圈感应电动势大小相等。因此，多匝线圈感应电动势是单匝线圈感应电动势的 N 倍，即

$$e=N\left|\frac{\Delta\Phi}{\Delta t}\right| \tag{3-7}$$

式中　e——在 Δt 时间内感应电动势的平均值，V；

N——线圈匝数；

$\Delta\Phi$——线圈中磁通变化量，Wb；

Δt——磁通变化 $\Delta\Phi$ 所用的时间，s。

式（3-7）说明，当穿过线圈的磁通发生变化时，线圈两端的感应电动势的大小只与磁通变化率成正比，这就是法拉第定律。

（三）楞次定律

法拉第电磁感应定律，只说明了感应电动势的大小取决于磁通变化率，但无法说明感应电动势的方向与磁通量变化之间的关系。为了找出它们之间的规律，必须对前面的实验再做进一步研究。

从图 3-10 实验中可以看到穿过线圈的原磁通的方向是向下的。

如图 3-11（a）所示，当磁铁插入线圈时，线圈中的原磁通量增加，产生感应电动势。感应电流由检流计的正端流入。此时，感应电流在线圈中产生一个新的磁通。根据安培定则可以判定，新磁通与原磁通的方向相反，也就是说，新磁通阻碍原有磁通的增加。

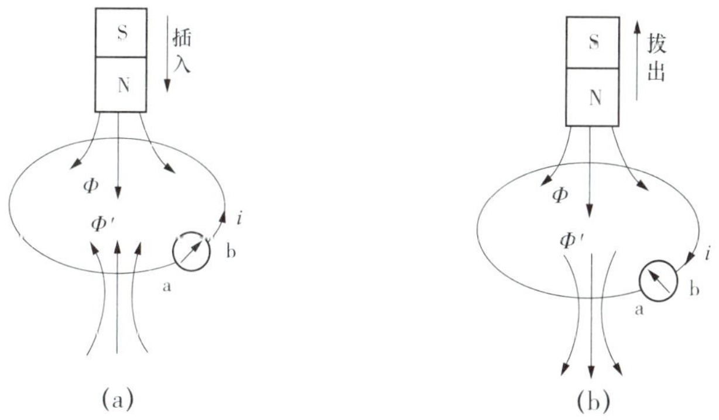

图 3–11　感应电动势方向判定

（a）向线圈中插入磁铁；（b）将磁铁拔出线圈

如图 3-11（b）所示，当磁铁由线圈中拔出时，线圈中的原有磁通减少，产生感应电动势，感应电流由检流计的负端流入。此时，感应电流在线圈中产生一个新的磁通，根据安培定则判定，新磁通与原有磁通的方向是相同的，也就是说，新磁通阻碍原有磁通的减少。

经过上面的讨论可得出一个规律：线圈中磁通变化时，线圈中产生感应电动势，其方向是使它形成的感应电流产生新磁通来阻碍原有磁通的变化。也就是说，感应电流的新磁通总是阻碍原有磁通的变化。这个规律被称为楞次定律。应用楞次定律来判定线圈中产生感应电动势或感应电流的方向，具体方法步骤如下：

（1）首先明确磁通的方向和原磁通的变化（增加或减少）情况。

（2）根据楞次定律判定感应电流产生新磁通的方向。

（3）根据新磁通的方向，应用安培定则（右手螺旋定则）判定出感应电动势或感应电流的方向。

例如，在图 3-11 中，线圈固定不动，条形磁铁向下、向上运动时，判断线圈 a、b 两端感应电动势的方向。

当磁铁向下运动时，原磁通 Φ 增加，且方向向下，由楞次定律可知，新磁通 Φ' 方向向上。根据安培定则可判断出，大拇指的指向是新磁通的方向，其余四指的指向就是感应电动势的方向，即由 b 到 a，如图 3-11（a）所示。

当磁铁向上运动时，原磁通 Φ 减少，且方向向下，由楞次定律可知新磁通 Φ' 的方向向下，阻碍原磁通的减少，根据安培定则可判断出，感应电动势的方向是由 a 到 b，如图 3-11（b）所示。

对于直导线切割磁感应线向产生感应电动势的方向，可用右手定则进行判定。右手定则内容是：伸开右手，使大拇指与其余四指垂直并且与手掌在同一平面内，手心对着磁极的 N 极，让磁感应线垂直穿过手心，大拇指指向导体的运动方向，其余四指所指的方向就是感应电动势的方向，如图 3-12 所示。右手定则又叫发电机定则。

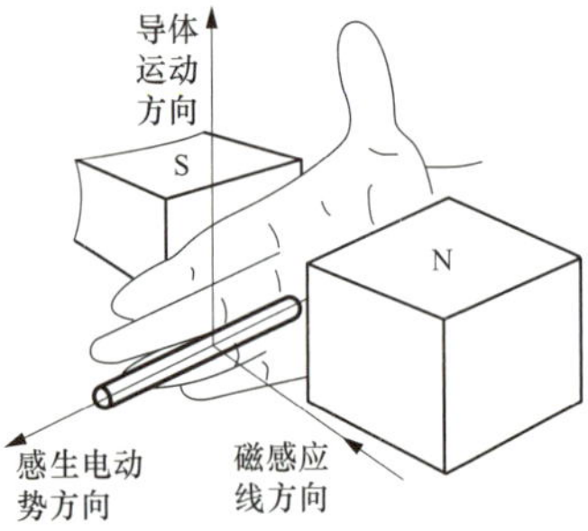

图 3-12　右手定则

（四）电磁感应定律

为了使法拉第定律不仅能表示出感应电动势的大小，同时也能表示出它的方向，把法拉第定律与楞次定律结合起来就是电磁感应定律。电磁感应定律的内容是：感应电动势的大小与磁通变化率成正比，感应电流的方向总是阻碍原磁通变化。

四、自感、互感

（一）自感

自感是一种电磁感应现象；下面通过实验说明什么是自感。在图 3-13（a）中，有两个相同的灯泡。合上开关后，灯泡 HL1 立刻正常发光，灯泡 HL2 慢慢变亮。其原因是在开关 S 闭合的瞬间，线圈中的电流是从无到有，电流所产生的磁通也随之增加，于是在线圈中产生感应电动势。根据楞次定律，由感应电动势所形成的感应电流产生的新磁通，要阻碍原磁通的增加；感应电动势的方向与线圈中原来电流的方向相反，使电流不能很快地上升，所以灯泡 HL2 只能慢慢变亮。

在图 3-13（b）中，当开关 S 断开时，HL 灯泡不会立即熄灭，而是突然一亮然后熄灭。其原因是在开关 S 断开的瞬间，线圈中电流要减小到零，线圈中磁通也随之减小。由于磁通变化在线圈中产生感应电动势。根据楞次定律，感应电动势所形成的感应电流产生的新磁通，阻碍原磁通的减少，感应电动势方向与线圈中原来的电流方向一致，阻止电流减少，即感应电动势维持电感中的电流慢慢减小，所以灯泡 HL 不会立刻熄灭。

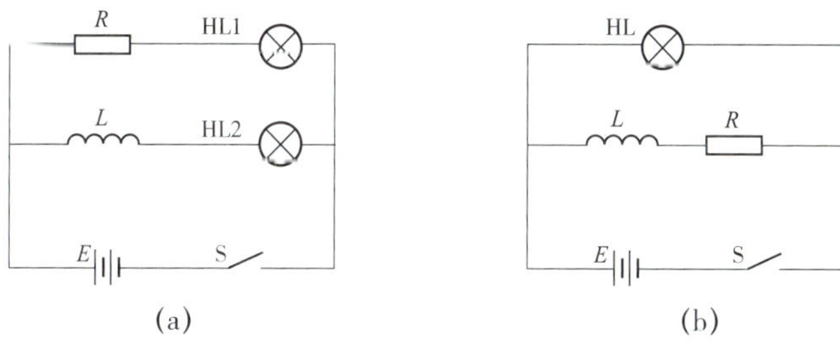

图 3-13　自感实验电路

通过两个实验可以看到，由于线圈自身电流的变化，线圈中也要产生感应电动势。把由于线圈自身电流变化而引起的电磁感应叫作自感应，简称自感。由自感现象产生的电动势叫作自感电动势。

为了表示自感电动势的大小，引入一个新的物理量，叫自感系数。当一个线圈通过变化电流后，单位电流所产生的自感磁通数，称为自感系数，也称电感量，简称电感，用字母 L 表示。电感是测量线圈产生自感磁通本领大小的物理量。如果一个线圈中流过 1A 电流，能产生 1Wb 的自感磁通，则该线圈的电感就是 1 亨利，简称亨，用字母 H 表示。在实际使用中，有时用亨利单位太大，常采用较小

的单位毫亨（mH）、微亨（μH），它们之间的关系为

$$1H = 10^3 mH$$

$$1mH = 10^3 \mu H$$

电感 L 是线圈的固有参数，它取决于线圈的几何尺寸以及线圈中介质的磁导率。如果介质磁导率恒为常数，这样的电感叫线性电感，如空心线圈的电感 L 为常数；反之，则称为非线性电感，如有铁芯的线圈的电感 L 不是常数。

自感在电工技术中，既有利又有弊。例如，日光灯是利用镇流器（铁芯线圈）产生自感电动势提高电压来点亮灯管的，同时也利用它来限制灯管电流。但是，在有较大电感元件的电路被切断瞬间，电感两端的自感电动势很高，在开关刀口断开处产生电弧，烧毁刀口，影响设备的使用寿命；在电子设备中，这个感应电动势极易损坏设备的元器件，必须采取相应措施，予以避免。

（二）互感

互感也是一种电磁感应现象。图 3-14 中有两个互相靠近的线圈。当原线圈电路的开关 S 闭合时，原线圈中的电流增大，磁通也增加，副线圈中磁通也随之增加而产生感应电动势，检流计指针偏转，说明副线圈中也有电流。当原线圈电路开关 S 断开时，原线圈中的电流减小，磁通也减小，这个变化的磁通使副线圈中产生感应电动势，检流计指针向相反方向偏转。

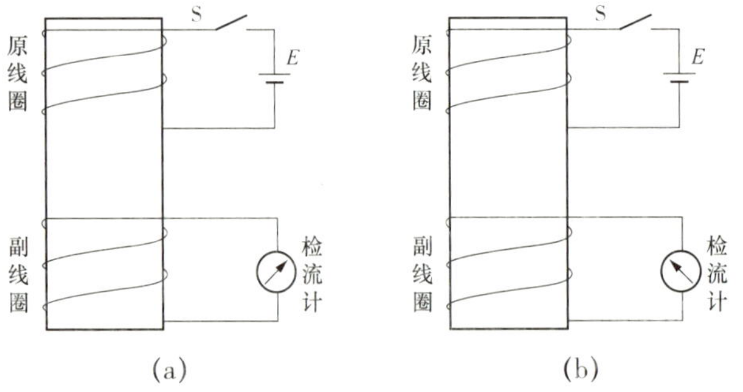

图 3-14　互感实现电路

这种由于一个线圈电流变化，引起另一个线圈中产生感应电动势的电磁感应现象，叫作互感现象，简称互感。由互感产生的感应电动势称为互感电动势。人们利用互感现象，制成了电工领域的电器——变压器。

第二节 交流电路

一、正弦交流电的产生

直流电路中的直流电，其电流（及电压、电磁势）的大小和方向是不随时间变化的。但是在生产实际中，除了应用直流电外，还广泛地应用交流电。所谓交流电是指电流（及电压、电动势）的大小和方向随时间的变化而变化。交变电流、交变电压和交变电动势统称为交流电。通常将交流电分为正弦交流电和非正弦交流电两大类。正弦交流电是指其交流量随时间按正弦规律变化。

人们经常用图形表示电流（及电压、电动势）随时间变化的规律，这种图形称为波形图，如图 3-15 所示。图中横坐标表示时间，纵坐标表示不同时刻的交流量（电流、电压、电动势）值。从如图 3-15（b）所示的波形图中可以看到，正弦交流电（如无特别说明都简称交流电）的特点是：

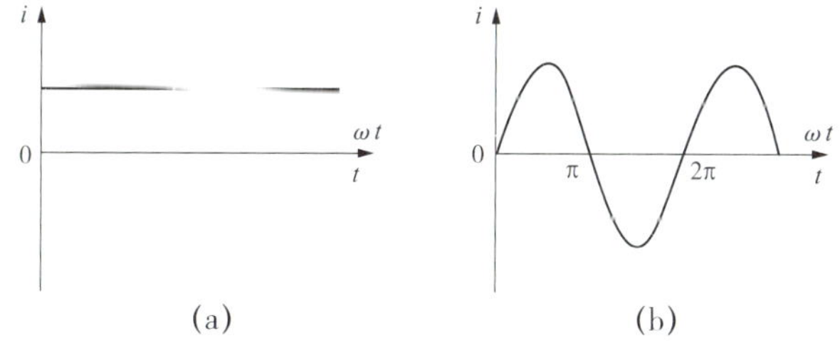

图 3–15　直流电和交流电波形图

（1）变化的瞬时性。正弦交流电的大小和方向时时刻刻都在变化。

（2）变化的周期性。正弦交流电每隔一定时间又做重复的变化。

（3）变化的规律性。正弦交流电是随着时间按正弦规律变化的。

正弦交流电在工农业生产以及日常生活中应用广泛，是由于它具有便于远距离传输和分配、交流发电机结构简单、运行可靠、维修方便、节省材料、电磁干扰低等优点。

二、正弦交流电的三要素

（一）周期、频率、角频率

由如图 3-15 所示中的正弦交流电流波形图可以看出，它从零开始随时间延长而增至最大值，然后逐渐减到零；以后由零开始反向增至最大值，然后再回到零。这样，交流电流就变化一次。交流电就按照这样的规律做周而复始的变化，变化一次叫作一周。交流电变化一周所需要的时间叫作周期，用字母 T 表示，单位是秒（s），较小的单位有毫秒（ms）和微秒（μs）。它们之间的关系为

$$1\text{s} = 10^3\text{ms} = 10^6\mu\text{s}$$

周期的长短表示交流电变化的快慢。周期越小，说明交流电变化一周所需的时间越短，交流电的变化越快；反之，交流电的变化越慢。

频率是指在 1s 内交流电变化的次数，用字母 f 表示，单位为赫兹，简称赫（Hz）。当频率很高时，可以使用千赫（kHz）、兆赫（MHz）、吉赫（GHz）等。它们之间的关系为

$$1\text{kHz}=10^3\text{Hz}$$

$$1\text{MHz}=10^3\text{kHz}$$

$$1\text{GHz}=10^3\text{MHz}$$

频率和周期一样，是反映交流电变化快慢的物理量。它们之间的关系为

$$\left.\begin{aligned} f &= \frac{1}{T} \\ T &= \frac{1}{f} \end{aligned}\right\} \qquad (3\text{-}8)$$

我国农业生产及日常生活中使用的交流电标准频率为 50Hz。通常把 50Hz 的交流电称为工频交流电。

交流电变化的快慢除了用周期和频率表示外，还可以用角频率表示。所谓角频率就是交流电每秒钟变化的角度，用字母 ω 表示，单位是弧度 / 秒（rad/s）。周期、频率和角频率的关系为

$$\omega = \frac{2\pi}{T} = 2\pi f \qquad (3\text{-}9)$$

（二）瞬时值、最大值、有效值

正弦交流电（简称交流电）的电动势、电压、电流，在任意瞬间的数值叫交

流电的瞬时值，用小写字母 e、u、i 表示。

瞬时值中最大的值称为最大值，也称为振幅或峰值。在波形图中，曲线的最高点对应的纵轴值，即表示最大值。用 E_m、U_m、I_m 分别表示电动势、电压、电流的最大值。它们之间的关系为

$$\left.\begin{aligned} e &= E_m \sin \omega t \\ u &= U_m \sin \omega t \\ i &= I_m \sin \omega t \end{aligned}\right\} \tag{3-10}$$

由式（3-10）可知，交流电的大小和方向是随时间变化的，瞬时值在零值与最大值之间变化，没有固定的数值。因此，不能随意用一个瞬时值来反映交流电的做功能力。如果选用最大值，就夸大了交流电的做功能力，因为交流电在绝大部分时间内都比最大值要小。这就需要选用一个数值，能等效地反映交流电做功的能力。为此，引入了交流电的有效值这一概念。

正弦交流电的有效值是这样定义的：如果一个交流电通过一个电阻，在一个周期内所产生的热量，和某一直流电流在相同时间内通过同一电阻产生的热量相等，那么，这个直流电的电流值就称为交流电的有效值。正弦交流电的电动势、电压、电流的有效值分别用字母 E、U、I 表示。通常所说的交流电的电动势、电压、电流的大小都是指它的有效值，交流电气设备铭牌上标注的额定值、交流电仪表所指示的数值也都是有效值。今后在谈到交流电的数值时，如无特殊注明，都是指有效值。

理论计算和实验测试都可以证明，它们之间的关系为

$$\left.\begin{aligned} E &= \frac{E_m}{\sqrt{2}} = 0.707E_m \\ U &= \frac{U_m}{\sqrt{2}} = 0.707U_m \\ I &= \frac{I_m}{\sqrt{2}} = 0.707I_m \end{aligned}\right\} \tag{3-11}$$

（三）相位、初相和相位差

如图 3-16 所示，两个相同的线圈固定在同一个旋转轴上，它们相互垂直，以角速度 ω 逆时针旋转，AX 和 BY 线圈中产生的感应电动势分别为 e_1 和 e_2，如图 3-17 所示。

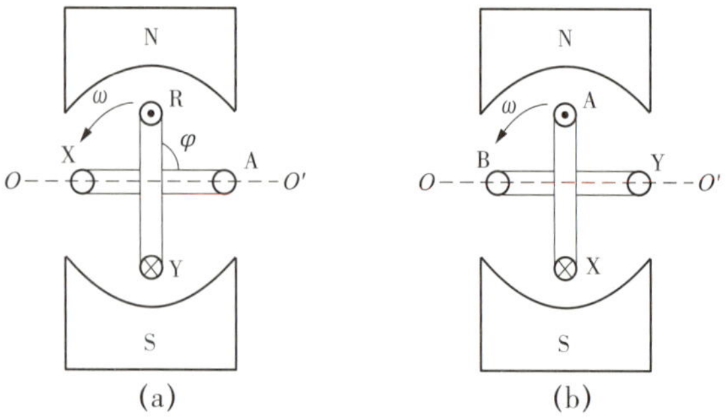

图 3–16　两个线圈中电动热变换情况

当 $t=0$ 时，AX 线圈平面与中性面之间的夹角 $\varphi_1=0°$，线圈平面与中性面之间的夹角 $\varphi_2=90°$。在任意时刻两个线圈的感应电动势分别为

$$\begin{aligned} e_1 &= E_m\sin(\omega t+\varphi_1) \\ e_2 &= E_m\sin(\omega t+\varphi_2) \end{aligned} \quad (3\text{-}12)$$

式（3-12）中，$\omega t+\varphi_1$ 和 $\omega t+\varphi_2$ 是表示交流电变化进程的一个角度，称为交流电的相位或相角，它决定了交流电在某一瞬时所处的状态。$t=0$ 时的相位叫初相位或初相。它是交流电在计时起始时刻的电角度，反映了交流电的初始值。例如，AX、BY 线圈的初相分别是 $\varphi_1=0°$、$\varphi_2=90°$。在 $t=0$ 时，两个线圈的电动势分别为 $e_1=0$、$e_2=E_m$。两个频率相同的交流电的相位之差叫相位差。令上述 e_1 的初相位 $\varphi_1=0°$，e_2 的初相位 $\varphi_2=90°$，则两个电动势的相位差为

$$\Delta\varphi=(\omega t+\varphi_2)-(\omega t+\varphi_1)=\varphi_2-\varphi_1 \quad (3\text{-}13)$$

可见，相位差就是两个电动势的初相差。

从图 3-17 可以看到，初相分别为 φ_1 和 φ_2 的频率相同的两个电动势的同向最大值，不能在同一时刻出现。也就是说，e_2 比 e_1 超前 φ 角度达到最大值，或者说 e_1 比 e_2 滞后 φ 角度达到最大值。

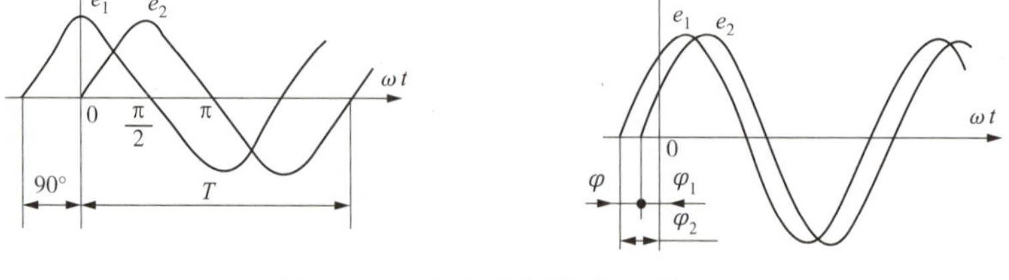

图 3–17　电动势波形图及相位差

综上所述，一个交流电变化的快慢用频率表示；其变化的幅度，用最大值表示；其变化的起点用初相表示。

交流电的频率、最大值、初相确定后，就可以准确地确定交流电随时间变化的情况。因此，频率、最大值和初相称为交流电的三要素。

三、正弦交流电的表示法

正弦交流电的表示方法有三角函数式法和正弦曲线法两种。它们能真实地反映正弦交流电的瞬时值随时间的变化规律，同时也能完整地反映出交流电的三要素。

（一）三角函数式法

正弦交流电的电动势、电压、电流的三角函数式为

$$\begin{aligned} e &= E_m \sin(\omega t + \varphi_e) \\ u &= U_m \sin(\omega t + \varphi_u) \\ i &= I_m \sin(\omega t + \varphi_i) \end{aligned} \tag{3-14}$$

若知道了交流电的频率、最大值和初相，就能写出三角函数式，从而可以求出任一时刻的瞬时值。

示例：已知正弦交流电的频率 $f = 50$Hz，最大值 $U_m = 310$V，初相 $\varphi = 30°$。求 $t = 1/300$s 时的电压瞬时值。

解：

电压的三角函数标准式为

$$u = U_m \sin(\omega t + \varphi_u) = U_m \sin(2\pi f t + \varphi_u) \tag{3-15}$$

则其电压瞬时值表达式为

$$u = 310\sin(100\pi t + 30°) \tag{3-16}$$

将 $t = 0.01$s 代入式（3-16）得

$$\begin{aligned} u &= 310\sin(100\pi t + 30°) \\ &= 310\sin(100 \times 180° \times 1 \div 300 + 30°) \\ &= 310\sin(60° + 30°) \\ &= 310(\text{V}) \end{aligned} \tag{3-17}$$

（二）正弦曲线法

正弦曲线法就是利用三角函数式相对应的正弦曲线，来表示正弦交流电。

在图 3-18 中，横坐标表示时间 t 或者角度 ωt，纵坐标表示随时间变化的电动

势瞬时值。图中正弦曲线反映出正弦交流电的初相 $\varphi = 0$、e 最大值 E_m、周期 T，以及任一时刻的电动势瞬时值。这种图也叫作波形图。

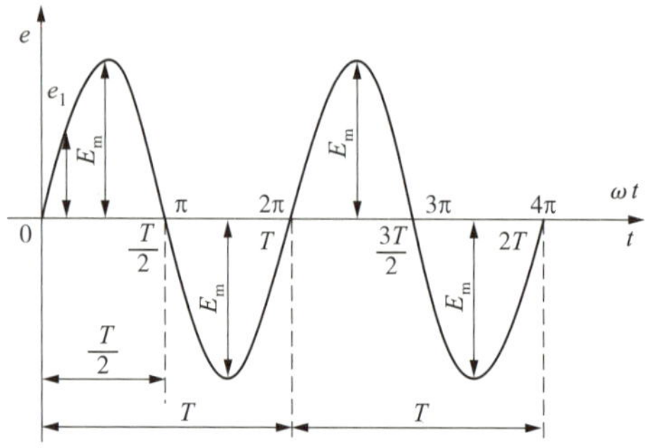

图 3-18 正弦曲线表示法

四、单相交流电路

在直流电路中，电路的参数只有电阻 R。而在交流电路中，电路的参数除了电阻 R 以外，还有电感 L 和电容 C。它们不仅对电流有影响，而且还影响了电压与电流的相位关系。因此，在研究交流电路时，在确定电路中数量关系的同时，必须考虑电流与电压的相位关系，这是交流电路与直流电路的主要区别。本节只简单介绍纯电阻、纯电感、纯电容电路。

（一）纯电阻电路

纯电阻电路是只有电阻而没有电感和电容的交流电路。如白炽灯、电烙铁、电阻炉组成的交流电路，都可以近似看成是纯电阻电路，如图 3-19（a）所示。在这种电路中对电流起阻碍作用的主要是负载电阻。

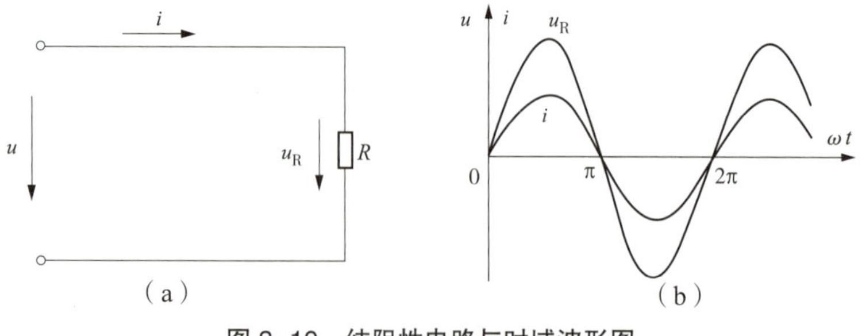

图 3-19 纯阻性电路与时域波形图

加在电阻两端的正弦交流电压为 u，电路中产生交流电流 i。在纯电阻电路中，电压和电流瞬时值之间的关系符合欧姆定律，即

$$i = u / R \quad (3\text{-}18)$$

由于电阻值不随时间变化，则电流与电压的变化是一致的。就是说，电压为最大值时，电流也同时达到最大值；电压变化到零时，电流也变化到零，如图3-19（b）所示。纯电阻电路中，电流与电压的这种关系称为“同相”。

通过电阻的电流有效值为

$$I = U / R \quad (3\text{-}19)$$

在纯电阻电路中，电流通过电阻所做的功与直流电路的计算方法相同，即

$$P = UI = I^2R = U^2R \quad (3\text{-}20)$$

（二）纯电感电路

纯电感电路是只有电感而没有电阻和电容的电路。如由很小的电感线圈组成的交流电路，都可近似看成是纯电感电路，如图 3-20（a）所示。

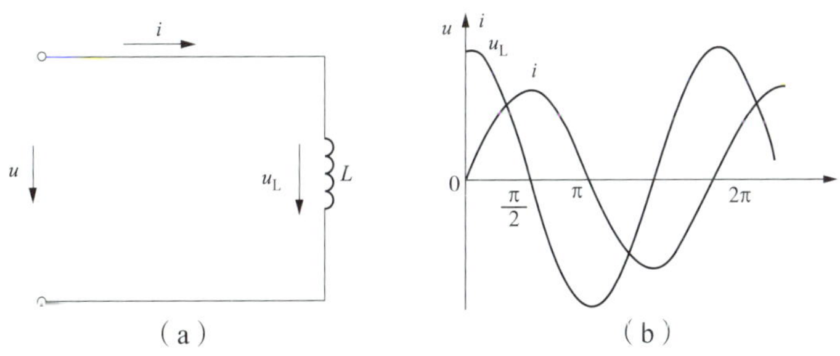

图 3–20 纯感性电路与时域波形图

如果线圈两端加上正弦交流电压，则通过线圈的电流 i 也按正弦规律变化。由于线圈中电流发生变化，在线圈中就产生自感电动势，它必然阻碍线圈电流变化。经过理论分析证明，由于线圈中自感电动势的存在，使电流达到最大值的时间，要比电压滞后 90°，即四分之一周期。也就是说，在纯电感电路中，虽然电压和电流都按正弦规律变化，但两者不是同相位的，如图 3-20（b）所示，正弦电流比线圈两端正弦电压滞后 90°，或者说，电压超前电流 90°。

理论证明，纯电感电路中线圈端电压的有效值 U 与线圈通过电流的有效值之间的关系是

$$I = U / \omega L = U / X_L \quad (3\text{-}21)$$

ωL 是电感线圈对角频率为 ω 的交流电所呈现的阻力，称为感抗，用 X_L 表示，即

$$X_L = \omega L = 2\pi f L \tag{3-22}$$

式中　X_L——感抗，Ω；

f ——频率，Hz；

L ——电感，H。

感抗是用来表示电感线圈对交流电阻碍作用的物理量。感抗的大小，取决于通过线圈电流的频率和线圈的电感量。对于具有某一电感量的线圈而言，频率越高，感抗越大，通过的电流越小；反之，感抗越小，通过的电流越大。收音机中的高频扼流圈不让高频电流通过，只让低频电流通过，就是这个道理。在直流电路中，由于频率为零，故线圈的感抗也为零，线圈的电阻很小，可以把线圈看成短路。

（三）纯电容电路

电容器是由两个金属板中间隔着不同的介质（云母、绝缘纸等）组成的。它是存放电荷的容器。电容器中的两个金属板叫作极板。如果把电容器的两个极板分别与直流电路两端连接，如图 3-21 所示，则两极板间有电压，在极板间建立了电场。在电场力作用下，自由电子运动，使两个极板分别带上数量相等、符号相反的电荷。与电源正极相连的极板带正电荷，与电源负极相连的极板带负电荷。实验证明，极板上存有电荷 Q 越多，则极板间的电压 U 越高，二者成正比。因此，将电容器的电量 Q 与极板间电压的比值叫作电容器的电容量，简称电容，用字母表示，即

$$C = \frac{Q}{U} \tag{3-23}$$

式中　Q——任意极板上的电量，C；

U——两极板间的电压，V；

C——电容量，F。

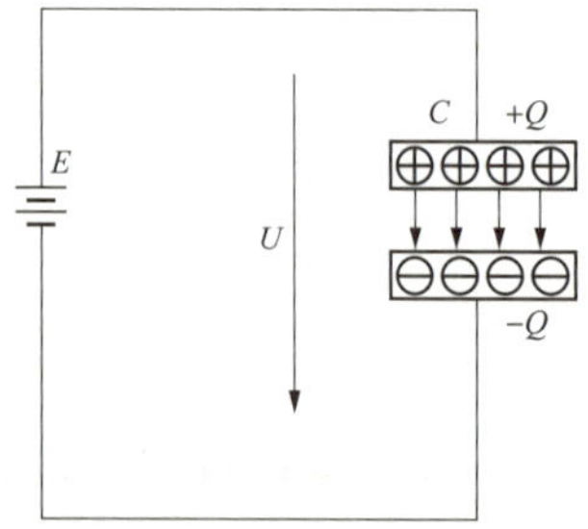

图 3-21　电容器接入电源

当电容器极板间电压为 1V，极板上电量为 1C，则电容器的电容量为 1 法拉，简称法，用字母 F 表示。在实际应用中，由于法拉单位过大，所以经常使用微法（μF）和皮法（pF）为电容的单位，它们之间的关系为

$$1\mu F = 10^{-6} F$$

$$1pF = 10^{-6}\mu F = 10^{-12} F$$

电容器在电工和电子技术中应用广泛。如在电力系统中用它改善系统的功率因数，在电子技术中用它进行滤波、耦合、隔直、旁路、选频等。在这里只简单介绍电容在交流电路的作用。

纯电容电路是只有电容而没有电阻和电感的电路。如电介质损耗很小、绝缘电阻很大的电容器组成的交流电路，可近似看成纯电容电路，如图 3-22 所示。

在图 3-22（a）的纯电容电路中，电容器接上交流电源。在电压升高的过程中，电容器充电；在电压降低的过程中，电容器放电。由于电容器端电压按正弦规律变化，致使电容器不断地进行充电、放电，于是在电路中形成按正弦规律变化的电流。理论分析证明：电路中电流达到同方向最大值的时间，比电容器的端电压超前 90°，即提前四分之一周期。也就是说，在纯电容电路中，虽然电流与电压都按正弦规律变化，但两者的相位不同，如图 3-22（b）所示，纯电容电路中的电流超前电压 90°。

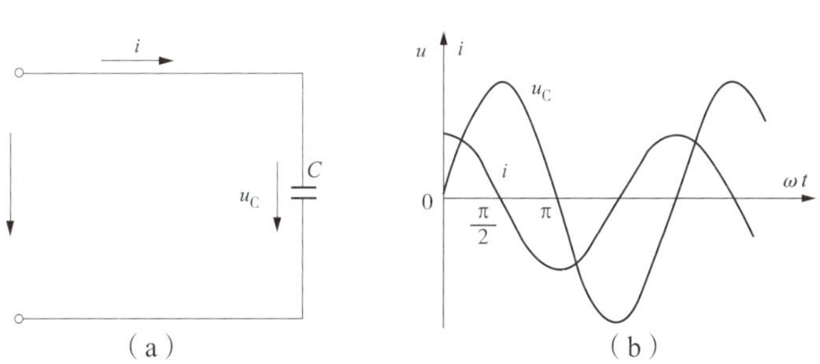

图 3–22　纯感性电路与时域波形图

理论证明，在纯电容电路中，电容两端电压的有效值 U 与电路电流有效值 I 之间的关系是

$$I = \frac{U}{\frac{1}{\omega C}} = \frac{U}{X_C} \tag{3-24}$$

$1/\omega C$ 是电容对角频率为 ω 的交流电所呈现的阻力，称为容抗，用 X_C 表示，即

$$X_C = 1/\omega C = 1/2\pi f C \tag{3-25}$$

容抗是用来表示电容器对电流阻碍作用大小的一个物理量，单位是欧姆，用 Ω 表示。容抗的大小与频率及电容量成反比。当电容器的容量一定时，频率越高，容抗越小，电流越大；反之，频率越低，容抗越大，电流越小。在直流电路中，由于电流频率为零，因此，容抗为无限大。这表明，电容器在直流电路中相当于开路。但在交流电路中，随着电流频率的增加，容抗逐渐减小。因此，电容器在交流电路中相当于通路。这就是电容器隔断直流、通过交流的原理。

五、三相交流电路

单相交流电路的电源电路上有两根输出线，而且电源只有一个交变电动势。如果在交流电路中三个电动势同时作用，每个电动势大小相等，频率相同，但初相不同，则称这种电路为三相制交流电路。其中，每个电路称为三相制电路的一相。

三相制电路应用广泛，其电源是三相发电机。和单相交流电相比，三相交流电具有以下优点：

（1）三相发电机比尺寸相同的单相发电机输出的功率大。

（2）与单相发电机相比，三相发电机的结构和制造不复杂，使用方便，维修简单，运转时振动也很小。

（3）在条件相同、输送功率相同的情况下，三相输电线比单相输电线可节约25%左右的线材。

（一）三相电源绕组的联结

三相发电机的每相绕组都是独立的电源，均可以采用如图 3-23 所示的方式向负载供电。这是三个独立的单相电路，构成三相六线制，有六根输电线，既不经济又没有实用价值。在现代供电系统中，发电机三相绕组通常用星形联结或三角形联结两种方式。但是，发电机绕组一般不采用三角形接法而采用星形接法。因此，这里只介绍星形接法。

将发电机三相绕组的末端 U2、V2、W2 连在一起，成为一个公共点，再将三相绕组的始端 U1、V1、W1 引出，接负载的三根输电线。这种接法称为星形接法或丫形接法，如图 3-24 所示。公共点称作电源中点，用字母 N 表示。从始端引出的三根输电线叫作相线或端线，俗称火线。从电源中点 N 引出的线叫作中线。中

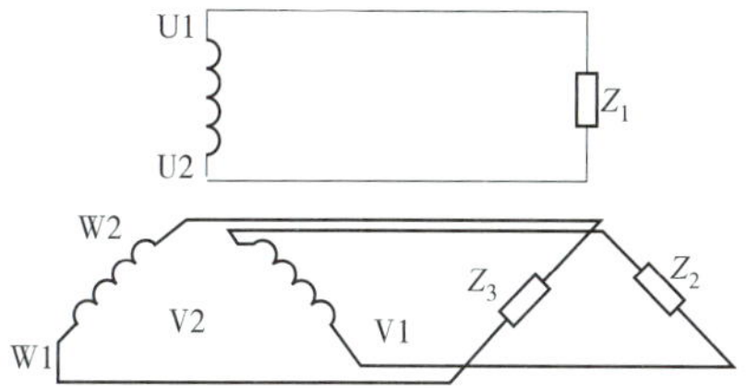

图 3-23　三相六线制

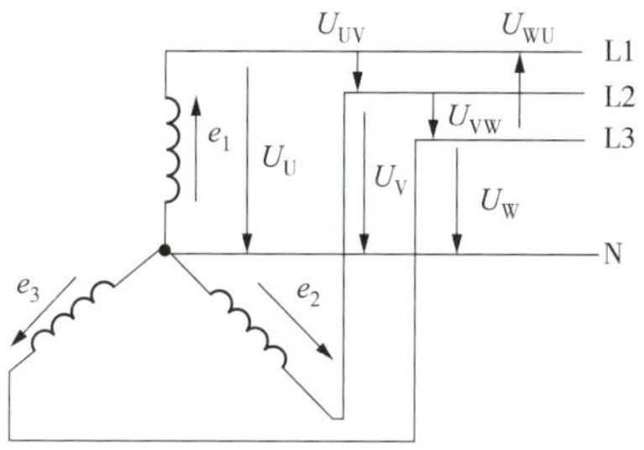

图 3-24　三相电源的星形接法

线通常与大地相连接，因此，把接地的中点叫零点，把接地的中线叫零线（中性线）。

如果从电源引出四根导线，这种供电方式叫星接二相四线制；如果不从电源中点引出中线，这种供电方式叫星接三相三线制。

电源相线与中线之间的电压叫作相电压，在图 3-24 中用 U_U、U_V、U_W 表示，电压方向是由始端指向中点。

电源相线之间的电压叫作线电压，分别用 U_{UV}、U_{VW}、U_{WU} 表示。电压的正方向分别是从端点 U1 到 V1、V1 到 W1、W1 到 U1。

三相对称电源的相电压相等，线电压也相等，则相电压 U_{ph} 与线电压 U_l 之间的关系为

$$U_l = \sqrt{3}U_{ph} \approx 1.7U_{ph} \tag{3-26}$$

式（3-26）表明三相对称电源星形联结时，线电压的有效值等于相电压有效值的 1.7 倍。

（二）三相交流电路负载的联结

在三相交流电路中，负载由三部分组成，其中，每两部分称为一相负载。如果各相负载相同，则叫作对称三相负载；如果各相负载不同，则叫作不对称三相负载。例如，三相电动机是对称三相负载，日常照明电路是不对称三相负载。根据实际需要，三相负载有两种连接方式，即星形（Y形）联结和三角形（△形）联结。

1. 负载的星形联结

设有三组负载 Z_U、Z_V、Z_W，若将每组负载的一端分别接在电源三根相线上，另一端都接在电源的中线上，如图 3-25 所示，这种连接方式叫作三相负载的星形联结。图中 Z_U、Z_V、Z_W 为各相负载的阻抗，N 为负载的中性点。负载两端的电压

称为相电压。如果忽略输电线上的压降，则负载的相电压等于电源的相电压。三相负载的线电压就是电源的线电压。负载相电压 U_{ph} 与线电压 U_l 间的关系为

$$U_{lY}=\sqrt{3}U_{phY} \tag{3-27}$$

$$U_l=\sqrt{3}U_{ph}\approx 1.7U_{ph} \tag{3-28}$$

星接三相负载接上电源后，就有电流流过相线、负载和中线。流过相线的电流 I_U、I_V、I_W 叫作线电流，统一用 I_l 表示。流过每相负载的电流 I_U、I_V、I_W 叫作相电流，统一用 I_{ph} 表示。流过中线的电流 I_N 叫作中线电流。

如果图 3-24（a）所示的三相负载各不相同（负载不对称）时，中线电流不为零，应当采取三相四线制。如果三相负载相同（负载对称）时，如图 3-25（b）所示，流过中线的电流等于零，此时可以省略中线。在工业上，三相三线制和三相四线制应用广泛。对于三相对称负载（如三相异步电动机）应采用三相三线制；对于三相不列称的负载，采用三相四线制时，中线的作用是使各相的相电压保持对称。因此，在中线上不允许接熔断器，更不能拆除中线。

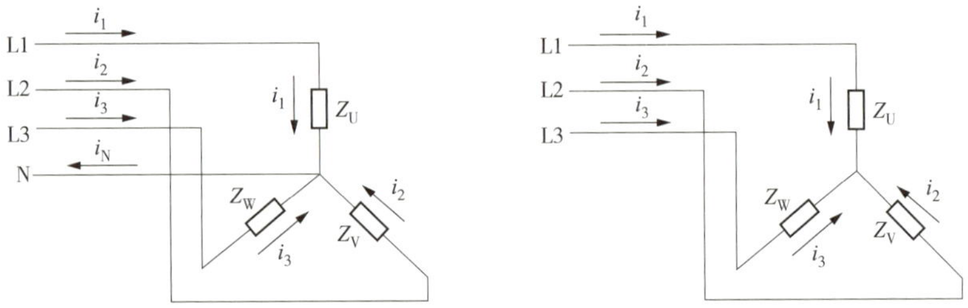

（a）　　（b）

图 3-25　三相负载星形连接

2. 负载的三角形联结

设有三相对称负载 Z_U、Z_V、Z_W，将它们分别接在三相电源两相线之间，如图 3-26 所示，这种连接方式叫作负载的三角形联结。

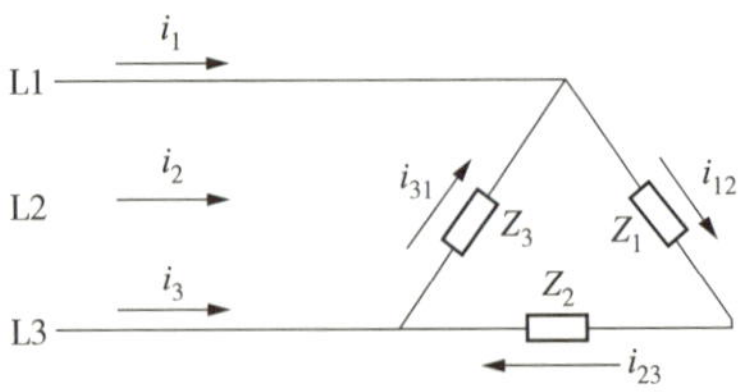

图 3-26　负载的三角形联结

负载呈三角形联结时，负载的相电压 U_{ph} 就是电源的线电压 U_l，即

$$U_{ph\triangle}=U_{l\triangle} \tag{3-29}$$

当对称负载呈三角形联结时，电源线上的线电流 I_l 有效值与负载上相电流 I_{ph} 有效值有如下的关系：

$$I_{l\triangle}=\sqrt{3}I_{ph\triangle}\approx 1.732I_{ph\triangle} \tag{3-30}$$

分析了三相负载的两种联结方式后，可以知道，负载呈三角形联结时的相电压是其呈星形联结时的相电压的 1.7 倍。因此，当三相负载接到电源时，究竟是采用星形连接还是三角形联结，应根据三相负载的额定电压而定。

第三节　直流电路

一、电学的基本物理量

（一）电量

自然界中的一切物质都是由分子组成的，分子又是由原子组成的，而原子是由带正电荷的原子核和一定数量带负电荷的电子组成的。在通常情况下，原子核所带的正电荷数等于核外电子所带的负电荷数，原子对外不显电性。但是，用一些办法，可使某种物体上的电子转移到另外一种物体上。失去电子的物体带正电荷，得到电子的物体带负电荷。物体失去或得到的电子数量越多，则物体所带的正、负电荷的数量也越多。

物体所带电荷数量的多少用电量来表示。电量是一个物理量，它的单位是库仑，用字母 C 表示。1C 的电量相当于物体失去或得到 6.25×10^{18} 个电子所带的电量。

（二）电流

电荷的定向移动形成电流。电流既有大小，又有方向。

1. 电流的方向

人们规定正电荷定向移动的方向为电流的方向。金属导体中，电流是电子在导体内电场的作用下定向移动的结果，电子流的方向是负电荷的移动方向，与正电荷的移动方向相反，所以金属导体中电流的方向与电子流的方向相反，如图 3-27 所示。

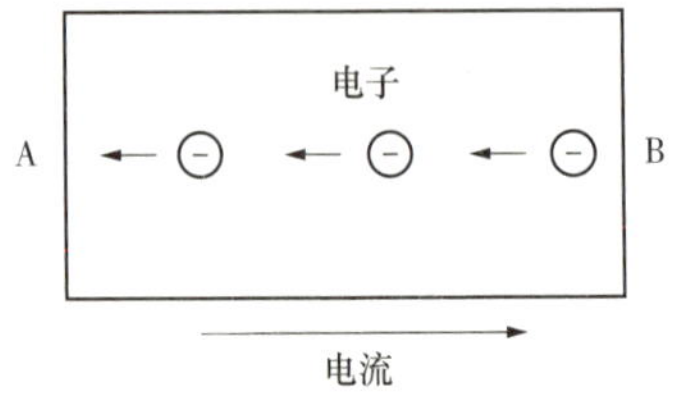

图 3-27　金属导体的电流方向

2. 电流的大小

电学中用电流强度来衡量电流的大小。电流强度就是 1s 内通过导体截面的电量。电流强度用字母 I 表示，计算公式为

$$I=\frac{Q}{t} \tag{3-31}$$

式中　I ——电流强度，A；

Q——在时间 t 内，通过导体截面的电量数，C；

t ——时间，s。

实际使用时，人们把电流强度简称为电流。电流的单位是安培，简称安，用字母 A 表示。如果 1s 内通过导体截面的电量为 1C，则该电流的电流强度为 1 安培，习惯简称电流为 1 安。实际应用中，除单位安培外，还有千安（kA）、毫安（mA）和微安（μA）。它们之间的关系为

$$1\text{kA}=10^3\text{A}$$

$$1\text{A}=10^3\text{mA}$$

$$1\text{mA}=10^3\mu\text{A}$$

（三）电压

电压是自由电荷发生定向移动形成电流的原因。在电路中，电场力把单位正电荷由高电位 a 点移向低电位 b 点所做的功称为两点间的电压，用 U_{ab} 表示。所以电压是 a 与 b 两点间的电位差，它是衡量电场力做功本领大小的物理量。

电压用字母 U 表示，单位为伏特，电场力将 1C 电荷从 a 点移到 b 点所做的功为 1J，则 ab 间的电压值就是 1 伏特，简称伏，用字母 V 表示。常用的电压单位还有千伏（kV）、毫伏（mV）等。它们之间的关系为

$$1\text{kV} = 10^3\text{V}$$

$$1\text{V} = 10^3\text{mV}$$

电压与电流相似，不但有大小，而且有方向。对于负载来说，电流流入端为正端，电流流出端为负端。电压的方向是由正端指向负端，也就是说负载中电压实际方向与电流方向一致。在电路图中，用带箭头的细实线表示电压的方向。

（四）电动势、电源

电源是利用非电力把正电荷由负极移到正极的，它在电路中将其他形式能转换成电能。电动势就是衡量电源能量转换本领的物理量，用字母 E 表示，它的单位也是伏特，简称伏，用字母 V 表示。

电源的电动势只存在于电源内部。人们规定电动势的方向在电源内部由负极指向正极。在电路中也用带箭头的细实线表示电动势的方向。当电源两端不接负载时，电源的开路电压等于电源的电动势，但两者方向相反。生活中用测量电源端电压的办法，来判断电源的状态。比如测得工作电路中两节 5 号电池的端电压为 2.8V，则说明电池电量比较充足。

（五）电阻

一般来说，导体对电流的阻碍作用称为电阻，用字母 R 表示。电阻的单位为欧姆，简称欧，用字母 Ω 表示。

如果导体两端的电压为 1V，通过的电流为 1A，则该导体的电阻就是 1Ω。

常用的电阻单位还有千欧（kΩ）、兆欧（MΩ）。它们之间的关系为

$$1\text{k}\Omega = 10^3\Omega$$

$$1\text{M}\Omega = 10^3\text{k}\Omega$$

应当强调指出：电阻是导体中客观存在的，它与导体两端电压变化情况无关，即使没有电压，导体中仍然有电阻存在。实验证明，当温度一定时，导体电阻只与材料及导体的几何尺寸有关。对于两根材质均匀、长度为 L、截面积为 S 的导体而言，其电阻大小用式（3-32）表示为

$$R = \rho \frac{L}{S} \tag{3-32}$$

式中 R——导体电阻，Ω；

L——导体长度，m；

S——导体截面积，mm^2；

ρ——电阻率，Ω · m。

式（3-32）中电阻率是与材料性质有关的物理量。电阻率的大小等于长度为1m、截面积为1mm^{2}的导体在一定温度下的电阻值，其单位为欧·米（Ω·m）。例如，铜的电阻率为1.7×10^{-8}Ω·m，就是指长为1m、截面积为1mm^{2}的铜线的电阻是1.7×10^{-8}Ω。几种常用材料在20℃时的电阻率见表3-2。

表3-2　几种常用材料在20℃时的电阻率

材料名称	电阻率（Ω·m）
银	1.6×10^{-8}
铜	1.7×10^{-8}
铝	2.9×10^{-8}
钨	5.3×10^{-8}
铁	1.0×10^{-7}
康铜	5.0×10^{-7}
锰铜	4.4×10^{-7}
铝铬铁电阻丝	1.2×10^{-6}

从表中可知，铜和铝的电阻率较小，是应用极为广泛的导电材料。以前，由于我国铝的矿藏量丰富，价格低廉，常用铝线作输电线。由于铜线有更好的电气特性，如强度高、电阻率小，现在铜制线材被更广泛应用。电动机、变压器的绕组一般都用铜材。

（六）电功、电功率

电流通过用电器时，用电器就将电能转换成其他形式的能，如热能、光能和机械能等。我们把电能转换成其他形式的能这一过程叫作电流做功，简称电功，用字母W表示。电流通过用电器所做的功与用电器的端电压、流过的电流、所用的时间和电阻有以下的关系：

$$\left.\begin{aligned} W &= UIt \\ W &= I^2Rt \\ W &= \frac{U^2}{R}t \end{aligned}\right\} \tag{3-33}$$

如果式（3-33）中，电压单位为伏，电流单位为安，电阻单位为欧，时间单位为秒，则电功单位就是焦耳，简称焦，用字母 J 表示。

电流在单位时间内通过用电器所做的功称为电功率，用字母 P 表示，其数学表达式为

$$P=\frac{W}{t} \tag{3-34}$$

将式（3-33）代入式（3-34）后得到

$$\left.\begin{aligned}P&=\frac{U^2}{R}\\P&=UI\\P&=I^2R\end{aligned}\right\} \tag{3-35}$$

若在式（3-35）中，电功单位为焦耳，时间单位为秒，则电功率的单位就是焦耳 / 秒。焦耳 / 秒又叫瓦特，简称瓦，用字母 W 表示。在实际工作中，常用的电功率单位还有千瓦（kW）、毫瓦（mW）等。它们之间的关系为

$$1\text{kW}=10^3\text{W}$$

$$1\text{W}=10^3\text{mW}$$

从式（3-35）中可以得出如下结论：

（1）当用电器的电阻一定时，电功率与电流平方或电压平方成正比。若通过用电器的电流是原来电流的 2 倍，则电功率就是原功率的 4 倍；若加在用电器两端电压是原电压的 2 倍，则电功率就是原功率的 4 倍。

（2）当流过用电器的电流一定时，电功率与电阻值成正比。对于串联电阻电路，流经各个电阻的电流是相同的，则串联电阻的总功率与各个电阻的电阻值之和成正比。

（3）当加在用电器两端的电压一定时，电功率与电阻值成反比。对于并联电阻电路，各个电阻两端电压相等，则各电阻的电功率与其阻值成反比。

在实际工作中，电功的单位常用千瓦 · 小时（kW · h），也叫“度”。1 千瓦 · 小时是 1 度，它表示功率为 1 千瓦的用电器 1 小时所消耗的电能，即 $1\text{kW}\cdot\text{h}=1\text{kW}\times1\text{h}=3.6\times10^6\text{J}$。

（七）电流的热效应

电流通过导体使导体发热的现象叫作电流的热效应。电流的热效应是电流通过导体时电能转换成热能的效应。

电流通过导体产生的热量，用焦耳楞次定律表示如下：

$$Q=I^2Rt \tag{3-36}$$

式中 Q——热量，J；

I——通过导体的电流，A；

R——导体电阻，Ω；

t——导体通过电流的时间，s。

焦耳楞次定律的物理意义是：电流通过导体所产生的热量，与电流强度的平方、导体的电阻及通电时间成正比。

在生产和生活中，应用电流热效应制作各种电器。如白炽灯、电烙铁、电烤箱、熔断器等在工厂中最为常见；电吹风、电褥子等常用于家庭中。但是电流的热效应也有其不利的一面，如电流的热效应能使电路中不需要发热的地方（如导线）发热，导致绝缘材料老化，甚至烧毁设备，导致火灾，是一种不容忽视的潜在祸因。

二、电路

（一）电路的组成和作用

电流所流过的路径称为电路。它是由电源、负载、开关和连接导线等 4 个基本部分组成的，如图 3-28 所示。电源是把非电能转换成电能并向外提供电能的装置。常见的电源有干电池、蓄电池和发电机等。负载是电路中用电器的总称，它将电能转换成其他形式的能。例如，电灯把电能转换成光能，电烙铁把电能转换成热能，电动机把电能转换成机械能。开关属于控制电器，用于控制电路的接通或断开。连接导线将电源和负载连接起来，担负着电能的传输和分配的任务。电路电流方向是由电源正极经负载流到电源负极，在电源内部电流由负极流向正极，从而形成一个闭合通路。

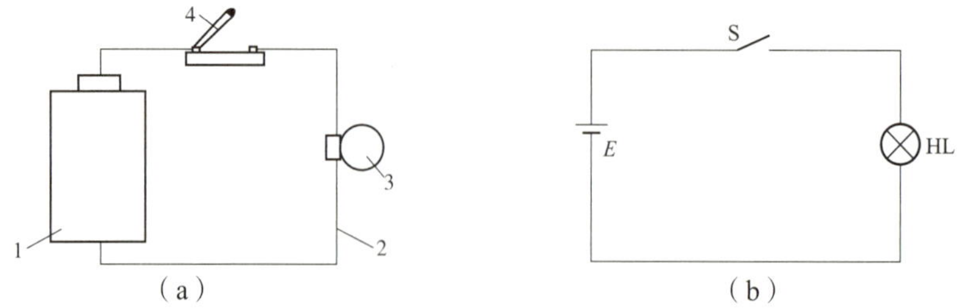

图 3-28　电路的简单组成与电路图

1—电源；2—连接导线；3—负载；4—开关

（二）电路图

在设计、安装或维修各种实际电路时，经常要画出表示电路连接情况的图。如果是画如图 3-28 所示的实物连接图，虽然直观，但很麻烦。所以很少画实物图，而是画电路图。所谓电路图就是用国家统一规定的符号，来表示电路连接情况的图。表 3-3 是几种常用的电工符号。

表 3–3　　几种常用的电工符号

名称	符号	名称	符号
电池	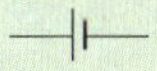	电流表	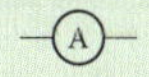
导线		电压表	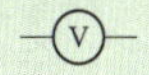
开关		熔断器	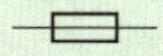
电阻		电容	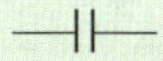
照明灯		接地	

（三）电路的三种状态

电路有三种状态：通路、开路、短路。

通路是指电路处处接通。通路也称为闭合电路，简称闭路。只有在通路的情况下，电路才有正常的工作电流。开路是电路中某处断开，没有形成通路的电路。开路也称为断路，此时电路中没有电流。短路是指电源或负载两端被导线连接在一起，分别称为电源短路或负载短路。电源短路时，电源提供的电流要比通路时提供的电流大很多倍，通常是有害的，也是非常危险的，所以一般不允许电源短路。

三、欧姆定律

（一）一段电阻电路的欧姆定律

所谓一段电阻电路是指不包括电源在内的外电路。实验证明，一段电阻电路欧姆定律的内容是，流过导体的电流强度与这段导体两端的电压成正比，与这段导体的电阻成反比。其数学表达式为

$$I = \frac{U}{R} \tag{3-37}$$

式中 I——导体中的电流，A；

U——导体两端的电压，V；

R——导体的电阻，Ω。

在式（3-39）中，已知其中两个量，就可以求出第三个未知量。式（3-39）又可写成另外两种形式，即

$$U = IR \tag{3-38}$$

$$R = \frac{U}{I} \tag{3-39}$$

（二）全电路欧姆定律

全电路是指含有电源的闭合电路。全电路是由各段电路连接成的闭合电路。如图 3-29 所示，电路包括电源内部电路和电源外部电路，电源内部电路简称内电路，电源外部电路简称外电路。在全电路中，电源电动势 E、电源内电阻 r、外电路电阻 R 和电路电流 I 之间的关系为

$$I = \frac{E}{R + r} \tag{3-40}$$

式中 I——电路中的电流，A；

E——电源电动势，V；

R——外电路电阻，Ω；

r——内电路电阻，Ω。

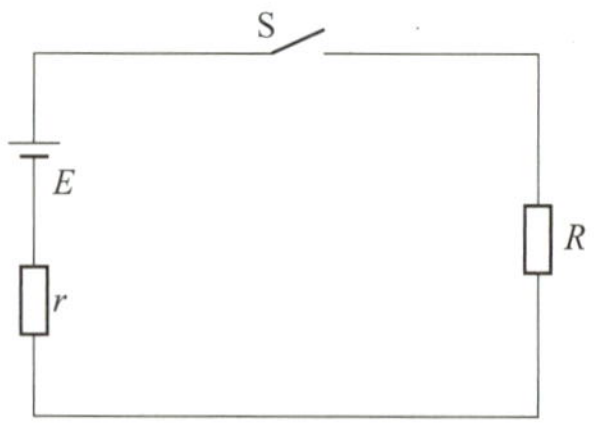

图 3–29 一个简单的全电路

式（3-40）是全电路欧姆定律。定律说明，电路中的电流强度与电源电动势（E）成正比，与整个电路的电阻（$R+r$）成反比。

将式（3-40）变换后得到

$$E=IR+Ir=U+Ir \tag{3-41}$$

式中　U——外电路电压；

Ir——内电路电压。

外电路电压是指电路接通时电源两端的电压，又叫作路端电压，简称端电压。这样，公式（3-41）的含义又可叙述为：电源电动势在数值上等于闭合回路的各部分电压之和。根据全电路欧姆定律研究全电路处于三种状态时，全电路中电压与电流的关系是：

（1）当全电路处于通路状态时，由式（3-41）可以得出端电压为

$$U=E-Ir \tag{3-42}$$

由公式可知，随着电流的增大，外电路电压也随之减小。电源内阻越大，外电路电压减小得越多。在直流负载时，需要恒定电压供电，所以总是希望电源内阻越小越好。

（2）当全电路处于断路状态时，相当于外电路电阻值趋于无穷大，此时电路电流为零，内电路电压为零，外电路电压等于电源电动势。

（3）当全电路处于短路状态时，外电路电阻值趋近于零，此时电路电流叫短路电流。由于电源内阻很小，所以短路电流很大。短路时，外电路电压为零，内电路电阻电压等于电源电动势。

全电路处于三种状态时，电路中电压与电流的关系见表 3-4。

表 3–4　　电路中电压与电流的关系

电路状态	负载电阻	电路电流	外电路电压
通路	$R=$常数	$I=\frac{E}{R+r}$	$U=E-Ir$
开路	$R\to\infty$	$I=0$	$U=E$
短路	$R\to0$	$I=\frac{E}{r}$	$U=0$

通常电源电动势和内阻在短时间内基本不变，且电源内阻又非常小，所以可近似认为电源的端电压等于电源电动势。今后不特别指出电源内阻时，就表示其阻值很小忽略不计。但对于电池来说，其内阻会随电池使用时间延长而增大。当电池内阻增大到一定值时，电池的电动势就不能使负载正常工作了。例如，旧电池开路时两端的电压并不低，但装在收音机里，却不能使收音机发声，这是由于电池内阻增大所致。

四、电阻的串联、并联电路

（一）电阻的串联电路

在一段电路上，将几个电阻的首尾依次相连所构成的一个没有分支的电路，叫作电阻的串联电路。如图 3-30（a）所示是电阻的串联电路。图 3-30（b）是图 3-30（a）的等效电路。电阻的串联电路有以下特点：

（1）串联电路中流过各个电阻的电流都相等，即

$$I = I_1 = I_2 = I_3 = \cdots = I_n \tag{3-43}$$

（2）串联电路两端的总电压等于各个电阻两端的电压之和，即

$$U = U_1 + U_2 + \cdots + U_n \tag{3-44}$$

（3）串联电路的总电阻（即等效电阻）等于各串联的电阻之和，即

$$R = R_1 + R_2 + \cdots + R_n \tag{3-45}$$

根据欧姆定律 $U_1 = IR_1$，$U_2 = IR_2$，…，$U = IR$，可以得出

$$\frac{U_1}{R_1} = \frac{U_2}{R_2} = \cdots = \frac{U}{R} \tag{3-46}$$

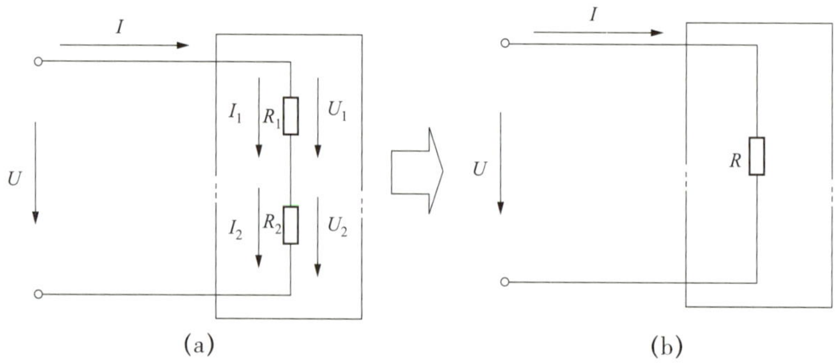

图 3–30　电阻的串联及等效电路

（a）电阻的串联电路；（b）等效电路

式（3-46）表明，在串联电路中，电阻的阻值越大，这个电阻所分配到的电压越大；反之，电压越小。也就是说，电阻上的电压分配与电阻的阻值成正比。这个理论是电阻串联电路中最重要的结论，用途十分广泛。

在图 3-30（a）所示的电路中，将 $R = R_1 + R_2$ 代入式（3-46）中，可得到

$$\left.\begin{aligned} U_1 &= \frac{R_1}{R_1 + R_2}U \\ U_2 &= \frac{R_2}{R_1 + R_2}U \end{aligned}\right\} \tag{3-47}$$

这两个公式可以直接计算出每个电阻从总电压中分得的电压值，习惯上就把这两个式子叫作分压公式。

电阻串联的应用极为广泛。例如：

①用几个电阻串联来获得阻值较大的电阻。

②用串联电阻组成分压器，使用同一电源获得几种不同的电压。如图 3-31 所示，由 R_1~R_4 组成串联电路，使用同一电源，输出 4 种不同数值的电压。

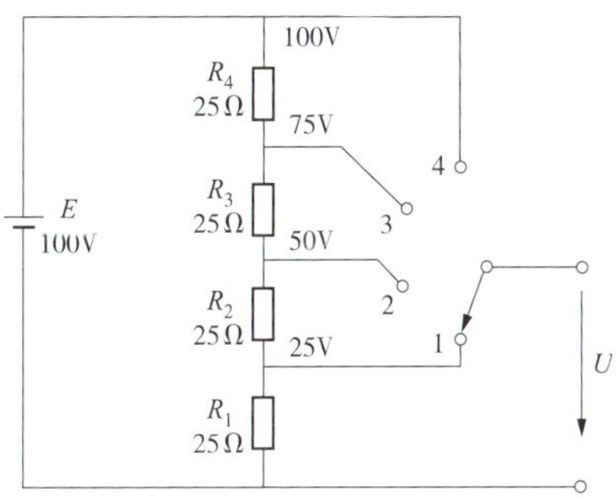

图 3–31 电阻分压器

③当负载的额定电压（标准工作电压值）低于电源电压时，采用电阻与负载串联的方法，使电源的部分电压分配到串联电阻上，以满足负载正确的使用电压值。例如，一个指示灯额定电压 6V，电阻 6Ω，若将它接在 12V 电源上，必须串联一个阻值为 6Ω 的电阻，指示灯才能正常工作。

④用电阻串联的方法来限制调节电路中的电流。在电工测量中普遍用串联电阻法来扩大电压表的量程。

（二）电阻的并联电路

将两个或两个以上的电阻接在电路中相同的两个节点之间，这种连接方式叫作电阻的并联电路。如图 3-32（a）所示是电阻的并联电路，图 3-32（b）是图 3-32（a）的等效电路。

电阻的并联电路有如下特点。

（1）并联电路中各个支路两端的电压相等，即

$$U=U_1=U_2=\cdots=U_n \tag{3-48}$$

（2）并联电路中总的电流等于各支路中的电流之和，即

$$I=I_1+I_2+\cdots+I_n \tag{3-49}$$

（3）并联电路的总电阻（即等效电阻）的倒数等于各并联电阻的倒数之和，即

$$\frac{1}{R}=\frac{1}{R_1}+\frac{1}{R_2}\cdots+\frac{1}{R_n} \tag{3-50}$$

若是两个电阻并联，根据式（3-50）可求并联后的总电阻为

$$R=\frac{R_1R_2}{R_1+R_2}$$

根据式（3-48）及欧姆定律可以得出

$$\left.\begin{aligned}\frac{I_1}{I_n}=\frac{R_n}{R_1}\\ \frac{I}{I_n}=\frac{R_n}{R}\end{aligned}\right\} \tag{3-51}$$

式（3-51）表明，在并联电路中，电阻的阻值越大，这个电阻所分配到的电流越小，反之越大，即电阻上的电流分配与电阻的阻值成反比。这个结论是电阻并联电路特点的重要推论。电阻并联的应用，同电阻串联的应用一样，也很广泛。例如：

（1）因为电阻并联的总电阻小于并联电路中的任意一个电阻，因此，可以用电阻并联的方法来获得阻值较小的电阻。

（2）由于并联电阻各个支路两端电压相等，因此，工作电压相同的负载，如电动机、电灯等都是并联使用，任何一个负载的工作状态既不受其他负载的影响，也不影响其他负载。在并联电路中，负载个数增加，电路的总电阻减小，电流增大，负载从电源取用的电能多，负载变重；负载数目减少，电路的总电阻增大，电流减小，负载从电源取用的电能少，负载变轻。因此，人们可以根据工作需要启动或停止并联使用的负载。

（3）在电工测量中应用电阻并联方法组成分流器来扩大电流表的量程。

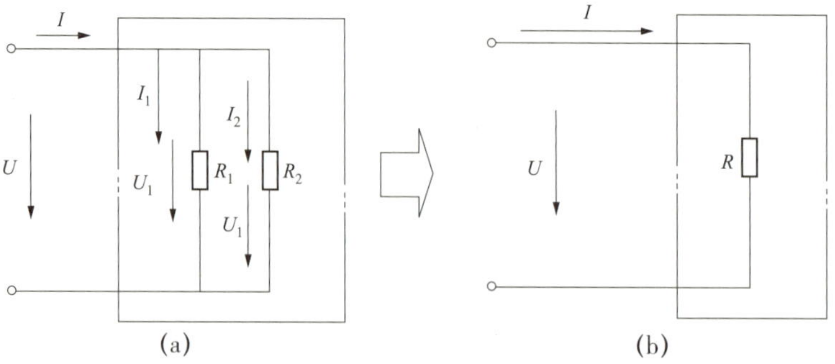

图 3-32 电阻的并联及等效电路

（a）电阻的并联电路；（b）等效电路

五、电工测量基本知识

测量各种电量的仪器仪表，统称为电工测量仪表。电工测量仪表种类繁多，最常见的是测量基本电量的仪表。

（一）便携式直流充电桩测试设备

便携式直流充电桩测试设备可以实现充电电压、电流、辅助电源电压、CC1电压、充电状态实时监控以及实现充电通信协议一致性测试要求；具备模拟电动汽车 BMS 系统，内部集成 CAN 通信模块，可实现与充电桩之间的通信功能；具备电池电压模拟器，满足充电桩启动电压的仿真功能；具备电动汽车车辆充电仿真电路，具有 R_4、R_5 等效电阻及检测点 2 处上拉电压仿真等功能。图 3-33 为便携式直流电桩测试设备。

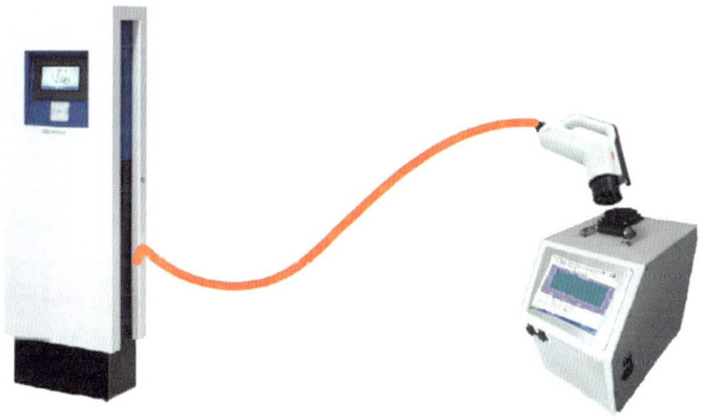

图 3-33　便携式直流电桩测试设备

（二）耐压仪

交、直流充电设备的工频耐压试验分别按照 NB/T 33008.1—2018《电动汽车充电设备检验试验规范　第 1 部分：非车载充电机》中 5.10.2 和 NB/T 33008.2—2018《电动汽车充电设备检验试验规范　第 2 部分：交流充电桩》中 5.11.2 的要求选择试验电压，试验部位选择充电设备的非电气连接的各带电回路之间、各独立带电回路和地（金属外壳）之间，若泄漏电流大于 10mA 或试验部位出现绝缘击穿和闪络现象时，则判断被测充电设备不合格。

（三）绝缘电阻测试仪

工作机理是“加高压，测漏流”，确保充电设备处于不带电状态，测试方法如图 3-34 所示。

1. 测试交流输入绝缘情况

（1）将充电桩进线断路器侧 A、B、C 三相短接。

（2）将测试探头插入 V 和 COM（公共）输入端子。

（3）测量三相进线和地线之间的绝缘电阻值。

2. 测试输出对地的绝缘情况

（1）将直流充电设备输出回路正、负极短接。

（2）测输出线路和地线之间的绝缘电阻值。

3. 测输入回路和输出回路之间的绝缘电阻值

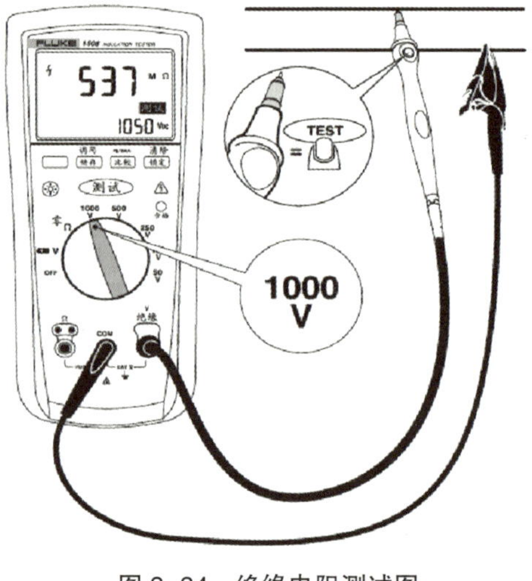

图 3–34　绝缘电阻测试图

（四）接地电阻测试仪

接地电阻是电流由接地装置流入大地，再经大地流向另一接地体或向远处扩散所遇到的电阻。接地电阻值体现电气装置与“地”接触的良好程度，反映接地网的规模。

（五）常规器件的测量方法

1. 电阻的检测

（1）将两表笔（不分正负）分别与电阻的两端引脚相接即可测出实际电阻值（为了提高测量精度，应根据被测电阻标称值的大小来选择量程）。

（2）读数与标称阻值之间分别允许有 ±5%、±10%或 ±20%的误差。如不相符，超出误差范围，则说明该电阻值变了。

（3）注意：测试时，特别是在测几十千欧以上的电阻时，手不要触及表笔和电阻的导电部分；测量电路板上的电阻时，至少要焊开一个头，以免电路中的其他元件对测试产生影响，造成测量误差。

2. 电位器的检测

（1）万用表的欧姆挡测“1”“2”两端，其读数应为电位器的标称阻值，如果相差很多，说明电位器已损坏。

（2）检测电位器的活动臂与电阻片的接触是否良好。用万用表的欧姆挡测“1”“2”（或“2”“3”）两端，将电位器的转轴按逆时针方向旋至接近“关”的位置，这时电阻值越小越好。再顺时针慢慢旋转轴柄，电阻值应逐渐增大，当轴柄旋至极端位置“3”时，阻值应接近电位器的标称值。

3. 固定电容器的检测

测量时要选到合适的万用表挡位，用两表笔分别任意接电容的两个引脚，阻值应为无穷大。若测出阻值为零，则说明电容漏电损坏或内部击穿。

4. 电解电容器的检测

（1）用数字万用表检测：将数字万用表拨至合适的电阻挡，红表笔和黑表笔分别接触被测电容器的两极，这时显示值将从“000”开始逐渐增加，直至显示溢出符号“1”。若始终显示“000”，说明电容器内部短路；若始终显示溢出，则可能是电容器内部极间开路，也可能是所选择的电阻挡不合适。检查电解电容器时需要注意，红表笔（带正电）接电容器正极，黑表笔接电容器负极。注意：指针表与数字表的红黑表笔的正负极性正好相反。

（2）用指针式万用表检测：将万用表红表笔接负极，黑表笔接正极，在刚接触的瞬间，万用表指针即向右偏转较大偏度（对于同一电阻挡，容量越大，摆幅越大），接着逐渐向左回转，直到停在某一位置。此时的阻值便是电解电容的正向漏电阻，此值略大于反向漏电阻。实际使用经验表明，电解电容的漏电阻一般应在几百千欧以上，否则将不能正常工作。在测试中，若正向、反向均无充电的现象，即表针不动，则说明容量消失或内部断路；如果所测阻值很小或为零，说明电容漏电大或已击穿损坏，不能再使用。

5. 电感的检测

把万用表调到欧姆挡接电感器两端检测：

（1）被测电感器电阻值为零，其内部有短路性故障。

（2）被测电感器直流电阻值的大小与绕制电感器线圈所用的漆包线径、绕制圈数有直接关系，只要能测出电阻值，则可认为被测色码电感器是正常的。

6. 二极管的检测

用数字万用表检测：把万用表调到检测二极管的挡位，用红表笔和黑表笔分别接触被测二极管的两极（红表笔接正极，黑表笔接负极），可显示二极管的正向压降。正常应显示：硅管 0.500~0.700；锗管 0.150~0.300。肖特基二极管的压降是 0.2V 左右，普通硅整流管约为 0.7V，发光二极管约为 1.8~2.3V。调换表笔，显示屏显示“1”则为正常，因为二极管的反向电阻很大，否则此管已被击穿。正测、反测均为“0”或者为“1”，表明此管损坏。

7. 发光二极管的检测

把数字万用表调到检测二极管的挡位，用红表笔和黑表笔分别接触被测二极管的两极（红表笔接正极，黑表笔接负极），若二极管发光，则正常。

8. 三极管的检测

用数字万用表检测：

（1）三极管其实就是用两个二极管衔接成的，测试的时候可以按照测二极管的方式测量。

（2）有的数字万用表上有专门测试三极管用的孔，直接放入测试就可以。

9. 晶振的检测

对于晶振的检测，通常仅能用示波器（需要通过电路板给予加电）或频率计实现。万用表或其他测试仪等是无法测量的。如果没有条件或没有办法判断其好坏，只能采用代换法。晶振常见的故障有：①内部漏电；②内部开路；③变质频偏；④与其相连的外围电容漏电。从这些故障看，使用万用表的高阻挡和测试仪的 VI 曲线功能应能检查出③、④项的故障，但这取决于它的损坏程度。

第四节 变压器

一、变压器的基本结构和工作原理

变压器是一种能改变交流电压而保持交流电频率不变的静止的电器设备。

在电力系统的送变电过程中，变压器是一种重要的电器设备。送电时，通常使用变压器把发电机的端电压升高。对于输送一定功率的电能，电压越高，电流就越小，输送导线上的电能损耗越小。由于电流小，则可以选用截面积小的输电导线，能节约大量的金属材料。用电时，又利用变压器将输电导线土的高电压降低，以保证人身安全和减少用电器绝缘材料的消耗。

通常超高压输电线上的电压可达 500kV（即 50 万伏）。但是，在工农业生产和日常生活中需要各种不同等级的交流电压。例如，应用广泛的三相异步电动机的额定电压为 380 或 220V，一般照明电压为 220V，机床局部照明的额定电压为 36、24V 或者更低，还有许多设备经常要求多种电压供电。所以在实际工作中，需要采用各种规格的变压器来满足不同的需要。变压器除了能改变交变电压外，还具有改变交流电流（如电流互感器）、变换阻抗（如电子电路中的输入、输出变压器）以及改变相位等作用。所以，变压器是输配电、电工测量和电子技术等方面不可缺少的电器设备。

（一）变压器的基本结构

虽然变压器种类繁多，用途各异，电压等级和容量不同，但变压器的基本结构大致相同。最简单的变压器是由一个闭合的软磁铁芯和两个套在铁芯上又相互绝缘的绕组所构成，如图 3-35 所示。

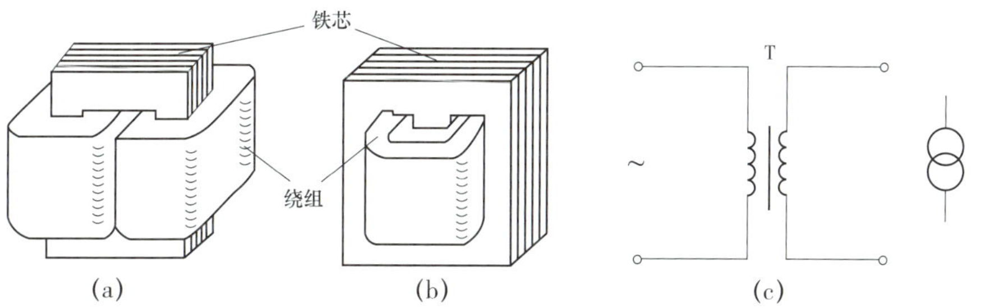

图 3-35 单相变压器的结构及符号
（a）芯式变压器；（b）壳式变压器；（c）变压器符号

绕组由多只线圈组合而成，是变压器的电路部分。与交流电源相接的绕组叫作一次绕组，简称一次；与负载相接的绕组叫作二次绕组，简称二次，如图 3-36 所示。

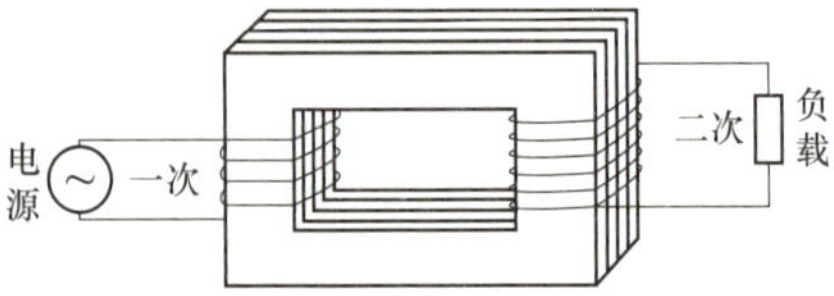

图 3–36 变压器的一次与二次绕组

铁芯是变压器的磁路部分，用厚度为 0.35~0.5mm 时硅钢片叠成。根据变压器铁芯构造及绕组配置情况，变压器有芯式和壳式两种。如图 3-37（a）所示是单相芯式变压器，采用口形铁芯，一、二次绕组分别套在铁芯上。如图 3-37（b）所示是单相壳式变压器，常用的有山字形、（E1）F 形、日字形等铁芯。

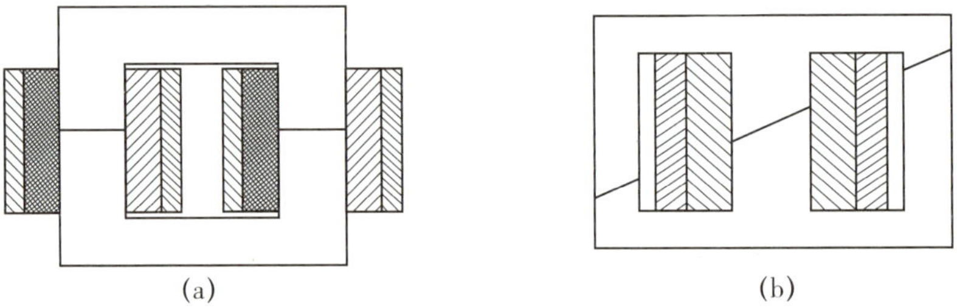

图 3–37 芯式变压器和壳式变压器结构
（a）芯式变压器；（b）壳式变压器

（二）变压器的工作原理

如图 3-38 所示是单相变压器工作原理示意图。为了便于分析问题，规定：凡与一次侧有关的各量，在其符号右下角标以“1”，而与二次侧有关的各量，在其符号右下角标以“2”。如一、二次电压、电流、匝数及电动势分别用 U_1、U_2，I_1、I_2，N_1、N_2，E_1、E_2 表示。

当变压器一次侧接入交流电源以后，在一次绕组中就有交流电流流过，于是在铁芯中产生交变磁通，称为主磁通。主磁通随着电源频率而变化，主要集中在铁芯内；极少一部分在绕组外闭合，称为漏磁通，它一般很小，可忽略不计。所以可以认为一、二次绕组同时受主磁通作用。根据电磁感应定律，一、二次绕组

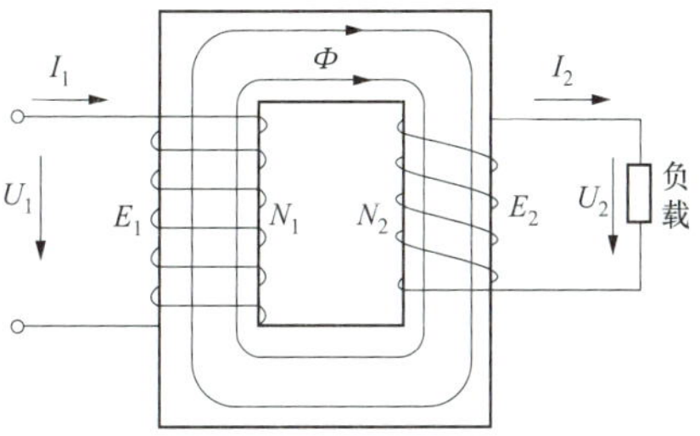

图 3–38 变压器工作原理示意图

都将产生感应电动势。如果二次侧接有负载构成闭合回路，就有感应电流产生。变压器通过一、二次绕组的磁耦合把电源的能量传送给负载。

1. 变压器变压原理

设一、二次的匝数分别为 N_1 和 N_2，忽略漏磁通和一、二次直流电阻的影响。由于一、二次绕组同时受主磁通的作用，在两个绕组中产生的感应电动势 e_1 和 e_2 的频率与电源的频率相同。若主磁通随时间的变化率为 $\Delta\Phi/\Delta t$，则由电磁感应定律可得一、二次绕组的感应电动势为

$$e_1=\left|N_1\frac{\Delta\Phi}{\Delta t}\right| \tag{3-52}$$

$$e_2=\left|N_2\frac{\Delta\Phi}{\Delta t}\right| \tag{3-53}$$

变压器一、二次的端电压与感应电动势在数值上是近似相等的，所以考虑式（3-52）和式（3-53）（不考虑相位关系，只考虑它们的大小），则可以得到一、二次电压有效值之间关系为

$$\frac{U_1}{U_2}=\frac{N_1}{N_2}=n \tag{3-54}$$

式中 U_1——一次交流电压的有效值，V；

U_2——二次交流电压的有效值，V；

N_1——一次绕组的匝数；

N_2——二次绕组的匝数；

n ——一、二次的电压比，或称匝数比。

式（3-54）表明变压器一、二次绕组的电压比等于它们的匝数比。当 $n>1$ 时，$N_1>N_2$，则 $U_1>U_2$，这种变压器是降压变压器；当 $n<1$ 时，$N_1<N_2$，则 $U_1<U_2$，这种变压器是升压变压器。因此，只要选择一、二次绕组的不同匝数比，就可以满足

升压或降压的要求。

2. 变压器变换电流原理

任何一种变压器在变压过程中只起能量传递作用，无论变换后的电压是升高还是降低，电能都不会增加，也不能减少。根据能量守恒定律，在忽略损耗时，变压器输出的功率 P_2 应与变压器从电源获得的功率 P_1 相等，即

$$P_1 = P_2 \tag{3-55}$$

或

$$U_1 I_1 = U_2 I_2 \tag{3-56}$$

由此则有

$$\frac{I_1}{I_2} = \frac{U_2}{U_1} = \frac{N_2}{N_1} = \frac{1}{n} \tag{3-57}$$

式（3-57）是变压器变换电流公式。此式说明变压器工作时，一、二次绕组的电流大小与一、二次的电压或匝数成反比，或者为变压器电压比的倒数。实际上，变压器在改变电压的同时也改变了电流。电流互感器就是根据这个原理制成的。

（三）几种常见变压器

1. 单相变压器

如图 3-39 所示是一种常见的单相变压器，它由铁芯和两个相互绝缘的线圈组成，一般为壳式。这种变压器的一次额定电压有 220 和 880V 两种。

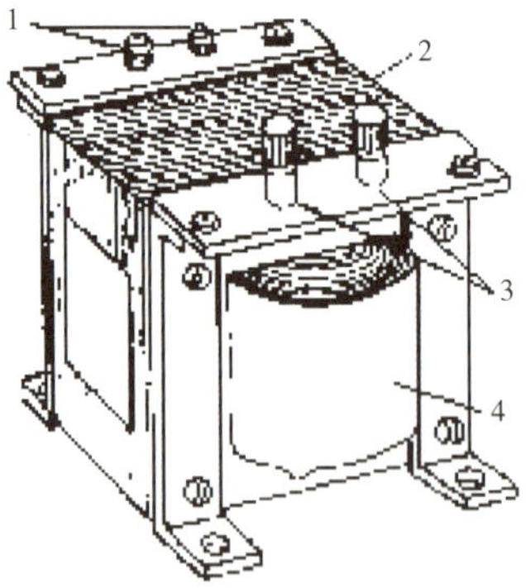

图 3-39　单相变压器

1—出线端子；2—铁芯；3—进线端子；4—线圈

2. 三相变压器

在工业生产中，三相变压器应用较为广泛。三相变压器实质上是由三个容量相同的单相变压器组成的。如图 3-40 所示是三相变压器的示意图。在每个铁芯柱

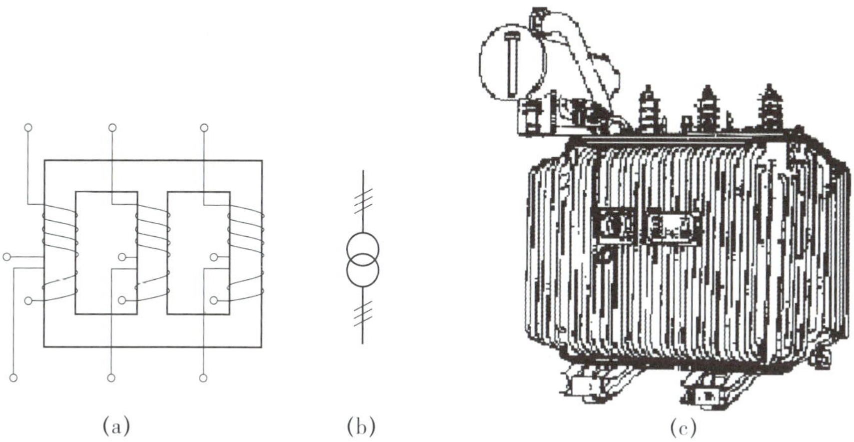

图 3-40　三相变压器

（a）接线示意图；（b）电路符号；（c）三相变压器外形

上都绕着同一相的一次（即高压）绕组和二次（即低压）绕组。

根据三相电源和负载的不同情况，变压器一、二次绕组都可作Y形或△形联结。对于大容量的三相变压器多采用Y / △联结，即高压绕组为Y形联结，低压绕组为△形联结。这是因为Y形联结的相电压是线电压的 $1/\sqrt{3}$，有利于线圈绝缘；而低压绕组呈△形联结，可使导线截面积比Y形联结的小。对于容量不大且需要中线的变压器，多采用Y / Y_0 联结，即高压绕组为Y形联结。Y_0 表示低压绕组是Y形联结并接有中线，这种连接可使用户获得线电压和相电压两种电压，特别适用于动力和照明混合性质的负载。

3. 非晶变压器

变压器的损耗在电力系统损耗中所占的比重较大，降低变压器的损耗对提高电网供配电系统效率具有重要意义。非晶变压器的外形如图 3-41 所示。

图 3-41　三相非晶变压器

非晶合金变压器（amorphous metal transformer）是一种低损耗、高能效的电力变压器。此类变压器以铁基非晶态金属作为铁芯，由于该材料不具长程有序的结构，其磁化及消磁均较一般磁性材料容易。因此，非晶合金变压器的铁损（即空载损耗）要比一般采用硅钢作为铁芯的传统变压器低70%~80%。非晶合金变压器，是指用非晶合金制造成变压器铁芯并组装成的变压器。合金材料在制造过程中采用了超急冷凝固的技术，使得在材料的微观结构中，金属原子在从液体（钢水）固化成固体的过程中，原子来不及排列成常规的晶体结构就被固化，而形成的原子结构无序排列的合金材料被称为非晶合金。非晶合金材料具有非常优异的导磁性能，它的去磁与磁化过程极易完成。非晶态合金与晶态合金相比，在物理性能、化学性能和机械性能方面都发生了显著的变化。

（四）变压器的主要技术数据

变压器的规格型号及其主要技术数据都标在它的铭牌上，作为使用变压器的重要依据。变压器的主要技术数据包括：额定电压、额定电流、额定容量和温升等。

1. 额定电压

变压器的一次额定电压，是指变压器所用绝缘材料的绝缘强度所规定的电压值；二次额定电压是变压器空载时，一次侧加上额定电压后，二次侧两端的电压值。两个额定电压分别用 U_{1N}、U_{2N} 表示。单相变压器 U_{1N}、U_{2N} 是指一、二次交流电压的有效值，三相变压器 U_{1N}、U_{2N} 是指一、二次线电压的有效值。

2. 额定电流

指变压器在允许温升的条件下，所规定的一、二次绕组中允许流过的最大电流，变压器一、二次电流分别用 I_{1N} 和 I_{2N} 表示。单相变压器 I_{1N} 和 I_{2N} 是指电流的有效值，三相变压器是指线电流的有效值。

3. 额定容量

表示变压器工作时所允许传递的最大功率。单相变压器的额定容量是二次额定电压和额定电流之积；三相变压器的额定容量也是二次额定电压和额定电流之积（应为三相之和）。额定容量用字母 S 表示，单位是伏安（VA）。

4. 温升

温升是指变压器在额定工作时，允许超出周围环境温度的数值。它取决于变压器绝缘材料的耐热等级，见表3-5。

表 3-5　　绝缘材料耐热等级

绝缘等级	Y	A	E	B	F	H	C
最高工作温度（℃）	90	105	120	130	155	180	>180

（五）变压器的使用要点

电工应用环境中的变压器，一般用于电能的高、低电压的变换。一台变压器往往为一个社区、一个工厂、一个车间、一套设备转换能源。它工作的自然环境、自身品质、所带负载的变化、保养的状况都可能影响其工作。变压器如出现小事故则影响工作，并可能报废设备。大型变压器出现事故，严重时可能发生爆炸，危及人身安全。

大型专用变压器都有专人进行维护、监管。一般相关人员只要注意变压器的外在特征变化，及时报告有关人员，履行告知即可。

正常工作的变压器，一般都有一些轻微的振动声音，有一定温升，没有气味。一旦振动声音明显增加，出现怪味、打火等特殊现象时，就必须及时报告并远离。

二、常用低压电器的应用实训

低压电器一般指工作电压低于 1000V 的电器。低压电器分为手动电器和自动电器两类。手动电器是由工作人员手动操作的，这类电器包括刀开关、组合开关、铁壳开关和按钮等。自动电器是按照指令、信号或某个物理量的变化而自动动作的，这类电器有各种继电器、接触器等，还有起保护作用的电器，如熔断器等。

（一）接触器

接触器是一种自动的电磁式开关。它通过电磁力作用下的吸合和反向弹簧力作用下的释放，使触头闭合和分断，导致电路接通和断开。接触器是电力拖动中最主要的控制电器之一。接触器分为直流和交流两大类，结构大致相同。这里只简单介绍交流接触器。

如图 3-42（a）所示是交流接触器的结构图。它主要由电磁铁和触头两部分组成。电磁铁包括静铁芯、线圈和动铁芯等，其中静铁芯与线圈固定不动，动铁芯又称衔铁，可以移动。触头由桥式动触头和静触头组成，桥式动触头和电磁系统的动铁芯通过绝缘支架固定在一起。

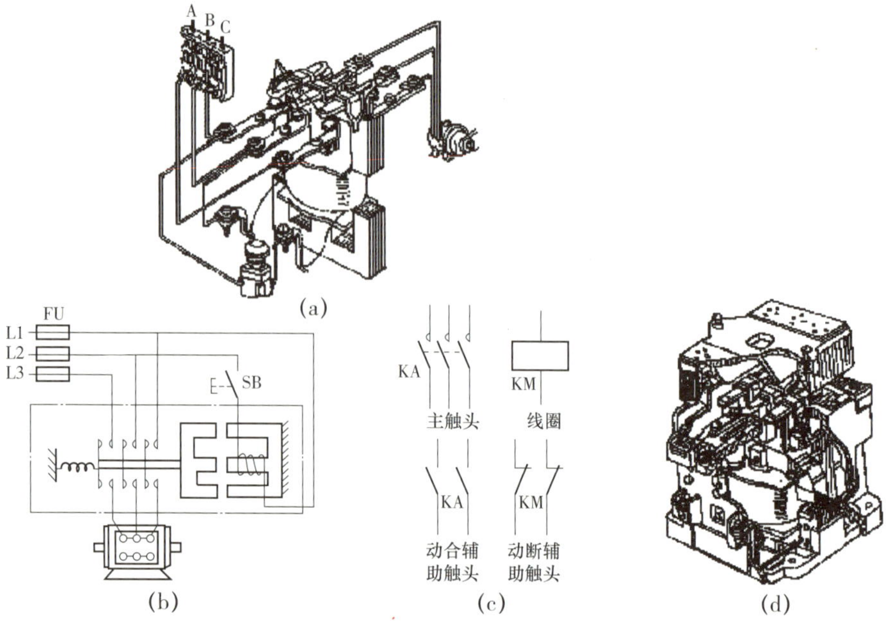

图 3–42　交流接触器

（a）结构图；（b）工作原理图；（c）符号；（d）剖面图

如图 3-42（b）所示是交流接触器的工作原理图。当按下按钮时，线圈得电，静铁芯产生电磁力，将动铁芯吸合，带动桥式动触头向下移动，使之与静触头接触。这时电动机与电源接通，电动机启动运转。当松开按钮时，线圈断电，电磁力消失，在反向弹簧力作用下，动、静触头分离，自动切断电动机的电源，电动机停转。因此，只要控制线圈的通、断电，就可以控制接触器的触头开闭，从而达到控制主电路接通或切断的目的。

接触器的触头有主触头和辅助触头两种。通常主触头有三对，它的接触面积较大，并有灭弧装置，能通过较大的电流，在电路中控制用电器的启动与停止。

接触器的常态是线圈没有通电时触头的工作状态。此时，处于断开的触头称为动合触头，处于闭合的触头称动断触头。常态时，主触头是动合触头，辅助触头有动合与动断两种形式。

接触器的符号如图 3-42（c）所示。主触头、辅助触头和线圈接在不同电路中，所以在电路图经常分开画出。辅助触头符号用一段动合触头和动断触头符号表示，如图 3-42（c）右侧 KM 所示。主触头符号由一段动合触头符号加接触器功能符号组成，如图 3-42（c）左侧 KA 所示。图 3-42（c）中间的矩形图形是表示线圈的符号。

如图 3-42（d）所示是交流接触器的剖面图。

接触器一般直接控制电动机等设备的动力电源电路。主触头受电弧影响，使用寿命较短，应定期检查监视触头使用情况。避免由于触头问题，导致不能停车、缺相不能启动、电动机缺相运行等现象发生。禁止接触器在没有灭弧罩的情况下负载工作。正常工作的接触器有轻微的振动声，一旦发出连续的较强的振动声，应及时通知专业人员。

（二）热继电器

运行过程中，长期负荷过大、频繁启动或者缺相运行等，都可能使电动机定子绕组的电流超过额定值，这种现象叫作过载。此时，熔断器并不熔断，定子绕组将发热，温度升高，会使绕组的绝缘材料损坏，严重时甚至会烧毁电动机。热继电器就是用来做过载保护的电器。

热继电器是利用电流热效应而制作的继电器。使用热继电器时，应将热元件的电阻丝串接在主电路中，将动断触头串接在有接触器线圈的控制电路中。如图3-43 所示是热继电器的工作原理图。热元件是一段电阻不大的电阻丝，串接在主电路中。双金属片 2 由膨胀系数不同的两种金属碾压而成，上层金属的膨胀系数小，下层金属的膨胀系数大。当负载电流超过额定值时，双金属片 2 受热产生足够的膨胀，向上弯曲，使扣板 3 脱扣，弹簧 4 拉下扣板，使动断触头 5 断开。触头 5 与接触器线圈串联，所以线圈断电，主触头断开，负载停止工作。

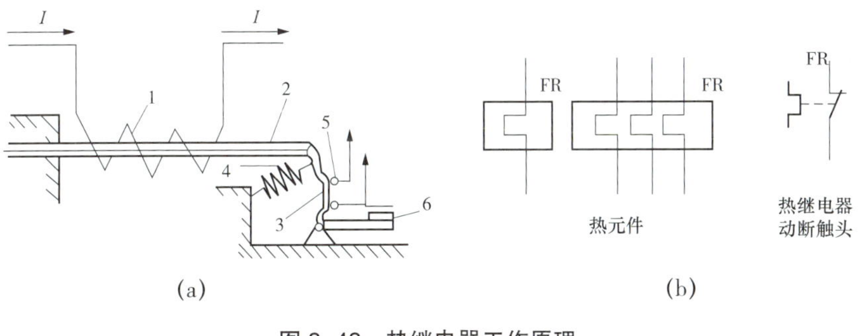

图 3–43　热继电器工作原理

由于双金属片有热惯性，因而热继电器不能做短路保护。当发生短路事故时，要求电路立即断开，而热继电器却不能马上动作。但是，热继电器的热惯性也有一定好处，例如，电动机启动或者短时过载时，热继电器不会立即动作，这样就避免了电动机不必要的停车。热继电器复位时，按下复位键 6 即可。

第四章

供配电基础知识

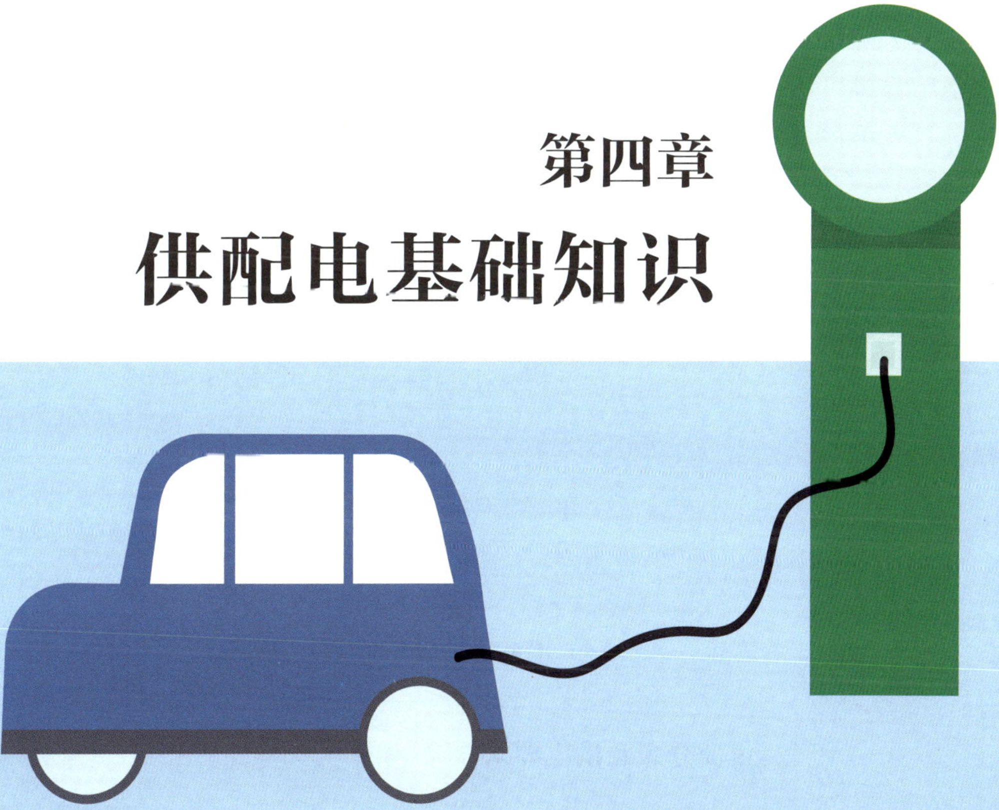

第一节　供配电系统基本构成

一、供配电系统的组成

供配电系统主要由分配电能的供配电网和用户组成，包括终端变电站、高压配电所、配电线路、配电变压器、低压配电线路、高压用电设备和低压用电设备，如图 4-1 所示。终端变电站是用户电能供应的枢纽，它将 35~110kV 的输电电压降为 10kV 高压配电电压。高压配电所或终端变电站 10kV 母线集中收集 6~10kV 电压，通过高压配电线路再分配到高压用电设备、配电变压器。配电变压器将 6~10kV 电压降为 220/380V 电压，通过低压配电线路输送到低压用电设备使用。

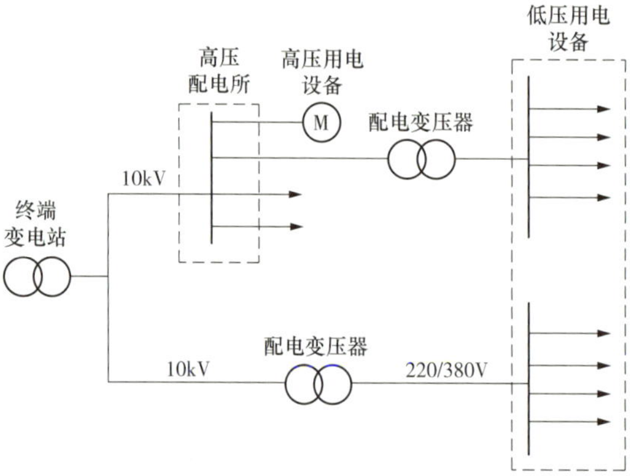

图 4-1　供配电系统组成示意图

二、负荷分级及供电要求

（一）负荷分级

电力负荷根据对供电可靠性的要求及中断供电对人身安全、经济损失上所造成的影响程度分为三级，即一级负荷、二级负荷、三级负荷。

1. 一级负荷

符合下列情况之一的，视为一级负荷：

（1）中断供电将造成人身伤亡。

（2）中断供电将造成严重环境污染。

（3）中断供电将造成重大经济损失或政治影响。

（4）中断供电将造成较大范围社会公共秩序严重混乱。

（5）中断供电将影响重要用电单位的正常工作。

在一级负荷中，当中断供电将造成重大设备损坏或发生中毒、爆炸和火灾等情况的负荷，以及不允许中断供电的特别重要场所负荷，应视为一级负荷中的特别重要负荷。

2. 二级负荷

符合下列情况之一的，视为二级负荷：

（1）中断供电将造成较大环境污染。

（2）中断供电将造成较大经济损失或政治影响。

（3）中断供电将造成一定范围社会公共秩序严重混乱。

（4）中断供电将影响较重要用电单位的正常工作。

3. 三级负荷

一级和二级负荷以外的其他负荷视为三级负荷。

（二）负荷供电要求

负荷供电要求由负荷等级确定，负荷等级越高，供电要求越高，供电可靠性越高。

1. 一级负荷供电要求

（1）一级负荷供电要求。一级负荷应由双重电源供电，两路电源应来自两个不同的变电站，当一路电源发生故障时，另一路电源能够保证对负荷独立正常供电。

（2）一级负荷中的特别重要负荷供电要求。一级负荷中的特别重要负荷供电，除应满足一级负荷供电要求外，还必须增加应急电源。为保证对特别重要负荷的供电，禁止将其他负荷接入应急供电系统。同时，电源切换时间，应满足设备允许中断供电的要求。

2. 二级负荷供电要求

二级负荷供电系统宜由双回线路供电，供电电源宜至少来自同一变电站的不同母线段，当一回线路发生故障时，另一回线路应能够保证对负荷正常供电。在负荷较小或地区供电条件困难时，二级负荷可由一回 6kV 及以上的专用架空线路供电。

3. 三级负荷供电要求

三级负荷对供电电源无要求，一般为一路电源供电即可，但在可能的情况下，也应提高其供电的可靠性。

三、供配电系统主要电气设备

供配电系统主要由高压配电线路、配电变压器、高压断路器、低压配电线路以及相应的控制和防护设备组成，按其功能可分为变换设备、电力线路、控制设备、防护设备等。

（一）变换设备

变换设备指根据系统工作需要，对电压或电流进行改变变换的设备。供配电系统中常见的变换设备有配电变压器、电压互感器和电流互感器。

1. 配电变压器

配电变压器简称配变，主要作用是利用电磁感应原理，将 10kV 或 6kV 高电压转换成用电设备所需要的 380V 或 220V 电压。

（1）配电变压器种类。配电变压器通常按相数、绕组导电材料和绝缘介质分别进行分类。具体分类如下：

1）按相数分类：可分为三相配电变压器和单相配电变压器。大多数地方均使用三相配电变压器，部分单相负载较多的特殊情况，也可使用单相变压器。

2）按绕组导电材料分类：主要有铜绕组配电变压器和铝绕组配电变压器。一般均采用铜绕组配电变压器。

3）按绝缘介质分类：主要有干式（自冷）变压器、油浸（自冷）变压器，如图 4-2 所示。

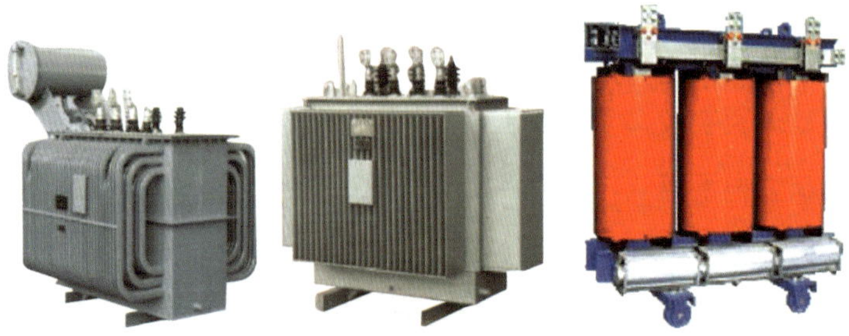

（a）　　（b）

图 4-2　变压器实物图

（a）油浸式变压器；（b）干式变压器

（2）配电变压器容量。我国配电变压器容量是根据标准计算公式计算出来的，主要有 100、125、200、250、315、400、500、630、800、1000、1600、2000kVA 等。配电变压器运行中，容量选择过大，而长期欠载运行功耗高，会影响经济性；容量选择过小，长期过载运行，会导致设备过热，烧毁设备。配电变压器的容量应根据负荷情况确定，其额定容量应能满足全部用电设备的计算负荷，并留有一定的容量裕度，一般为计算负荷的 1.15~1.4 倍。

（3）配电变压器型号。配电变压器型号的表示及含义如图 4-3 所示。

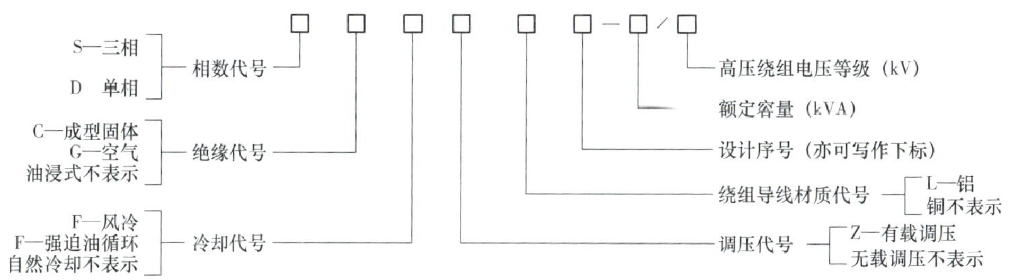

图 4-3 配电变压器型号编码规则

电动汽车充换电站供配电系统的变压器在满足消防条件下，宜优先选用油浸式变压器。装有两台及以上变压器的二级电力用户充电站，当其中任意一台变压器退出运行后，剩余的变压器容量应能满足全部二级用电负荷的用电。

2. 电流互感器

电流互感器（TA），其基本机构和工作原理与变压器基本相同；其作用是将一次回路中的大电流转变为小电流，供测量仪表及继电器线圈使用，同时使测量仪表、继电器等二次设备与一次设备隔离，保证测量仪表、继电器和工作人员的人身安全。电流互感器二次侧额定电流通常为 5A 或 1A。

（1）电流互感器基本工作原理。电流互感器的工作原理如图 4-4 所示，它由串联在一次电路中的一次绕组、铁芯和串联在二次回路中的二次绕组三部分组成。电流互感器的线圈阻抗很小，工作时二次绕组近似短路状态。

电流互感器变比指一、二次绕组中流过的电流比 K_i，用式（4-1）表示。

$$K_i = \frac{I_{1N}}{I_{2N}} = \frac{N_2}{N_1} \tag{4-1}$$

式中 K_i——一、二次绕组中流过的电流比；

I_{1N}——电流互感器一次侧的额定电流值，A；

I_{2N}——电流互感器二次侧的额定电流值，A；

N_2——二次绕组匝数；

N_1——一次绕组匝数。

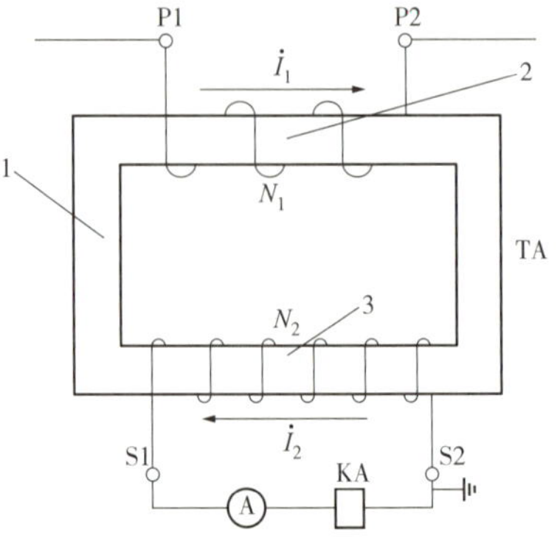

图 4-4　电流互感器基本结构及工作原理

1—铁芯；2——一次绕组；3—二次绕组

测量用电流互感器的准确级分为 0.1、0.2、0.5、1、3、5 共 6 个等级，准确级数值越低，准确精度越高。对于特定准确级的电流互感器，需满足在额定频率下，二次负荷为额定负荷的 25%~100%，功率因数为 0.8 时的电流和相位误差不超过该准确级的规定限值，其中以 0.1 级的电流互感器为例，其电流误差限值为 0.1%。保护用的电流互感器准确度为 5P 和 10P，测量误差分别应小于 5% 和 10%。

（2）电流互感器种类和型号。电流互感器种类较多，按一次电压等级可分为高压电流互感器和低压电流互感器；按用途可分为测量用和保护用；按绝缘介质类型可分为油浸式、干式、SF_6 气体绝缘等。电流互感器型号的表示和含义如图 4-5 所示。

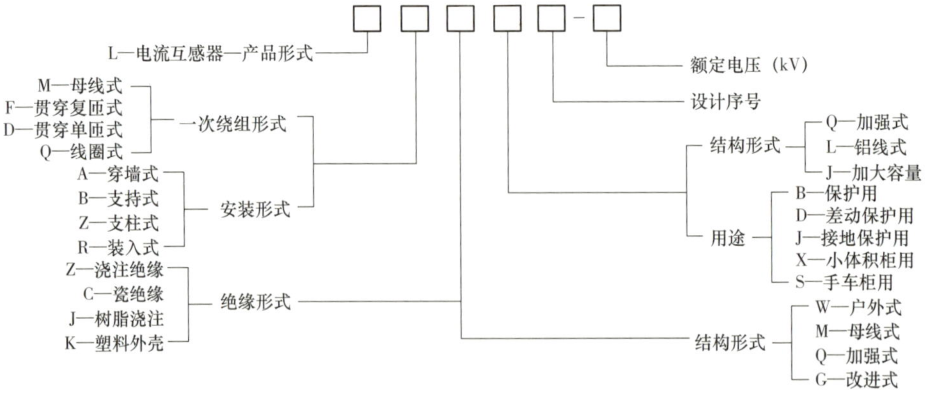

图 4-5　电流互感器型号编码规则

（3）电流互感器工作安全性要求。电流互感器工作时二次侧严禁开路。由于电流互感器二次绕组阻抗很小，近似短路状态，二次侧开路，可能导致二次侧感应出较高电压，危及工作人员人身安全和导致设备受损，同时会降低电流互感器的精度。为防止一、二次绕组间绝缘被击穿后，一次侧高压窜入二次侧，电流互感器二次侧必须有一端接地。

3. 电压互感器

电压互感器（TV），其作用是将一次回路中的高电压转变为低电压，供测量仪表及继电器线圈使用，同时使测量仪表、继电器等二次设备与一次设备隔离，保证测量仪表、继电器和工作人员的人身安全。

（1）电压互感器基本工作原理。电压互感器的工作原理如图 4-6 所示，它由并联在一次电路中的一次绕组、铁芯和并联在二次回路中的二次绕组三部分组成。电压互感器的线圈阻抗很大，工作时二次绕组近似开路状态。

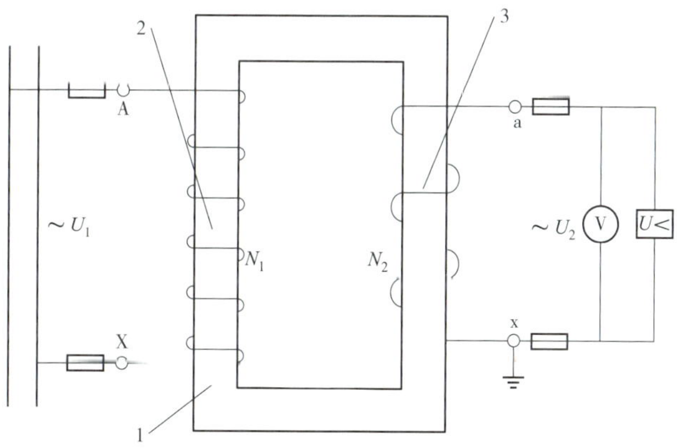

图 4-6　电流互感器基本结构及工作原理

1—铁芯；2——次绕组；3—二次绕组

电压互感器的电压比 K_u，用式（4-2）表示。

$$K_u = \frac{U_{1N}}{U_{2N}} = \frac{N_1}{N_2} \tag{4-2}$$

式中　K_u ——电压互感器的电压比；

U_{1N}——电压互感器一次侧的额定电压值，V；

U_{2N}——电压互感器二次侧的额定电压值，V。

测量用电压互感器的准确级分为 0.1、0.2、0.5、1 和 3 共 5 个等级。准确级数值越低，准确精度越高，其中在规定的条件下，以精度为 0.1 级的电压互感器为例，其测量误差应小于 0.1%。保护用的电压互感器准确度为 3P 和 6P，测量误差分别应小于 3% 和 6%。

（2）电压互感器种类与型号。电压互感器种类较多，按使用场地分为户内式和户外式；按相数分为三相和单相；按绝缘介质类型可分为油浸式、环氧树脂浇注式等。电压互感器型号的表示和含义如图 4-7 所示。

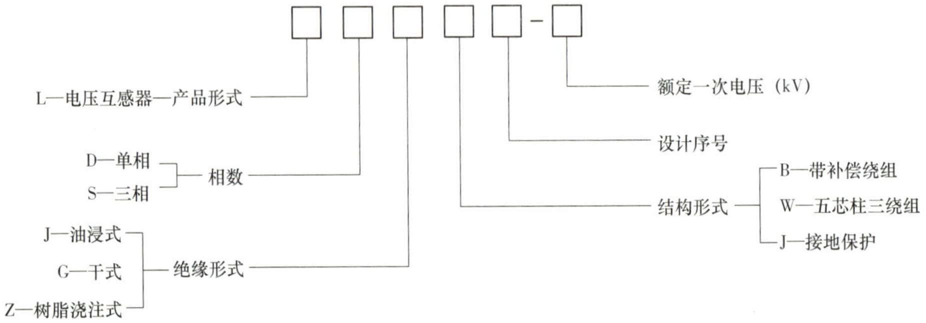

图 4-7　电压互感器型号编码规则

（3）电压互感器工作安全性要求。电压互感器工作时一、二次侧严禁短路。一次侧短路会造成所测量的电力线路短路；二次侧短路，会导致二次侧产生大电流，烧坏设备。因此电压互感器一、二次侧都必须装设熔断器进行短路保护。为防止一、二次绕组间绝缘被击穿后，一次侧高压窜入二次侧，危及工作人员人身安全和导致设备受损，电压互感器二次侧必须有一端接地。

（二）电力线路

电力线路主要用于输送和分配电能，按结构形式可分为架空线路、电缆线路和室内线路三类；按电压等级可分为高压线路和低压线路，其中 1000V 及以上的线路称为高压线路，1000V 以下的线路称为低压线路。

1. 架空线路

架空线路是利用绝缘子支持，将导线挂在电杆或铁塔上，从而悬在空中的电力线路。架空线路主要由导线、电杆、绝缘子和线路金具等基本元件组成，如图 4-8 所示。

导线是架空线路的主体，是传输和分配电能的主要器件。架空导线按电压等级可分为低压导线和高压导线，其中低压导线的额定电压为 220/380V，高压导线的额定电压大多为 10kV 及以上；按导线材料分，可分为铜线、铝导线、钢线；按结构可分为裸导线和绝缘导线。导线选择主要根据需要传输的电能功率、距离和

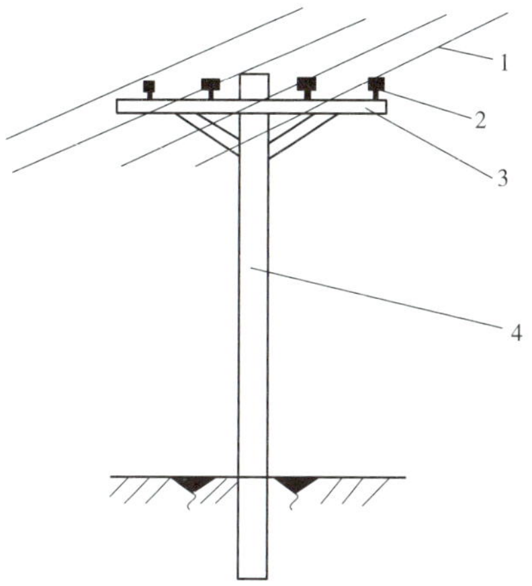

图 4-8 架空线路的结构

1—导线；2—绝缘子；3—横担；4—电杆

外部环境，考虑导线材质的导电性、机械强度和耐腐蚀性等。

横担安装在电杆的上部，用于安装绝缘子，固定导线，保证导线对地及导线间有足够的距离。横担有铁横担、瓷横担两类。

绝缘子用于保持导线与横担、杆塔之间绝缘，同时承受导线的重力及其作用力，应有足够的电气绝缘强度和机械强度。常见的绝缘子有针式绝缘子和悬式绝缘子两种。

线路金具是用来连接导线、横担和绝缘子等的金属附件，主要有线夹、挂环、抱箍、螺栓、扁铁等。

2. 电缆线路

电缆线路由中间的电力电缆及两端的电缆头组成，其结构主要由线芯导体、绝缘层和保护层 3 部分组成。

线芯导体一般由多股铜线或铝线绞合而成，具有良好的导电性能。

绝缘层将线芯导体之间以及线芯导体与大地之间相隔离，具有良好的绝缘性能和耐热性能，防止电缆线路相间短路或接地，主要有油纸绝缘和塑料绝缘两种。

保护层用来保护绝缘层，使其密封，并保持一定的机械强度，以承受电缆在运输和敷设时所受的机械力，并防止潮气进入。保护层分为内护层和外护层，内护层材料通常为铅、铝或塑料，用来保护绝缘层；外护层通常为钢丝、钢铠、塑料护套等，防止外部破坏。

电缆头是两条电缆的中间接头或电缆终端的封端头。通常应用环氧树脂浇注制作电缆中间接头和终端头，具有绝缘性能好、体积小、质量轻、密封性能好及成本低等优点，广泛应用于 10kV 系统中。

电缆型号由拼音和数字组成，其表示和含义如图 4-9 所示。

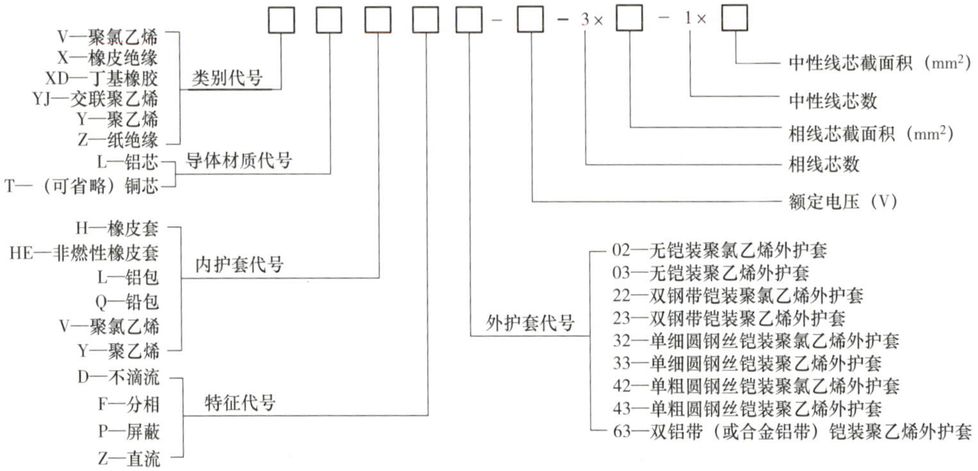

图 4-9　电缆型号编码规则

（三）开断类设备

开断类设备指根据系统工作要求，对电路进行联通或切断的设备，主要有高压断路器、高压隔离开关、高压负荷开关和高压熔断器四种。

1. 高压断路器

高压断路器是带有强力灭弧装置的高压开关设备，它不仅能在正常运行时通断负荷电流，而且能在出现短路故障时，与保护装置配合自动切断系统的短路电流。

高压断路器通常按照灭弧介质进行分类，主要有油断路器、真空断路器和 SF_6 断路器等，供配电系统中多应用真空断路器和 SF_6 断路器。

高压断路器型号的表示和含义如图 4-10 所示。

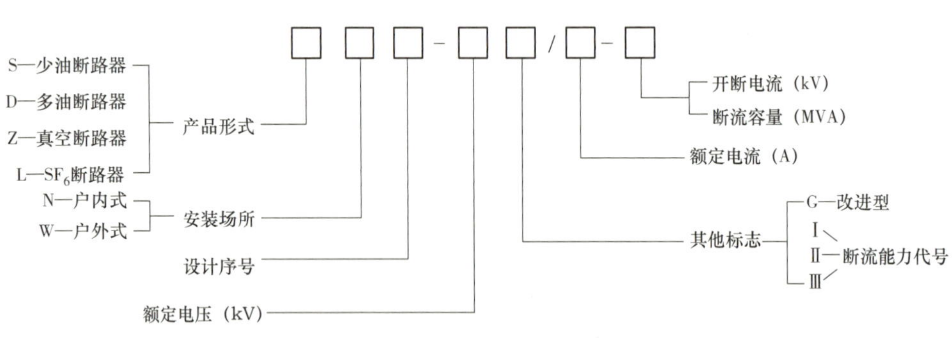

图 4-10　高压断路器型号编码规则

断路器操动机构根据分合闸时所用能量形式，分为手动机构、电磁机构、弹簧机构、电动机机构、液压机构和气动机构六种。手动机构通过人力进行分合闸操作；电磁机构通过电磁铁进行分合闸操作；弹簧机构事先由人力或电动机使弹簧储能，储能的弹簧再进行分合闸操作；电动机机构通过电动机进行分合闸操作；液压机构通过高压油推动活塞实现分合闸操作；气动机构通过压缩空气推动活塞实现分合闸操作。

电动汽车充换电站供配电系统采用单台油浸式变压器容量为 630kVA 以上、干式变压器容量为 800kVA 以上，变压器回路应选用带保护功能的断路器单元。

2. 高压隔离开关

高压隔离开关主要是隔离高压电源，其断开后有明显的可见断开点，绝缘可靠，确保了设备或线路的检修安全。高压隔离开关没有灭弧装置，不能带负荷分合闸，但可用来分、合避雷器、电压互感器、空载母线。高压隔离开关常常与高压断路器配合使用，进行倒闸操作，改变运行方式，其操作顺序必须是：送电时，先合高压隔离开关，后合高压断路器；停电时，先断开高压断路器，后拉开高压隔离开关。

高压隔离开关按照安装地点，可分为户内式和户外式两种；按有无接地开关，可分为无接地开关、一侧有接地开关和两侧有接地开关；按操动机构可分为手动式、电动式、气动式和液压式。

高压隔离开关型号表示和含义如图 4-11 所示。

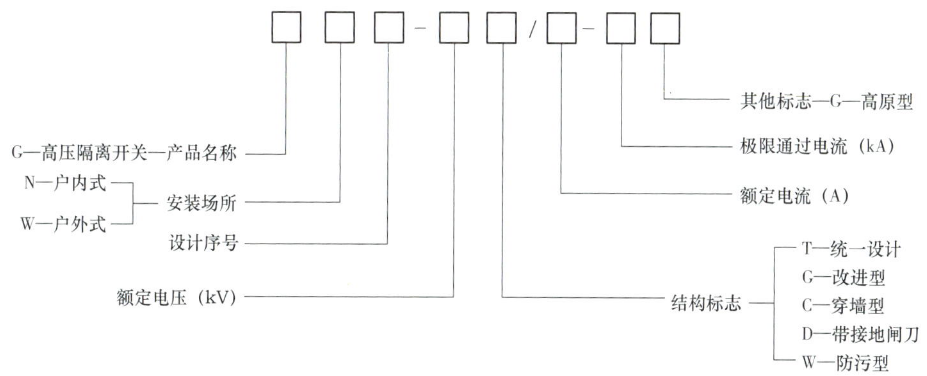

图 4-11 高压隔离开关型号编码规则

3. 高压负荷开关

高压负荷开关有简单的灭弧装置，能够通断负荷电流和一定的过负荷电流，但不能断开短路电流；有隔离开关的作用，断开后有明显的断开点，具有隔离电源，保证检修安全的功能。

为弥补高压负荷开关不能断开短路电流的缺陷，常常将高压熔断器与高压负荷开关串联配合使用，借助高压熔断器来切除故障电流，可简单代替造价较高的高压断路器，广泛应用于城市电网和农村电网改造。

高压负荷开关按安装地点可分为户内式和户外式；按灭弧方式可分为产气式、压气式、油浸式、真空式和 SF_6 式。高压负荷开关型号表示和含义如图 4-12 所示。

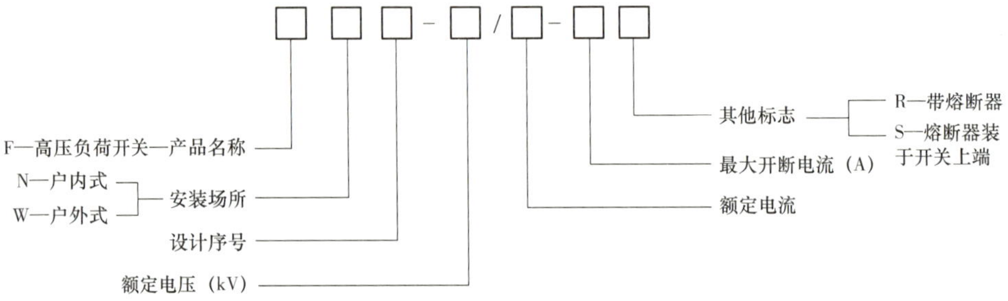

图 4-12　高压负荷开关型号编码规则

4. 高压熔断器

高压熔断器是供配电网络中人为设置的最薄弱元件，当流过其熔体的电流超过一定数值时，熔体自身产生的热量自动将熔体熔断，并通过灭弧设备将熔断时产生的电弧熄灭，从而断开电路。高压熔断器是一种保护设备，对所在电路及其他电气设备具有短路和过负荷保护作用。

高压熔断器主要有户内式高压熔断器、户外跌落式高压熔断器和单台并联电容器保护用高压熔断器等，其型号表示和含义如图 4-13 所示。

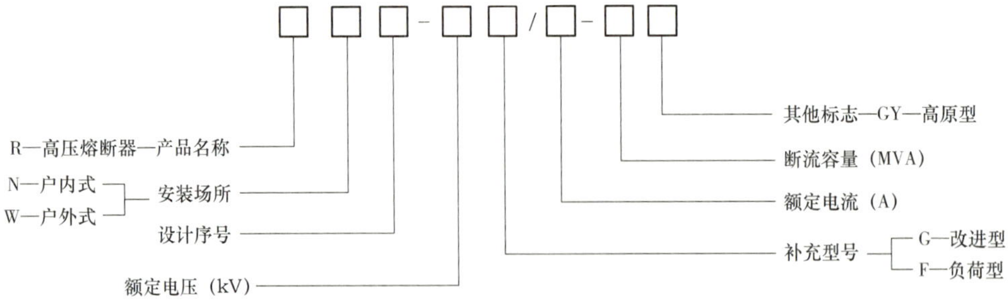

图 4-13　高压熔断器型号编码规则

电动汽车充换电站供配电系统使用单台油浸式变压器容量为 630kVA 以下、干式变压器容量为 800kVA 以下，变压器回路宜采用负荷开关和熔断器组合单元。

（四）防护设备

防护设备指用来防护系统过电流、过电压的设备，主要有高、低压熔断器和避雷器。

避雷器是用来防止雷电产生的雷电波沿线路侵入变、配电站或其他建筑物内，以免危及被保护设备的绝缘，损坏电气设备和用电设备。避雷器主要有阀型避雷器、管型避雷器、金属氧化锌避雷器、保护间隙四类，供配电系统应用较为广泛的是金属氧化锌避雷器、保护间隙。

金属氧化锌避雷器由基本元件和绝缘底座构成，基本元件内部由氧化锌电阻片串联而成。氧化锌电阻片电阻率为非线性，正常工作电压下，电阻率较大，具有很高的电阻，呈绝缘状态；雷电过电压下，电阻率急剧下降，电阻片电阻较低，将雷电电流泄放到大地中；雷电过电压消失后，电阻率恢复到较大状态，恢复绝缘，切断工频续流，保证线路恢复正常运行。

保护间隙指与被保护物绝缘并联的空气火花间隙，按结构可分为棒形、球形和角形三种。正常工作电压下，保护间隙对地绝缘；雷电过电压下，保护间隙被击穿，将雷电流泄放到大地中。保护间隙灭弧能力较弱，雷击后，保护间隙有可能无法切断工频续流，造成接地短路故障，所以一般用于无重要负荷的线路上。在装有保护间隙的线路上，一般要求装设自动重合闸装置或自复式熔断器，以提高供电可靠性。

第二节　供配电系统网络结构及主接线

一、供配电系统的网络结构

供配电系统网络是指由电源端（变、配电站）向负荷端（电能用户或用电设备）输送电能时采用的网络形式。供配电网络由电力线路将变、配电站与各电能用户或用电设备连接起来。供配电系统网络的主要的类别有放射形、树干形和环形以及由上述三种形式派生出来的其他形式，如图 4-14 所示。

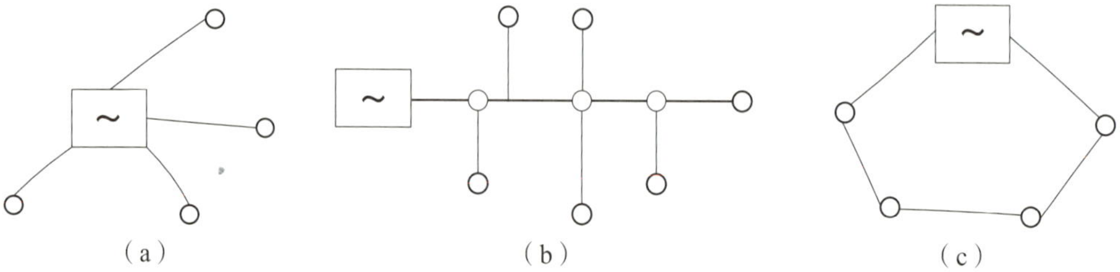

图 4-14　供配电系统网络
（a）放射形；（b）树干形；（c）环形

（一）放射形网络

放射形网络结构是指变、配电站母线上引出的一条线路直接向一个变、配电所或用电设备供电，沿线不支接其他负荷，图 4-14（a）即为放射形网络。

常见的放射形网络有单回路放射形、双回路放射形和带公共备用线放射形三种网络。

1. 单回路放射形

单回路放射形指，通过一回线路，由电源端采取一对一的方式直接向用户供电，各用户之间没有任何电气联系，如图 4-15 所示。

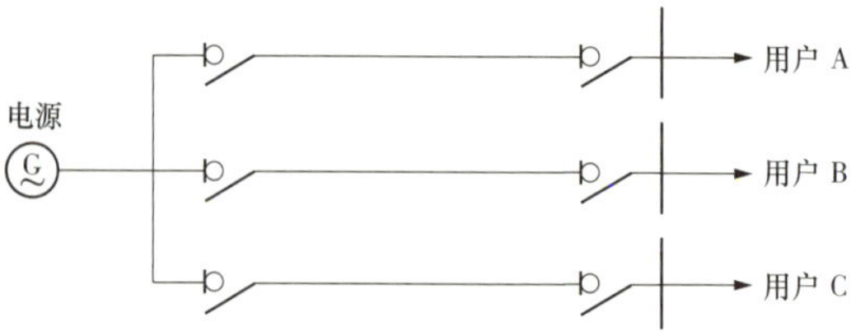

图 4-15　单回路放射形

2. 双回路放射形

双回路放射形指，通过两回线路，由电源端采取一对一的方式直接向用户供电，各用户之间没有任何电气联系，如图 4-16 所示。

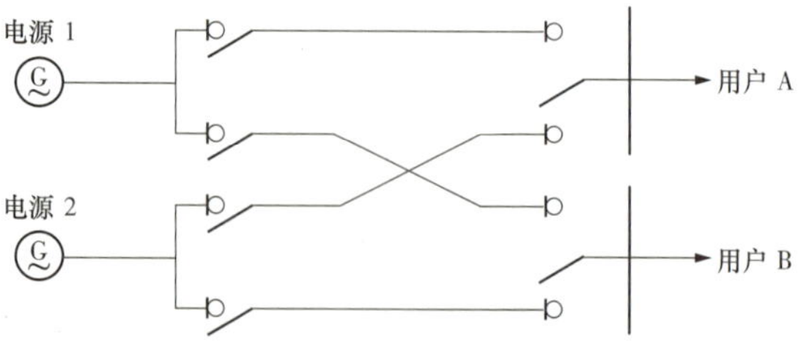

图 4-16　双回路放射形

3. 带公共备用线放射形

带公共备用线放射形指，在单回路放射形基础上，由电源至用户还有一回公共备用线，任何一条单回路放射形配电线路发生故障或停电检修时，都可以切换至公共备用线上，保证继续供电，如图 4-17 所示。

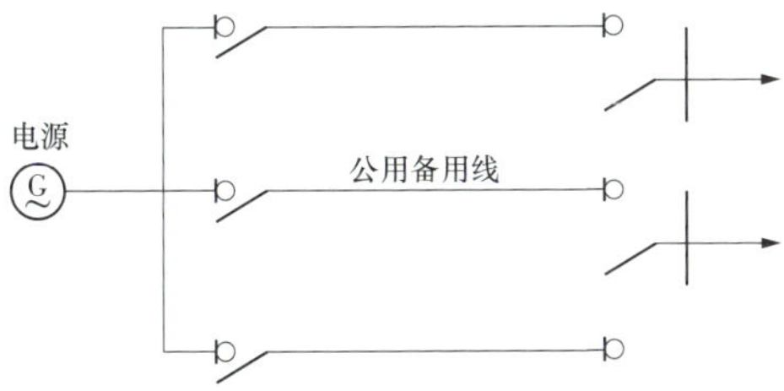

图 4-17 带公共备用线放射形

放射形网络优点是接线简单，供电可靠性较高，任意一回线路故障不影响其他回路供电，操作灵活方便，易于实现保护和自动化等特点；缺点是引出线多，需要的开关、线路等设备多，投资较大。它主要用于重要负荷和用电量较大的用户供电。

（二）树干形网络

树干形网络结构是指变、配电站母线上引出的配电干线上，沿线支接了几个配电站或用电设备，图 4-14（b）即为树干形网络。

常见的树干形网络有单电源树干形和双电源树干形两种网络，如图 4-18 所示。

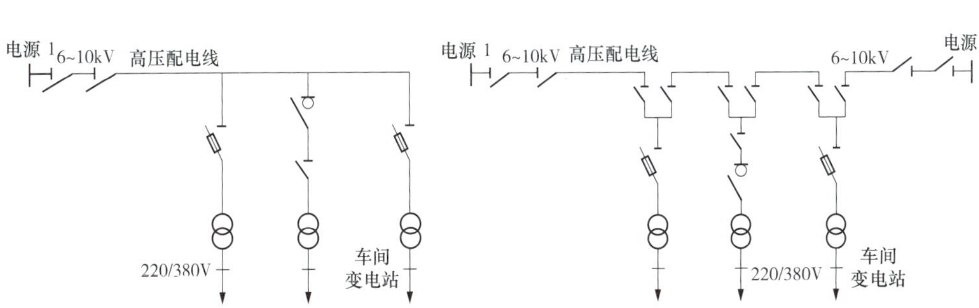

图 4-18 树干形网络
（a）单电源树干形网络；（b）双电源树干形网络

树干形网络的优点是，电源端出线回路数较放射式少，节省资源，节约一次投资；但其可靠性较差，配电干线检修或故障时，会使所有用户停电，并且当干线中某一用户的保护装置拒动时，也可能引起干线停电。它主要用于不太重要负荷、小型用电设备或容量较小且分布不均的用电设备的供电。

（三）环形网络

环形网络是放射形和树干形的改进形态，指变、配电站母线上引出的线路通过环网开关、电力线路等设备串联构成的闭合环形网络，电源与负荷都在这个环上，图 4-14（c）即为环形网络。常见的高、低压环形网络如图 4-19 所示。

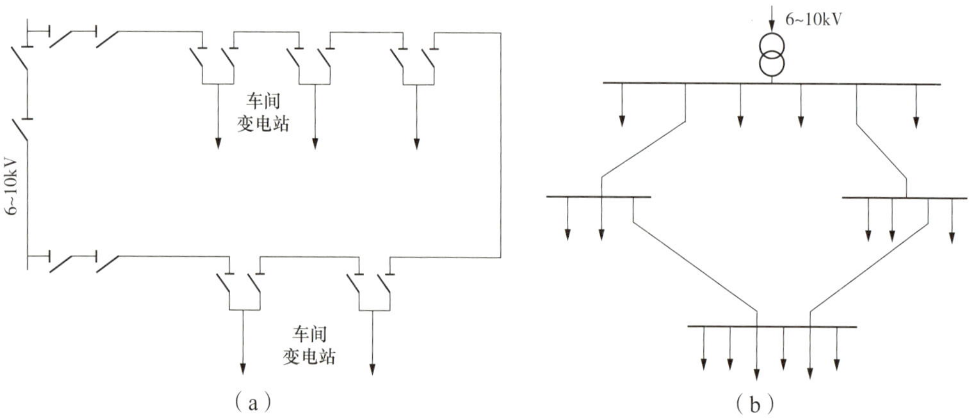

图 4–19　环形网络
（a）高压环形接线；（b）低压环形接线

环形网络运行灵活，供电可靠性较高。网络中任何一段线路检修时，环被破坏而打开，负荷可以通过同在半个环上的电源供电，不会造成用户停电。缺点是环式网络中所有线路都必须能承担环网中全部负荷，因而线路投资较高，保护配置难度大。它常用于一、二级负荷供电。

二、供配电系统电气主接线

（一）电气主接线的基本要求

对电气主接线的基本要求是：安全、可靠、灵活、经济。

（1）安全指设备安全和人身安全。电气设计必须遵照国家标准和电气设计规范，正确设计电气回路，合理选择电气设备，完整配置正常监测系统和故障保护系统。合理设计接地方式，配备必要的防护措施和漏电保护措施等，全面保障人身安全。

（2）可靠指电气主接线应能满足各级负荷对供电可靠性的要求。采取多电源联供、备用电源自动投入装置、自动重合闸、应急备用电源、高可靠设备等措施，多途径提高重要负荷的供电可靠性。

（3）灵活指电气主接线具有能够适应不同工况的多种运行方式。譬如，轻负荷时可切除不必要的变压器或采用小容量变压器供电，以利于经济节能；检修时操作简单又不致中断供电等。

（4）经济指尽量降低建设投资和年运行费用。经济与可靠往往是矛盾的，在投资增加不多或经济许可的情况下，应尽量提高供电可靠性，减少停电损失。

只有协调统筹考虑安全、可靠、灵活、经济四个方面，才能获得一个合理的供配电系统方案。此外，确定电气主接线还应考虑用户的后期规划以适应未来用电负荷的变化。

（二）母线制

配电系统通常是一个单进多出或双进多出的电能分配系统，母线就是从电源进线到各条馈出线路之间的电气主干线，起着从电源接收电能并分配给各馈出线路的作用。母线制是指电源进线与各馈出线之间的连接方式，主要有单母线制、单母线分段制和双母线制三种，10kV 及以下用户系统常采用单母线制或单母线分段制。

1. 单母线制

单母线制用于只有一回电源进线的情况，如图 4-20 所示。单母线制的可靠性和灵活性都比较低，母线或直接连接于母线上的任一开关发生故障或检修时，全

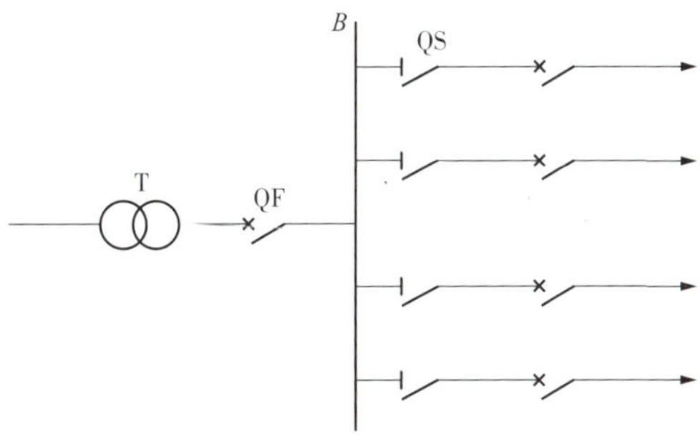

图 4-20　单母线制
QS—隔离开关；QF—断路器

部负荷都将中断供电。

2. 单母线分段制

单母线分段制适用于两回电源进线的情况，如图 4-21 所示。母线分段开关可单独采用隔离开关，如图 4-21（a）所示；但当分段开关需要带负荷操作或继电保护和自动装置有要求时，应采用断路器，如图 4-21（b）所示。

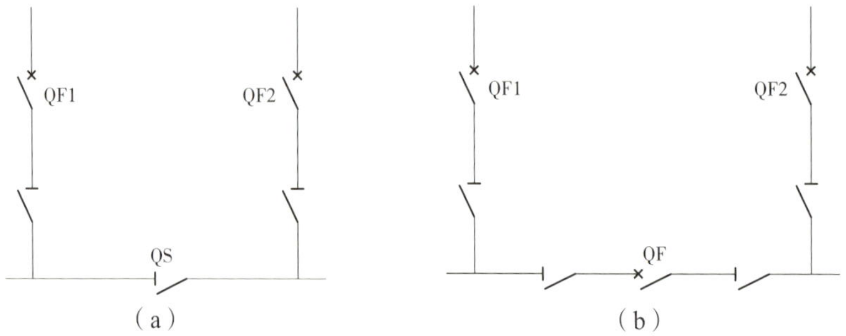

图 4-21 单母线分段制
（a）隔离开关分段；（b）断路器分段

单母线分段制在可靠性和灵活性方面较单母线制有所提高，可满足二级负荷和部分一级负荷的供电要求。当双回路电源同时供电时，母线分段开关正常是打开的，一段母线相关范围内的故障将不影响另一段母线的正常供电。设备检修可以分段进行，不致使全部负荷供电中断。

（三）变、配电所的电气主接线

对于 10kV 供电的用户而言，用户可能拥有 10kV 配电所和 10/0.4kV 变电站，其次是 0.4kV 配电箱。

1. 10kV 高压配电所

配电所是用户电能的中转站。10kV 配电所接收来自 10kV 电源的电能并分配给各馈出线的用户，每个配电所的馈出线路一般不少于 4 回。配电所进出口线路可以采用单母线制或单母线分段制。

10kV 电源进线的常用接线方式如图 4-22 所示。图 4-22（a）适用于供电电源来自远方或公用线路的情况，要求在配电所能够带负荷操作，或要求装设针对母线故障的继电保护，或装设的自动装置有要求。图 4-22（b）适用于就近专线供电，仅设一个隔离开关，配电母线的故障保护由上级变电站完成。

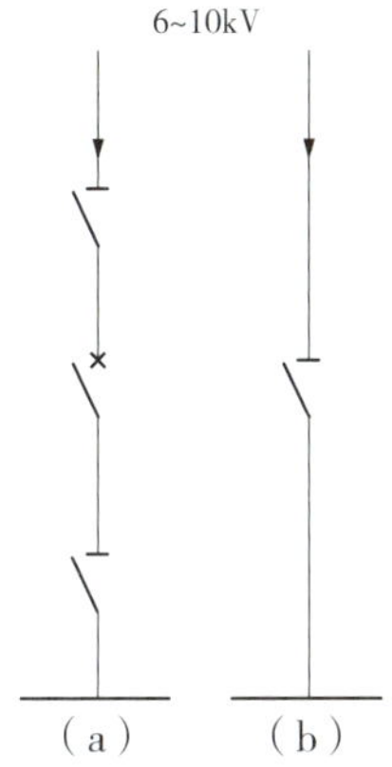

图 4-22 10kV 高压配电所电源进线的接线方式

10kV 馈出线的常用接线方式如图 4-23 所示。图 4-23（a）适用于向操作频繁或负荷比较大且有倒送电可能的下一级配电所或高压设备配电；对于没有倒送电可能的线路，可采用简化的图 4-23（b）接线；对于小容量线路或设备，如容量不大于 500kVA 的变压器或容量不大于 400kvar 的并联电容器组，当满足保护和操作要求时，可用带熔断器的负荷开关代替断路器，如图 4-23（c）所示；对于电压互感器、所用变压器等很小容量的设备，可采用图 4-23（d）接线方式以减少投资，熔断器作为过电流和短路的保护装置，隔离开关兼作正常操作开关。

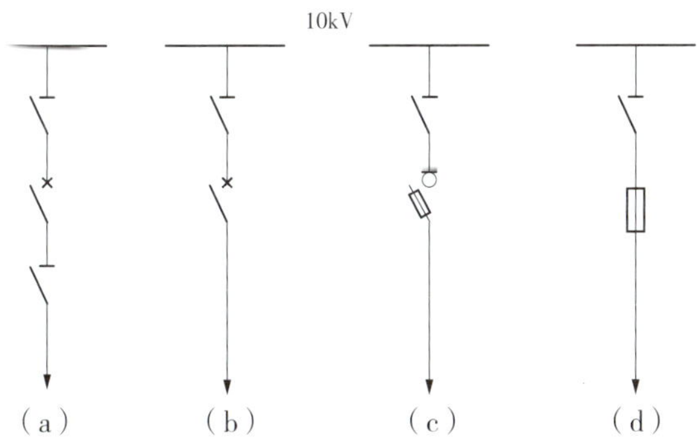

图 4-23 10kV 高压配电所馈出线的接线方式

此外，在配电母线上常设有电压互感器、避雷器、无功补偿用并联电容器、所用变压器等。

通常，变、配电所主接线中进线或馈出线上的开关设备及其连接关系制作成标准的高压开关柜和低压配电屏，供设计人员选用。变、配电所主接线图应表明以下信息：

（1）电源电压、电源进线回路数和线路结构。

（2）接线方式和运行方式。

（3）高压开关柜和低压配电屏的类型和电路方案。

（4）图中电气设备的型号与规格。

（5）各条馈出线路的名称及容量等。

2. 10/0.4kV 变电站的主接线

当 10kV 变电站由电缆供电时，主接线的典型方案如图 4-24 所示。图 4-24（a）在变压器高压侧不设开关，适用于电缆专线供电的情况，变压器的操作和保护在上一级变电站或配电所馈出线处实现，低压母线故障则由变压器低压侧断路器保护；当需要在车间变电站操作空载变压器时，可选用图 4-24（b）或图 4-24（c）所示方案，图 4-24（b）适用于变压器容量不大于 630kVA 的变电站；当需要就地保护变压器时，可选用图 4-24（d）或图 4-24（e）所示方案，图 4-24（d）采用熔断器保护，图 4-24（e）适用于变压器容量大于 630kVA、带继电保护和经常操作的变电站。

充电站的 10/0.4kV 变电站宜采用整流变压器，以便减少充电机谐波对配电网的影响，变压器绕组可采用 Dd0yn11 或 Yd11yn0 接线。若充电机采用 PWM 整流器，也可采用普通变压器。

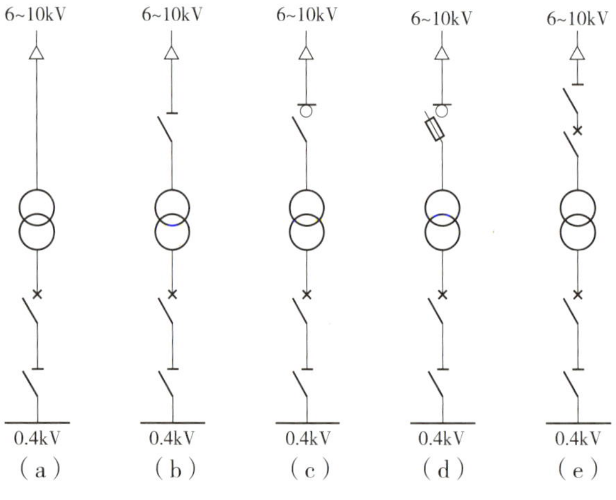

图 4-24　由电缆供电的 10kV 变电站典型主接线

当 10kV 变电站由架空线供电时，其典型方案如图 4-25 所示。当变压器容量不大于 630kVA 时，可采用图 4-25（a）和图 4-25（b）接线，外部电源通过杆上跌落式熔断器后引入变压器室内；当变压器容量较大时，宜采用图 4-25（c）接线。

变压器低压侧一般经过低压断路器和刀开关接入 0.4kV 配电母线，如图 4-24 和图 4-25 所示。断路器用于通断操作和低压母线故障保护，断路器应具有瞬时、短延时和长延时三段式保护功能，宜设置分励脱扣器，但不宜装设失压脱扣器。

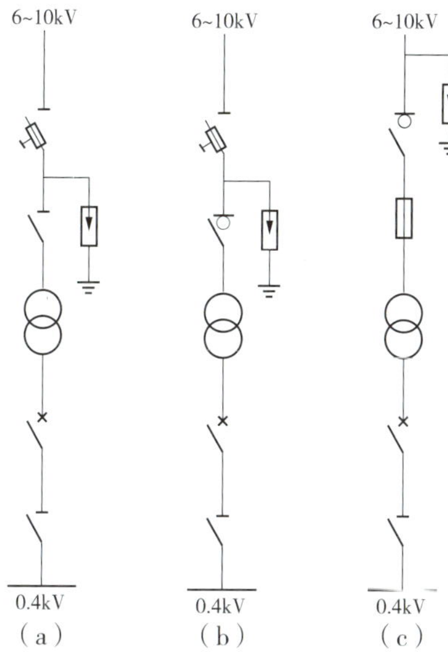

图 4-25 由架空线供电的 10kV 变电站典型主接线

刀开关仅用于隔离母线与断路器，当低压母线为单电源供电时，可以不设刀开关；当低压侧无保护要求及电源自动切换要求且不需要带负荷操作时，可仅设刀开关。

0.4kV 配电所低压馈出线的接线方式较为灵活，在满足安全隔离和电流保护的要求下，主要由出线所供用电设备的操作方式决定，图 4-26 列出了几种常用的接线方式。对于不需要频繁操作的线路、动力设备和照明配电箱的配电，可采用图 4-26（a）、图 4-26（b）、图 4-26（c）所示的接线；对于需要由交流接触器进行频繁启停操作的电动机或用电设备，可采用图 4-26（d）、图 4-26（e）、图 4-26（f）所示的接线。图 4-26 中，刀开关起安全隔离作用，低压断路器和熔断器起到过电流和短路保护的作用，热继电器作过负荷保护用。馈出线低压断路器应具有瞬时

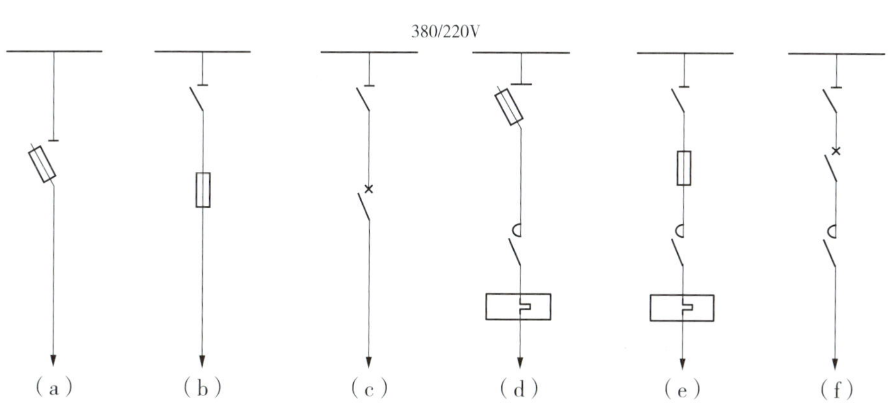

图 4-26 低压馈出线的典型接线方式

和长延时保护功能，并可设置失压脱扣器和剩余电流保护功能。

针对低压用电设备的控制与保护，已有一些组合电器（CPS），把刀开关、断路器、接触器和热继电器等分立元件集合起来，实现控制与保护特性在产品内部自配合，具有体积小、分断能力强、过电流值可整定和运行安全可靠等优点。

图 4-27 给出了某 10/0.4kV 变电站的主接线示意图。两路 10kV 电源通过电缆分别引入到两台 10kV 变压器，变压器低压侧经过断路器和刀开关接入 0.4kV 低压配电母线，低压母线采用单母线分段制，再通过分组刀开关和低压断路器从低压母线供电给低压用电设备或低压分配电箱。

对于充电站的低压配电系统，大容量的直流充电桩宜采用放射式接线，从低压配电室给每台充电桩馈出一条专用电缆；小容量的交流充电桩宜采用链式接线，多台充电桩共用一条馈出线。

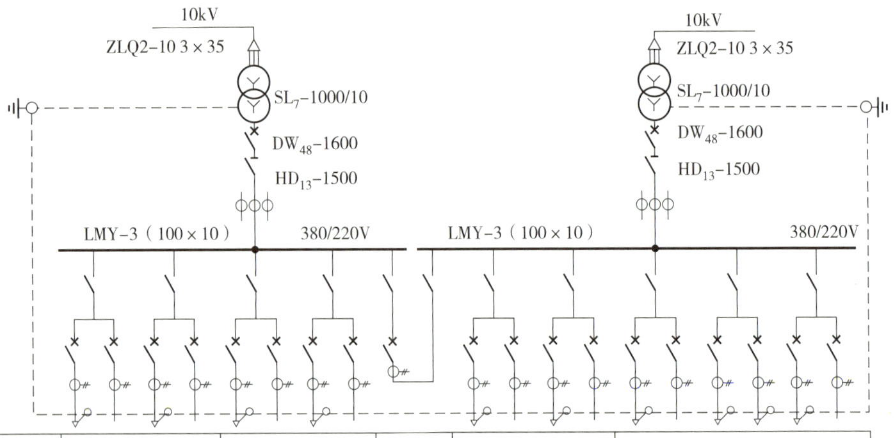

开关柜编号	1				2				3	4				5					
开关柜型号	PGL2-29				PGL2-29				PGL2-06	PGL2-29				PGL2-60					
回路编号	1	2	3	4	5	6	7	8		9	10	11	12	13	14	15	16	17	18
回路名称																			
计算负荷（A）	362		276		298		250			225		320		161		103	90	30	

图 4-27　某 10kV 变电站的主接线图

第三节　供配电系统的保护及自动装置

在供配电系统发生故障时，必须尽快地将故障部分从系统中切除，以保障电力设备安全及限定故障影响范围。保护设备与自动装置就是实现这一目标的具体措施。

一、低压配电系统的保护

低压配电网的保护主要有电流保护、电压保护和剩余电流动作保护。电流保护分为短路保护、过电流保护和过负荷保护（热保护），电流保护元件主要为低压断路器和低压熔断器；电压保护分为低电压保护和过电压保护，低电压保护元件为低压断路器，而过电压保护常由避雷器保护，可参见本章第四节；剩余电流动作保护（漏电保护）由专门的剩余电流动作保护器（漏电保护器）完成。

保护装置是配电系统安全稳定运行的守护者，要求保护装置必须具有可靠性、灵敏性、选择性和快速性。可靠性是指系统发生故障时不拒动、系统正常时不误动；灵敏性是指保护装置应能准确地感知系统故障；选择性是指下级保护装置保护范围内的故障不引起上级保护装置误动作；快速性是指发现故障后及时切除。低压配电系统上述四点基本要求的满足取决于保护元件的选择以及多级相互配合。

（一）基于低压断路器的电流保护和低电压保护

低压断路器又称低压自动开关或空气开关，它既能带负荷通断电路，又能在短路、过负荷和失电压时自动跳闸，其原理结构如图 4-28 所示。

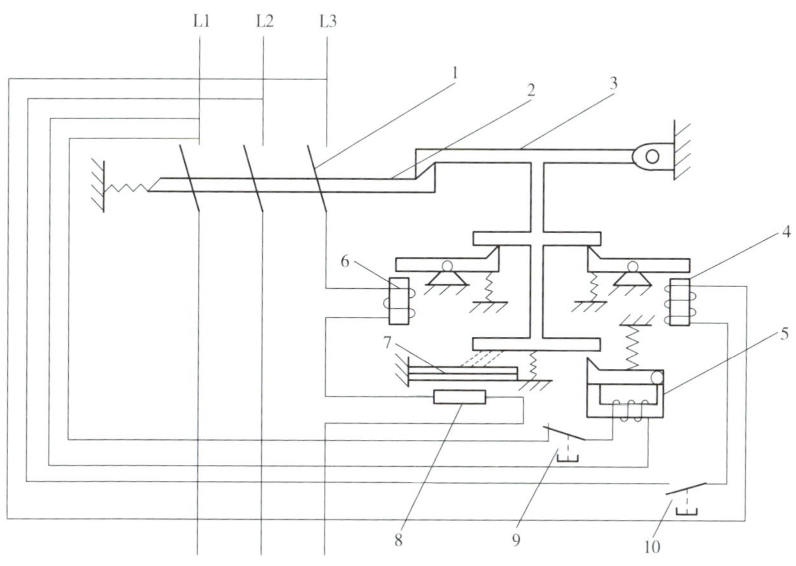

图 4-28　低压断路器的原理结构

1—主触头；2—跳钩；3—锁扣；4—分励脱扣器；5—失压脱扣器；6—过电流脱扣器；7—热脱扣器；8—加热电阻丝；9、10—脱扣按钮低压断路器一般具有三种保护功能：短路保护、过电流保护和低电压保护。当线路上发生短路故障时，过电流脱扣器 6 动作于瞬时跳闸；当线路出现过负荷时，加热元件 8 使热脱扣器 7 动作于延时跳闸；当线路电压下降或失压时，失压脱扣器 5 动作同样作用于跳闸。当按下按钮 9 或 10 时，使失压脱扣器失压动作或分励脱扣器 4 通电，可远距离操纵开关瞬时跳闸。

低压断路器在低压配电系统中的配置方式可用图 4-29 来说明：$1^{\#}$、$2^{\#}$ 的接法适用于低压配电母线的进线，电源来自配电变压器低压侧或上级配电母线；$3^{\#}$、$4^{\#}$ 的接法适用于低压馈出线；$5^{\#}$ 出线是低压断路器与熔断器的配合方式，适用于断路器断流能力不足的情况，熔断器进行短路保护，低压断路器只在过负荷和失压时才断开电路；$6^{\#}$ 出线是低压断路器与接触器 KM 配合使用，低压断路器用作短路保护，接触器用作电动机的频繁启停，配备热继电器 KR 用于电机过载保护。

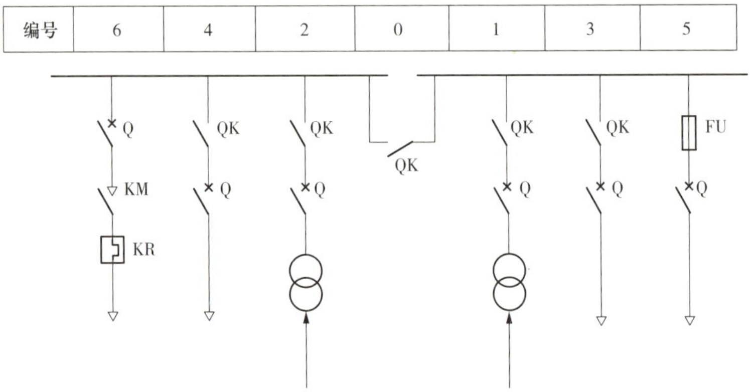

图 4-29　低压断路器的常用配置方式

Q—低压断路器；QK—刀开关；KM—接触器；KR—热继电器；FU—熔断器

低压断路器可配备三种过电流脱扣器供用户选择，即长延时、短延时和瞬时过电流脱扣器。

1. 长延时过电流脱扣器（即热脱扣器）及其整定

长延时过电流脱扣器主要用于线路过负荷或设备过载保护，动作时间可达 10s 以上，具有反时限特性，电流越大动作时间越短。长延时过电流脱扣器的过电流整定值稍大于所在线路的计算电流 I_c 即可：

$$I_{1.op} \geqslant 1.1 I_c \tag{4-3}$$

式中　$I_{1.op}$——长延时过电流脱扣器（热脱扣器）的整定动作电流，A。

当然，热元件的额定电流 $I_{H.N}$ 应不小于 $I_{1.op}$，并留有一定裕量，即

$$I_{H.N} \geqslant (1.1\sim1.25) I_{1.op} \quad (4\text{-}4)$$

2. 短延时和瞬时过电流脱扣器及其整定

短延时过电流脱扣器主要用于线路过电流或短路保护，延时时限分别为 0.2、0.4、0.6s 可选。瞬时过电流脱扣器主要用于线路短路保护，动作时限不大于 0.1s。短延时脱扣器有利于上下多级断路器保护时的配合，我国普遍应用的低压断路器以瞬时脱扣器为主。

瞬时或短延时脱扣器的整定电流应躲开线路的尖峰电流 I_{pk}，即

$$I_{2.op} \geqslant k_k I_{pk} \quad (4\text{-}5)$$

式中 $I_{2.op}$——瞬时或短延时脱扣器的整定电流值，A；

k_k ——可靠系数，可取 k_k=1.35。

图 4-30 描述了低压断路器的动作安秒特性。当流过断路器的电流小于长延时脱扣器的整定电流值 $I_{1.op}$ 时，断路器不会动作；随着故障电流大于 $I_{1.op}$ 时，断路器会按照曲线 1 的反时限特性延时动作，电流越大，动作时限越短；当故障电流大于短延时或瞬时脱扣器整定电流 $I_{2.op}$ 时，断路器会很快动作。

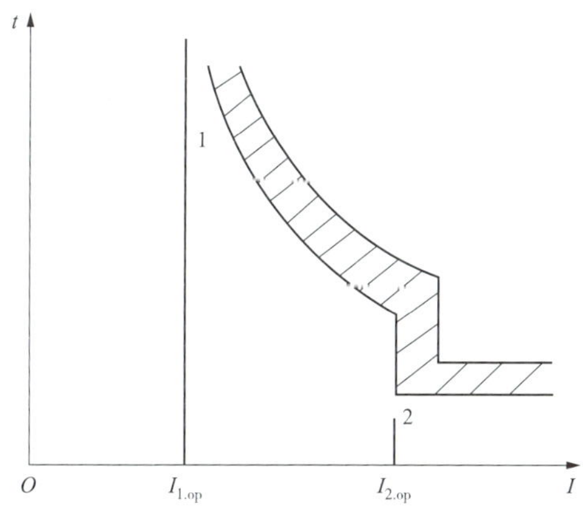

图 4–30 低压断路器的动作安秒特性

瞬时或短延时脱扣器应具有足够的灵敏度，即灵敏度系数 k_s 应满足如下要求：

$$k_s = I_{k.min} / I_{2.op} \geqslant 1.5 \quad (4\text{-}6)$$

式中 $I_{k.min}$——断路器所保护线路末端的最小短路电流，A。

3. 过电流脱扣器整定值与导线允许电流 I_{al} 的配合

低压断路器过电流脱扣器的整定值必须与所保护线路的最大允许电流或载流量 I_{al} 相配合，以保证在过负荷或短路期间，线路能够得到低压断路器的可靠保护而不致过热损坏。为此，过电流脱扣器的整定值与线路载流量之比应满足：

$$\frac{I_{1.op}}{I_{a1}} < 1$$
$$\frac{I_{2.op}}{I_{a1}} < 4.5 \tag{4-7}$$

近十年来，由于数字技术的发展，数字化、智能化的低压断路器得到推广应用，参数整定和配合更为便捷。

（二）基于熔断器的电流保护

熔断器是低压系统常用的一种过电流保护设备，具有断流能力强、结构简单、使用方便、价格低廉等特点。熔断器包括熔管和熔体，熔体是过电流保护元件，熔管是安放熔体和外部接线的底座，熔管的额定电流必须不小于熔体的额定电流。当线路发生短路或过电流时，熔断器的熔体被熔断，使故障点与电源隔离，被保护线路免受过电流损坏。

需要指出，熔断器只能安装在相线上，中性线上不允许安装熔断器。

1. 熔断器的安秒特性与配置方式

熔体的额定电流及其安秒特性曲线反映了熔体的保护特性。熔体的安秒特性是指熔体熔断时间与通过电流的关系曲线，如图 4-31 所示。譬如，额定电流为

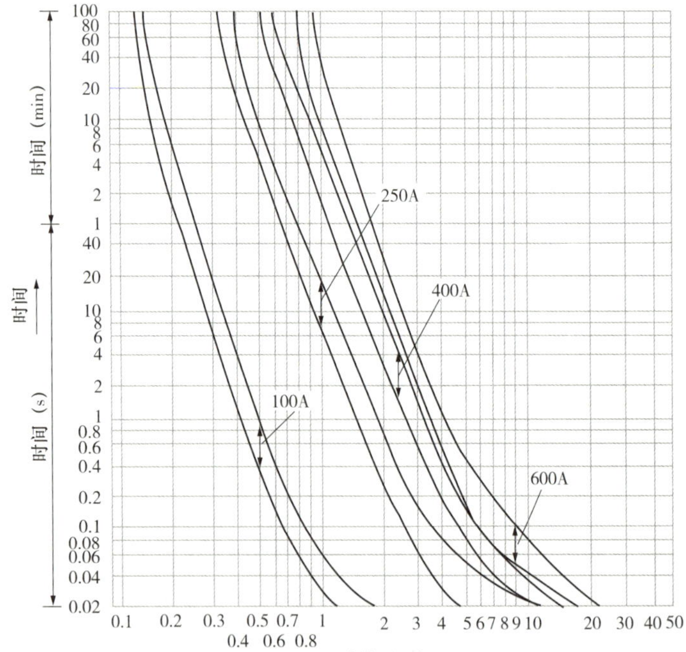

图 4-31 熔体的安秒特性曲线

100A 的熔体，在通过 500A 的情况下，其熔断时间在 0.4~1.0s 之间。

基于熔体的反时限安秒特性曲线，熔断器可起到短路和过电流保护的作用。低压熔断器的配置方式可用图 4-32 来示意说明。熔断器应装设在各配电线路的首端，主干线上的熔断器应与刀开关配合，分支线路可仅装设插拔式或开合式熔断器。

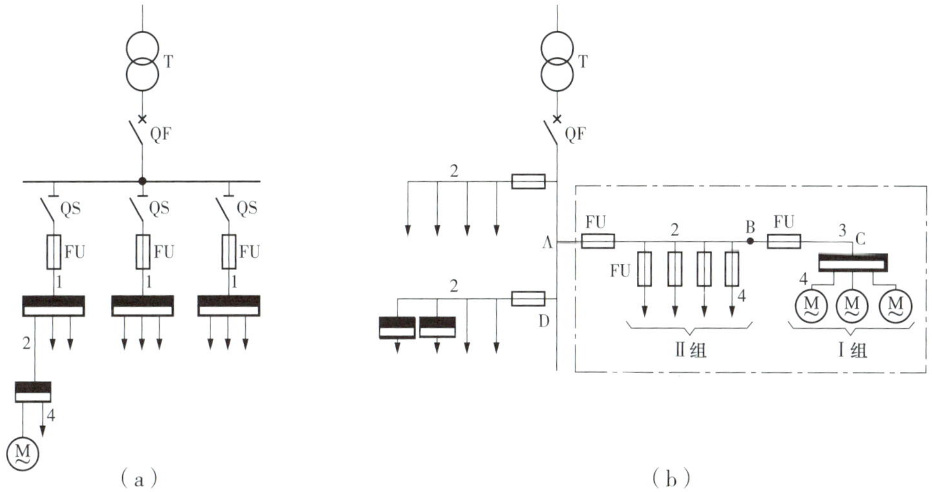

图 4-32　低压熔断器的配置示意图

（a）放射式；（b）变压器干线式

1—干线；2—分干线；3—支干线；4—支线

2. 熔断器的选用

熔断器的额定电流包括熔管的额定电流和熔体的额定电流。熔体的额定电流由所保护线路的电流而定，而熔管的额定电流应不小于熔体的额定电流。

用于保护线路的熔断器，熔体额定电流应满足以下条件：

（1）熔体额定电流应不小于线路正常运行时的计算电流 I_c，即

$$I_{FE} \geqslant I_c \tag{4-8}$$

（2）熔体额定电流还应躲过电动机启动所引起的尖峰电流 I_{pk}，即

$$I_{FE} \geqslant kI_{pk} \tag{4-9}$$

式中 k 为熔体选择用计算系数，k 值应根据熔体的特性和电动机的拖动情况来决定。轻负荷启动时启动时间在 3s 以下者，$k=0.25\sim0.4$；重负荷启动时，启动时间在 3~8s 者，$k=0.35\sim0.5$；超过 8s 的重负荷启动或频繁启动、反接制动等，$k=0.5\sim0.6$。

尖峰电流的取值与电动机的多少有关。对单台电动机，尖峰电流为：

$$I_{pk}=k_{st.M}I_{N.M} \tag{4-10}$$

对于多台电动机，设启动电流最大的一台电动机的额定电流为 $I_{N.Mmax}$、启动电

流倍数为 $k_{st.Mmax}$，则尖峰电流为：

$$I_{pk}=I_c+\left(k_{st.Mmax}-1\right)I_{N.Mmax} \tag{4-11}$$

（3）熔断器常用来切断故障电流，因此熔断器应具有足够的分断能力，熔断器的分断电流 $I_{OFF.FE}$ 应不小于线路的最大短路冲击电流有效值。对低压配电网而言，短路电流的冲击系数可取 1.3，即

$$I_{OFF.FE}>1.3I_k^{(3)} \tag{4-12}$$

（4）熔断器与线路载流量的配合。为使熔断器可靠地保护导线和电缆，避免因线路短路或过负荷损坏甚至起燃，熔体的额定电流 $I_{N.FE}$ 必须和导线或电缆的允许电流 I_{al} 相配合，因此要求：

$$\frac{I_{FE}}{I_{al}}\leqslant k_r \tag{4-13}$$

式中 k_r 为熔体额定电流与被保护线路的允许电流的比例系数。设计规范规定：对电缆或穿管绝缘导线，$k_r=2.5$；对明敷绝缘导线，$k_r=1.5$；对于已装设有其他过负荷保护的绝缘导线、电缆线路而又要求用熔断器进行短路保护时，$k_r=1.25$。

用于保护电力变压器的熔断器，设变压器的额定电流为 $I_{N.T}$，则熔体额定电流可按式（4-14）选定：

$$I_{FE}=\left(1.4\sim2.0\right)I_{N.T} \tag{4-14}$$

用于保护电压互感器的熔断器，选用熔体额定电流为 0.5A 的 RN2 型熔断器。

3. 熔断器的保护灵敏度校验

熔断器的保护灵敏系数 k_s 计算如下：

$$k_s=\frac{I_{k.min}^{(1)}}{I_{FE}} \tag{4-15}$$

式中，$I_{k.min}^{(1)}$ 为熔断器保护线路末端在系统最小运行方式下的单相短路电流。通常要求保护灵敏度系数不低于 1.5。

4. 上下级熔断器的相互配合

用于保护线路短路故障的熔断器，上下级熔断器的安秒特性应相互配合以满足保护选择性的要求，即当下级熔断器的下游发生故障时，故障电流同时流过上下两级或多级熔断器，此时靠近故障点的下级熔断器应该先行熔断。

考虑到熔体的安秒特性曲线误差约为 ±50%，假设上一级熔体在故障电流下的最小熔断时间为 $t_{1.min}$，下一级熔体在该故障电流下的最大熔断时间为 $t_{2.max}$，为满足上下级熔断器的保护选择性，应满足：

$$t_{1.\min} > t_{2.\max} \tag{4-16}$$

通常，若上下两级熔体的额定电流值相差两个等级，即能满足动作选择性的要求。

（三）低压断路器与熔断器在低压电网保护中的配合

低压断路器与熔断器的配合设计方案如图 4-33 所示。为满足上下级保护的选择性，要求上一级保护元件的安秒特性曲线在任何电流下都必须位于下一级保护元件安秒特性曲线之上。显然，图 4-33（a）是满足这种要求的，但在图 4-33（b）中，如果电网被保护范围内的故障电流 I_k 大于上下两级保护的安秒特性曲线的交叉点电流 $I_{cr.k}$，则选择性无法满足。

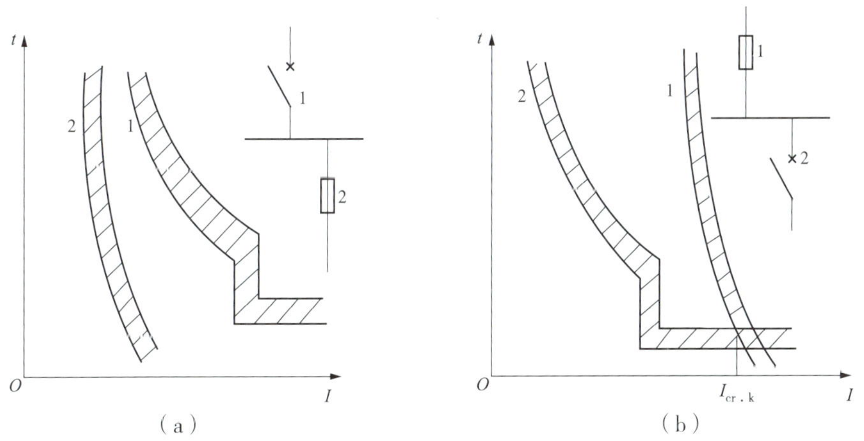

图 4–33　低压断路器与熔断器的设置

由于安秒特性曲线是非线性的，为使保护满足选择性的要求，设计计算时需要采用图解方法。

（四）剩余电流动作保护

剩余电流动作保护又称漏电保护，是一种监察低压配电线路非正常接地的措施，也是保障人身安全免受触电的一种保护型式。

剩余电流动作保护器主要由零序电流互感器、脱扣机构及主开关组成。零序电流互感器是一个检测元件，可以安装在变压器中性点与接地板之间，构成全网总保护，也可安装在干线或分支线上，构成干线或分支线保护，如图 4-34 所示。

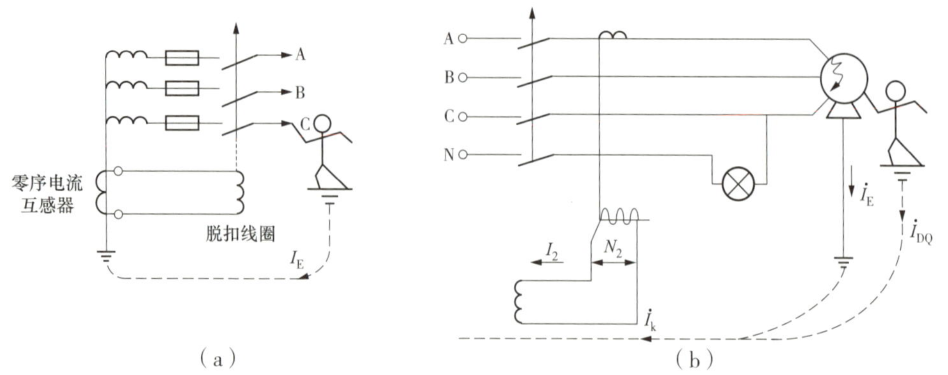

图 4–34 剩余电流动作保护器的工作原理示意图

（a）全网总保护；（b）干线保护

在正常情况下，当剩余电流动作保护装置所控制的电路中没有人体触电及设备漏电等接地故障时，无论负载对称与否，三相电流及中性线电流的瞬时值之和等于零，零序电流互感器铁芯中总磁通也等于零，此时零序电流互感器的二次线圈没有感应电压输出，剩余电流动作保护器不动作。

但是，当被保护线路发生绝缘损坏、人体触电或设备漏电时，这些泄漏电流将通过大地和系统接地装置流回配电变压器的中性点，导致三相电流及中性线电流之和不等于零。此时，零序电流互感器的环形铁芯中将有磁通流过并在二次线圈中感应出电流并流过剩余电流动作保护器的脱扣线圈，当漏电流达到剩余电流动作保护器的动作整定值时，推动脱扣器动作，使主开关迅速切断电源。

我国低压配电网规定采用 TN 接地方式，即电源或配电变压器中性点直接接地，而用电设备的金属外壳通过中性线或保护线接地。用电设备金属外壳通过中性线 N 接地（即中性线 N 兼作保护地线 PE）称作 TN-C 方式，用电设备金属外壳通过保护地线 PE 接地称作 TN-S 方式。

我国低压配电网装设剩余电流动作保护时必须采用 TN-S 接地方式，或从使用剩余电流动作保护装置的地点起将 TN-C 方式改接为 TN-S 方式。此外必须注意，装设剩余电流动作保护器时，相线和中性线必须穿过剩余电流动作保护器的零序电流互感器，但不可将保护线 PE 穿过零序电流互感器，如图 4-35 所示。当发生一相绝缘损坏时，漏电流将经过设备外壳 - 保护线回到电源中性点，零序电流互感器出现不平衡电流，保护装置动作并切断主电源。

值得指出，在配电系统采用剩余电流动作保护装置之后，剩余电流动作保

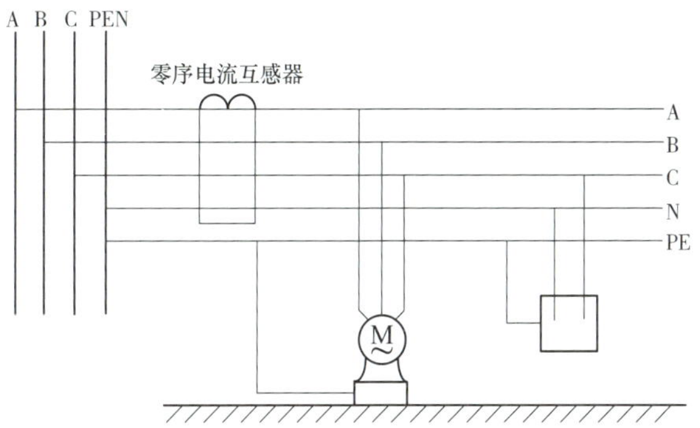

图 4-35 剩余电流动作保护器在 TN-S 接地方式中的应用

护器下游的中性线不可再做重复接地。否则，由于单相负荷而产生的零序电流可能部分地通过重复接地线和大地而非中性线返回电源，导致剩余电流动作保护器误动作。

向充电桩供电的低压断路器应具有短路保护和剩余电流保护功能，其剩余电流保护额定动作电流为 30mA，动作时间不大于 0.1s。

二、备用电源自动投切装置

所谓备用电源自动投入装置，是指在当前工作电源由于故障等原因停电时，自动迅速地将现有负荷切换到另一路备用电源上，保障用电设备的连续可靠供电。

工作电源和备用电源的接线方式分为两类：明备用和暗备用。明备用接线方式是指在正常工作时，备用电源不投入工作，只有当工作电源发生故障时才投入工作。暗备用接线方式是指在正常工作时，两个电源都投入工作，互为备用。

（一）高压系统中的备用电源自动投入装置

在重要负荷的高压配电系统中，当采用两路电源供电时，常设置备用电源自动投入装置（APD），以提高用户的供电可靠性，如图 4-36 所示。图 4-36（a）为明备用方式下的 APD 应用，APD 安装于备用电源的引入线断路器上，当工作电源失电时，APD 动作，将 QF1 断开、QF2 合闸，完成备用电源的自动切换。图 4-36（b）为暗备用方式下的 APD 应用，APD 安装于母线互联断路器上，当Ⅰ段母线失电时，APD 动作，将 QF1 断开、QF3 合闸，则Ⅰ段母线负荷全部自动转由 B 进线供电；反之，当Ⅱ段母线失电时，APD 动作，将 QF2 断开、QF3 合闸，则Ⅱ段母线负荷全部自动转由 A 进线供电。

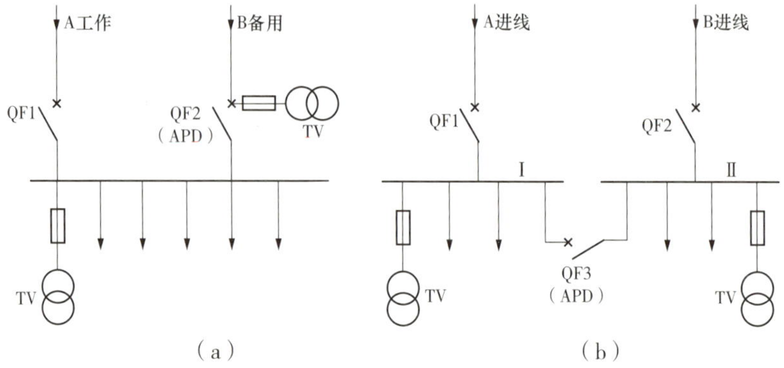

图 4-36　备用电源接线方式示意图

（a）明备用；（b）暗备用

APD 具有结构简单、投资少、能显著提高供电可靠性等优点，在重要用户供电系统中得到广泛应用。对备用电源自动投入装置的基本要求如下：

（1）当常用电源失压或电压很低时，APD 应将此路电源切除，随即将备用电源投入，以保证不间断地向用户供电。

（2）备用电源无电时，APD 不应动作。

（3）APD 只应动作一次，以避免将备用电源合闸到永久性故障上去。

（4）常用电源正常停电操作时 APD 不能动作，以防止备用电源投入。

（二）低压系统中的自动转换开关电器

对于低压系统的重要负荷，譬如消防用电、电梯用电和医疗用电，可采用自动转换开关电器（ATSE）实现两路进线电源的相互切换。ATSE 具有在两电源之间带负荷自动切换的能力。

ATSE 由开关本体和控制器两部分组成。开关本体完成电源的转接，并具有良好的灭弧能力。控制器完成两个电源的监测、异常判别和切换控制，同时具有短路闭锁功能，若有短路电流流过则锁死开关，严防开关带短路负载转换。监测参数有双电源的电压、电流和频率，异常情况包括欠压、失压、缺相和频率偏差等。

按照 ATSE 的结构和性能，ATSE 分为不具有短路分断能力的 PC 级和具有短路分断能力的 CB 级，其接线图形符号如图 4-37 所示。按照 ATSE 的转换机构，ATSE 又分为机电式和静止式。机电式 ATSE 由动静触头、灭弧机构和驱动机构组成，而静止式 ATSE 由晶闸管实现高速切换。

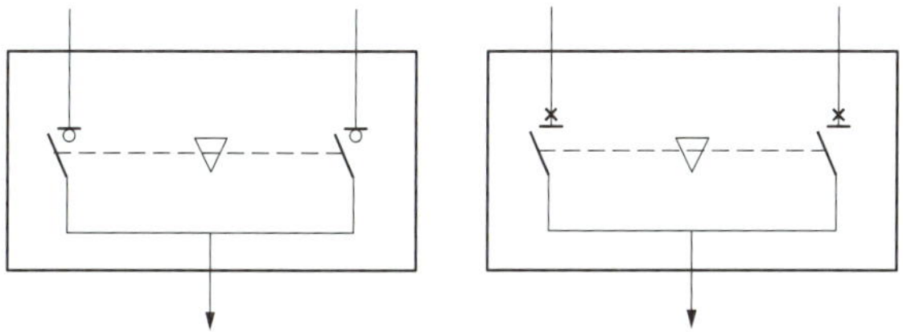

（a）　　　　　　　　　　（b）

图 4-37　自动转换开关电器的图形符号

（a）PC 级；（b）CB 级

ATSE 有短时断电的先离后接方式和短时并联供电的先接后离方式。先离后接方式下，ATSE 先将负荷从当前电源断开，再投转到备用电源，负荷存在一段断电时间，不同型式的 ATSE 其转换时间从数毫秒至数秒；先接后离方式下，ATSE 具有相位跟踪功能，待两电源同步时实施先接后离，两路电源出现短时并联运行，负荷得以持续供电。

如果从电源进线、配电到终端用电设备存在多级 ATSE 串级使用的情况，需要注意上下级 ATSE 转换时间的配合问题。一般情况下，下级 ATSE 的转换时间一定要大于上级 ATSE 的转换时间，保障在上级电源出现故障时，最靠近上级电源的 ATSE 先进行转换，而下级 ATSE 维持不动。图 4-38 给出了两级 ATSE 的应用示例，ATSE1 和 ATSE2 为第一级，ATSE3 为第二级。

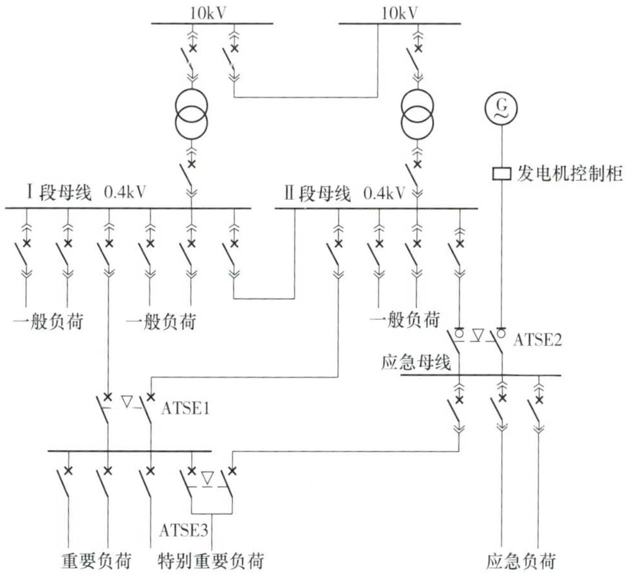

图 4-38　ATSE 应用示例

第四节　供配电系统的保护接地与防雷

保护接地是指为保障人身安全、防止触电事故而做的用电设备正常不带电的金属外壳的接地，也称安全接地。保护接地是供配电系统采取的最为广泛的电气安全措施之一。

供配电设施遭受雷击或断路器投切操作都会引起系统过电压和浪涌电流，严重危害电气设备的安全，为此必须做好供配电系统的防雷和过电压防护。

一、供配电系统的保护接地

我国现行低压电网的接地方式为 TN 接地方式，即低压电源或配电变压器的低压绕组星接中性点通过接地线和接地体直接接地，而配电网中的电气设备金属外壳通过中性线 N 或保护线 PE 接地。若低压系统保护线 PE 与中性线 N 合二为一（三相四线制接线）合并后中性线称保护中性线 PEN，设备外壳通过保护中性线 PEN 接地，则称为 TN-C 接线；若低压系统保护线与中性线分开（三相五线制接线），设备外壳通过保护线 PE 接地，则称为 TN-S 接线。在整个配电系统中，由于某种原因，可能上游部分采用 TN-C 接线，而另下游局部采用 TN-S 接线，则称配电系统为 TN-C-S 接线方式。三种接线方式分别如图 4-39 所示。

在采用 TN 接地方式的低压系统中，当设备绝缘损坏时，由电源相线→故障设备外壳→保护线或中性线→电源中性点形成回路，较大的短路电流使装设于电源侧的保护设备动作，从而将故障设备从系统中切除，起到保护作用。

TN-C 接线通常适用于单相负荷容量小、三相负荷较为平衡的场合，此时 PEN 线上流过的三相不平衡电流较小，不足以通过 PEN 线在设备外壳上引起较高的不安全电位。但是，当三相严重不平衡时，必须采用 TN-S 接线方式。

在 TN 接地方式的低压系统中，不宜某些设备再单独接地，如图 4-40 所示。如果 b 电动机上 B 相发生碰壳接地时，接地电流通过 R_0 会在电源中性线上产生危险的电压，导致所有与保护中性线连接的设备外壳带电。

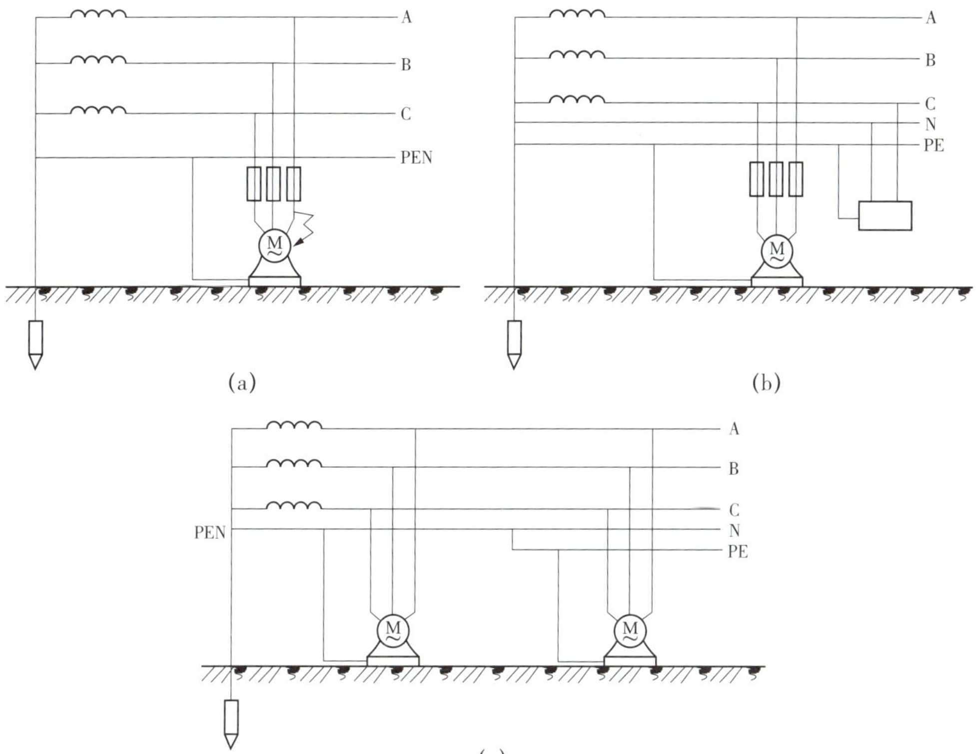

图 4-39 低压系统的接地方式
（a）TN-C 系统；（b）TN-S 系统；（c）TN-C-S 系统

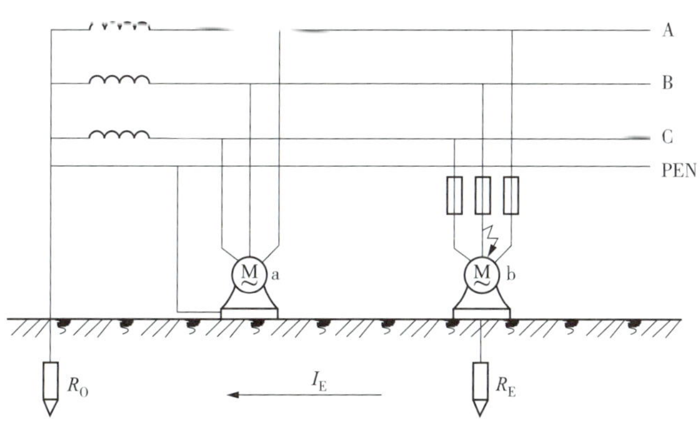

图 4-40 不合理的接地方式

此外，在 TN 接地方式的低压系统中，还应当采取重复接地，以避免中性线意外断线而导致的下游设备接地失效。一般规定重复接地电阻不大于 10Ω。

对于 10kV 中压系统而言，我国普遍采用 IT 接地方式，即电源中性点是不接地的，而设备外壳通过接地线和接地体共同接地。

充电站的低压接地系统应采用 TN-S 系统，配电电缆宜选用五芯电缆，电缆中性线截面积应与相线截面积相同。

二、供配电系统的防雷保护

供配电系统的过电压导致设备绝缘破坏是造成系统故障的主要原因之一。过电压包括内过电压和外过电压，开关操作激发配电系统电磁谐振引起的操作过电压和电网不对称故障引起的过电压属于内过电压，由于外部雷击引起的雷电过电压属于外过电压。

雷击在供电系统中所形成的雷电冲击电流可达几十万安、雷电冲击电压可达几十万伏，破坏性极大，必须防护。

（一）雷电冲击波的传播特性

当输配电线路受到雷击时，在线路上产生的雷电冲击波以一定的速度（架空线路中近似为光速，电缆中约为光速的 1/2~1/3）向两侧流动和传播，并对输电线路的分布电容充电，引起输电线路过电压。受分布电感的影响，线路中距离雷击起点越远的地方，冲击波到达的时刻越晚。

雷电冲击波在均匀线路传播时，雷电冲击波将按原来幅值前行。当雷电冲击波沿线路传播遇到结点（如架空线转入电缆、电抗器、变压器或接地装置）时，由于电路分布参数的突变，冲击波会发生折射和反射，导致雷电流和雷电压发生变化。

一种特殊情况是，雷电冲击波在传播中遇到无限大阻抗，如架空线接入变压器，变压器对雷电波呈现出近似无限大阻抗。此时，雷电压波会发生全反射，使该点电压增大到雷电行波电压的 2 倍，即线路遭受雷击后在无限大阻抗结点处的雷电压最高。因此，当采用避雷器防护变压器时，避雷器的安装位置应该尽量靠近变压器，才能起到有效的防护。

另一种特殊情况是，雷电冲击波遇到零阻抗，如架空线接入良好接地体，相当于导线在此点接地，此时雷电流波会发生正的全反射，而雷电压波发生负的全反射，该点电压降低到零。

（二）防雷装置及其应用

供配电系统常用的防雷装置有避雷针、避雷线、避雷器、电涌保护器等。避雷针常用于保护户外设备或建筑物，避雷线用于保护架空线路，避雷器和电涌保护器用于户内设备免受雷电过电压或操作过电压的侵扰。

1. 避雷针与避雷线

避雷针或避雷线是拦截雷击将雷电引向自身并通过接地装置泻入大地、使被保护物免遭直接雷击的一种防雷装置。这种防雷装置由接闪器、引下线和接地极三部分组成。避雷针常用于变电站户外设备的防护，避雷线常用于野外高压架空线路的雷击防护。

避雷针的接闪器一般用圆钢或钢管制成，固定装设于被保护物体的上方，与接地引下线和埋设在地下的接地极连接成一体。当被保护物上空出现雷云时，接闪器会将雷云放电先导引向其自身，由接闪器、引下线和接地极将雷电流安全导入大地，避免被保护物遭受雷击。

单根避雷针的保护范围是一个圆锥体空间，如图 4-41 所示。设避雷针的顶点距地面的高度为 h，避雷针的保护范围可作图如下：从针的顶点向下作 45°的斜线，构成锥形保护空间的上部，从距针底各方向 1.5h 处向避雷针 0.75h 高处作连接线，与 45°斜线相交，交点以下的斜线构成保护空间的下半部。

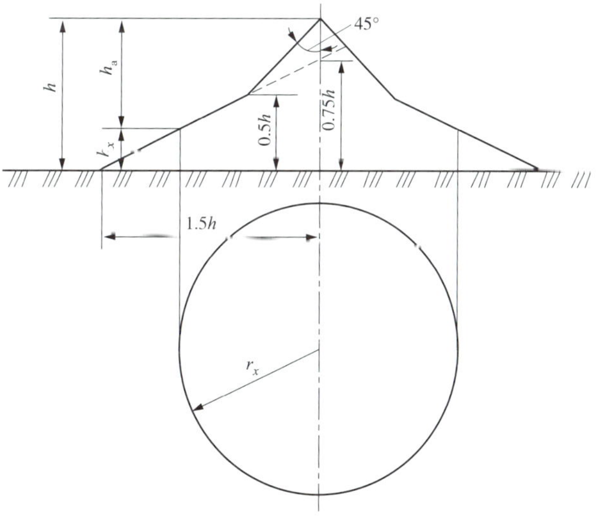

图 4-41 单根避雷针的保护范围

若用 r_x 表示避雷针在高度为 h_x 处的锥形保护半径，则

$$r_x=\begin{cases}(h-h_x)p & (h_x\geqslant 0.5h)\\(1.5h-2h_x)p & (h_x<0.5h)\end{cases} \tag{4-17}$$

式中，p 为与避雷针高度有关的修正系数。当 $h\leqslant 30\text{m}$ 时，$p=1$；当 $30\text{m}<h<120\text{m}$ 时，$p=5.5/\sqrt{h}$。

若需要较大的保护范围，可采用多根避雷针，往往一根较高的避雷针不如两根较低的避雷针保护有效。关于多根避雷针的保护范围及计算办法可参考有关设计手册。

避雷线实际上是架空地线，其接闪器就是架设在线路上方水平方向的金属线，对架空线路具有屏蔽雷云的作用。避雷线将雷云对架空线路的放电引向自身并泄入大地，使线路导线免遭直接雷击。

设避雷线距地面的高度为 h，其保护范围如图 4-42 所示。若用 r_x 表示避雷线在高度为 h_x 处的保护宽度，则

$$r_x=\begin{cases}0.47(h-h_x)p & (h_x \geqslant 0.5h)\\(h-1.53h_x)p & (h_x<0.5h)\end{cases} \tag{4-18}$$

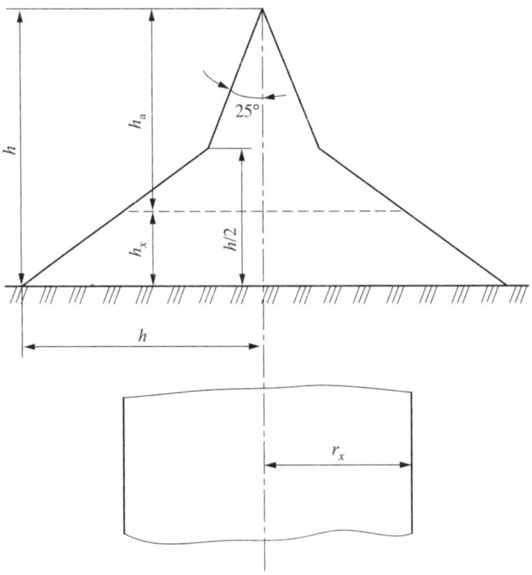

图 4-42　单条避雷线的保护范围

2. 避雷器

避雷器主要用于防止由架空线路侵入的雷电波对变电站内的电气设备造成的过电压伤害，或防止内过电压对电气设备的伤害。避雷器一般装设在架空线的进出口处或装设在各段母线上，其一端接线路、另一端接地。

避雷器在冲击电压的作用下放电，造成线路接地短路，此时线路过电压消失，但工频电压相继作用在避雷器上，开始流过工频短路接地电流。此时避雷器应具有自行切除工频续流、恢复绝缘强度的能力，使供电系统继续正常工作。常用的避雷器有管式避雷器、阀式避雷器和氧化锌避雷器。

管式避雷器由产气管、内部间隙和外部间隙构成，具有简单经济、残压较小的特点，但它的伏秒特性较陡，不易与变压器的绝缘相配合，且在动作时有电弧和气体从管中喷出。管式避雷器一般用于户外架空线路的防雷。

阀式避雷器是由火花间隙和阀片串联组成，装在密封的瓷套管内。阀片由金刚砂（SiC）和结合剂在一定的温度下烧结而成，具有非线性电阻特性。当雷电冲击波作用在避雷器上时，阀片的电阻值将呈现很大的电导率，在火花间隙被击穿后，呈低阻的阀片能使雷电流迅速地泻入大地。当雷电过电压消失后，阀片上承受工频电网电压时，其电导率突然下降，电阻值快速上升，使火花间隙电弧熄灭、绝缘恢复而切断工频续流，从而恢复线路的正常运行。阀式避雷器常来保护变电站的电气设备。

氧化锌避雷器以氧化锌材料为主制作阀片，具有良好的伏安特性。在工频电压下，它呈现出极大的电阻，阀片流过的电流小于 1mA，能迅速有效地抑制工频续流；而当电压超过某一数值时，其电阻又变得很小，能很好地泄放雷电流。氧化锌避雷器具有无间隙、无续流、残压低、体积小等优点，因此得到广泛应用。

避雷器的伏秒特性决定了避雷器的保护性能。选择避雷器时，避雷器的伏秒特性必须与被保护电气设备的伏秒特性良好配合，配合关系如图 4-43 所示。避雷器的伏秒特性应该始终位于被保护设备伏秒特性的下方，同时要始终位于所接线路上可能出现的最高工频电压的上方。此外，避雷器的残压必须小于被保护电气设备绝缘耐压所能允许的程度。

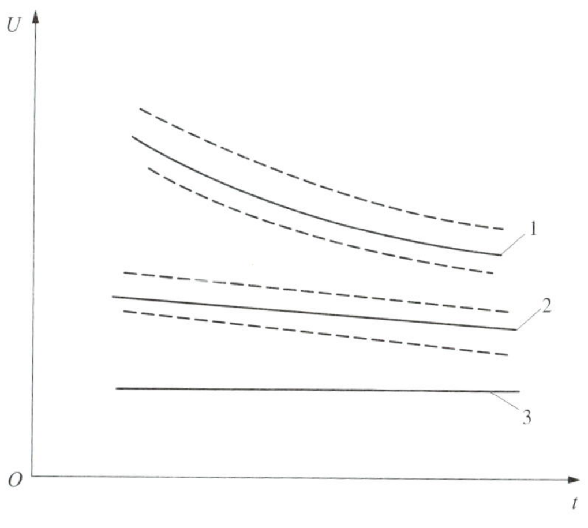

图 4-43 避雷器与被保护电气设备伏秒特性的配合

1—被保护设备伏秒特性；2—避雷器伏秒特性；3—所接线路上可能出现的最高工频电压

再次重申，保护变压器的避雷器应尽量靠近变压器。如果避雷器距离变压器有一段电气距离，可能使作用在变压器上的过电压超过避雷器的放电电压或残压，距离越长，保护无效的风险就越大。

根据规程规定，变电站的所有母线都应装设阀式避雷器，且应以最短的接地线连接到配电系统的主接地网。

3. 低压电涌保护器（SPD）

低压电涌保护器（SPD）是一种可以限制瞬态过电压并泄放电涌能量的非线性保护元件，常用于低压配电线路、电子设备和计算机系统中，防止雷电过电压和其他过电压产生的电磁脉冲或电磁干扰对电气设备、电子设备和计算机的侵扰。与阀式避雷器类似，当线路电压正常时，SPD 处于高阻抗状态，但当电网因雷击或其他原因而产生过电压时，SPD 迅速导通，使浪涌电流通过地线迅速泄放到大地中。

用于电涌保护器 SPD 的非线性电压限制元件有放电间隙、充气放电管、压敏电阻、抑制二极管等。放电间隙和充气放电管属于电压开关型 SPD，无电涌时呈高阻抗，当电涌电压出现时突变为低阻抗；压敏电阻和抑制二极管属于限压型 SPD，无电涌时呈高阻抗，随着电涌增大，阻抗逐渐变小。不同类型的电涌保护器适用于不同的防雷区。

在国家标准 GB 50057—2010《建筑物防雷设计规范》中，按由外及内的雷电能量大小分布，把防雷区划分为 LPZ0、LPZ1、LPZ2、LPZ*n* 区。LPZ0 区为建筑的外围区域，处于这个区域中的电气设备最易遭受雷电波侵入，依次向内每增加一级屏蔽层划分一个区域，记为 LPZ1、LPZ2 等。不同区域对雷击电磁脉冲的防范要求不同，采取的防护措施也不同。开关型 SPD 适用于上游 LPZ0 与 LPZ1 区的防护，限压型 SPD 则适用于下游 LPZ1 和 LPZ2 区的防护。

根据低压配电系统的实际情况，可自上（总配电箱）而下（设备前端配电箱）分级设置雷电保护。第一级保护应在电源进户总配电箱处装设大容量 SPD，架空进线选电压开关型 SPD，电缆进线可选限压型 SPD；第二级保护可在电源分配电箱处装设 SPD；第三级保护可在计算机和电子设备前端装设 SPD。

电涌保护器的主要电气参数有：

（1）电压保护水平 U_p，即 SPD 泄放标称放电电流时其两端的最大电压，也称标称放电电流的残压。

（2）最大持续运行电压 U_c，即持续施加而不会导致 SPD 动作的最大交流电压有效值或直流电压。

（3）最大放电电流 I_{max}，指 SPD 可单次通过 8/20μs 电流波的峰值电流。

各级 SPD 的电压保护水平 U_p 应小于被保护设备的冲击耐受电压 U_{sh}，但大于所在电网的最高运行电压 U_{max}。图 4-44 给出了 TN-C-S 配电系统的电涌保护器设置示例，各级 SPD 参数可选择如下：SPD-1，$U_p = 2kV$，$I_{max} = 65kA$（8/20μs）；SPD-2，$U_p = 1.2/1.8kV$，$I_{max} = 40kA$（8/20μs）；SPD-3，$U_p \leqslant 1kV$，$I_{max} = 6.5kA$（8/20μs）。

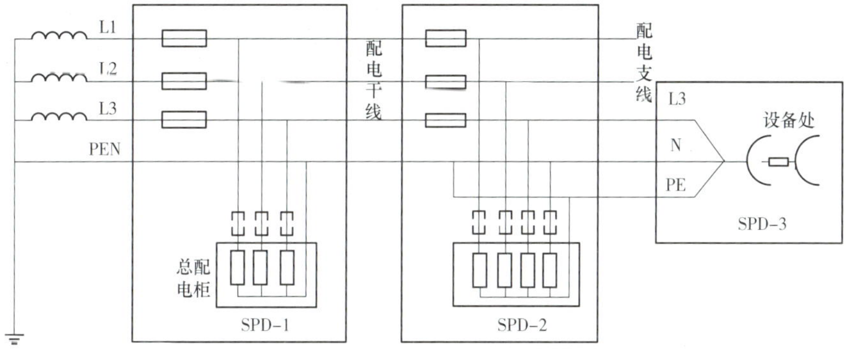

图 4-44　TN-C-S 低压系统的 SPD 典型配置

第五节　电能质量

充电设施一般安装在 0.38kV，按照电能质量“谁污染谁治理”的原则，应在安装前对背景电能质量进行测试评估，确保供电质量满足要求，不会造成充电设施和电动汽车的损坏；充电设施接入后也应再次进行电能质量测试评估，确保不会污染电网并满足用电质量要求。充电桩电能质量检测、评估主要包括六个方面，分别为电压偏差、谐波、频率偏差、不平衡度、电压波动与闪变、间谐波。

一、电能质量限值

（一）电压偏差

根据国家标准 GB/T 12325—2008《电能质量　供电电压偏差》规定：20kV 及以下三相供电电压偏差为标称电压的 ±7%。220V 单相供电电压偏差为标称电压

的 +7%、-10%。

（二）谐波限值

1. 谐波电压限值

根据国家标准 GB/T 14549—1993《电能质量　公用电网谐波》，0.38kV 公用电网的谐波电压限值如表 4-1 所示。

表 4-1　　公用电网谐波电压（相电压）限值

电网标称电压（kV）	电压总谐波畸变率（%）	各次谐波电压含有率（%）	
		奇次	偶次
0.38	5.0	4.0	2.0

2. 谐波电流限值

根据国家标准 GB/T 14549—1993《电能质量　公用电网谐波》，0.38kV 公共连接点允许注入的谐波电流限值如表 4-2 所示。

表 4-2　　注入公共连接点谐波电流限值（基准短路容量 10MVA）

谐波次数	0.38kV 公共连接点允许注入的谐波电流限值（A）
2	78
3	62
4	39
5	62
6	26
7	44
8	19
9	21
10	16
11	28
12	13
13	24
14	11

续表

谐波次数	0.38kV 公共连接点允许注入的谐波电流限值（A）
15	12
16	9.7
17	18
18	8.6
19	16
20	7.8
21	8.9
22	7.1
23	14
24	6.5
25	12

注 充电桩允许注入电网的谐波电流由接入点实际最小短路容量、供电设备总容量、用户协议容量确定，具体计算方法见式（4-19）、式（4-20）。

当公共连接点的最小短路容量不同于表 4-2 中的基准短路容量时，谐波电流限值应按式（4-19）进行修正。

$$I_{ha}=\frac{S_{\text{sc.min}}}{S_{\text{scb}}}I_{hb} \tag{4-19}$$

式中 I_{ha} ——全部用户注入公共连接点的第 h 谐波电流限值，A；

$S_{\text{sc.min}}$——公共连接点的最小短路容量，MVA；

S_{scb} ——基准短路容量，MVA；

I_{hb} ——基准短路容量下全部用户注入公共连接点的第 h 谐波电流限值，A。

同一公共连接点的每个用户注入公共连接点的谐波电流限值按该用户的协议容量与其公共连接点的供电设备容量之比进行分配，分配计算方法见式（4-20）。

$$I_{hi}=I_{ha}\left(\frac{S_i}{S_{\text{t}}}\right)^{1/\alpha} \tag{4-20}$$

式中 I_{hi}——第 i 个用户注入公共连接点的第 h 次谐波电流限值，A；

I_{ha}——全部用户注入公共连接点的第 h 次谐波电流限值，A；

S_i——第 i 个用户的协议容量，MVA；

S_{t}——公共连接点的供电设备容量，MVA；

α ——相位迭加系数，按表 4-3 取值。

表 4-3　　相位迭加系数

h	3	5	7	9	11	13	偶次、大于 13 次
α	1.1	1.2	1.4	2.0	1.8	1.9	2.0

（三）频率及电压不平衡度限值

根据国家标准 GB/T 15945—2008《电能质量　电力系统频率偏差》规定，电力系统公共连接点正常电压频率允许偏差为 0.2Hz。根据国家标准 GB/T 15543—2008《电能质量　三相电压不平衡》规定：电力系统公共连接点正常运行时负序电压不平衡度不得超过 2%，短时不得超过 4%。公用电网电压频率及不平衡度限值如表 4-4 所示。

表 4-4　　公用电网电压频率及不平衡度限值

电网标称电压（kV）	频率偏差（Hz）	电压不平衡度（%）
0.38	0.2	2.0/4.0

（四）电压波动与闪变限值

根据国家标准 GB/T 12326—2008《电能质量　电压波动和闪变》规定：电力系统公共连接点，在系统正常运行的较小方式下，所有长时闪变需满足表 4-5 要求，低压 0.38kV 公共连接点电压波动限值满足表 4-6 要求。

表 4-5　　公共连接点闪变限值

电网标称电压（kV）	闪变限值（%）
≤ 110	1.0

注　测试在系统正常运行的较小方式下，测量周期为一周。

表 4-6　　电压波动限值

电压波动次数 r（次/h）	限值（%）
$r \leq 1$	4
$1 < r \leq 10$	3
$10 < r \leq 100$	2
$100 < r \leq 1000$	1.25

（五）间谐波

根据国家标准 GB/T 24337—2009《电能质量　公用电网间谐波》，0.38kV 电压等级公用电网的间谐波电压限值如表 4-7 所示。

表 4-7　　公用电网间谐波电压（相电压）限值

电网标称电压（kV）	频率（Hz）	
	<100	100~800
1000V 及以下	0.2%	0.5%

二、测试设备测试方法

充电设施接入的 0.38kV 电能质量测试一般在低压配电变压器的低压侧，即 380V 侧进行测量，电压信号可直接取低压侧电压，电流信号取自电流互感器二次侧，分别接入电能质量检测装置进行测量。背景电能质量测试一般只测试电压，可在充电设施接入前，也可在充电设施接入后退出运行，而充电设施接入后则应对电压电流均进行测试，并应在充电设施投入运行后对包含完整的运行过程进行测试。

（一）测试设备要求

1. 电流互感器

电能质量测试电流互感器的准确度等级至少为 1 级，执行标准为 GB 20840.2—2014《互感器　第 2 部分：电流互感器的补充技术要求》，应有良好的频率特性，引入的谐波幅值误差应不大于 5%，谐波相角误差不大于 5°。

2. 电能质量测试仪

测试设备应满足 GB/T 19862—2016《电能质量监测设备通用要求》及 GB/T 17626.30—2012《电磁兼容　试验和测量技术　电能质量测量方法》中 A 级电能质量测试设备的技术要求，测量功能包括频率、基波有效值和相位、谐波幅值和相位、三相不平衡度、畸变率、功率、功率因数、电压骤变、瞬态过电压、闪变等，并可定时记录或事件触发。

（二）测试计算方法

1. 电压

（1）测试点应设置在供电协议规定的电能计量点，系统运行方式的变化和电动汽车充换电站负载的改变都会影响电压偏差，电压偏差测试应连续进行，并包括充换电站典型工况下的最大负荷时段，时长应不少于 24h。

（2）电压有效值的基本测量时间窗口宜为 10 周波，等间距选取测量时间窗口，接近而不重叠，连续测量并计算电压有效值的方均根值，最终计算获得供电电压偏差值。测量数据应每分钟存储一组，1min 电压有效值应按式（4-21）进行计算。

$$U_{1\min}=\sqrt{\frac{\sum_{i=1}^{N}U_i^2}{N}} \tag{4-21}$$

式中 $U_{1\min}$——1min 电压有效值，V；

U_i——10 周波电压有效值，V；

N——1min 内 U_i 的个数，N 的取值范围为 60~300。

2. 频率

测量电动汽车充换电站公共连接点处电压基波频率，每次取 1、3s 或 10s 间隔内计到的整数周期与整数周期累计时间之比；每 1、3s 或 10s 间隔应在 1、3s 或 10s 时钟开始时计；频率测量时间间隔应该是非重叠的，与 1、3s 或 10s 时钟重叠的单个周期应丢弃。测试时长不少于 24h。

3. 谐波

充换电站正常运行时，谐波的测试要求在供电系统正常运行的最小方式下，谐波量发生最大的情况下测量；当系统条件不符合要求时（大于正常最小方式），可按短路容量折算结果（即将测量结果乘以实际短路容量和最小短路容量之比）。

谐波测量方法如下：

（1）测量采样窗口为 10 个工频周期。

（2）取 3s 内 m 次测量数据值的方均根值作为第 h 次谐波电压的一个测量结果。

（3）2~50 次谐波电压总畸变率按式（4-22）计算得到。

$$U_{\mathrm{THD}}=\sqrt{\sum_{h=2}^{50}U_h^2} \tag{4-22}$$

式中 U_{THD}——2~50 次谐波电压总畸变率；

U_h——h 次谐波电压含有率。

4. 间谐波

（1）间谐波的测试要求在供电系统运行的最小方式下，间谐波量发生最大的情况下测量；当系统条件不符合要求时（大于正常最小方式），可按短路容量折算结果（即将测量结果乘实际短路容量和最小短路容量之比）。

（2）间谐波测试的频率分辨率为 5Hz，测量采样窗口宽度应为 10 个工频周期。取 3s 内 m 次测量数值的方均根值作为第 ih 次间谐波电压的一个测量结果。可按式（4-23）计算得到。

$$U_{ih}=\sqrt{\frac{1}{m}\sum_{k=1}^{m}u_{ih,k}^{2}} \tag{4-23}$$

式中　m——3s 内均匀间隔的测量次数，m 取 15；

$u_{ih,k}$——第 k 次测量得到的第 ih 次间谐波值；

U_{ih}——3s 内第 ih 次间谐波的一个测量结果。

（3）间谐波的测试可以在 3s 测量取值结果的基础上，综合出 3min（或 10min）的测量值。综合方法为取所选时间间隔内（例如 3min）所有 3s 测量结果的方均根值，例如 3min 的测量值可按式（4-24）计算得到。

$$\underset{(3\text{min})}{U_{ih}}=\sqrt{\frac{1}{60}\sum_{k=1}^{60}\underset{(3\text{s})}{u_{ih,k}^{2}}} \tag{4-24}$$

式中　60——3min 内包含 3s 的测量次数。

（4）间谐波的评价时间段一般选择在供电系统正常运行的较小方式下，充换电站处于正常、连续工作状态，测试时间段应至少为 24h，并保证充换电站负载的最大工作周期包含在内，以评价时间段内三相综合值 95% 概率大值中较大的一相值为评价依据。

5. 不平衡度

对于电动汽车充换电站的电压三相不平衡度和负序电流测量，测量时应在电力系统正常运行的小方式下，测试时间段应至少为 24h，测量方法满足国家标准 GB/T 17626.30—2012《电磁兼容　试验和测量技术　电能质量测量方法》的规定。

6. 电压闪变

电动汽车充换电站连续运行情况下，以不低于 5kHz 的频率采集公共连接点电压序列，以 10min 时间序列电压值，按照 GB/T 12326—2008《电能质量　电压波动和闪变》闪变算法，计算出每一个 10min 数据集合的适时闪变值 P_{st}，再根据 GB/T 12326—2008《电能质量　电压波动和闪变》计算 2h 长时间闪变值 P_{lt}。

测试周期至少为 24h，测试结果取最大长时间闪变值 P_{lt}。

7. 快速电压变动

（1）首先需要设定电压稳态阈值与动态阈值，其中稳态与动态阈值均可由用户需要设定，可取为 $1\%U_n$~$6\%U_n$ 或 $0.5\%U_n$~$3\%U_n$。

（2）测量初始阶段，前 100 个半周波（50Hz 系统则对应 1s 内值）方均根值 $U_{rms(1/2)}$ 被用以计算算数平均电压 U_{avg}，并认为此时为电压稳定状态。

（3）实际测量开始后，每个 $U_{rms(1/2)}$ 均用来计算新的算数平均电压 U_{avg}，且当该 $U_{rms(1/2)}$ 在 U_{avg} 的稳态阈值范围内时，则认为此时依然处于电压稳定状态，否则认为发生了快速电压变动事件。

（4）当连续 100 个 $U_{rms(1/2)}$ 均在 U_{avg} 的动态阈值范围内时，快速电压变动事件终止，系统进入新的电压稳定状态。

（5）对每次电压变动，需要记录的特征量有：快速电压变动开始时间、终止时间、最大电压变化 ΔU_{max} 以及稳态电压变化 ΔU_{ss}，其中最大电压变化为快速电压变动事件开始前最后一个电压平均值 U_{avg} 与事件持续过程中任一 $U_{rms(1/2)}$ 值绝对值之差的最大值；稳态电压变化为快速电压变动事件开始前最后一个电压平均值 U_{avg} 与事件终止后第一个电压平均值 U_{avg} 之差。

（6）在电压变化时，若电压超出电压暂降或暂升阈值，则不属于快速电压变动的范围，需要标记为电压暂降或暂升事件。

图 4-45 所示为快速电压变动事件引起的电压方均根值变动折线。

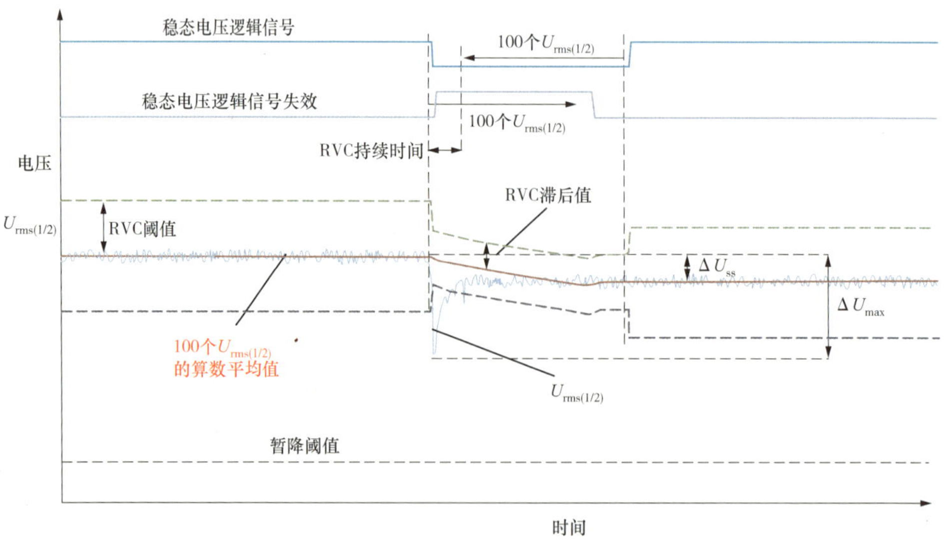

图 4-45　快速电压变动事件引起的电压方均根值变动

第五章

充换电设施

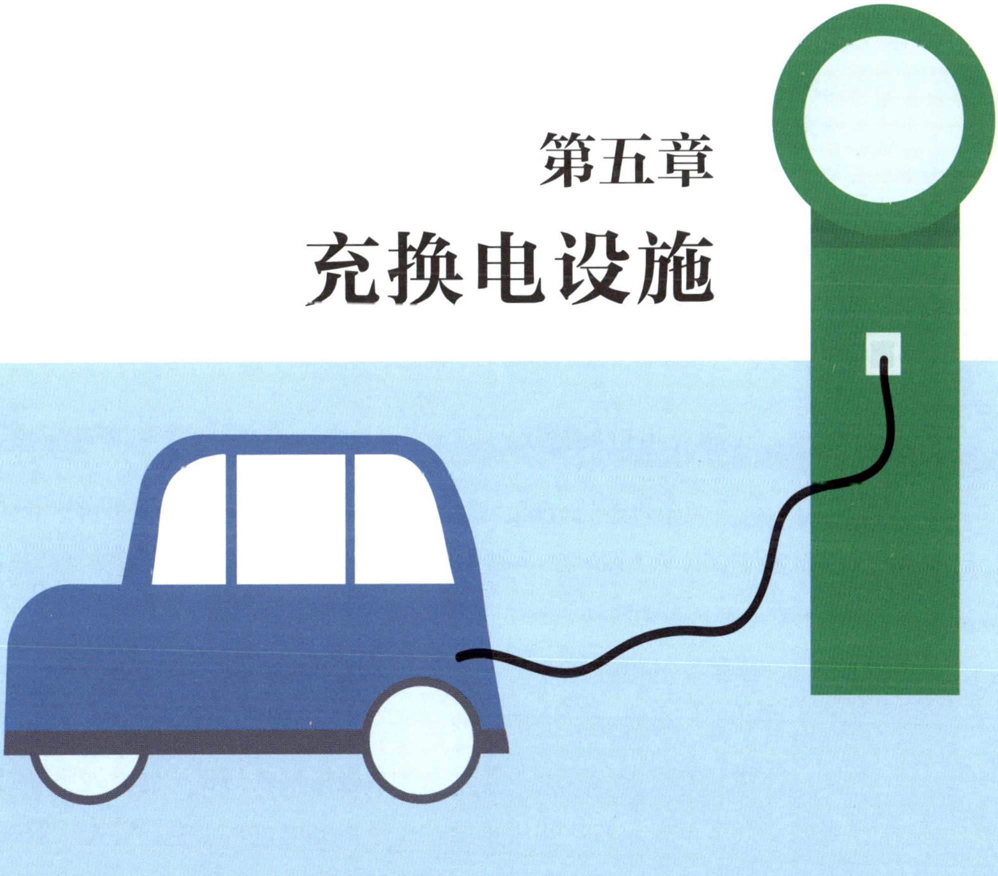

充换电设施是为电动汽车提供电能的相关设施的总称，包括变配电站、充电站、换电站、电池配送中心等系统，以及交流充电桩、非车载充电机、缆上控制器、换电设备等产品。

第一节　交流充电桩

电动汽车交流充电桩是指为具有车载充电机的电动汽车提供交流电源的专用供电装置，将交流电网（电源）调整为校准的电压 / 电流，为电动汽车动力电池提供电能，也可额外地为车载电气设备供电。

交流充电桩主要适用于为小型乘用车（纯电动汽车或可插电混合动力电动汽车）充电场景。根据车辆配置电池容量，充满电的时间一般需要 3~8h。

从国内市场发展看，交流充电桩基本围绕在 40kW 以下功率产品。单相交流充电桩产品额定功率有 7、14、20、21kW 等，三相交流充电桩产品主流额定功率为 40kW。

一、交流充电桩的分类

（1）按安装条件进行分类，主要分为立式充电桩和壁挂充电桩。立式充电桩无需靠墙，适用于户外停车位或小区停车位，而壁挂式充电桩必须依靠墙体固定，适用于室内和地下停车位。

（2）按服务对象进行分类，主要分为公共充电桩、专用充电桩和家庭充电桩。这里只是一种对充电桩用途的区分，不同的服务对象的充电桩也可以角色互换。公共充电桩由政府机关等具有公共服务性质的机构置办，服务对象面向任何电动汽车车主，如公共停车场。而专用充电桩多为企业建造，服务对象为客户和内部人员，如商场停车场。家庭充电桩为私人充电桩，安装于私人领域，不对外开放。

二、交流充电桩的功能

交流充电桩设计要求的功能规范有以下几点：

（1）具备漏电、短路、过电压、欠电压、过电流等保护功能，确保充电桩安全可靠运行。

（2）具备显示、操作等必需的人机接口。

（3）交流充电计量。

（4）具备充电接口的连接状态判断、控制导引等完善的安全保护控制逻辑。

三、交流充电桩所涉及标准文件

交流充电桩相关的设计和测试规范主要涉及以下国家标准文件：

GB/T 18487.1—2015　电动汽车传导充电系统　第 1 部分：通用要求

GB/T 18487.2—2017　电动汽车传导充电系统　第 2 部分：非车载传导供电设备电磁兼容要求

GB/T 20234.1—2015　电动汽车传导充电用连接装置　第 1 部分：通用要求

GB/T 20234.2—2015　电动汽车传导充电用连接装置　第 2 部分：交流充电接口

GB/T 34657.1—2017　电动汽车传导充电互操作性测试规范　第 1 部分：供电设备

四、交流充电桩工作原理

（一）交流充电桩原理图

充电桩的基本构成包括桩体、控制电源、控制单元、电气模块、动力电源接口、充电接口，也可包括有计量计费单元、人机交互界面等，相互之间的逻辑关系见图 5-1。

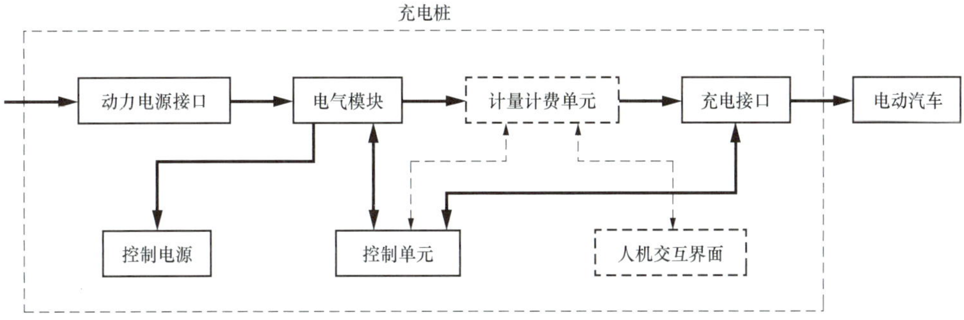

图 5–1　交流充电桩原理图

（二）交流充电桩的充电工作时序

充电控制时序及流程应满足 GB/T 18487.1—2015《电动汽车传导充电系统　第 1 部分：通用要求》中附录 A.3、A.4、A.5 的规定，充电模式 3 连接方式 C 的控制导引电路原理图见图 2-19，充电连接过程和控制时序见图 5-2。

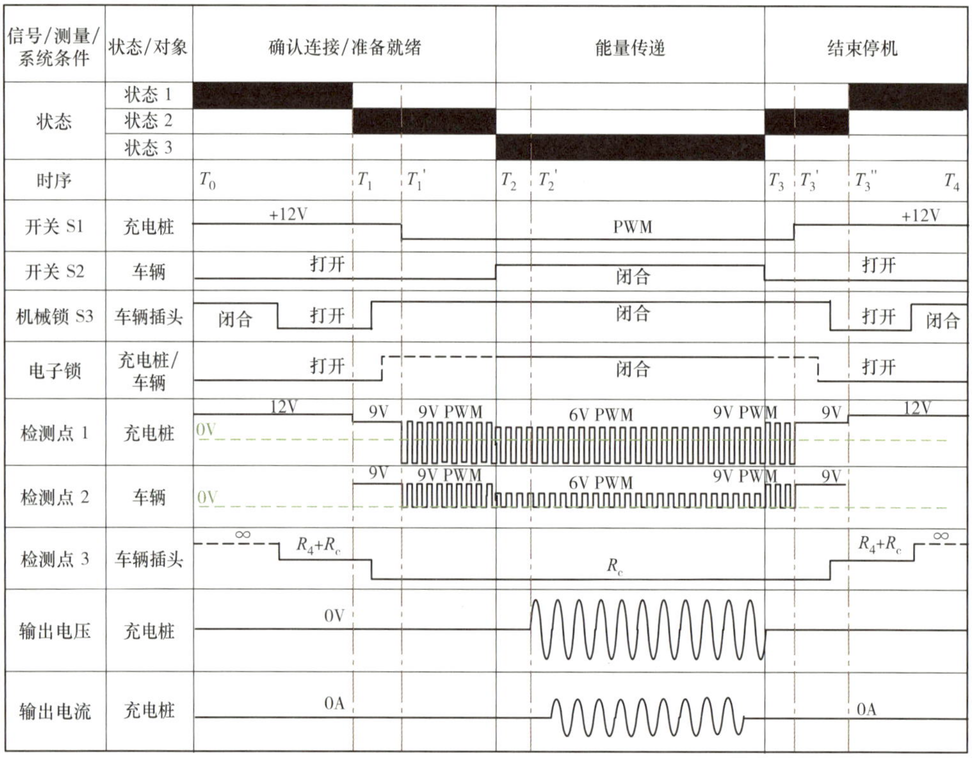

图 5-2　交流充电连接过程和控制时序

注　1. T_1'–T_2 由车辆决定，可用于预约充电等。
　　2. T_2–T_2' 小于 3s。

（三）交流充电桩的充电过程

1. 连接确认

（1）车辆控制装置通过检测 PE 和检测点 3 之间的电阻值来确认车辆插头和车辆插座是否连接。

（2）充电桩侧的供电控制装置通过检测检测点 4 或检测点 1 的电压值来判断供电插头和供电插座是否连接。

2. 充电开始

当车辆接口和供电接口都确认连接后，充电桩将开关 S1 从 12V 连接状态切换到 PWM 状态，并等待车辆控制装置闭合开关 S2，此时检测点 1 峰值电压 9V，CP 端产生 1kHz 的 PWM 波，其占空比代表充电桩额定电流大小。当车辆侧开关 S2 闭合，代表车辆已经充电准备就绪了，此时检测点 1 的电压峰值为 6V。确认车辆就绪后，充电桩闭合接触器 K1 和 K2，使交流回路导通，充电开始。

3. 充电过程周期检测

在充电过程中，充电桩对检测点进行周期性检测，以确认充电连接装置的连接状态和车辆是否处于可充电状态，检测周期不大于 50ms。

（1）在充电过程中，充电控制装置不断检测检测点 4 和检测点 1，如果检测到供电接口断开，则供电控制装置开关 S1 切换到 12V 并断开交流供电回路。

（2）在充电过程中，车辆控制装置不断检测检测点 2 和检测点 3，如果判断车辆接口断开，则车辆控制装置控制车载充电机停止充电，并断开开关 S2。

4. 充电系统的停止

在充电过程中，当充电完成或因为其他原因不能满足继续充电的条件时，车辆控制装置和供电控制装置分别停止充电的相关控制功能。

五、交流充电桩硬件系统组成

交流充电桩硬件系统主回路由输入保护断路器、防雷电路、交流智能电能表、交流控制接触器和充电枪组成；二次回路由控制板载继电器、急停按钮、温度检测、通信模块、蜂鸣器模块、状态指示灯、充电桩智能控制模块和人机交互设备（显示、输入与刷卡）等组成。

主回路输入断路器具备过载、防雷、短路和漏电保护功能；交流接触器控制电源的通断；充电枪提供与电动汽车连接的充电接口，具备锁紧装置和防误操作功能。

二次回路提供“启停”控制与“急停”操作；信号灯提供“待机”“连接”“充电”与“充满”状态指示；交流智能电能表进行交流充电计量；人机交互设备则提供刷卡、充电方式设置与启停控制操作。

六、交流充电桩主要元器件参数及功能

1. 剩余电流保护断路器

剩余电流保护器的作用是防止直接和间接接触电气设备引发电击事故，防止电

气线路或电气设备接地故障引发电气火灾和电气设备损害事故，其原理见图 5-3。

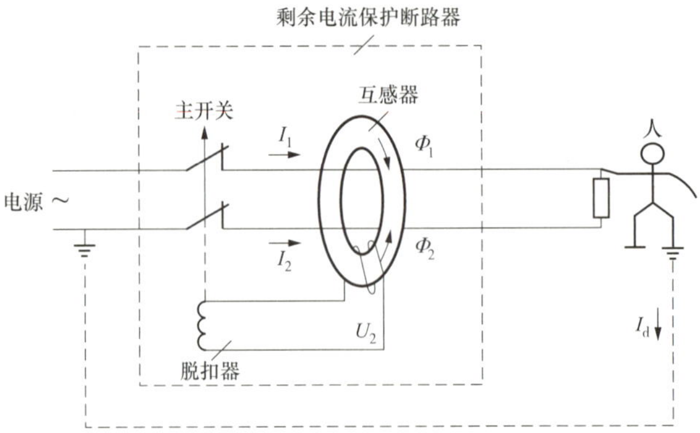

图 5-3 剩余电流保护断路器原理图

在电力系统中，当带电导体对地绝缘下降到一定程度时，有电流经该阻抗流入大地，这个电流大到一定程度时，就产生了漏电，该电流称为漏电流。

人接触到漏电设备或电缆会造成触电伤亡事故，漏电可能产生火花，引起火灾，电气设备漏电时不及时切断电源会造成事故扩大为短路故障，烧毁设备。

在正常工作情况下，流过相线和中性线的电流应该是相等的；当有设备漏电或者人体触电时，部分电流流入大地，那么相线与中性线所流过的电流大小就不相等，当电流差超过定值时，驱动脱扣器动作，断路器跳闸。

2. 急停按钮

急停按钮（如图 5-4 所示）用于突发情况下，紧急切断电源。主板程序检测到急停按钮被按下后，“L-OUT”“N-OUT”输出 220V 交流电压，断路器或接触器励磁线圈得电后，启动断路器跳闸。急停按钮被按下后，顺时针旋转后恢复。其详细参数见表 5-1。

图 5-4 急停按钮

表 5-1 急停按钮参数

序号	项目	CDY6-40
1	工作电压	240V
2	额定绝缘电压	600V
3	额定耐冲击电压	6kV
4	环境温度	-25~70℃
5	防护等级	IP65
6	机械寿命	30 万次操作
7	触点	1 动断、1 动合

3. 指示灯（板）

用于明示当前充电桩的相关状态，其常见参数见表 5-2。

表 5-2 灯板常见参数

品牌	施耐德	生产厂家	施耐德
型号	AD16-22DS/Y DC12V	规格	黄色、绿色、红色

4. 智能主控板

如图 5-5 所示，将不同电压的用电器连接在一起，并提供相应的电源。将不同功能的用电器连接在一起，使它们相互传递信息。根据国家标准要求完成充电功能等在内的充电桩整体控制，相当于人体大脑。

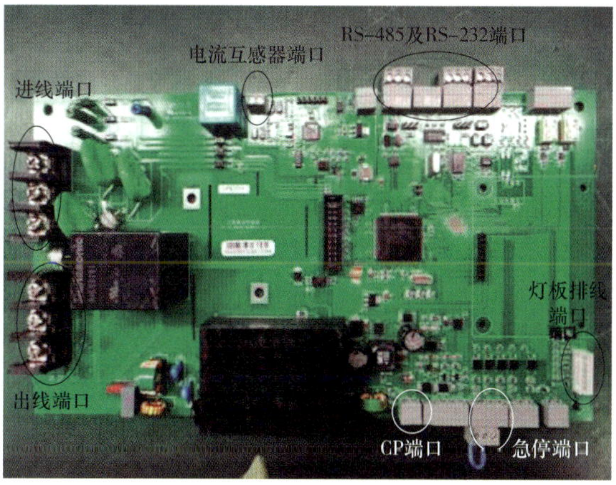

图 5-5　智能控制板

5. 充电枪

充电枪（如图 5-6 所示）完成充电桩与电动汽车之间的连接，其常规参数见表 5-3。

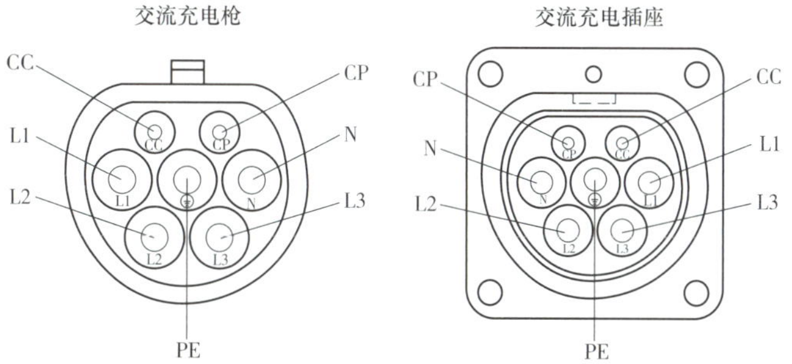

CC	CP	L1	L2	L3	N	PE
连接确认	控制引导	交流电源（单相/三相）	交流电源（三相）	交流电源（三相）	中线（单相/三相）	保护接地

图 5-6　车辆插头车辆插座示意图

表 5-3　　交流充电桩常规参数

序号	类型	额定电压（V）	额定电流（A）	长度（m）
1	交流	250	10	5/10
2			16	
3			32	
4		440	16	
5			32	
6			63	

第二节　非车载充电机

非车载充电机是固定连接至交流或直流电源，并将其电能转化为直流电能，采用传导方式为电动汽车动力蓄电池充电的专用装置。

一、非车载充电机的分类

非车载充电机从使用方式上可分为落地式和便携式。其中落地式可提供大功率的输出，便携式由于便携要求提供快捷、小功率的充电。

非车载充电机是可直接用于户外的电动汽车充电系统，主要解决车辆的充电补电需求，适用于 200~950V 直流电压充电需求。

非车载充电机市场又分为一体式和分体式，下面针对充电原理进行介绍。

（一）一体式非车载充电机

一体式非车载充电机系统中功率电源模块为固定仓位，充电枪与充电机本体为一体化设计，输出依靠直流输出接触器进行控制，模块输出通道固定，一般有三种输出方式。

（1）单枪轮充，一把枪充完电后（调用所有模块），再轮到另外一把枪进行充电。

（2）双枪充电（可调节功率），两把枪同时充电，各分一半的功率，当一把枪充电完成时，可将另一半的功率进行利用。

（3）双枪充电（不可调节功率），两把枪同时充电，各分一半的功率，相互之间功率无法调用。

（二）分体式非车载充电机

分体式非车载充电机又名智能群充系统、充电堆、矩阵式充电机等，它的原理是所有的模块和输出通路交叉形成矩阵式开关组合，通过控制系统的调节，可提高模块的利用率，其具体配置见图 5-7。

图 5-7　充电模块矩阵示意图

二、非车载充电机功能

根据非车载充电机相关的技术规范，充电机应该由功率单元、控制单元、计量单元、充电接口、供电接口及人机交互界面等构成，主要功能为依据汽车电池管理系统的要求给动力蓄电池系统进行充电。

（1）需要具备一定的保护功能，主要保护功能有过电压保护、欠电压保护、过电流保护、短路保护、过温保护、绝缘检测、开门断电、急停断电、接触器黏连检测等保护。

（2）需要具备能为电动汽车提供低压直流电源的功能，标称为 12V DC 或 24V DC，24V DC 电压通常为部分大中型车辆提供。

（3）需要具备监控功能，具有监控运行记录、故障记录、平台通信等附加功能。

（4）需要具备记录功能，具有对直流输出电能量进行计量的功能。

（5）具有人机交互功能，可以进行相关参数设置，能够显示充电相关参数，此类功能通常有设备自带显示器或者通过网络传导至手机显示操作两种。

三、非车载充电机所涉及标准文件

非车载充电机应能符合以下标准：

GB/T 18487.1—2015　电动汽车传导充电系统　第 1 部分：通用要求

GB/T 18487.2—2017　电动汽车传导充电系统　第 2 部分：非车载传导供电设备电磁兼容要求

GB/T 34657.1—2017　电动汽车传导充电互操作性测试规范　第 1 部分：供电设备

GB/T 27930—2015　电动汽车非车载传导式充电机与电池管理系统之间的通信协议

GB/T 34658—2017　电动汽车非车载传导式充电机与电池管理系统之间的通信协议一致性测试

NB/T 33001—2018　电动汽车非车载传导式充电机技术条件

NB/T 33008.1—2018　电动汽车充电设备检验试验规范　第 1 部分：非车载充电机

GB/T 20234.1—2015　电动汽车传导充电用连接装置　第 1 部分：通用要求

GB/T 20234.3—2015　电动汽车传导充电用连接装置　第 3 部分：直流充电接口

四、非车载充电机工作原理

电动汽车充电机是一种专为电动汽车的车用电池充电的设备，是对电池充电时用到的有特定功能的电力转换装置。

非车载充电机的充电系统由三相五线制 380V 电源供电，通过设备内控制器控制整流模块输出，将交流电转换成直流电进而给车辆端的电池进行充电。其中充电桩根据电动汽车 BMS（电池管理系统）需求进行动态输出。其原理如图 5-8 所示。

常规充电流程为：插枪→提示枪已连接→ App 扫码（刷卡）→启动中→充电中（电流、电压）→结束充电（App、刷卡）→挂枪。

对应的充电机工作原理为：插枪→充电机检测插枪状态（连接）→接收开机命令→设备自检→绝缘检测→ BMS 辅助电源供电→数据交互（充电机和车辆 BMS）→接触器闭合（K5 和 K6、K1 和 K2、电源模块开机）→进入充电阶段（车辆发出充电需求，充电机按照需求进行输出）→结束充电（K5 和 K6、K1 和 K2、电源模块关机）→报表上传（充电数据）。

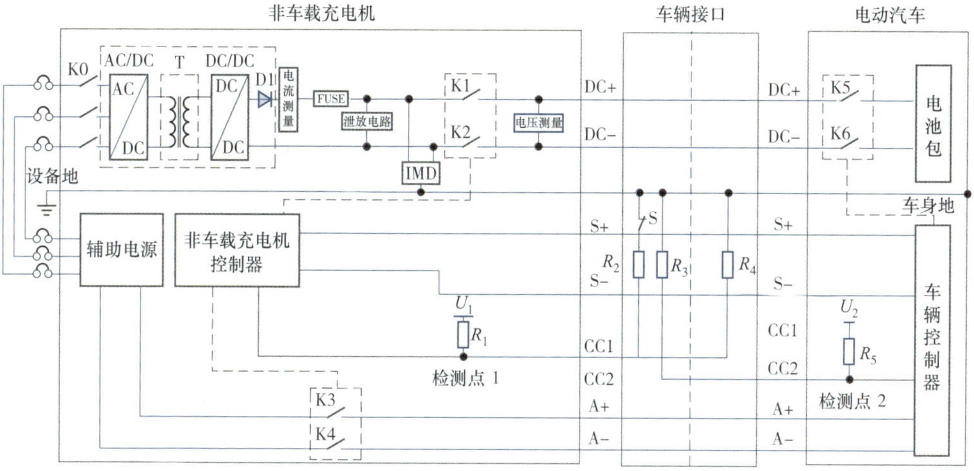

图 5-8　非车载充电机控制导引电路图

五、非车载充电机组成及关键器件

非车载充电机的主要功能就是将交流电或者直流电按需要转换成电池管理系统所要求的直流电给电池进行充电，其主要构成为电源模块（AC/DC 或 DC/DC）、控制器、接触器、枪头、辅助电源等，除此之外还需柜体、保护系统、散热系统、计量系统、通信系统、人机交互等部分。

（1）电源模块：按照最大输出功率区分有 10、15、20、30kW 等型号；按照最高电压等级区分有 500、750、950V 等型号；按照输入电压等级区分有 220V 和 380V，其中便携式直流机一般使用 220V 输入模块。电源模块外形如图 5-9 所示。

图 5-9　电源模块示意图

（2）控制器：主要功能为控制电源模块的输出，与 BMS（电池管理系统）进行通信，监控和控制设备内各个关联器件的状态，如图 5-10 所示。

（3）接触器：非车载充电机中接触器分交流接触器和直流接触器两种。交流接触器主要用于控制电源模块输入电源，直流接触器在输出主功率回路上控制充电机输出，如图 5-11、图 5-12 所示。

图 5-10　控制器示意图

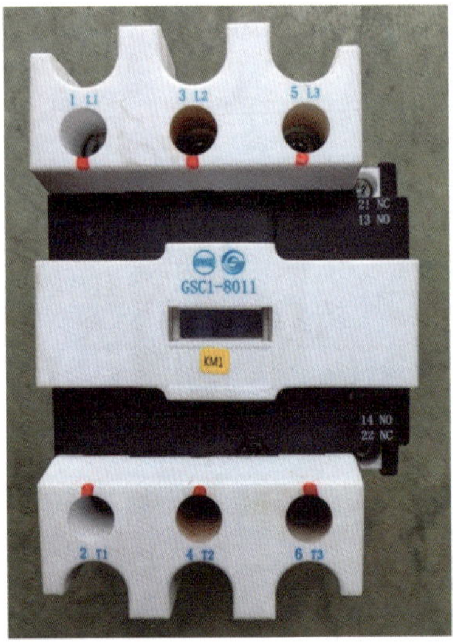

图 5-11　交流接触器示意图

图 5-12　直流接触器示意图

（4）直流充电枪：用于和充电车辆相连接，负责功率的传输、车和充电机之间通信的传输，辅助电源的线路提供、插枪状态的检测。直流充电枪示意图如图 5-13 所示。

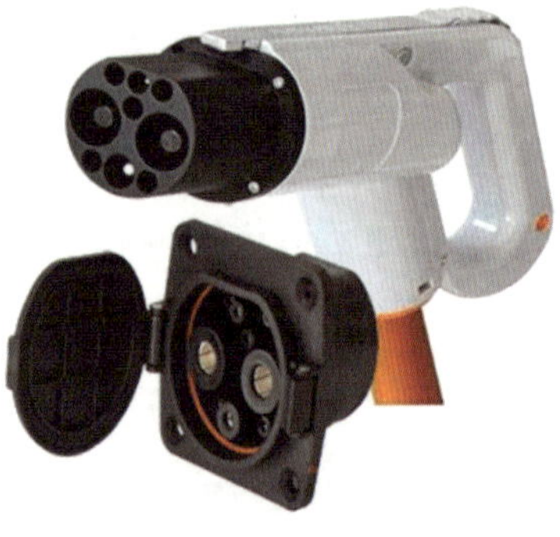

图 5-13　直流充电枪示意图

（5）辅助电源：主要用于车辆侧 BMS（电池管理系统）电源的提供或触发，同时也负责充电机内部低压电器的电源提供，例如屏幕、电能表等器件，其输入电压通常为 220V AC，输出电压一般分为 12V DC 和 24V DC，输出功率为 30~1500W。辅助电源如图 5-14 所示。

图 5-14　辅助电源示意图

（6）计量系统：主要用于直流输出电量的计量。通常多数充电机会采用分流器和直流电能表进行输出电量计量，分流器较常使用的参数为 300A/75mV，较少的也会有 300A/30mV，直流电能表采用对应变比进行配合，非车载充电机计量检定需要遵循 JJG 1149—2018《电动汽车非车载充电机检定规程》，其检定方案主要将充电桩整体的计量精度进行现场测试，要求充电精度为两个挡次，一级为不能超过 1%，二级为不能超过 2%。

（7）人机交互系统：一般可进行充电状态查看、设备相关参数查看及设置、充电记录和故障记录的查询等。

充电状态包含车辆需求信息、充电机的输出信息等，主要参数有但不限于：BMS 需求电压、BMS 需求电流、当前 SOC、最高单体电压、电池组额定容量、电池组充电时间、最高单体温度、最低单体温度等。

参数设置一般包含 BMS 辅助电源类型选择（12V 或 24V），电子锁使能设置（开启或关闭），国标协议选择（新、老、新老国家标准兼容）等。

充电模块状态显示如图 5-15 所示，可看到电源模块的各种状态（开机、故障、关机、离线）。

图 5-15　充电模块状态显示示意图

充电机应具备充电记录和故障记录、数据查看功能。

第三节　缆上控制器

缆上控制与保护装置（in-cable control and protection device）简称为 IC-CPD，是在充电模式 2 下为电动车辆供电的一组部件或元件，包括功能盒、电缆、供电插头和车辆插头，执行控制功能和安全功能，如图 5-16 所示。

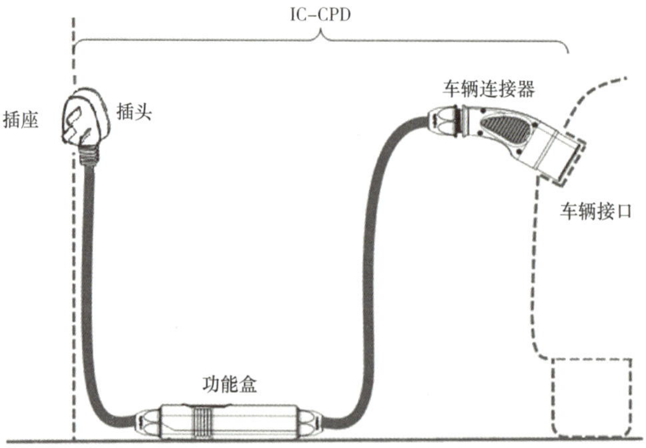

图 5-16　IC-CPD 示例

IC-CPD 通常在购车时作为配件由车企提供给车主，由于其方便携带性，一般被放置于汽车后备厢内，是电动汽车车主在居住场所慢充或者户外应急充电的较好选择。

一、IC-CPD 的分类

IC-CPD 可以按照供电方式、结构形式、线缆连接方式、按照保护导线路径、保护导线断开时的特性等进行分类。

1. 按照供电方式分类

（1）由一根相线和中性线供电的 IC-CPD（LNSE 或 LNE）。

（2）由两根相线供电的 IC-CPD（LLSE 或 LLE）。

（3）由三根相线和中性线供电的 IC-CPD（LLLNSE 或 LLLNE）。

注：仅 LNSE 和 LNE 供电方式适用于中国电网。

2. 按照结构分类

（1）功能盒独立于插头和连接器的 IC-CPD，如图 5-17 所示。

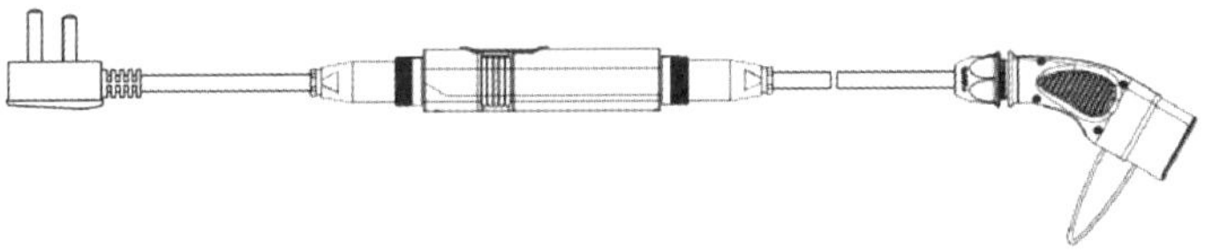

图 5-17 功能盒独立于插头和连接器的 IC-CPD 示例

（2）功能盒与插头为一体的 IC-CPD，如图 5-18 所示。

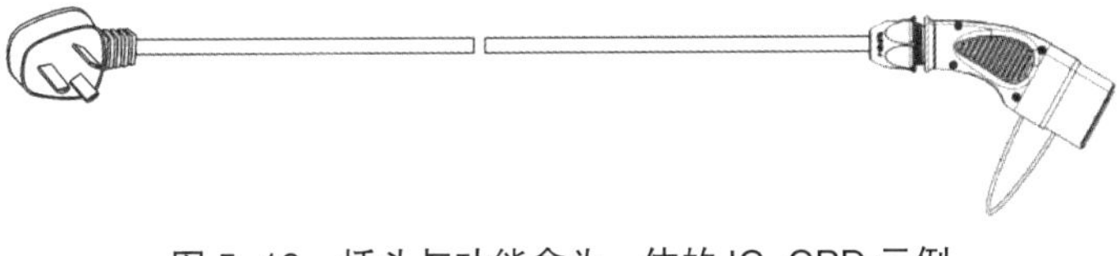

图 5-18 插头与功能盒为一体的 IC-CPD 示例

（3）模块化 IC-CPD。模块化 IC-CPD 可以有以下其中之一的结构：

1）剩余电流功能及开关电器与插头集成一体，控制导引功能控制器内置于独立的功能盒中，功能盒介于插头和车辆连接器之间（见图 5-17）。

2）剩余电流功能及开关电器与插头集成一体，控制导引功能控制器与车辆连接器集成一体（见图 5-19）。

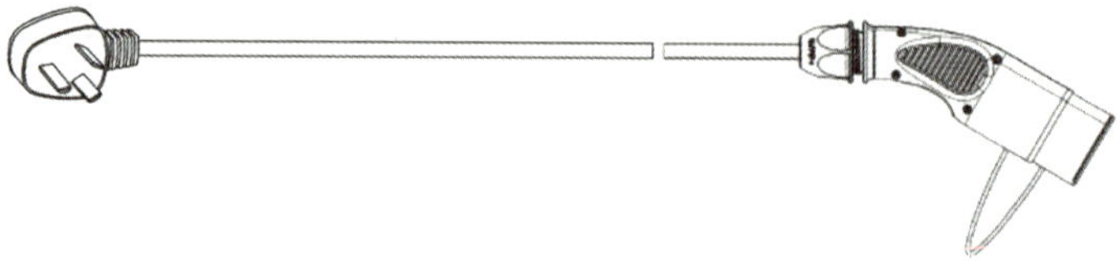

图 5-19 模块式 IC-CPD 示例

3. 按照线缆连接方式分类

（1）不可拆线 IC-CPD。IC-CPD 或声明的部分作为一个包含所有元器件的具有完整功能的电线组件交付。插头上或与缆上功能盒（若适用）及车辆连接器之间的线缆在由制造商连接和装配后不可由用户或其他人员移除或更换。

（2）由制造商接线 IC-CPD。IC-CPD 或者声明部分的连接，只能由制造商、其服务代理或者类似资质的人员使用特殊工具进行任何的更换。

IC-CPD 可作为一个具有完整功能的电线组件提供，或仅提供包含剩余电流功能和控制导引功能控制器的单元。

（3）可插拔式 IC-CPD。IC-CPD 或声明的部分至少包含一个可插拔式电气连接，预期由终端用户或其他人员插入或拔出，以便装配、更换或替换 IC-CPD 电缆组件的元器件。

4. 按照保护导线路径分类

（1）带可开闭保护导线的 IC-CPD。

（2）带不可开闭 PE 的 IC-CPD。

5. 按照保护导线断开时的特性分类

（1）具有验证前端保护导线有效性的 IC-CPD。IC-CPD 检测插座前端保护导线的存在和连续性。在 IT 系统中，可能会发生由于验证保护导线不成功而导致这类电器不能使用的情况。此分类的 IC-CPD 可以具有闭锁前端保护导线有效性验证的功能，检测功能闭锁时应有一个永久的可视或声音的警告信号。

（2）不具有验证前端保护导线有效性的 IC-CPD。IC-CPD 不检测插座前端保护导线的存在和连续性。这类电器也适用于 IT 系统。

二、IC-CPD 的功能

（一）互操作性

IC-CPD 的互操作性仍依据标准 GB/T 34657.1—2017《电动汽车传导充电互操

作性测试规范　第1部分：供电设备》，控制导引时序与电动汽车交流充电桩相同，仅仅最大充电电流的映射值，即PWM波的占空比不同，相比交流充电桩最大充电电流较小。

IC-CPD由于体积限制，一般没有显示屏等人机交互操作装置，但可能具有“复位”按钮。一旦有剩余电流保护动作等故障发生，IC-CPD将自动锁定，无法自恢复充电，需要按照说明书的要求进行复位按钮操作实现复位。

（二）剩余电流保护功能

由于IC-CPD的体积限制，它控制盒内部无法安装导轨式带过电流保护的剩余电流动作保护器（RCBO），因此其仅能通过电流测样及芯片算法控制的方式实现RCBO的功能，国家标准型IC-CPD应满足NB/T 42077—2016《电动汽车模式2充电的缆上控制与保护装置（IC-CPD）》中的剩余电流动作特型要求。

三、IC-CPD所涉及标准文件

GB/T 18487.1—2015　电动汽车传导充电系统　第1部分：通用要求

GB/T 18487.2—2017　电动汽车传导充电系统　第2部分：非车载传导供电设备电磁兼容要求

GB 2099.1—2008　家用和类似用途插头插座　第1部分：通用要求

GB/T 20234.1—2015　电动汽车传导充电用连接装置　第1部分：通用要求

GB/T 20234.2—2015　电动汽车传导充电用连接装置　第2部分：交流充电接口

GB/T 16916.1—2014　家用和类似用途的不带过电流保护的剩余电流动作断路器（RCCB）　第1部分：一般规则

GB 18499—2008　家用和类似用途的剩余电流动作保护器（RCD）电磁兼容性

四、IC-CPD基本工作原理

（一）IC-CPD电路拓扑

IC-CPD功能盒包括有剩余电流功能、控制导引功能、开关功能等主要功能模块，如图5-20所示。

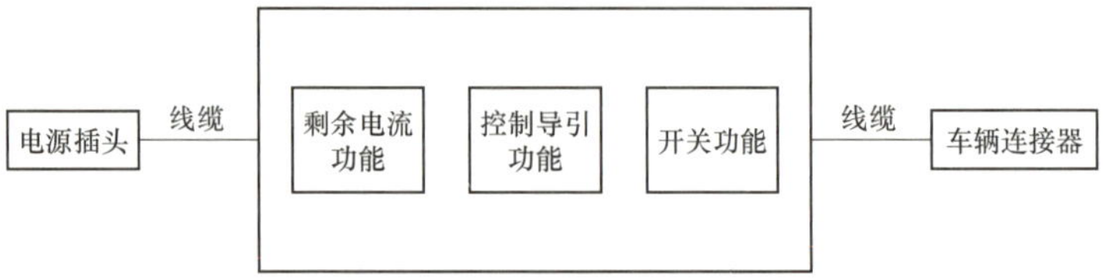

图 5-20　IC-CPD 各个部分和功能示例

IC-CPD 的电源插头采用家用主要规格符合国家标准 GB/T 2099.1—2008《家用和类似用途插头插座　第 1 部分：通用要求》的 2P+⏚的标准插头。但在其内部额外加入了温度传感器，连接至控制盒的温控装置。家用标准插头如图 5-21 所示。

图 5-21　标准插头

剩余电流检测是防止人身触电、电气火灾及电气设备损坏的一种有效的防护措施，当回路中一旦产生超过保护器的额定剩余动作电流的剩余电流，回路即被切断。

控制导引功能及开关功能由微控制器程序实现；车辆插头与交流充电桩相同。

功能实现的常规电路拓扑如图 5-22 所示。

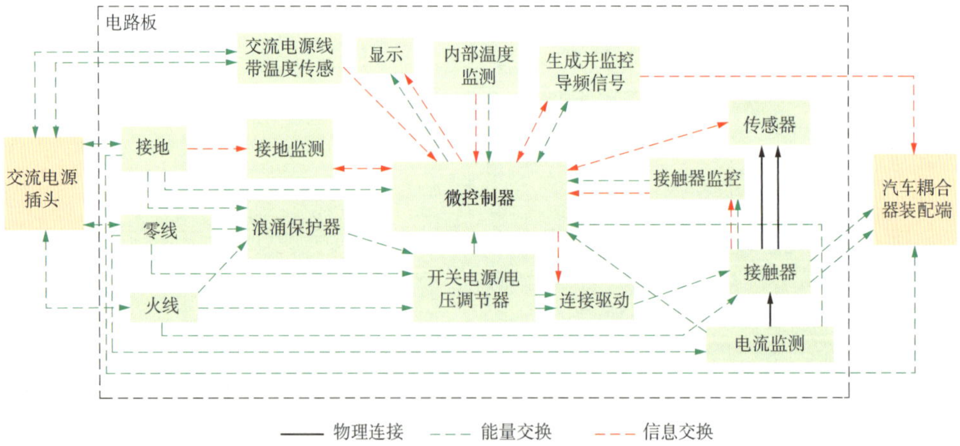

图 5-22　IC-CPD 常规电路拓扑

（二）IC-CPD 主要元器件

IC-CPD 主要常见元器件清单及规格见表 5-4。

表 5-4　　IC-CPD 主要常见元器件清单

材料名称	常见规格	符合标准
交流车辆插头	250V 16A/10A	GB/T 20234.1—2015 GB/T 20234.2—2015
电源插头	250V 16A/10A	GB 2099.1—2008
AC/DC 变换器	输入：100~250V AC 输出：5V DC，1A	EN 60950/UL 60950
抑制射频干扰固定电感器	10mH/10kHz，1V，SER	GB/T 18487.1—2015 NB/T 33008.2—2018 NB/T 33002—2018
抑制无线电干扰电容器（隔离、跨线、X 类、Y 类电容器）	275V AC-104，0.1U_f/275V，400V AC-222，2.2nf/400V	IEC 60384-14:2013 IEC 60384-14:2013
压敏电阻	压敏电压：560V； 最大连续交流电压 350V	GB 4943.1—2011 GB/T 10193—1997 GB/T 10194—1997 GB 8898—2011
外壳材料、装饰件材料	PC+ABS	GB/T 18487.1—2015 NB/T 33008.2—2018 NB/T 33002—2018
器具开关（含继电器开关）	16A/240V AC 动合型	GB/T 21711.1—2008
隔离用光电耦合器	电流传输比：50%；隔离电压：3750V（有效值）	GB/T 18487.1—2015 NB/T 33008.2—2018 NB/T 33002—2018
	传播延时：$t_{pHL}=200ns$（max）；$t_{pLH}=200ns$（max）	GB/T 18487.1—2015 NB/T 33008.2—2018 NB/T 33002—2018
剩余电流保护装置（A 型，30mA）	110~220V AC；50/60Hz；工作温度：-40~80℃，动作剩余电流：30mA	GB/T 18487.1—2015 NB/T 33008.2—2018 NB/T 33002—2018
	30mA/15±0.5mV	GB/T 18487.1—2015 NB/T 33008.2—2018 NB/T 33002—2018

（三）IC-CPD 常见规格

由于国内家用配电环境一般为单相接地系统且常规家用插座为 10A 或 16A，故暂无两相或三相类型的 IC-CPD，额定电流一般为 8A/13A。IC-CPD 常见的规格为：

（1）功能盒独立于插头和连接器的 IC-CPD。

（2）不可拆线。

（3）输入输出额定电压：单相 220V AC、250V AC。

（4）输入输出额定电流：8A、13A。

（5）防护等级：IP 67。

（6）额定剩余动作电流：30mA AC。

（7）带不可开闭保护导线的 IC-CPD。

（8）具有验证前端保护导线有效性。

五、IC-CPD 使用安全原则

（一）使用环境

IC-CPD 为电动汽车家用充电设备，车主应格外注意其使用环境，以免充电时发生危险。

（1）在大雨、大雪等恶劣天气时，请勿在室外连接插排使用：充电时，IC-CPD 的标准插头与插排连接，车辆插头与电动汽车车辆插座耦合，功能盒本身及充电连接器耦合状态下的 IP 等级高于 IP54，但插排无法防护雨雪，故产生漏电和短路风险。

（2）请勿将延长线、多插座转换插头等与 IC-CPD 连接充电：由于 IC-CPD 的功率相对于电池允许充的电功率来说非常小，故一旦开始充电往往车载充电机依据 IC-CPD 额定电流开始工作，若插接其他大功率设备易导致线路过电流。

（3）请勿将 IC-CPD 插入损坏、松动、磨损的电源插座。

（4）请勿将 IC-CPD 连接到未正确接地的电源插座。

（5）请勿强行将 16A 的插头插入 10A 的插座。

（6）不宜在高温暴晒情形下，室外使用 IC-CPD。

（7）不宜使用具有过长线缆的插排。

（8）若 IC-CPD 存在明显缺陷、出现裂痕、磨损等其他原因不能工作，请勿使用。

（9）请勿自行尝试开打、分解、维修 IC-CPD。

（10）请勿将车辆碾压此类产品，若不小心发生，需对该产品的结构进行完整确认后，再次使用。

（二）配电安全

家用配电应线缆配线配管的选型及敷设要求符合以下要求：

（1）220V 单相回路，应采用单相三芯电缆。电缆中性线截面积应与相线截面积相同。

（2）所选电缆性能应符合国家相关标准规定，有生产许可证、国家强制性产品认证（CCC）证书、与所提供产品种类对应的检测报告及合格证。

（3）标志为耐火或阻燃型的电缆外皮燃烧性能应符合相应技术标准要求。

（4）电缆的负荷电流在正常持续运行中产生的温度不得超过线缆的最高运行温度。

（5）若安装环境需直埋请选用具有铠装和防腐层的电缆。

（6）当线路敷设周围有酸碱腐蚀性介质的场所或处于较潮湿的地下室环境时，宜选用耐腐蚀的 PVC 管，但 PVC 管不得用在温度过高或过低的场所。

（7）线缆敷设应全程无裸露，管线应选择阻燃绝缘符合国家标准的聚氯乙烯管（PVC 管）或镀锌电气管（JDG&KBG 管）。

配电盒要求：

（1）配电箱盒的安装位置应设置在尘埃少、腐蚀介质少、环境干燥和无剧烈振动的场所，若处在室外环境应采用下进下出的安装方式，且做好防雨水措施；若处在室内环境可采用上进下出的安装方式。

（2）配电箱盒不宜安装在水管或汽管道阀下方。

（3）配电箱盒的外壳或维修门应可靠接地（塑料材质的配电箱盒除外），接线螺栓处应用防滑垫圈紧固，避免线路和电气元件发生漏电时对人员造成伤害。

（4）导线绝缘应良好、无损伤，线路标识字迹清晰、工整不易脱色。

（5）壁挂式配电箱盒中心高度与地面垂直距离宜为 1.4~1.6m，安装须牢固无倾斜。

（6）配电箱盒宜布置在随车桩左侧 0.5m 处，便于安装、操作、检修和检测。

（7）配电箱盒进出管线应采用杯梳将管路与箱体进行固定。

剩余电流动作保护器的选型和安装要求：剩余电流动作保护器是充电桩充电系

统中的保护装置之一，具备过负荷保护、短路保护和剩余电流动作保护功能，应符合现行国家标准 GB/T 18487.1—2015《电动汽车传导充电系统　第 1 部分：通用要求》的有关规定。

电涌保护器（SPD）的选型和应用场景要求：可根据安装场景选择是否加装电涌保护器，当配电箱盒和充电桩安装在室外空旷处时应安装电涌保护器。

（三）故障判断

若 IC-CPD 在使用中不能正常运行，常见故障原因有：

（1）接地失效：IC-CPD 输入侧的供电地线接地不可靠，此类故障应检查配电侧接地点是否可靠。

（2）过温降额：IC-CPD 在长时间运行下，内部温度升高，若超过设定值则通过降额的方式维持温度不再升高。

（3）继电器故障：IC-CPD 在长期使用下，或者其他故障可能引起继电器故障，即继电器为动合或者动断。

（4）IC-CPD 损坏：请勿自行修理，可立即联系服务商。

第四节　充电连接

一、充电连接基础知识

（一）连接装置基本构成

电动汽车充电时，连接电动汽车和供电设备的组件称为充电连接装置。除电缆外，充电连接装置可能包括供电接口、车辆接口、缆上控制保护装置和帽盖等部件，典型的充电连接装置示意图如图 5-23 所示。

各组件的定义如下：

（1）充电接口：充电连接装置中，除电缆、缆上控制保护装置（如果有）之外的部件，包括供电接口和车辆接口。

（2）供电接口：能将电缆连接到电源或电动汽车供电设备的器件，由供电插头和供电插座组成。

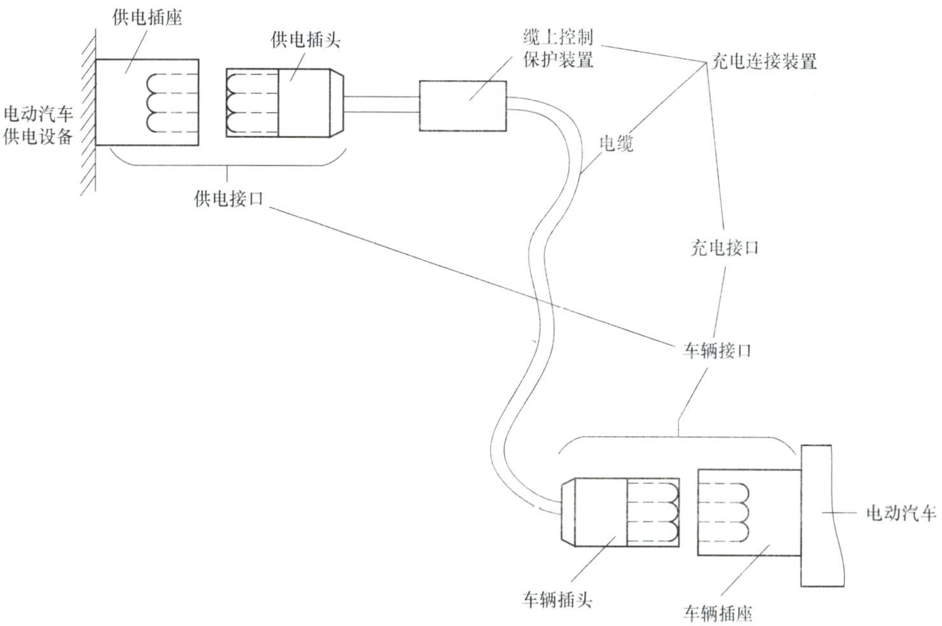

图 5-23　电动汽车传导充电用连接装置示意图

（3）供电插头：供电接口中和充电电缆连接且可以移动的部分。

（4）供电插座：供电接口中和电源供电线缆或供电设备连接在一起且固定安装的部分。

（5）车辆接口：能将电缆连接到电动汽车的器件，由车辆插座和车辆插头组成。

（6）车辆插头：车辆接口中和充电电缆连接且可以移动的部分。

（7）车辆插座：车辆接口中固定安装在电动汽车上，并通过电缆和车载充电机或车载动力蓄电池相互连接的部分。

（二）交流充电接口

适用于电动汽车传导充电用的交流充电接口应满足以下要求。

1. 交流充电接口的额定值

交流充电接口的额定值如表 5-5 所示。

表 5-5　交流充电接口额定值

额定电压（V）	额定电流（A）
250	10/16/32
440	16/32/63

2. 端子参数

车辆接口和充电模式 3 的供电接口分别包含 7 对触头，其电气参数值及功能定义如表 5-6 所示。

表 5-6　　交流充电接口端子参数定义

触头编号 / 标识	额定电压（V）	额定电流（A）	功能定义
1-（L1）	250	10/16/32	交流电源（单相）
	440	16/32/63	交流电源（三相）
2-（L2）	440	16/32/63	交流电源（三相）
3-（L3）	440	16/32/63	交流电源（三相）
4-（N）	250	10/16/32	中线（单相）
	440	16/32/63	中线（三相）
5-（⏚）	—	—	保护接地（PE）连接供电设备地线和车辆电平台
6-（CC）	0~30	2	充电连接确认
7-（CP）	0~30	2	控制导引

3. 界面布置

交流接口和充电模式 3 的供电接口的触头布置方式如图 5-24 和图 5-25 所示。

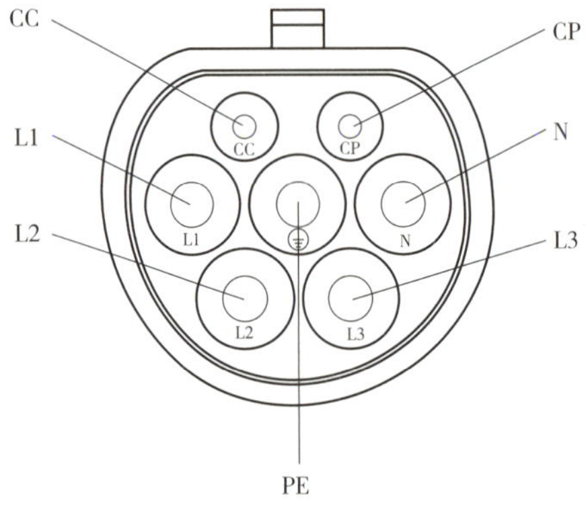

图 5-24　车辆 / 供电插头触头布置图

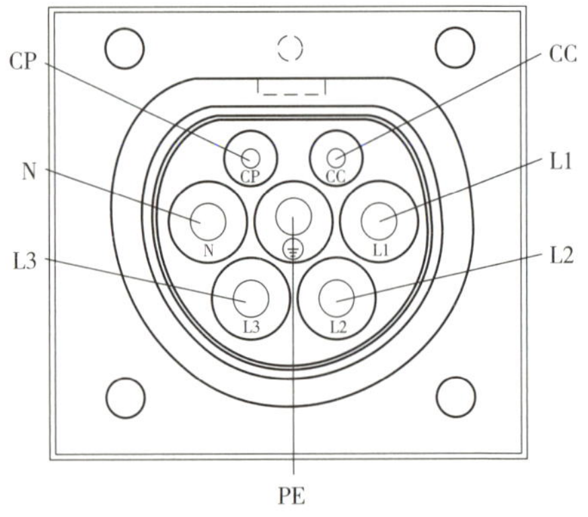

图 5-25　车辆 / 供电插座触头布置图

4. 接触顺序

在充电连接过程中，首先接通保护接地触头，最后接通控制导引触头与充电连接确认触头。在断开的过程中，首先断开控制导引触头与充电连接确认触头，最后断开保护接地触头。车辆接口的电气连接界面如图 5-26 所示，充电模式 3 的供电接口的电气连接界面如图 5-27 所示。

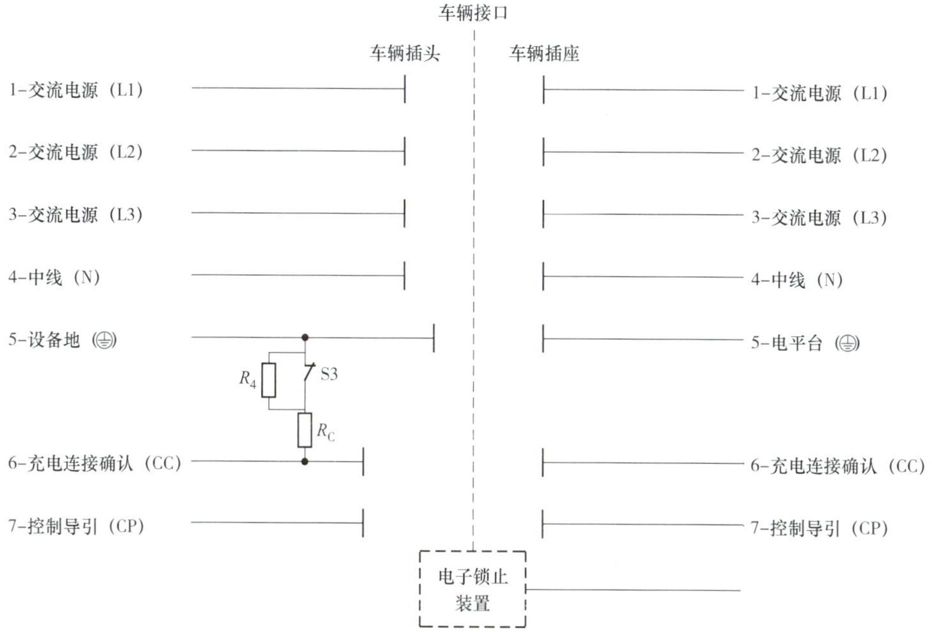

图 5-26　车辆接口电气连接界面示意图

注　R_4 和 R_C 电阻值见 GB/T 18487.1—2015《电动汽车传导充电系统　第 1 部分：通用要求》中附录 A。

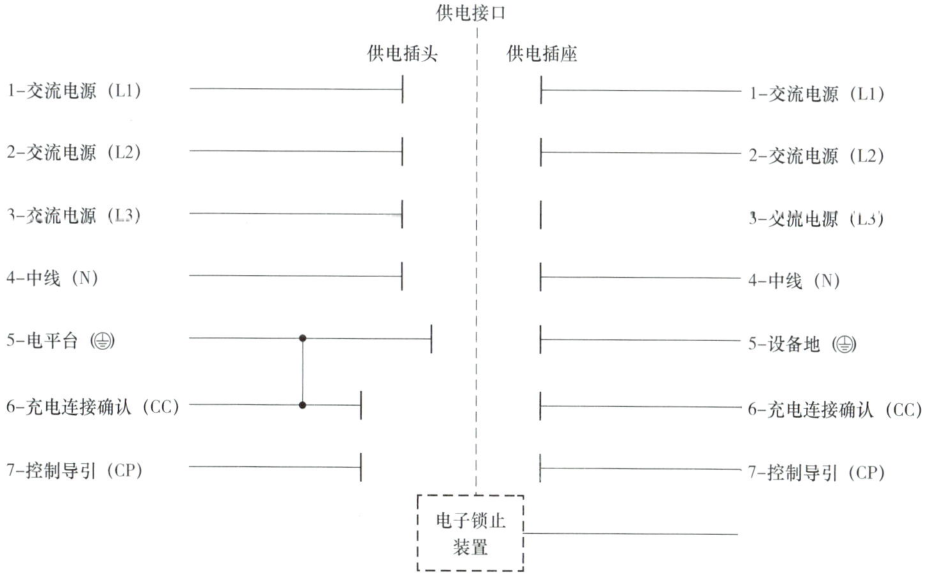

图 5-27　充电模式 3 的供电接口电气连接界面示意图

（三）直流充电接口

适用于电动汽车传导充电用的直流充电接口应满足以下要求。

1. 直流充电接口的额定值

直流充电接口的额定值如表 5-7 所示。

表 5–7　交流充电接口额定值

额定电压（V）	额定电流（A）
750/1000	80
	125
	200
	250

2. 端子参数

车辆插头和插座分别包含 9 对触头，其电气参数值及功能定义如表 5-8 所示。

表 5–8　直流充电接口端子参数定义

触头编号 / 标识	额定电压（V）	额定电流（A）	功能定义
1-（DC+）	750/1000	80/125/250	直流电源正，连接直流电源正与电池正极
2-（DC-）	750/1000	80/125/250	直流电源负，连接直流电源正与电池负极
3-（⏚）	/	/	保护接地（PE）连接供电设备地线和车辆电平台
4-（S+）	0~30	2	充电通信 CAN_H，连接非车载充电机与电动汽车的通信线
5-（S-）	0~30	2	充电通信 CAN_H，连接非车载充电机与电动汽车的通信线
6-（CC1）	0~30	2	充电连接确认
7-（CC2）	0~30	2	充电连接确认
8-（A+）	0~30	2	低压辅助电源正，连接非车载充电机为电动汽车提供的低压辅助电源
9-（A-）	0~30	2	低压辅助电源负，连接非车载充电机为电动汽车提供的低压辅助电源

3. 界面布置

车辆插头和车辆插座的触头布置方式如图 5-28 和图 5-29 所示。

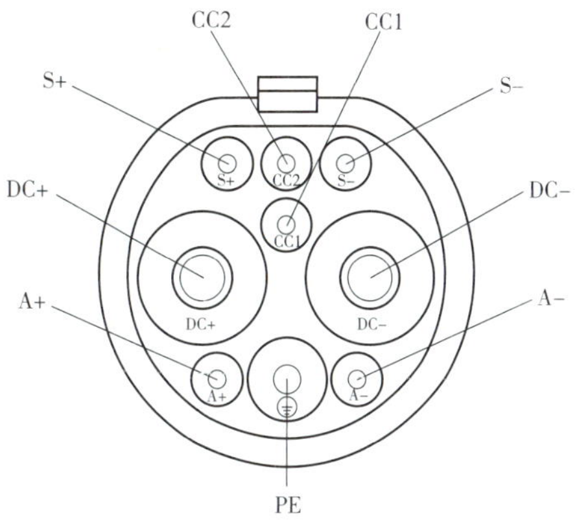

图 5-28　车辆插头触头布置图

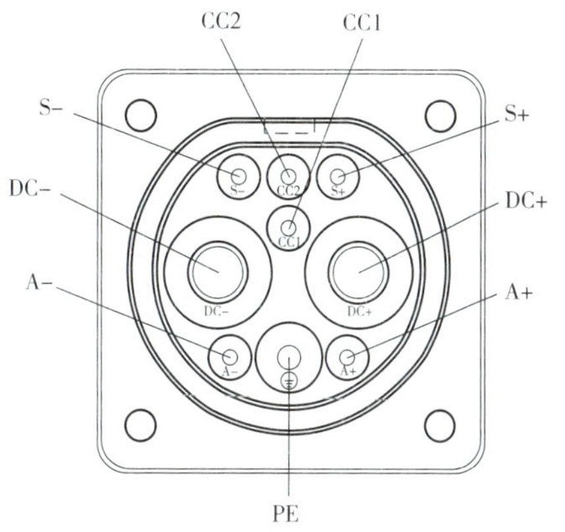

图 5-29　车辆插座触头布置图

4. 接触顺序

车辆插头和车辆插座在连接过程中触头的耦合顺序为：保护接地，充电连接确认（CC2），直流电源正与直流电源负，低压辅助电源正与低压辅助电源负，充电连接确认（CC1）；在断开的过程中则顺序相反，直流充电接口的连接界面示意如图 5-30 所示。

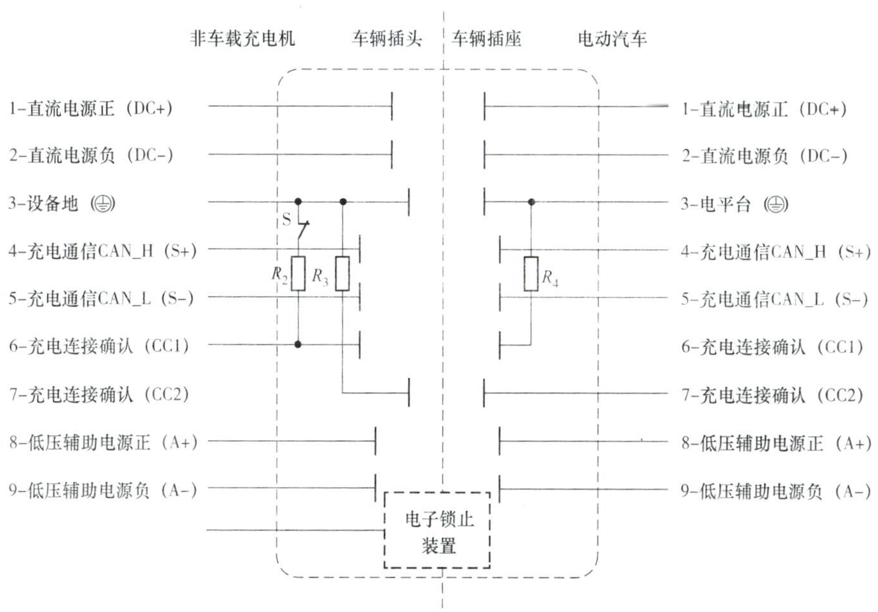

图 5-30　充电连接界面示意图

注　R_2、R_3 和 R_4 电阻值见 GB/T 18487.1—2015《电动汽车传导充电系统　第 1 部分：通用要求》中附录 B。

（四）自动连接耦合器

充电自动连接装置是一种非车载充电机与电动汽车间的主动式物理连接设备，可实现自动电气连接。它主要采用自动连接耦合器，包括充电自动连接装置和充电自动连接装置对接端。充电自动连接主要包括物理传感连接、自动识别充电握手、充电参数配置、自动充电和自动断电结束等。它主要分为顶部接触式、侧部接触式、底部接触式。自动连接示意图如图 5-31 所示。

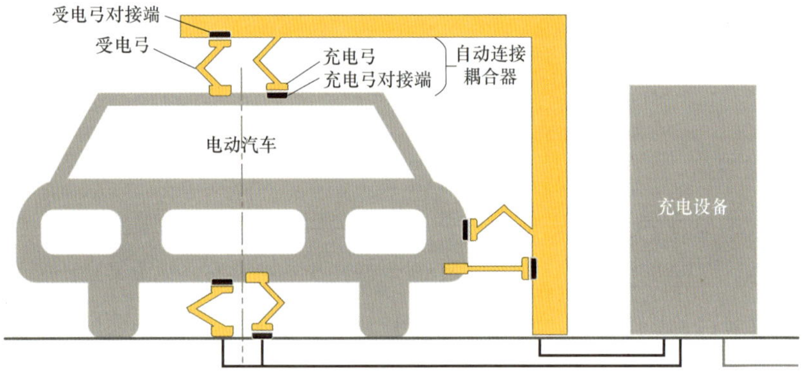

图 5–31　自动连接充电系统示意图

图中各组件的定义如下：

（1）自动连接耦合器：由充电自动连接装置和充电自动连接装置对接端组成的连接系统。

（2）充电自动连接装置：一种非车载充电机与电动汽车间的主动式物理连接设备，可实现自动电气连接。

（3）充电自动连接装置对接端：一种与充电自动连接装置连接实现非车载充电机与电动汽车电气连接的被动设备。

（4）充电弓：一种非车载充电自动连接装置，通过下压方式与车辆顶部的对接端连接，将非车载充电机的电能传输给对接端。

（5）充电弓对接端：一种车载充电自动连接装置对接端，安装在车辆顶部，充电弓与之对接实现非车载充电机与电动汽车传导充电。

（6）受电弓：一种车载充电自动连接装置，通过上举方式与对接端连接，接受来自非车载充电机的电能。

（7）受电弓对接端：一种非车载充电自动连接装置对接端，固定在专用支架或建筑物上，受电弓与之对接实现非车载充电机与电动汽车传导充电。

二、充电接口要求

电动汽车充电接口是连接活动电缆和电动汽车的关键充电部件，由充电插头和充电插座两部分构成。其中，充电插头是在电动汽车传导式充电过程中，与充电插座的结构和电气进行耦合的充电部件，它与活动电缆装配连接或一体化集成组成充电电缆；充电插座是安装在电动汽车或供电设备上用于耦合充电插头的部件。在电动汽车产业规模化发展过程中，规范充电接口的设计至关重要，尤其应满足温度监控、锁止机构、安全防护、电气安全、机械安全及端子可靠性等要求。

（一）温度监控

随着电动车续航里程及充电功率的提升，对更大功率的充电桩需求也越来越高，大电流所产生的损耗热量使导体发热、温度升高，必须对充电接口（连接方式 B 的供电插座、连接方式 C 的车辆插头和车辆插座）、自动连接耦合器（连接方式 D 的充电弓和充电弓对接端、连接方式 E 的受电弓和受电弓对接端）的主回路及关键部位设置温度监控装置，充电设备和车辆在充电过程中实时监控接口的温度值，以便灵活调整充电策略，保证充电安全。运维人员应能掌握充电接口采用温度检测装置特性、安装位置、异常值判定及响应策略。

1. 温度监测装置

（1）温度开关。温度开关俗称温度继电器，是利用感温元件、机械传动装置和动、静触头组合起来，形成的一种能够在被测温度达到设定值时自动切换输出的通断状态，完成将温度信号转换为开关量信号输出的一种装置。温度开关具有体积小、外壳绝缘、动作灵敏、寿命长等特点。

1）温度开关分类有以下几种方式。

①根据感温元件的不同可分为：双金属式、压力式和热敏铁氧体式等；

②按温度划分：0~300℃，每 5℃一个跳跃；

③按动作性质划分：动合型、动断型；

④按照材质分可以分为：电木体、塑胶体、铁壳体、陶瓷体；

⑤按品牌可以分为：胜名温度开关、爱默生温度开关、NEC 温度开关等。

2）接口选装温度开关时需关注以下相关参数。

①规格：设定值 / 动作范围、高 / 低报、触点对数；

②触点最大容量：工作电压 / 电流；

③安装尺寸：应根据现场设备的实际空间大小以及对温度反应速度的要求进行尺寸的选择；

④保护级别：应根据现场的防爆等级、化学腐蚀情况、空气湿度等情况选择相应防护等级的温度开关；

⑤温度开关的动作温度点还与其工作电流的电流效应有关，所以在选择温度开关时，在考虑其切断温度的同时，还应考虑其工作电流的影响。

3）当温度开关切换点不准、异常动作或拒动肘，需要对温度开关进行检查，根据检查结果，故障一般分为机械构件故障、电气故障和安装缺陷。

①机械故障：由子系统振动或其他外力、系统介质、房间化学气体及海水腐蚀导致的温度开关外壳或探头损坏。该类故障有较为明显的外观表现。

解决措施：查明损坏原因，决定对温度开关进行防腐、防机械损伤处理，更换新的温度开关或者重新确认温度开关的安装位置和型号是否合适。

②电气故障：主要表现在触头系统接触不良或损坏，接线柱之间有毛刺等短路现象，接线柱和触头腐蚀。该类故障可以通过目视检查和万用表测量发现。

解决措施：对接触不良、腐蚀部位进行处理，对于比较严重腐蚀现象制定相应防腐处理措施或更换防护等级较高的温度开关。

③安装缺陷：温度切换点时高时低，有延迟或一致性偏高。

解决措施：该类故障主要是因为温度开关的温包在测点安装得不是很紧，有空隙或测点位置选择不合适。采取相应措施，更换合适的温度开关，或者变更测点位置。

（2）温度传感器。温度传感器是指利用物质各种物理性质随温度变化的规律把温度转换为电量的传感器。温度传感器是温度测量仪表的核心部分，品种繁多。

1）温度传感器分类。

①按测量方式可分为接触式和非接触式两大类。

接触式温度传感器是通过传导或者对流以达到热平衡的状态，使传感器显示值可以直接地表示被测物体的温度的情况。一般来说，其测量的精度是比较高的，甚至能够测量出物体内部的温度的分布情况。通过传导或对流达到热平衡，从而使传感器的示值能直接表示被测对象的温度。

非接触式温度传感器的敏感元件与被测对象互不接触。这种传感器可用来测量运动物体、小目标和热容量小或温度变化迅速（瞬变）对象的表面温度，也可用于测量温度场的温度分布。

②按照传感器材料及电子元件特性分为热电偶和热电阻。

热电偶是温度测量中最常用的传感器。其主要好处是宽温度范围和能够适应各种大气环境，而且结实、价低，无需供电，尤其最便宜。热电偶是最简单和最通用的温度传感器，但热电偶并不适合高精度的应用。

热敏电阻是用半导体材料，阻值随温度增加而降低。温度变化会造成大的阻值改变，因此它是最灵敏的温度传感器。但热敏电阻的线性度极差，并且与生产工艺有很大关系。热敏电阻体积非常小，对温度变化的响应也快。但热敏电阻需要使用电流源，小尺寸也使它对自热误差极为敏感，必须注意防止自热误差。热敏电阻在两条线上测量的是绝对温度，有较好的精度，但在价格上，它比热电偶贵，可测温度范围也小于热电偶。

③其他类型的温度传感器还有电阻温度探测器、集成电路（IC）传感器等。

电阻温度探测器（RTD）实际上是一根特殊的导线，其电阻将随温度变化而变化，通常 RTD 材料包括铜、铂、镍及镍 / 铁合金。RTD 元件可以是一根导线，也可以是一层薄膜，采用电镀或溅射的方法涂敷在陶瓷类材料基底上。它具有精度高、分辨率好，安全可靠、使用方便等优点，也可以直接测量各种生产过程中的液体、蒸气和气体介质的温度。

集成电路（IC）传感器具有设计简单、体积小、价格低、响应速度快、精确度高、集成度高等优点，在计算机、通信、电信及工业控制等领域得到广泛应用。IC 温度传感器有两种主要类型，包括模拟温度传感器和数字温度传感器。

常见的四种温度传感器优缺点比较如表 5-9 所示。

表 5-9　　常见温度传感器的比较

热电偶	热敏电阻	RTD	IC 传感器
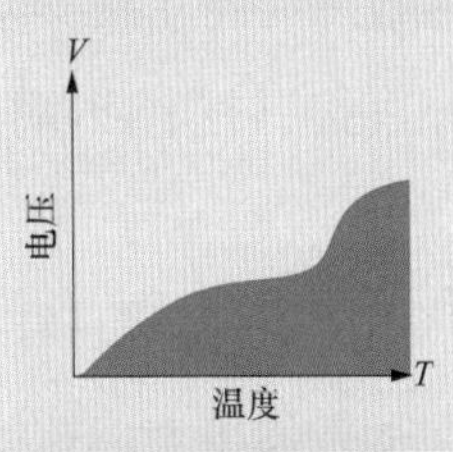	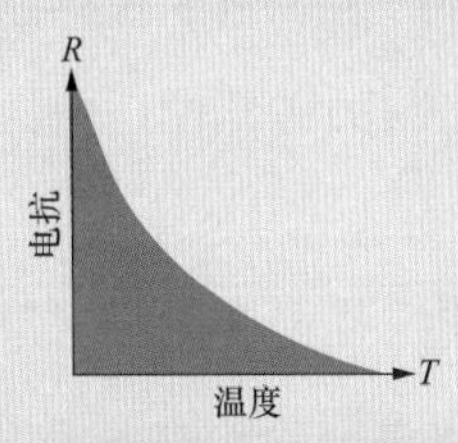	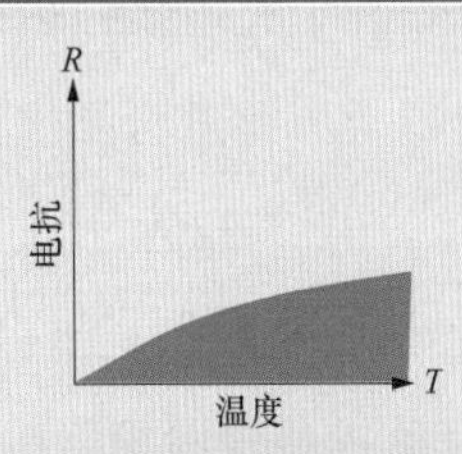	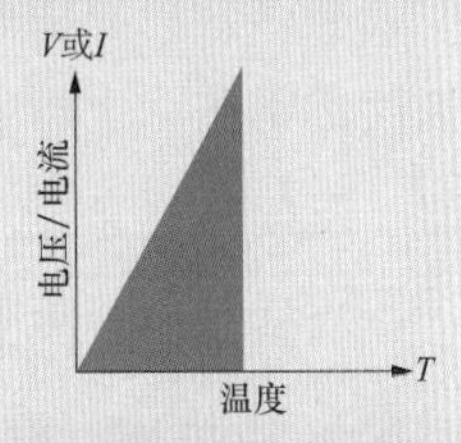
优点			
自供电	高输出	最稳定	最线性
简单	快	最精确	最高输出
坚固	2 次欧姆测量	线性优于热电偶	便宜

续表

热电偶	热敏电阻	RTD	IC 传感器
缺点			
非线性	非线性	贵	$T<250$℃
低电压	有限的温度范围	慢	需要外电源
需要参考	不结实	需要电流源	慢
最不稳定	需要电流源	电阻变化小	自热
最不灵敏	自热	4 线测量	有限的配置

2）温度传感器选型。对充电接口的温度监测，采用温度开关或温度传感器。温度传感器宜选用 NTC10k 或 PT1000。

NTC（negative temperature coefficient）是指随温度上升电阻呈指数关系减小、具有负温度系数的热敏电阻现象和材料。NTC 温度传感器是一种热敏电阻、探头，通常由 2 或 3 种金属氧化物组成，混合在类似流体的黏土中，并在高温炉内煅烧成致密的烧结陶瓷。利用 NTC 热敏电阻在一定的测量功率下，电阻值随着温度上升而迅速下降。这样将 NTC 热敏电阻通过测量其电阻值来确定相应的温度，从而达到检测和控制温度的目的。

PT1000 是铂热电阻，它的阻值跟温度的变化成正比，PT1000 的阻值与温度变化关系为：当 PT1000 温度为 0℃时它的阻值为 1000Ω，在 100℃时它的阻值约为 1385.005Ω。它的工作原理是阻值会随着温度上升而成匀速增长。

2. 温度传感器测点布置

温度测量点通常安装于充电接口内部产生热量的敏感点或故障时将出现异常温度的部位，也可安装于需要进行温度控制关键部位，包括充电接口充电回路接触、压接等关键部位，如图 5-32 所示。

当检测温度发生异常突变时，温度监控装置应能及时进行温度反馈，反馈时间应在 1min 内。温度监控装置检测到的温度值与实际温度值之间的温度差应控制在一定误差范围内。

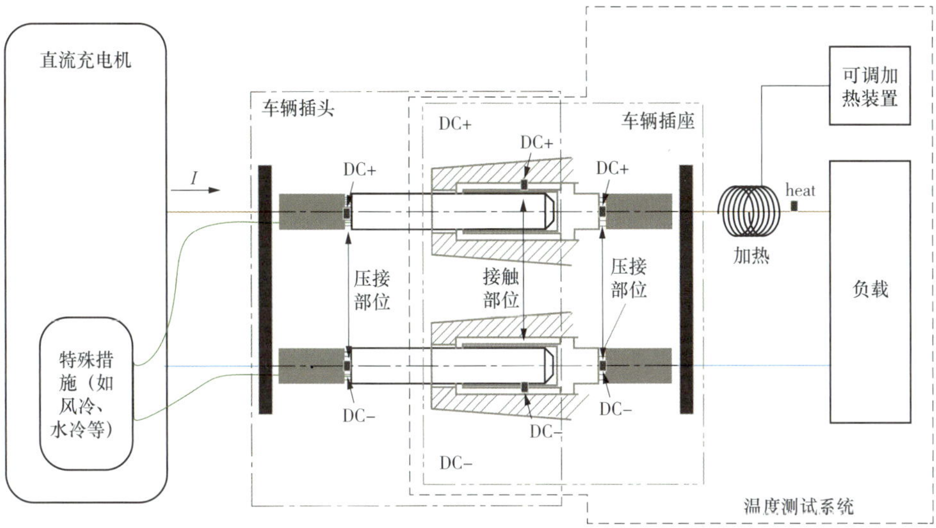

图 5–32　温度监控装置安装位置及测量示意图（以直流充电机为例）

3. 温度传感器监测阈值

充电设备进行保护动作时，应考虑温度波动范围（如变化在 3℃以内），即温度监控装置传送的测量温度值和温度波动范围。温度监测阈值可满足以下要求：

（1）对于选择温度开关的充电系统，当端子温度达到 105℃保护阈值时应立即停止充电。

（2）对于选择温度传感器的充电系统，在充电过程中，如果出现以下情况之一，应停止充电：

①当端子温度达到 90℃告警阈值时通过某种方式将温度降至 90℃以下，第二次回升到 90℃以上；

②当端子温度高于 90℃（不超过 120℃）持续 15min；

③当达到 120℃保护阈值。

对于具备热管理功能的充电系统，当检测出充电接口端子温度达到保护值时，应及时调整充电策略，采用特殊措施（如风冷、水冷等），并能实时监测接口插针温度、出水口温度、流量、液位等数据。充电系统亦可采取降功率（对于交流充电，调整充电设备输出 PWM 脉冲占空比）等方式，减小充电电流，使端子和关键部位的温度降低。

（二）锁止机构

充电过程中的高压电如果不小心造成虚接，会产生电弧，引发火灾，因此充电接口应具备锁止功能，用于防止充电过程中的意外断开。

1. 机械锁止结构

交流充电接口和直流充电接口均安装有机械锁止装置。机械锁止装置是物理锁止，也就是充电安全连接第一道防线，应具有防止充电过程中意外断开的锁止功能。插入时，充电插头通过外部机械锁锁合在充电插座上；拔出时，机械锁解锁，充电插头拔出过程中信号针先断开，系统接收到信号后切断电源，然后电源针再断开，充电插头从充电插座中脱离。这样利用信号针与电源针断开时间差来切断电源，防止带电插拔。经过实验发现，信号针和电源针断开的时间差取决于信号针和电源针的长度差以及拔出速度。当使用较快速度拔出时，断开的时间差会缩短。由于断开电路检测和电源断路器均有响应时间，输出供电电源断开时存在一定时间延迟。如果供电电源断开时间大于信号针和电源针的时间差，就存在带电插拔的可能性。因此仅具备机械锁是不能完全保证安全充电的。

2. 电子锁止机构

由于机械锁止仅为物理装置，无法实现与车辆充电状态进行关联，只能起到防盗、防意外断开等作用，但车辆在充电过程中，依然可以进行解锁并拔出充电插头。这样就导致了用户在车辆进行高压充电过程中进行插拔充电插头，可以引起拉弧，甚至引起车辆燃烧，威胁人身及车辆安全。因此需要引入电子锁止机构，与机械锁止配合使用。

电子锁应具备以下功能要求：

（1）电子锁可以保证充电插头插入充电插座到位后进行充电。如果插入未到位，电子锁插销无法上锁，系统未侦测到上锁信号，不允许充电。如果没有电子锁，就很难避免异常充电。

（2）电子锁可以保证充电时插头有效、可靠地处于插座中。如果没有电子锁，充电时插头容易被使用者误操作而脱离插座，形成带电插拔并产生不安全因子。

（3）从运营角度来看，电子锁可以保证充电付费后，充电插头方可从充电插座中拔出。充电是需要支付一定费用的。当充电付费完成后，系统给电子锁解锁信号，电子锁解锁，充电插头被允许脱离充电插座。如果没有电子锁，就无法保证有效的付费。

（4）充电结束或异常中止充电时，应确保充电接口处供电电压在安全电压以下，才可以允许电子锁解锁。对于直流充电，安全电压是 DC+ 与 DC– 之间电压低于 60V DC；对于交流充电，安全电压是 L 与 N 之间电压低于 42.4V AC。

（5）电子锁止装置还应具备应急解锁功能，不应带电解锁且不应由人手直接操作解锁。

3. 锁止工作原理

交流充电桩端电子锁采取的是插销垂直落入充电插座的锁孔中。电子锁的插销在充电插座内部，不易受到外界的影响。

交流充电车端电子锁的原理和桩端的电子锁的定义不同，采取的是电子锁插销水平伸出到机械锁扣的上方来起到锁合充电插座的功能。电子锁的功能是通过限制机械锁扣的活动来实现的。车辆端的电子锁插销会伸出在外部，易受外界影响，例如机械锁扣未到位时丧失电子锁扣的功能。该锁合方式结果复杂，配合要求高，对电子锁的设计和工艺提出较高的要求。

直流充电机电子锁电源由充电设备提供并控制，应具备锁止位置反馈信号功能，以便供电设备能够正确识别出电子锁已将机械锁正确锁止或处于解锁状态。在电子锁未可靠锁止时，应能发出故障信号，使充电设备停止充电或不能启动充电，电子锁功能如图 5-33 所示。

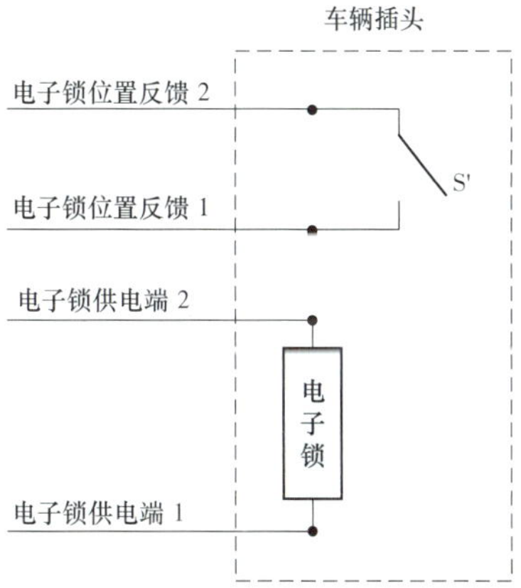

图 5-33 电子锁功能示例图

注 S' 是一种开关信号或其他类型信号，可由供电设备厂商和连接器厂商协商确认。

充电接口的电子锁在工作异常时，电子锁插销有可能无法伸出和缩回。如果系统未得到异常回馈就会发出错误的指令，这会导致系统的安全性下降。因此需要侦测电子锁的锁合状态，并回馈给系统采取正确的动作，如及时充电和断电。在电子锁内设计上锁到位和解锁到位的结构，并将回馈状态信号传送给系统。

（三）安全防护

充电接口不仅连接着电动汽车与充电设备，同时在充电的时候也与使用者人身安全密切相关，一款优质的充电枪不仅要做到充电性能好，同时也要做到绝对安全。充电枪在材料方面不仅要安全防水，还要耐用，同时也要具有优异的绝缘、阻燃、耐高温等性能，在投入生产适用之前，要经过不断测试，各项性能都合格后才能投入使用。优质充电接口不仅选材要好，还要设计精良，手柄的设计要符合人体力学原理，以方便使用，结合前面提到的温度监控功能与锁止机构，这样可以充分保证充电的安全性。

1. 外壳材料

打造安全的充电连接装置，需要可靠的材料支持，材料要求满足阻燃、环保、耐磨、耐候、耐冲击、高抗油、抗紫外线、耐高低温等。在充电接口设计的过程中，对材质有着严格的要求，需要十分重视其设计的稳定性和安全性。一般而言，其材质需具有以下几个特征：

（1）充电连接装置外壳材料不仅要求绝缘性能好，同时要求高相对耐漏电起痕指数（CTI，comparative tracking inde）、高灼热丝，尤其是大功率充电机，高压电流对材料的性能要求更高。

（2）优异的耐候性能，抗氧化、抗紫外。由于充电设备都在开放空间里，甚至要日晒雨淋、风吹雨打，所以充电连接装置的应具备优异的耐候性能，才能在长时间使用中保障安全。

（3）超强的耐低温韧性能，在 –40℃能保持良好的冲击性能。

（4）高流动，具备优异的加工性能。

（5）可满足各种颜色的配制需求，设计师需要根据自己的设计需求选择合适的材质。

2. 防护等级

IP 是 ingress protection 的缩写，IP 等级是针对电气设备外壳对异物侵入的防护等级，来源是国际电工委员会的标准 IEC 60529。IP 等级由两个数字所组成，第一个数字表示防尘，第二个数字由表示防水，数字越大表示其防护等级越佳。根据实际应用场景要求，国家标准 GB/T 20234.1—2015《电动汽车传导充电用连接装置　第 1 部分：通用要求》提出的接口防护等级要求，应能满足即使在多雨潮湿的气候下，同样能为电动汽车正常充电。

所有充电接口（供电插头、供电插座、车辆插头和车辆插座）应有配属的防护装置，以确保在与配属的保护装置连接后，供电插头、供电插座、车辆插头和车辆插座的防护等级应分别达到 IP54；供电插头和供电插座、车辆插头和车辆插座插合后，其防护等级应分别达到 IP55。该防护装置可以为独立的保护盖，也可以和供电设备或电动汽车集成在一起。供电插头和车辆插头的外壳应将端子和充电电缆的端部完全封闭。

IP54：设备保护和外来物保护等级为 5 级，即设备无法完全防止灰尘侵入，但侵入灰尘量不会影响产品正常工作；设备防水保护等级为 4 级，即设备可以防止飞溅的水侵入，防止各方向飞溅而来的水侵入。

IP55：设备保护和外来物保护等级为 5 级，即设备无法完全防止灰尘侵入，但侵入灰尘量不会影响产品正常工作；设备防水保护等级为 5 级，即设备可以防止大浪的水侵入，防止大浪或喷水孔急速喷出的水侵入。

3. 允许表面温度

充电设备及其连接装置的实际使用环境复杂，有些用于南方沿海环境，材料将面临高温冲击、高紫外线照射、海边盐雾腐蚀等环境应力的影响，再加上长时间大电流充电，充电连接装置的表面温度可能升至 85℃甚至更高，可能使材料软化，爬电距离和电气间隙减少，而使用者充电时必须直接接触充电连接装置，这样容易诱发质量事故和人身安全事故。

在国家标准 GB/T 18487.1—2015《电动汽车传导充电系统　第 1 部分：通用要求》中明确规定，当在达到温度稳定状态后，车辆插头的抓握部位允许最高温度不应超过：金属部件 50℃；非金属部件 60℃。车辆插头的可接触非抓握部位允许最高温度不应超过：金属部件 60℃；非金属部件 85℃。运营商和用户在选购充电设备时，应根据其安装使用环境，综合考虑材料选取、温度监控等功能。运维人员发现现场实际情况超过标准规定的安全值时，应及时反馈测试情况，检测分析故障原因，并确认温度监控装置的完好性。

（四）电气安全

1. 防触电保护

当插入供电插头或车辆插头时，接地端子应最先连接，控制导引端子应晚于主功率端子连接；当拔出供电插头火车车辆插头时，接地端子应最后断开，控制导引端子应先于主功率端子断开。

2. 接地保护

供电设备应装配接地端子，有一内部接地端子的金属壳固定式供电设备可以装配一个外部接地端子。接地触头应该直接可靠地连接到接地端子，但安装在隔离变压器输出电路里的插座的接地端子不应该与接地端子连接。带有接地触头的供电设备的易触及金属部件，在结构上应可靠地连接到内部接地端子。供电设备还应满足以下要求：

（1）供电设备金属壳体应设置接地螺栓，其直径不得小于6mm，并应有接地标志。

（2）所有作为隔离带电导体的金属材质的外壳、隔板、电气元件的金属外壳以及金属手柄等均应有效等电位联结，接地连续性电阻不应大于0.1Ω。

（3）供电设备金属材质的门、盖板、覆板和类似部件，应采用保护导体将这些部件和充电桩接地端子连接，此保护导体的截面积不得小于2.5mm^2。

（4）对于充电机，其内部工作接地与保护接地应单独连接到接地导体（铜排）上，不应在一个接地线中串接多个需要接地的电气装置。

3. 短时耐大电流

电动汽车充电连接装置的接地保护进行短时耐大电流测试，接地电路中的部件不应熔化、断开或破损。模拟实际使用状态，将供电插头、供电插座、车辆插头和车辆插座进行安装；将长度不小于0.6m的且满足表5-10尺寸的导线按照制造商规定的紧固条件连接到保护接地端子；供电插座和车辆插座连接所允许最小尺寸的铜导体电缆，供电插头和车辆插头连接和额定电流相匹配的电缆，允许直接使用已经连接好的组件。按照表5-10所示的电流和时间进行试验，试验结束后用欧姆表或类似设备检查接地导体间连接的连续性。

表5-10　接地端子短时耐大电流测试参数

充电接口额定电流（A）	接地导体（铜）的最小尺寸（mm^2）	时间（s）	测试电流（A）
10	2.5	4	300
16、20	4	4	470
32	6	4	750
63	10	4	1180
80	10	4	1180

续表

充电接口额定电流（A）	接地导体（铜）的最小尺寸（mm^2）	时间（s）	测试电流（A）
125	16	6	1530
200	16	6	1530
250	25	6	2450
400	35	6	3100

4. 分断能力

按 GB/T 11918.1—2014《工业用插头插座和耦合器　第 1 部分：通用要求》第 20 章的规定进行分断能力试验。对于有控制导引电路的充电接口，应使其控制导引电路处于非工作状态，并按表 5-11（代替 GB/T 11918.1—2014 的表 9）的参数进行分断能力测试。直流接口用等值的交流电流进行试验。

表 5-11　　分断能力测试参数

触头额定电流（A）	测试电流（AC）（A）	测试电压（AC）（V）	$\cos\varphi \pm 0.05$	分断循环次数
10	13	1.1× 额定值	0.8	3
16、20	20	1.1× 额定值	0.8	3
32	40	1.1× 额定值	0.8	3
63	70	1.1× 额定值	0.8	1
> 63（直流）	额定电流	1.1× 额定值	0.8	1

分断试验期间，对于有控制导引且在其正常工作时能避免带载分断的充电接口，不得有引起着火或触电的危险；试验结束后，不要求充电接口保持原有功能。对于没有控制导引功能或者控制导引电路不能避免带载分断的充电连接装置，试验结束后，试样不应出现不利于继续使用的损坏。

5. 绝缘性能

在非电气连接的各带电回路之间、各独立带电回路与地（金属外壳）之间，按照表 5-12 规定施加电压 1min 后读取绝缘电阻值，测试结果不应小于 10MΩ。

表 5-12　　绝缘试验的试验等级

额定绝缘电压 U_i（V）	绝缘电阻测试仪器的电压等级（V）	介电强度试验电压（V）
$60<U_i\leqslant 300$	500	2000（2800）
$300<U_i\leqslant 700$	1000	2400（3360）
$700<U_i\leqslant 950$	1000	$2\times U_i+1000$（$2.8\times U_i+1400$）

注　1. 括号内数据位直流介电强度试验值。
2. 出厂试验时，介电强度试验允许试验电压高于表中规定的 10%，试验时间 1s。

（五）机械安全

作为车辆充电系统与充电桩对接的接口，正常使用时，插拔过程中充电口端子将存在摩擦，为易损件；如使用不规范的充电枪则会严重缩短其使用寿命。因此，重视充电口的保养工作，对于电动汽车有着重要的意义。充电连接装置的机械强度要求主要通过插拔寿命、车辆碾压、跌落等来评估。

1. 耐用可靠性

充电枪作为连接充电桩与车的桥梁，有着重要的地位，其中充电枪头是充电枪比较重要的部位。在充电时，电动汽车充电枪头与插座相连，由于长时间电流流过，温度过高，时间过长就有可能会出现烧坏的情况。充电枪头的设计需要考虑到插头的空间、车辆接口的结构尺寸以及枪和座之间的尺寸匹配性等因素，并通过插拔试验来验证充电枪的质量。一般来说，充电枪应能满足插拔次数大于 10000 次。

将固定部件（供电插座或车辆插座）固定，使活动部件（供电插头或车辆插头）往复运动，进行空载带电（额定电压、无电流）插拔循环 10000 次。试验结束后，按进行介电强度试验，但对于额定电压超过 50V 的附件，试验电压应在 GB/T 11918.1—2014《工业用插头插座和耦合器　第 1 部分：通用要求》中表 8 的基础上降低 500V。试验结束后，应满足附件或锁止装置能继续使用、无外壳或隔板的劣化、插销上的绝缘帽无松脱、无电气连接或机械连接松脱、无密封胶渗漏、保持触点之间信号传输的连续性，以及满足介电强度性能相关要求。

2. 碾压要求

充电枪的外壳应选择具有高强度及弹性系数、高冲击强度的材料；机械强度应达到新国家标准要求，将带有制造商推荐的电缆的供电插头和车辆插头随意地放在混凝土地上。用规格为 P225/75R15 或同等负载的传统汽车轮胎以（5000 ± 250）N 的压力，以（8 ± 2）km/h 的速度压过供电插头或车辆插头（轮胎充气压力 220kPa ± 10kPa）。当车轮从试件压过之前，每一个试件均应随意地以正常方式放在地上。测试中的试件应无明显移动。被施加压力的试件不应放置在突出物上。车辆碾压试验后，防护等级、爬电距离、电气间隙和穿透密封胶距离，以及介电强度应能满足标准要求，且不出现其他可能会增加着火或电击事件的可能性的损坏迹象。

3. 跌落要求

不可拆线车辆插头按交货状态进行试验。试样在试验前需在（–30 ± 2）℃的环境温度下放置至少 16h，然后再取出进行试验。电缆的长约 3m 的自由端按图 5-34 所示固定于墙上高出地板 75cm 之处。

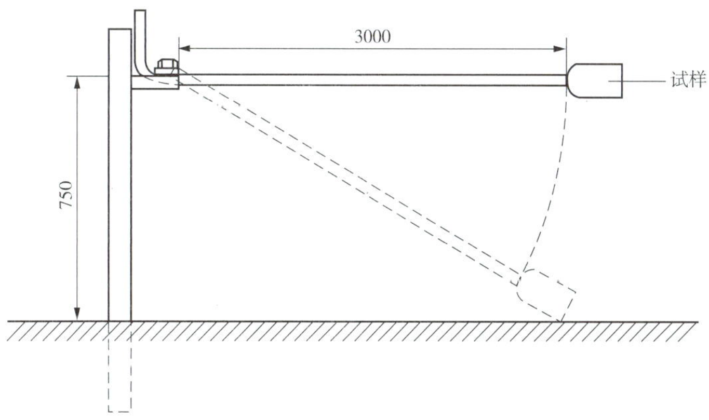

图 5–34　跌落试验的配置（mm）

将试样握持着，使电缆呈水平状，然后跌落于混凝土地板上。如此进行 8 次，每次均在电缆固定点处使电缆转动 45°。混凝土地板应具有平滑、坚硬的刚性表面，不应有凹凸不平及扭曲现象。试样不应出现有任何部件分离或松脱的现象，若出现则立即检查带热塑性材料外壳的插头所提供的不可互换性的器件是否受损。

（六）端子可靠性

1. 压接工艺要求

电气连接在充电设备与电动汽车的充电过程中很重要，连接系统的好坏决定了充电的效率与安全性，要想获得合格的电气连接效果，匹配很重要。这里的匹配包括端子与电缆的匹配、模具与端子的匹配、工具与模具的匹配。但是，在实际应用中，往往会有太多不可控因素，不管是由于端子或线缆供应商的改变导致的尺寸变化，还是非主流的线缆端子，都无法找到非常匹配的模具与之对应，给液压压接带来了巨大的挑战。

充电设备电气连接方案可以从端子与电缆的匹配性上入手，也就是端子与线的压接工艺。首先需要选择合适的液压工具，通常电气连接使用的液压工具，大体分为 2 类，即液压压接和液压切断。其中液压压接对压钳质量有更严格的要求。由于端子的铜含量偏低，在压接后，会产生大量裂纹，压接处存在大量空气间隙，当电流通过此处时，根据 $P = I^2R$，因空气电阻远远大于导线电阻，此时 P 将变得非常大，极易发生烧毁现象。

端子压接是为使金属在规定的限度内压缩和位移并将导线连接到接触对上的一种技术，无论是单点压、椭圆压、四点压、还是六角压，目的是将端子与线缆配合的空气间隙排除，没有空气电阻参与运算，导线与端子合为一体，电流过渡就变得平稳可控。任何一种压接方式，只要可以达到彻底排出空气间隙，那就是合格的压接。好的压接连接能产生金属互熔流动，使导线和接触材料对称变形。这种连接类似于冷焊连接，能得到较好的机械强度和电连续性，能承受更恶劣的环境条件。采用正确的压接连接比锡焊好，特别是在大电流场合必须使用压接。压接时须采用专用压接钳或自动、半自动压接机。

充电枪端子正压型（标志为 p），是指向外壳内充入带正压的清洁空气、惰性气体或连续通入清洁空气以阻止爆炸性混合物进入外壳内的电气设备。充油型（标志为 o），是指将可能产生电火花、电弧或危险温度的带电零部件浸在绝缘油里，使之不能点燃油面上方爆炸混合物的电气设备。充砂型（标志为 q），是指将细粒状物料充入设备外壳内，使壳内出现的电弧、火焰传播、壳壁温度或粒料表面温度不能点燃外壳外爆炸性混合物的电气设备。

鉴于市面上的端子线缆的多样性，可以无极调整压缩比的工具。功率端子和电缆的连接应采取 B 型压接工艺（压接后横截面形状类似“B”），其他端子与线缆连接宜采用 B 型压接工艺，连接后应符合表 5-13 的规定。

表 5-13 端子压接要求

导体横截面积（mm^2）	最小保持力（N）
0.75	105
1.0	125
1.5	180
2.5	235
16.0	1500

2. 端子温升

接线端子作为连接装置的一种，是电气行业中的一个重要组件，起着不可替代、不可忽视的作用。端子材料的选择直接影响到整个产品的性能，是连接装置设计的关键。在选择材料方面，需要考虑电导率直接影响到温升和接触电阻。在充电过程中，电流的增大会引起线缆的发热，从而造成安全隐患。

大电流接线端子的产品结构的设计也是至关重要的，如螺钉防掉、拼接的产品前后呈弧形、长位数变形、壁厚不均匀造成的缩水变形等。大电流接线端子结构方面主要考虑压片与引针的接触，其接触大都是线接触，这就造成在配合时出现在插的一瞬间插力突然很大，而后又突然变小，这在充电连接装置使用的过程中给用户留有极不稳定的感觉，也影响装置使用寿命。如果把压片与引针的接触在结构方面改成面接触，那么就既解决了插拔力的问题，又减小了接触电阻和温升。

GB/T 20234.1—2015《电动汽车传导充电系统　第 1 部分：通用要求》中要求端子的温升试验在（25 ± 5）℃环境温度下进行，按 GB/T 11918.1—2014《工业用插头插座和耦合器　第 1 部分：通用要求》第 22 章规定的方法进行试验，测试电流使用交流电，具体电流值见表 5-14。试验时，推荐使用制造商提供的带有电缆的充电连接装置，若制造商未提供电缆，则使用表 5-14 规定的横截面积的电缆。测试时，应在达到温度稳定状态后，读取温升数值。端子的温升应该不超过 50K。

注：在间隔时间不少于 10min 的连续 3 次读数的温升值低于 2K，则可以认为达到了温度稳定状态。

表 5-14　　温升试验的测试电流

触头额定电流（A）	测试电流（AC）（A）	导线横截面积（mm^2）	
		供电插头、车辆插头	供电插座、车辆插座
2	2	0.5	0.5
10	14	1.5	2.5
16、20	22	2.5	4
32	42	6	10
63	额定电流	16	25
80		25	35
125		50	70
200		150	150
250		150	185
400		240	300

三、充电电缆组件要求

（一）标识分类

供电插头、供电插座、车辆插头和车辆插座的外壳上应标有制造商的名称或商标、产品型号、额定电压和额定电流等信息。采用连接方式 B 的充电连接装置，供电接口和车辆接口应有清晰可见的不同标识以进行区分。电缆应有制造厂名、产品代号、电缆型号规格和额定电压的连续标志，厂名标志可以使用制造厂名称或商标，标志可以用油墨印字或采用压印凸在护套上，护套表面一个完整标志的末端与下一个完整标志的始端之间的距离不超过 550mm。

电缆的主绝缘线芯应采用颜色识别，辅助电源线芯、信号线芯或控制线芯及其他扩展线芯可采用颜色识别或数字识别。电缆绝缘线芯应采用着色绝缘或其他适合的方法进行识别，除用绿 / 黄色组合颜色识别的线芯外，电缆的每根绝缘线芯应只用一种颜色，绿色和黄色不能作为独立的颜色使用。

1. 颜色色谱

电缆主绝缘线芯着色优先选用的色谱如下：

（1）芯电缆：蓝色、棕色。

（2）三芯电缆：绿 / 黄色、蓝色、棕色。

（3）四芯电缆：绿 / 黄色、蓝色、棕色、灰色。

（4）五芯电缆：绿 / 黄色、蓝色、棕色、黑色、灰色。

各种颜色应清晰可识别、持久，对于采用颜色识别的辅助电源线芯、信号或控制线芯及其他扩展线芯等的着色不做要求，但是颜色应可清晰识别，并与主绝缘线芯颜色不同。绿 / 黄色组合的线芯颜色分布应符合下列要求：对于每一段长 15mm 的绝缘线芯，其中一种颜色应至少覆盖绝缘线芯表面的 30%，且不大于 70%，而另一种颜色则覆盖绝缘线芯的其余部分。

2. 数字识别

电缆的辅助电源线芯、信号或控制线芯及其他扩展线芯可采用数字识别，线芯的绝缘应是同一种颜色，并按数序排列，但绿 / 黄色线芯（若有）除外，数字编号应从数字 1 开始。数字应用阿拉伯数字印在绝缘线芯的外表面上，数字颜色相同并与绝缘有明显反差，数字应字迹清晰。

数字标志应沿着绝缘线芯以相等的间隔重复出现，相邻两个完整的数字标志应彼此颠倒。当标志是由一个数字组成时，则破折号应放置在数字的下面；当标志是由两个数字组成时，则一个数字排在另一个数字的下面，同时在底下的数字下面放破折号，相邻两个完整的数字标志之间的距离 d 应不超过 50mm。标志的排列如图 5-35 所示。

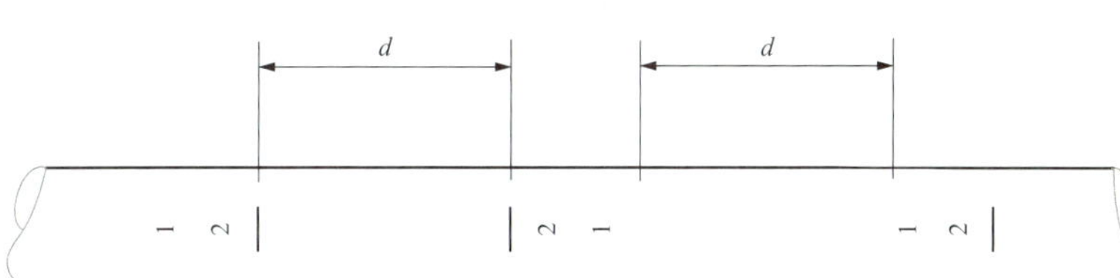

图 5-35　标志排列图示

（二）导线选择

导体应符合 GB/T 3956—2008《电缆的导体》中的第 5 种或第 6 种镀金属层或不镀金属层退火铜导体，信号或控制线芯导体允许采用适当材料加强。

（三）填充物选择

填充物主要是为了让内部线缆结构更圆，增加线缆的圆整度，使线缆更容易成型和增强线缆的机械效果（如抗拉），增强摇摆性能等。充电电缆常用的填充物有聚丙烯填充绳，聚丙烯填充绳具有良好的电气绝缘性和柔软性，长期填充在电缆中不会腐烂。聚丙烯填充绳可以加入阻燃性填料，提高阻燃性能，还可以降低成本。

（四）护套选择

由于电动汽车充电电缆的使用要求不同于传统的电线电缆，充电电缆可在室内或室外使用，室外使用时应能抵抗高寒、日光、雨水以及汽车用油类物质的侵蚀，这就要求电缆应具有抗紫外线、臭氧、耐高低温和化学侵蚀等特殊性能。充电电缆在使用过程中，会被频繁地拉伸弯曲或被电动汽车碾压等外界因素造成机械损伤，所以这也要求充电电缆满足特殊的机械性能要求，如弯曲、扭转、车辆碾压试验等。综合考虑充电电缆的机械性能、电气性能以及安全性、环保性和使用寿命等要求，新型的低烟无卤阻燃材料、聚酯型弹性体、聚氨酯材料等更适合用于充电电缆的绝缘材料和护套材料。充电电缆常用的电缆型号及名称如表 5-15 所示。

表 5-15　　常用电缆型号及名称

常用电缆型号	名称
SS	热塑性弹性体绝缘热塑性弹性体护套电动汽车充电用电缆
SSPS	热塑性弹性体绝缘铜丝编织屏蔽热塑性弹性体内护层和护套电动汽车充电用电缆
SF	热塑性弹性体绝缘热固性弹性体护套电动汽车充电用电缆
SSPF	热塑性弹性体绝缘铜丝编织屏蔽热塑性弹性体内护层热固性弹性体护套电动汽车充电用电缆
S90S90	热塑性弹性体绝缘热塑性弹性体护套电动汽车充电用电缆
S90S90PS90	热塑性弹性体绝缘铜丝编织屏蔽热塑性弹性体内护层和护套电动汽车充电用电缆
S90F	热塑性弹性体绝缘热固性弹性体护套电动汽车充电用电缆
S90S90PF	特殊性弹性体绝缘热塑性弹性体内护层热固性弹性体护套电动汽车充电用电缆
S90U	热塑性弹性体绝缘聚氨酯弹性体护套电动汽车充电用电缆
S90S90PU	热塑性弹性体绝缘铜丝编织屏蔽热塑性弹性体内护层聚氨酯弹性体护套电动汽车充电用电缆
S90UPU	热塑性弹性体绝缘铜丝编织屏蔽聚氨酯弹性体内护层和护套电动汽车充电用电缆

续表

常用电缆型号	名称
EU	乙丙橡胶或类似合成橡胶绝缘聚氨酯弹性体护套电动汽车充电用电缆
EUPU	乙丙橡胶或类似合成橡胶绝缘铜丝编织屏蔽聚氨酯弹性体内护层和护套电动汽车充电用电缆
EF	乙丙橡胶或类似合成橡胶绝缘热固性弹性体护套电动汽车充电用电缆
EFPF	乙丙橡胶或类似合成橡胶绝缘铜丝编织屏蔽热固性弹性体内护层和护套电动汽车充电用电缆
EYU	硬乙丙橡胶或类似合成材料绝缘聚氨酯弹性体护套电动汽车充电用电缆
EYUPU	硬乙丙橡胶或类似合成材料绝缘铜丝编织屏蔽弹性体内护层和护套电动汽车充电用电缆
EYYJ	硬乙丙橡胶或类似合成材料绝缘交联聚烯烃护套电动汽车充电用电缆
EYYJPYJ	硬乙丙橡胶或类似合成材料绝缘铜丝编织屏蔽交联聚烯烃内护层和护套电动汽车充电用电缆

注 电缆导体为第 6 种导体时，在型号的左侧标“R”。

第五节 电动汽车无线充电

电动汽车无线充电（electric vehicle wireless power transfer，EVWPT）是以磁场为介质，通过磁耦合方式从电源向电力负载进行无线电能传输的充电方式，分为地面端和车载端两部分，如图 5-36 所示。地面端与市电相连，作为无线充电的供电部分；车载端与车辆电池相连，把从地面端接收到的能量转化为电池需要的电能。地面端和车载端通过无线通信的方式进行信息交互。

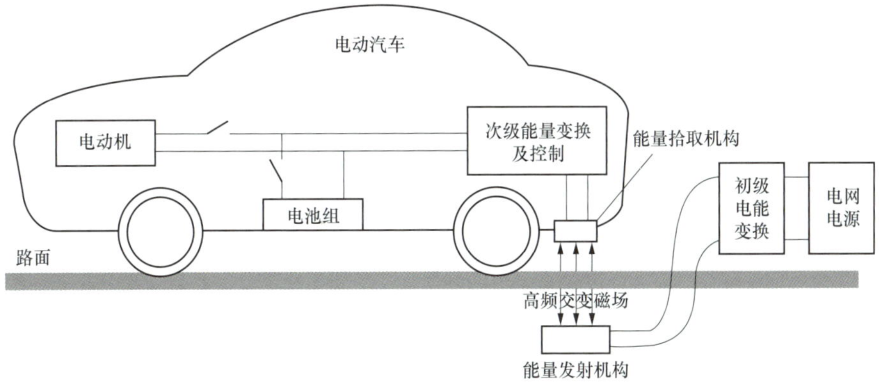

图 5-36 电动汽车无线充电系统的原理示意

一、电动汽车无线充电设备的分类

WPT 的技术方案较多，工作机理各异，但系统结构基本相同，均是通过发射端功率发射单元和接收端功率接收单元进行能量无线传输。无线充电通用的系统结构如图 5-37 所示，发射端将供电电源能量通过功率变换电路 1 转换为功率发射单元需要的形式，如电场、磁场、射频 / 微波或者激光等，接收端的功率接收单元接收到电场、磁场、射频 / 微波或者激光等，再通过功率变换电路 2 转换为负载需要的能量供给负载。

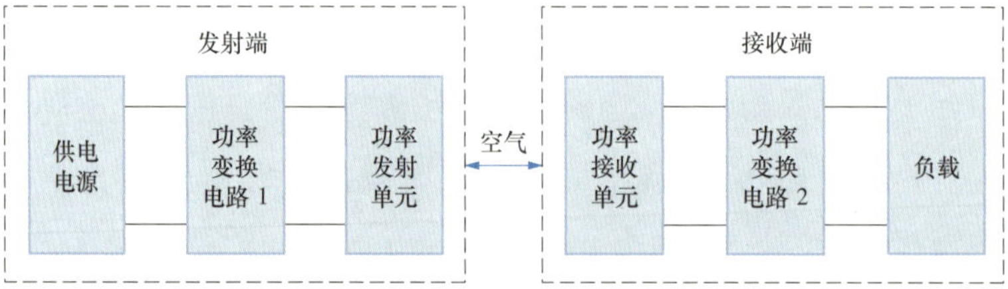

图 5-37　无线充电通用的系统结构

图 5-38 是不同能量耦合方式 WPT 的电磁场频率分布。从能量传输距离角度看，无线充电技术可以分为近距离无线充电和远距离（米级以上）无线充电两大类。磁场耦合方式和电场耦合方式属于近距离无线充电，射频 / 微波方式、激光方式通常用于远距离无线充电。

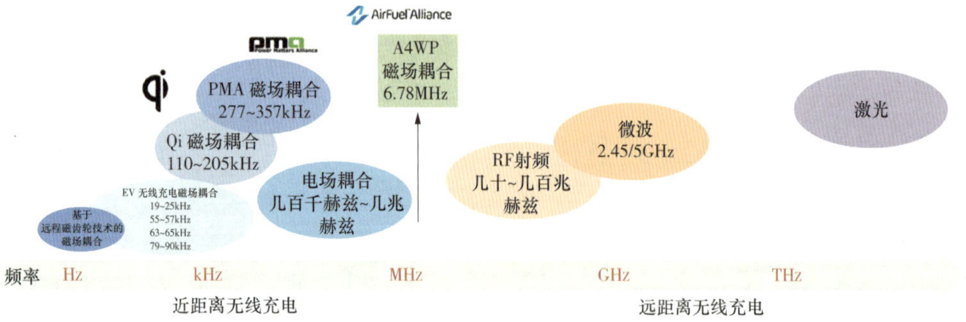

图 5-38　不同能量耦合方式 WPT 的电磁场频率分布

（一）近距离无线充电

近距离无线充电主要分为磁场耦合式和电场耦合式两种。

1. 磁场耦合式无线充电

磁场耦合式无线充电技术利用磁谐振或磁感应原理将能量由发射端传递至接收端，该方式采用的发射线圈和接收线圈类似于分离变压器的一次绕组和二次绕组，如图 5-39 所示。发射线圈和接收线圈距离一般在几厘米至几十厘米，线圈间的耦合系数一般为 0.1 以上。

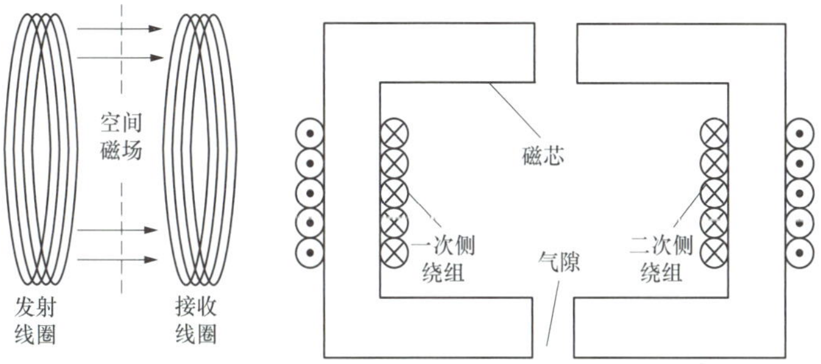

图 5-39　磁场耦合式 WPT 与分离变压器的结构对比

还有一种基于磁齿轮的近距离磁场耦合式无线充电技术。在相应系统的发射端用电动机带动磁体运动，利用磁场之间力的相互作用，使接收端的磁体随之运动，再带动接收端的发电机发电，从而实现从发射端到接收端之间的能量无线传递。与基于磁谐振或磁感应原理的技术相比，该方案的工作频率更低，通常是几百赫兹，充电距离约二三十厘米，但工作磁场更强。图 5-40 是基于磁齿轮的无线充电技术原理以及相关充电装置。

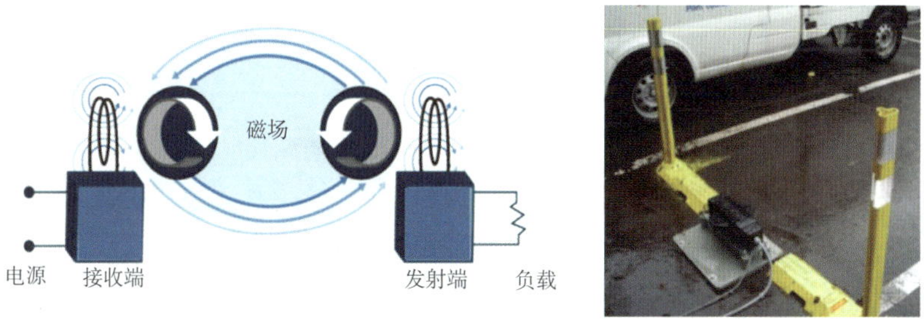

图 5-40　基于磁齿轮的无线充电技术原理及充电装置

2. 电场耦合式无线充电

电场耦合式无线充电系统一般采用分离的两个极板来形成耦合电容，电容值大小与极板正对面积、极板间距离及介电常数的大小相关。由于空气的介电常数很小，为了实现较大的功率传输，需要较大的极板正对面积、较小的传输距离和较高的工作频率，而实际应用场景难以满足这些条件，导致电场耦合式在实际中应用比较少，图 5-41 是电场耦合式无线充电系统结构。

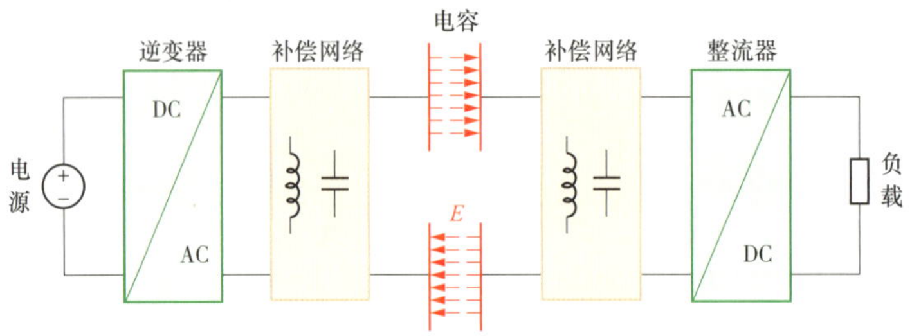

图 5–41　电场耦合式无线充电系统结构

（二）远距离无线充电

利用射频和微波进行远距离无线充电时，发射端和接收端都需要用到天线。天线的发射可以是多方向的，也可以是定向的，比较容易实现一对多的充电。充电距离达到米级，频率越高，充电距离越远。图 5-42 是采用微波和射频的方式实现远距离无线充电的场景。

激光无线充电是以激光为载体，实现能量无线传输，在发射端将电能转换为激光并发射出去，在接收端通过光电转换再将激光转换为电能。激光无线充电的相关应用如图 5-43 所示。

远距离无线充电技术多处于理论研究和技术验证阶段，在能量传输效率和安全性方面还面临很大的挑战，距真正规模商业应用还有一定的距离。

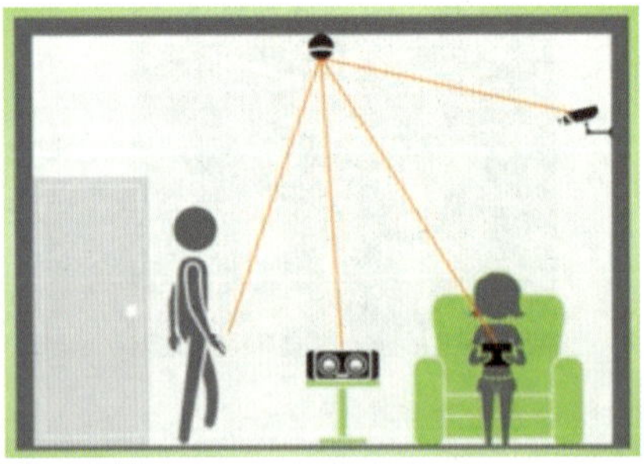

图 5–42　采用微波和射频方式实现远距离无线充电的场景

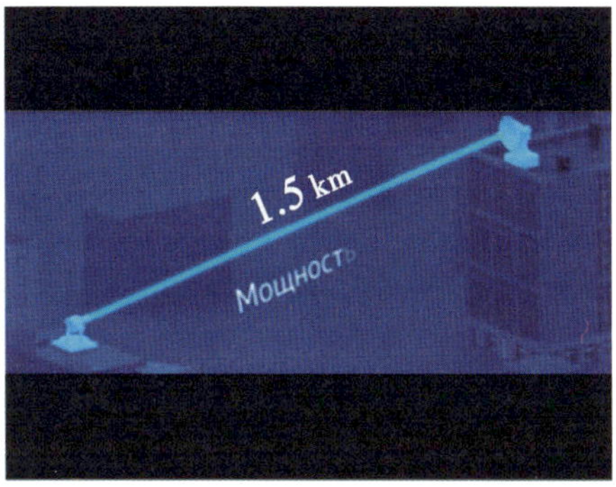

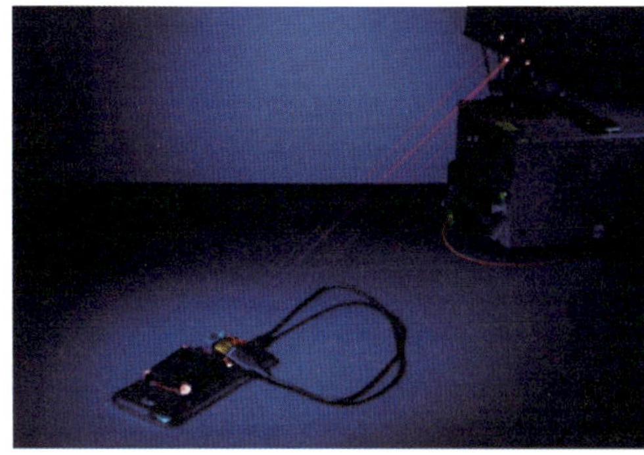

图 5–43 激光无线充电应用

二、电动汽车无线充电功能

电动汽车无线充电系统的首要功能是实现高效的电动汽车无线能量补给，因此高效、安全的功率变换和传输是无线充电系统的核心。功率变换电路主要有高频逆变和高频整流电路设计技术、谐振器优化设计技术以及补偿电路优化设计技术等，这些核心技术直接影响电动汽车无线充电系统的功率、效率、电磁环境等整体特性。

电动汽车无线充电相关的控制是实现系统正常运行的重要保障，在系统控制方面的核心技术主要包括功率控制技术、效率优化技术、频率跟踪技术、阻抗匹配技术及安全控制技术等。

此外，为了能在全天候场景下实现自动能量补给，电动汽车无线充电系统实现高效率充电只是基础功能要求，同时还需要具备多项辅助功能以实现安全保障及协助车辆准确泊车。电动汽车无线充电系统主要辅助功能包括异物检测（foreign object detection，FOD）、活物检测（living object detection，LOD）、引导对齐（position detection，PD）和偏移检测等。

在 EV-WPT 系统，地面端和车载端设备可能由不同的设备厂家生产（特别是在公共应用场景下），且车辆根据功率等级和离地间隙存在多种情形，地面端和车载端设备除满足性能、安全要求外，还需要满足互操作性要求。互操作涉及硬件结构兼容、系统参数兼容、软件架构兼容、通信流程兼容、认证鉴权管理等方面，须由统一的标准或者协议来规范，这是国内和国际电动汽车无线充电标准制订中的重要工作。

根据上述描述，对电动汽车无线充电的核心技术进行如图 5-44 所示分类。

- 电动汽车无线充电核心技术
  - 充电功能
    - 功率变换
      - 电路拓扑
      - 线圈结构
      - 补偿拓扑
    - 系统控制
      - 功率控制
      - 效率优化
      - 频率跟踪
      - 阻抗匹配
      - 通信控制
      - 安全控制
  - 辅助功能
    - 异物检测
    - 生物检测
    - 偏移检测
    - 引导对齐
  - 互操作性
    - 硬件结构兼容
    - 系统参数兼容
    - 软件架构兼容
    - 通信流程兼容
    - 认证鉴权管理

图 5-44　电动汽车无线充电核心技术分类

三、无线充电所涉及国标文件介绍

国内电动汽车无线充电标准工作组（以下简称无线充电工作组）于 2017 年 6 月成立，工作组的成立有效推动了我国电动汽车无线充电标准化工作的进程，使国内标准与 IEC、ISO、SAE 标准保持同步。

我国无线充电标准工作组的组织架构如图 5-45 所示，其职责分工为：中国电力企业联合会（CEC）负责无线充电系统地面端的主要内容编制，中国汽车技术与研究中心（CATARC）负责无线充电系统车辆端的主要内容编制。

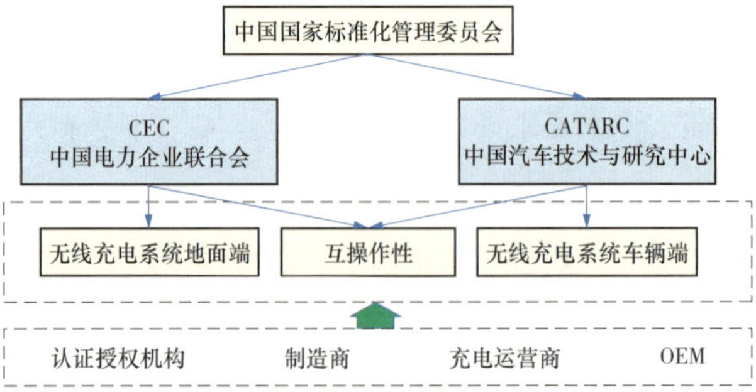

图 5-45　组织架构

中国电动汽车无线充电国家标准共立项 8 项，共有 4 项已编制完成，其余部分已启动编制，具体情况如表 5-16 所示。

表 5–16　　中国电动汽车无线充电国家标准情况

序号	标准名称	状态
1	GB/T 38775.1—2020　电动汽车无线充电系统　第 1 部分：通用要求	已发布
2	GB/T 38775.2—2020　电动汽车无线充电系统　第 2 部分：车载充电机与无线充电设备之间的通信协议	已发布
3	GB/T 38775.3—2020　电动汽车无线充电系统　第 3 部分：特殊要求	已发布
4	GB/T 38775.4—2020　电动汽车无线充电系统　第 4 部分：电磁环境限值与测试方法	已发布
5	电动汽车无线充电系统　第 5 部分：电磁兼容性要求和试验方法	在制订
6	电动汽车无线充电系统　第 6 部分：互操作性要求及测试　第 1 部分：地面端	在制订
7	电动汽车无线充电系统　第 7 部分：互操作性要求及测试　第 2 部分：车辆端	在制订
8	电动汽车无线充电系统　第 8 部分：商用车应用特殊要求	在制订

2017 年开始，中国电力企业联合会牵头规划了中国电动汽车无线充电标准体系，根据 2019 年版本，电动汽车无线充电标准体系如表 5-17 所示。

表 5–17　　中国电动汽车无线充电标准体系介绍

系统与设备	技术要求	电动汽车无线充电系统通用要求
		电动汽车无线充电系统特殊要求
	设备要求	电动汽车无线充电系统地面设备
		电动汽车无线充电系统车载设备
接口	通信	电动汽车车载设备与充电设备通信协议
	互操作性	电动汽车无线充电系统互操作性要求
测试	互操作性测试	电动汽车无线充电系统通信一致性测试
		电动汽车无线充电系统互操作性测试
	安全性测试	电动汽车无线充电电磁环境限值与测试方法
		电动汽车无线充电系统电磁兼容性
		电动汽车无线充电系统测试规范要求
		电动汽车无线充电系统地面设备测试规范
		电动汽车无线充电系统车载设备测试规范

续表

施工验收	充电站	电动汽车无线充电站设计规范
		电动汽车无线充电站工程施工和竣工验收规范
运行维护	计量	电动汽车无线充电系统电能计量
	充电站	电动汽车无线充电系统运行维护规范

中国电力企业联合会组织启动了我国无线充电行业的测试活动，共分为测试活动准备、测试平台搭建、性能及安全测试、互操作性台架测试以及整车互操作性测试五个阶段，行业内包括中兴新能源汽车、华为、WiTricity、宝马、戴姆勒、日产等25家无线充电设备厂商及车厂参加，前四个阶段主要是设备厂商之间的测试，第五阶段为整车结合设备厂商的测试。2018年1月到2018年4月为第一阶段，测试活动准备；2018年4月到2018年8月为第二阶段，测试平台搭建；2018年9月到2019年5月为第三阶段，性能及安全测试，共有12台不同厂家的产品参加了该阶段的测试。自2019年5月开始，第四阶段互操作性台架测试开始执行，共有8家企业的产品提供了测试样机，后续还会有更多的产品加入测试。

互操作性测试活动的开展为我国电动汽车无线充电系列国家标准《电动汽车无线充电系统　第6部分：互操作性要求及测试　第1部分：地面端》以及《电动汽车无线充电系统　第7部分：互操作性要求及测试　第2部分：车辆端》的编制提供支撑，同时全面验证我国提出的面向互操作性的无线充电技术方案。

四、电动汽车无线充电工作原理

在EV-WPT领域，一般采用磁耦合方式实现电能无线传输，在技术发展前期存在电磁感应和磁共振两类概念方案。随着EV对WPT技术需求的明确，特别是标准化规范了工作频率（79~90kHz）、传能距离、功率等级等系统性能以后，电磁感应和磁共振的概念已不再区分，在标准化的基线下，两类概念在技术方案上已经统一，且无差异化，标准中将磁感应和磁共振概念统一为“磁耦合”概念。

EV-WPT系统架构如图5-46所示，地面端和车载端无电气连接。地面端包括整流和电压调整电路、逆变电路、地面端补偿网络和发射线圈；车载端包括车载线圈、车载端补偿网络、整流电路和负载，k表示接收线圈与发射线圈的耦合系数。

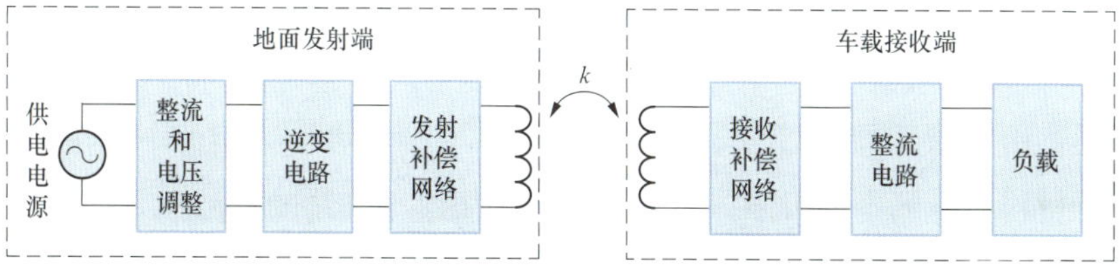

图 5-46　EV-WPT 系统架构示意图

地面端的整流和电压调整电路将供电电源（市电）的交流电转换为逆变电路需要的直流电；逆变电路将直流电转换为高频交流电；地面端补偿网络对逆变电路的输出等效阻抗进行补偿；发射线圈将产生高频交变电磁场。

车载端的车载线圈通过磁耦合的方式接收磁场能量；车载端的补偿网络对整流电路的输入等效阻抗进行补偿；整流电路将交流电转换为直流电供给负载。

地面端和车载端间的控制信号通过无线通信进行交互，常用的无线通信方式有 WiFi、蓝牙、Zigbee 等。国内和国际的标准已经将地面端和车载端的无线通信技术规范为 WiFi（IEEE 802.11™）。

五、电动汽车无线充电组成

按照系统设备功能模块划分，EV-WPT 系统关键组成可分为功率变换电路、系统控制以及辅助功能三个环节。

（一）功率变换电路环节

WPT-EV 系统的功率变换电路包括地面端和车载端两部分。地面端功率变换电路部分包括输入电源、整流调压电路、逆变电路、地面端补偿网络和发射线圈；车载端功率变换电路包括接收线圈、车载端补偿网络、整流电路。其中发射线圈、接收线圈及其附件统称为磁耦合机构。车载端安装在车上，对设备的体积和质量较敏感。在系统功率变换电路中，高频电力电子电路（高频逆变、高频整流）、磁耦合机构以及补偿电路是其中的关键环节。

1. 高频电力电子电路

EV-WPT 系统电力电子电路主要涉及发射端的功率因数校正（power factor correction，PFC）模块、高频逆变模块以及接收端的高频整流模块、调压模块。各电路模块的高效稳定电能变换是整体系统高效安全运行的重要基础，电力电子电路的设计也是电动汽车无线充电系统整体效率突破的重点方向之一。新型电路拓扑和软开关技术的不断发展有利于提升各模块的电能变换效率，这也是电动汽车无线充电系统在电力电子电路方面的重点攻关方向。

此外，由常规半导体材料（如 Si、GaAs 等）制成的功率半导体器件在许多方面已接近材料自身的本征极限，开关频率和功率水平关系的局限性如图 5-47 所示。

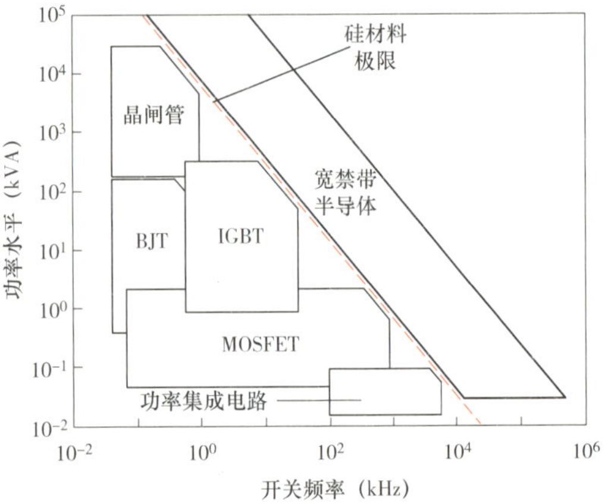

图 5–47　半导体材料的开关频率和功率水平关系

由于电动汽车无线充电系统工作频段较高，因此对大功率高频逆变和高频整流等电力电子电路提出了较高的要求，未来新型高频电力电子开关器件的应用也为进一步提升系统效率提供了新的思路。如图 5-48 所示，为了降低高频开关下的

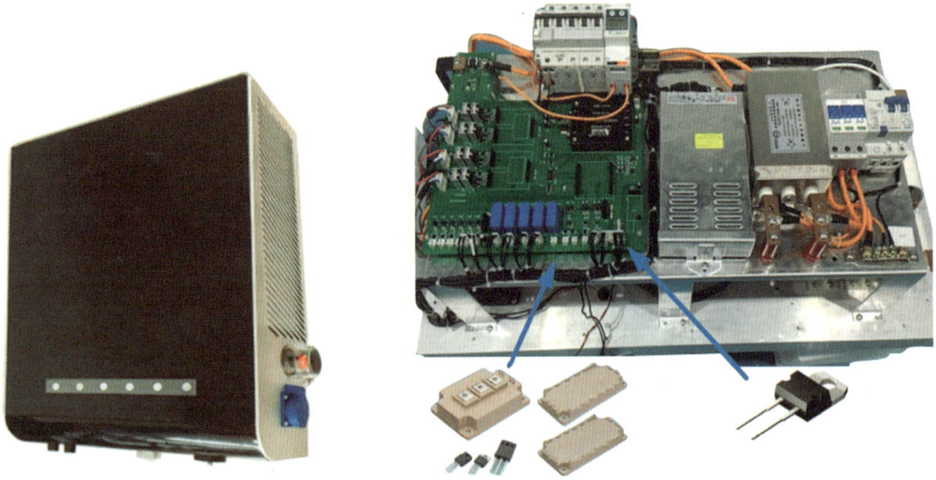

（a）　　（b）

图 5–48　新型高频电力电子开关器件在电动汽车无线充电系统中的应用

（a）发射端高频逆变装置；（b）发射端高频逆变电路

器件损耗，包括 SiC、GaN 等高开关频率、低开关损耗的电力电子器件在电动汽车无线充电系统中逐渐得到应用。

以 SiC 材料为例，与应用广泛的 Si 材料相比，SiC 材料具有耐高温工作、高阻断电压、低开关损耗、高开关频率等优点，因此在未来电动汽车无线充电应用中极具潜力，如图 5-49 所示为基于 SiC 材料的整流二极管和 MOSFET。

SiC MOSFET 器件特性不同于 IGBT，SiC MOSFET 对回路参数更敏感，易产生波形的振荡过冲，栅极电压的安全阈值比 IGBT 要小，栅极氧化层容易击穿，在驱动保护电路设计上比 IGBT 更加困难，因此相关器件驱动电路设计也是电动汽车无线充电系统高频电力电子电路设计的关键。

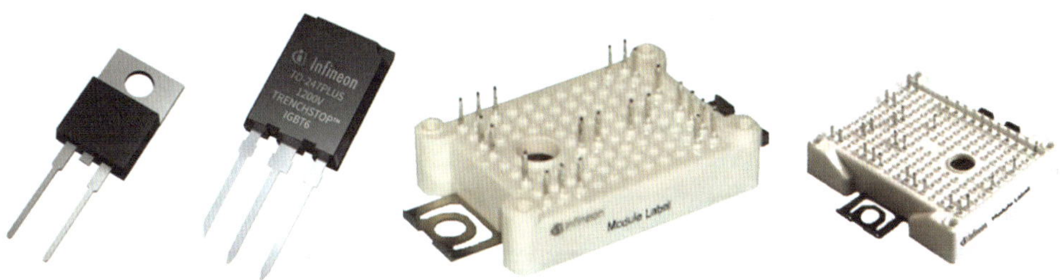

图 5-49　基于 SiC 材料的整流二极管和 MOSFET

2. 磁耦合机构

发射线圈、接收线圈及其附件组成了无线充电系统的磁耦合机构，除了实现磁场的能量传递外，磁耦合机构的性能还关系到电磁环境的优劣、磁耦合机构本体发热程度、散热设计、不同系统兼容性以及经济成本等。

常见的磁耦合机构线圈结构存在圆形和双 D（DD）等，其绕线方式如图 5-50 所示。此外，根据应用场景的需求，如需要较大的偏移量、较均匀的磁场分布等，线圈结构也可采用其他的绕线方式。

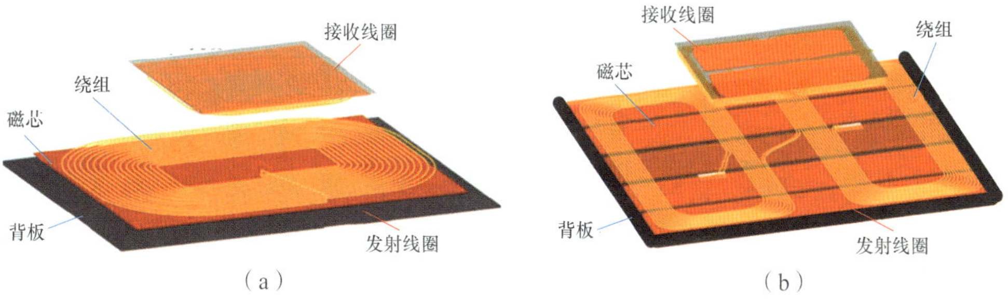

图 5-50　不同磁耦合机构结构示意图
（a）圆形；（b）双 D（DD）

考虑到高频情形下导体的集肤效应和邻近效应，常用铜制实心导线一般难以满足 EV-WPT 系统高频工作的需求，为了降低磁耦合机构中的损耗、提升系统整体工作性能、降低磁耦合机构散热需求，空心铜管以及利兹线陆续被应用于电动汽车无线充电系统的磁耦合机构中，并逐渐成为业界共识。

磁芯材料有多种类型，如铁氧体、非晶材料等。铁氧体容易定制各种不同形状，与其他类型的磁材相比成本更低，是制作线圈的主流磁材，不同结构的磁芯用铁氧体材料如图 5-51 所示。磁芯结构的设计和排布也是磁耦合机构设计的关键，它涉及整体磁耦合机构的耦合性能、电磁环境水平、质量和成本等技术经济参数。

图 5-51　不同结构的磁芯用铁氧体材料

在磁耦合机构设计中，为了实现更好的电磁环境特性，还需要考虑屏蔽材料的选择和安装结构。铝板为较常用的磁耦合机构电磁屏蔽材料，线圈、磁芯和铝板等部件的协同组合式设计是实现高性能磁耦合机构的关键。

3. 补偿电路

EV-WPT 系统中收发端的补偿电路主要用于实现收发线圈的频率补偿，保证收发端谐振频率接近，提升系统性能。不同的补偿拓扑具有不同的系统特性，如图 5-52 所示为电动汽车无线充电系统典型补偿电路拓扑。此外，不同类型的补偿电容或补偿电感电压电流应力存在很大差异，因此补偿电路的拓扑选择和器件选型是该环节的设计重点。

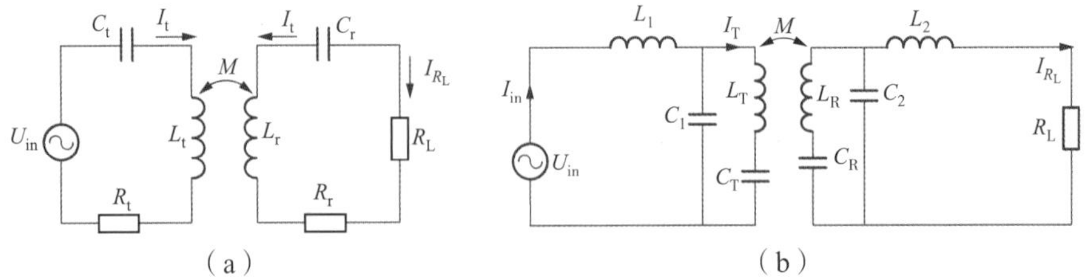

图 5-52　电动汽车无线充电系统典型补偿电路拓扑

（a）S-S 拓扑；（b）LCC-LCC 拓扑

（二）系统控制环节

系统控制包括功率控制、效率优化、频率跟踪、阻抗匹配、通信控制、安全控制等，其中地面端控制实现了对发射端整流调压电路、逆变电路、地面磁耦合机构等环节的控制和保护，车载端控制实现了对接收端磁耦合机构、整流电路和负载等环节的控制和保护。

地面端和车载端的控制主要有两种方式：单边控制和双边控制。所谓的单边控制是指系统输出功率等关键参数的调节由地面端或者车载端单独完成，另一端不参与调节。双边控制是指地面端和车载端同时参与系统整体调节。

双边控制把地面端和车载端的控制相对解耦，便于实现互操作。图 5-53 给出一种双边控制方法的结构示意图，其中车载端可实现对输出电流（或输出电压）的控制，地面端可实现对地面线圈电流（或逆变器输出电压）的控制。双边控制一般通过无线通信（WiFi）方式实现数据交互。

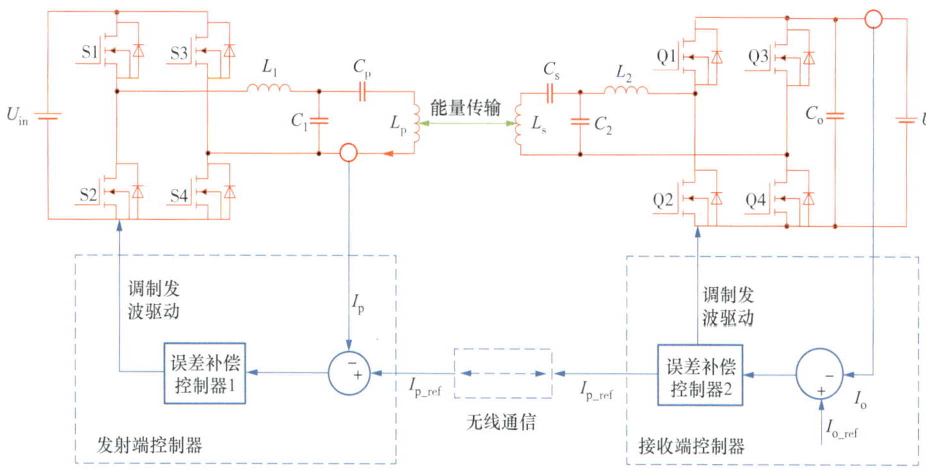

图 5–53　双边控制无线充电系统的拓扑和控制结构

（三）辅助功能环节

电动汽车无线充电主要的辅助功能主要包括异物检测（FOD）、活物检测（LOD）、引导对齐（PD）以及偏移检测等，如图 5-54 所示为各辅助功能示意图。

异物检测主要是检测 EV-WPT 充电区域内的金属等异物，避免这些物体由于涡流效应引起高温和起火。生物检测是为了避免人或宠物等生命体由于进入充电区域（该区域的电磁环境限值可以适当放宽）引起安全风险。导引入位是为了增加使用的便利性，如导引停车入库，可以为车辆或驾驶者实时提供地面设备和车载设备的相对位置，引导车辆停在可充电区域。位置检测是检测车载线圈和地面线圈的相对位置，保证车辆停在适合充电的位置范围内。以上辅助功能是为了实现 EV-WPT 安全、高效、便捷充电而配置的。

电动汽车无线充电系统各关键组成总结如表 5-18 所示。

（a）（b）（c）

图 5-54　不同辅助功能示意图

（a）异物检测；（b）生物检测；（c）引导对齐

表 5-18　电动汽车无线充电系统关键环节

关键组成	相关问题	要求	解决思路
高频电力电子电路	EV-WPT 系统工作频率高，导致电路开关损耗大	优化电路拓扑，降低高频电路器件开关损耗	（1）在 PFC、高频逆变、高频整流等电路中采用新型电路拓扑。 （2）应用软开关技术。 （3）未来还可以采用具有高频低开关损耗的新型电力电子开关器件以进一步降低损耗
磁耦合机构	磁耦合机构设计优劣影响系统功率、效率、抗偏移性、电磁环境、发热、散热、质量和成本等技术经济指标	开发高效、大功率、高抗偏移性、低漏磁、低成本、散热简单的磁耦合机构	（1）采用利兹线绕制线圈。 （2）高性能磁芯材料的选用和排布。 （3）应用铝板等磁屏蔽材料减少电磁暴露
补偿电路	补偿电路设计优劣影响系统恒压恒流特性、功率、效率、电磁环境以及成本等技术经济指标	在满足 EV-WPT 系统性能要求基础上，开发结构简单、实用性强的补偿电路，提高系统效率，降低成本	（1）提出高性能、低成本的新型复合补偿电路拓扑。 （2）采用过电流能力大、损耗小的补偿电路器件

续表

关键组成	相关问题	要求	解决思路
系统控制	EV-WPT 系统收发端没有物理连接，系统控制不方便	提升系统控制灵活性，实现结构简单、稳定、快速、低成本的控制方案	（1）采用高速、快响应的芯片器件。 （2）开发稳定、高速控制算法相关统一控制器
辅助功能	金属等异物进入充电区域可能引起高温或大火；充电区域内的电磁环境限值要求过于严格；生命体进入该区域可能有安全风险；停车时车载线圈和地面线圈不容易对准	避免充电时金属异物、生命体进入充电区域；为驾驶者提供实时的收发端相对位置信息	（1）采用异物检测技术。 （2）采用生物体检测技术。 （3）采用导引入位技术。 （4）采用位置检测技术

六、主要元器件参数及功能

1. MOS 管

MOS 管全称为金属 - 氧化物半导体场效应晶体管，是无线电能传输发射端逆变电路的主要开关管，主要有三个电极：G（栅极）、S（源极）及 D（漏极），如图 5-55 所示。这里采用增强型 N 沟道 MOSFET，要使其工作，要在 G、S 之间加正电压 V_{GS} 及在 D、S 之间加正电压 V_{DS}，则产生正向工作电流 I_D。改变电压 V_{GS} 即可控制工作电流 I_D。MOS 管主要参数如表 5-19 所示。

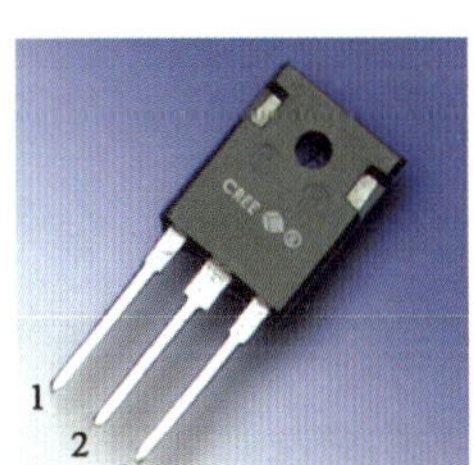

图 5-55　MOS 管实物图
1—G（栅极）；2—D（漏极）；3—S（源极）

表 5-19　MOS 管主要参数

项目	参数
漏 - 源极电压	1200V
漏极电流	90A
栅极阈值电压	2.6V
导通延迟时间	14ns

2. 隔离电源

隔离电源 MGJ2D241505（见图 5-56）的 DC-DC 转换器是理想的为“高压侧”和“低压侧”门驱动器供电桥式电路中的 IGBT 和 MOSFET 电路。不对称输出电压的选择允许最佳驱动级别可获得最佳系统效率还有 EMI。MGJ2D241505 的特点是隔离，通常用于电机驱动和逆变器的桥接电路，而 MGJ2D241505 工业级温度额定值和结构提供了较长的使用寿命和可靠性，隔离电源主要参数见表 5-20。

图 5-56　隔离电源实物图

表 5-20　隔离电源主要参数

项目	参数
输入电压	24V
输出电压	15V 和 -5V

3. 光电耦合器

光电耦合器 TLP291，如图 5-57 所示，由光学耦合到镓砷化物红外发射二极管的光电晶体管组成，它适用于高密度表面贴装应用，如小型开关电源和可编程控制器。此处用于 MOS 管的隔离驱动。光电耦合器主要参数如表 5-21 所示。

图 5-57　光电耦合器实物图

表 5-21　光电耦合器主要参数

项目	参数
集电极 - 发射极电压	80V
电流传输比	50%

4. 利兹线

利兹线由是由多根独立绝缘的导体绞合或编织而成，常用于制作无线充电线圈，如图 5-58 所示，其主要参数见表 5-22。

图 5-58　利兹线实物图

表 5-22　利兹线主要参数

项目	参数
股数	30 股
单股直径	0.02mm

5. 磁芯

磁芯是指由各种氧化铁混合物组成的一种烧结磁性金属氧化物，具有高磁导率和高磁通密度的特点，且具有较低损耗的特性，用于各种电子设备的线圈和变压器中，如图 5-59 所示。

图 5-59　磁芯实物图

第六节　换电设备

电动汽车换电（electric vehicle battery swap）设备是通过电池更换方式为电动汽车提供电能的相关设备。换电站能够在换电过程中对电池更换设备、充电设备以及动力电池的运行状态进行监控，并对动力电池进行集中存储与充电，实现电池维护管理及状态监测的一体化管控。同时，车辆端与换电操作或换电功能相关的部件系统，包括换电接口、换电机构以及车身与之相联系的部分统称为车载换电系统，示意图如图 5-60 所示。

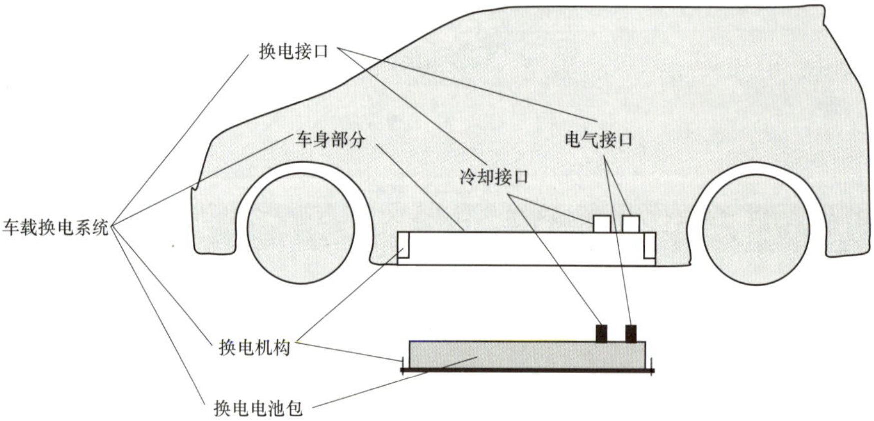

图 5–60　电动汽车车载换电系统示意图

一、换电设备的分类

（一）按照电池类型分类

1. 整包换电

对于动力电池采用单个电池箱方案的电动汽车，电池更换时更换一个电池箱的方式，如图 5-61 所示。

图 5-61　整包换电

2. 分包换电

对于动力电池由多个电池箱组成的电动汽车，电池更换时更换多个电池箱的方式，如图 5-62 所示。

图 5-62　分包换电

（二）按照电池在车体的排布位置分类

1. 底部换电

电池箱位于车体底部进行更换的换电方式，如图 5-63 所示。

2. 顶部换电

电池箱位于车体顶部进行更换的换电方式，如图 5-64 所示。

图 5–63　底部换电

图 5–64　顶部换电

3. 端部换电

电池箱位于车体前后端进行更换的换电方式，如图 5-65 所示。

图 5–65　端部换电

4. 侧部换电

电池箱位于车体两侧进行更换的换电方式，如图 5-66 所示。

图 5–66 侧部换电

5. 中置换电

电池箱安装在车体中轴的换电方式。

二、换电设备功能

换电技术在我国已经有 10 年以上的运营经验，从公交大巴换电到专用车领域换电，再到乘用车底盘换电，随着越来越多整车企业投入纯电动整车平台的研发，高防护、高比能量、可充可换的动力电池系统越来越受到各车企与用户的欢迎与重视。

根据我国汽车发展的预测，尤其在城市公共交通、私人交通采用的主流纯电动车对于快速补能的需求也越发强烈。换电技术作为一种高效的补能方式，通过电池包整体更换的物理方式在固定时间内解决了大容量能源交互的问题，并且由于换电使得车电分离，电池包可升级、可替换、可维护、可梯次利用成为可能，并被各大车企及用户所接受。

车电分离给社会与行业带来了革命性的变化。

（1）对消费者而言：①可实现灵活租用。根据自身出行需要灵活租用高续航或普通续航电池，分享电池技术进步红利。②可打消车主关于电池的诸多顾虑。因不再持有电池资产，用户对电池衰减导致的“里程减少”和“过快贬值”顾虑相应打消。③可大大降低初始购车成本，中和补贴大幅退坡带来的负面影响。④可提高二手车残值。因除去价值不确定性最高的电池，二手电动车残值评估将有据可循。

（2）对车企而言：①可大幅提高对同级别燃油车的市场竞争力，极大促进新车及二手车销售。②可降低单车成本，提高整车毛利率，促进企业健康可持续发展。③可促进车企更好地履行电池回收主体责任。

（3）对整个新能源汽车产业而言：①全生命周期管理有利于电池安全。对电池集中进行检测、养护和管理，并基于换电站做电池大均衡，使所有电池处于最佳运行工况，有利于延长电池寿命，确保电池安全可控。②可提高电池梯次利用效率。通过规模化调度和换电站集中出站，使电池可以在车载使用和梯次利用之间找到最佳转换节点，使动力电池全生命周期利用率提升40%以上。③可起到优化电力资源配置的作用。作为移动储能终端，电动汽车理论上可与能源系统双向互动，按300万辆电动车保有量计算，日均电能总存储量可达1.2×10^{8}kWh，相当于三峡水电站的装机容量。通过换电技术与车电分离模式的结合，技术上已经实现电网峰谷调节（V2G）的能力。④可促进换电模式良性发展。通过引导车企根据使用场景研发换电模式车型，并催生一批新的服务模式和业态，这也是推动汽车产业供给侧结构性改革、增强内生发展动力的题中之意。

三、换电所涉及标准文件介绍

标准化是换电产业推广的基础，要想产业化推广，就必须标准化，否则行业很难成规模发展。换电模式标准体系建设包含四个方面，如图5-67所示。

（1）换电所涉及的相关接口标准。

（2）换电站建设与运营的相关标准。

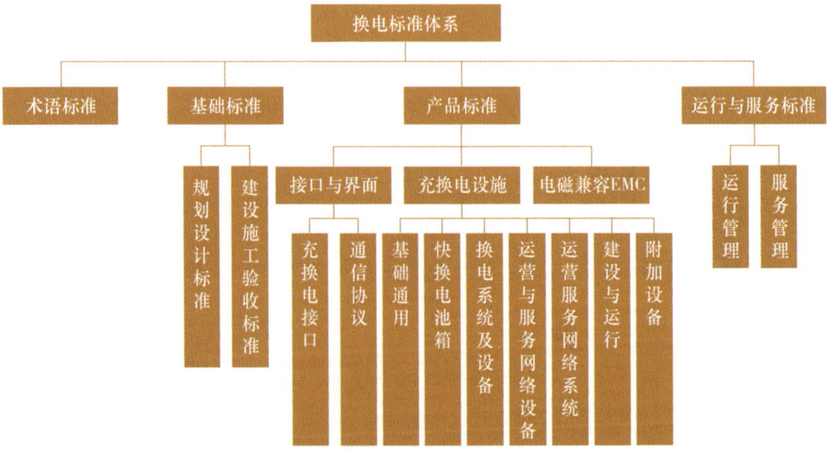

图5-67 换电标准体系

（3）换电服务的标准。

（4）换电设备的标准。

（一）换电国际标准情况

2016 年，由中国专家任召集人的 IEC 62840 系列两项标准正式发布，包括 IEC TS 62840-1:2016《电动汽车电池更换系统　第 1 部分：通用和导则》、IEC 62840-2:2016《电动汽车电池更换系统　第 2 部分：安全要求》。IEC 62840 系列标准是国际首套电动汽车电池更换系统 IEC 标准，是首套中国主导立项并发布的电动汽车充换电相关 IEC 标准，填补了 IEC 标准在电动汽车电池更换领域的空白。

IEC 62840 首次提出了电池更换系统架构、通用要求和安全要求，提出了电池更换系统分区权限、用例和解决方案，针对乘用车和商用车的车辆结构和运行特点提出了典型设计，形成了集电气防护、机械结构和通信接口等多行业、跨专业融合的国际标准。

（二）换电国内标准情况

中国电力企业联合会正牵头制订一系列的电动汽车换电标准，换电特有的标准共 36 项，已发布 29 项（如表 5-23 所示），正在制订标准 13 项。工信部已于 2017 年 7 月发布推荐性国家标准 GB/T 34013—2017《电动汽车用动力蓄电池产品规格尺寸》和 GB/T 34014—2017《汽车动力蓄电池编码规则》，正在编制国家标准《电动汽车换电安全要求》。

表 5-23　　国内已发布换电标准清单

序号	标准号	标准名称
1	NB/T 33023—2015	电动汽车充换电设施规划导则
2	NB/T 33018—2015	电动汽车充换电设施供电系统技术规范
3	GB/T 36278—2018	电动汽车充换电设施接入配电网技术规范
4	GB/T 29316—2012	电动汽车充换电设施电能质量技术要求
5	NB/T 33017—2015	电动汽车智能充换电服务网络运营监控系统技术规范
6	GB/T 51077—2015	电动汽车电池更换站设计规范
7	GB/T 31525—2015	图形标志　电动汽车充换电设施标志
8	NB/T 33009—2013	电动汽车充换电设施建设技术导则

续表

序号	标准号	标准名称
9	NB/T 33004—2020	电动汽车充换电设施工程施工和竣工验收规范
10	NB/T 33025—2020	电动汽车快速更换电池箱通用要求
11	GB/T 34013—2017	电动汽车用动力蓄电池产品规格尺寸
12	GB/T 34014—2017	汽车动力蓄电池编码规则
13	GB/T 32879—2016	电动汽车更换用电池箱连接器通用技术要求
14	GB/T 32896—2016	电动汽车动力仓总成通信协议
15	GB/T 32895—2016	电动汽车快换电池箱通信协议
16	GB/T 29772—2013	电动汽车电池更换站通用技术要求
17	NB/T 33006—2013	电动汽车电池箱更换设备通用技术要求
18	NB/T 33026—2016	电动汽车模块化电池仓技术要求
19	NB/T 33027—2016	电动汽车模块化充电仓技术要求
20	GB/T 33341—2016	电动汽车快换电池箱架通用技术要求
21	NB/T 33005—2013	电动汽车充电站及电池更换站监控系统技术规范
22	NB/T 33007—2013	电动汽车充电站 / 电池更换站监控系统与充换电设备通信协议
23	NB/T 33017—2015	电动汽车智能充换电服务网络运营监控系统技术规范
24	NB/T 33019—2015	电动汽车充换电设施运行管理规范
25	GB/T 37293—2019	城市公共设施　电动汽车充换电设施运营管理服务规范
26	GB/T 29317—2012	电动汽车充换电设施术语
27	NB/T 10435—2020	电动汽车快速更换电池箱锁止机构通用技术要求
28	NB/T 10436—2020	电动汽车快速更换电池箱冷却接口通用技术要求
29	NB/T 10434—2020	纯电动乘用车底盘式电池更换系统通用技术要求

注　上述统计不包含团体标准、地方标准与企业标准。

（三）换电标准的发展方向

换电与传导充电在很多情况下标准是通用的，尤其是在服务、建设与规划布局等方面，这些会在一个标准体系下进行规定。现在进行换电标准制订时针对的是其所涉及的特殊标准：

（1）电池类的相关标准，主要是电池箱的标准，包括尺寸等。

（2）车与电池、电池与连接器之间的接口、锁止、通信协议等相关标准。

（3）电池更换设备的标准。

这些方面已经有了相关的国家或行业标准。现在已经发布的关键接口等相关标准，还是从原则性、通用性要求方面着手，对于具体的技术细节并没有进行明确规定，比如尺寸接口，并没有给出具体的尺寸要求；对于连接方式，也没有明确统一的连接方式。出现这个情况的原因在于换电的技术路线太多样化了，不同企业的路线不同，在技术发展过程中，行业很难在技术路线上达成一致。

技术路线是多样化的，但行业规模发展有希望标准统一。以电池标准为例，有两个原因造成其很难统一：

（1）企业技术路线的多样化。

（2）电池技术依然在发展中，不能为了标准的统一而限制技术的发展，以规格尺寸为例，如果确定了具体的规格尺寸，随着比能量的提升未来可能会出现不适用的情况。

在车上进行接口、规格、协议的统一是比较困难的，行业也在尝试另一种思路。进行电池规格的统一主要是为了解决互换性问题，希望电池在不同的地方能够更好地进行更换。而要达到这个目的的核心原因是规模和土地资源有限，无法满足不同企业各自进行换电网络的建设。

为了实现换电的产业化和标准化，从车端的标准化转变为换电站的标准化，期望未来同一个换电站可以同时为不同企业提供换电服务，称之为共享换电。因为换电站设备、传输的标准化相对容易实现，期望通过共享换电的方式来解决换电接口、协议难以统一的问题，借此推动换电模式的产业化发展。

要实现共享换电，首先要梳理出换电的通用步骤，也就是换电的技术路线，这一点是相对容易统一的；其次是对每一步骤中的具体技术路线允许在一定范围内有差异，从实际情况看差异也不会太多。

如果采用共享换电的概念，换电的商业模式也会比较丰富，可以在企业之间联合进行换电站建设，也可以由独立的第三方进行换电运营。

共享换电已在镇江开始尝试，计划在2022年能够初步建立共享换电的标准体系和关键技术点，然后通过实践对标准进行完善。互换性关键标准见表5-24。

表 5-24　　　　互换性要求内容

名称	内容描述
互换性关键标准	（1）锁止机构。 （2）水、电连接器及其通信协议。 （3）快换装置（RGV）与对准技术。 （4）换电平台车辆定位。 （5）互换电池平台设计。 （6）互换电池与换电站通信协议。 （7）互换电池与车辆通信协议。 （8）互换电池云端监控技术。 （9）互换电池仓储与充电技术。 （10）共享换电站建设与运维

四、换电原理介绍

（1）底部换电工作流程如图 5-68 所示。

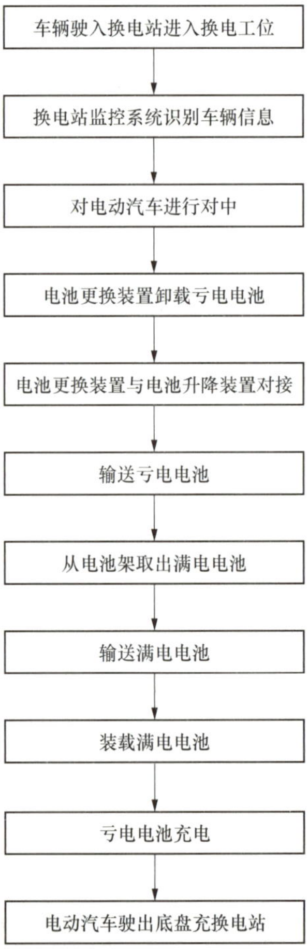

图 5-68　底部换电工作流程

底部换电关键模块主要体现在电动汽车在换电工位上的对中装置、电池升降装置、轨道式巷道堆垛机（某些具体方案中无）、电池充电架、电池更换装置以及电池充电装置等 6 个部分，另外上述流程会因具体运营方的换电设备方案略有不同。

（2）侧部及端部换电工作流程如图 5-69 所示。

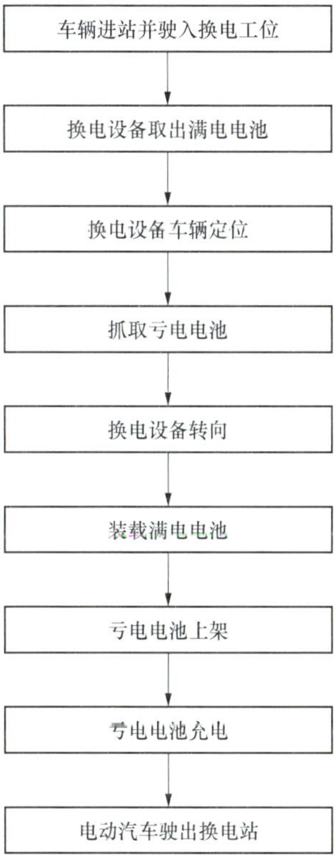

图 5-69　侧部及端部换电工作流程

侧部及端部换电关键模块主要体现在车辆高度自适应调节能力、车辆定位系统、电池解锁结构和换电设备行走机构等 4 个部分。

（3）顶部换电工作流程如图 5-70 所示。顶部换电关键模块主要体现在电池箱承重能力、电池箱自动锁止能力、电池箱热管理能力、吊装换电设备换电匹配能力及大容量换电连接器等 5 个部分。

五、换电设备组成

换电设备系统组成如图 5-71 所示。

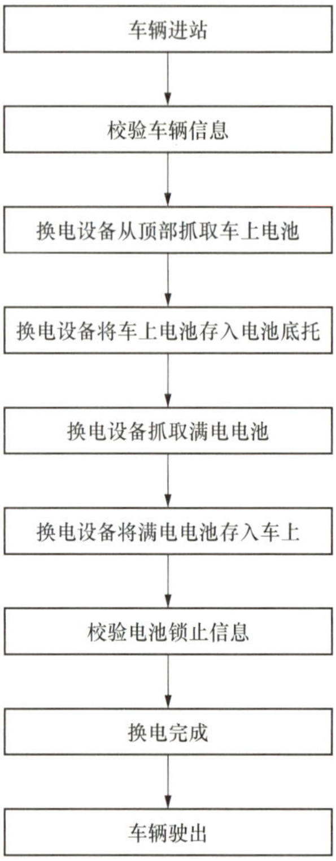

图 5-70　顶部换电流程

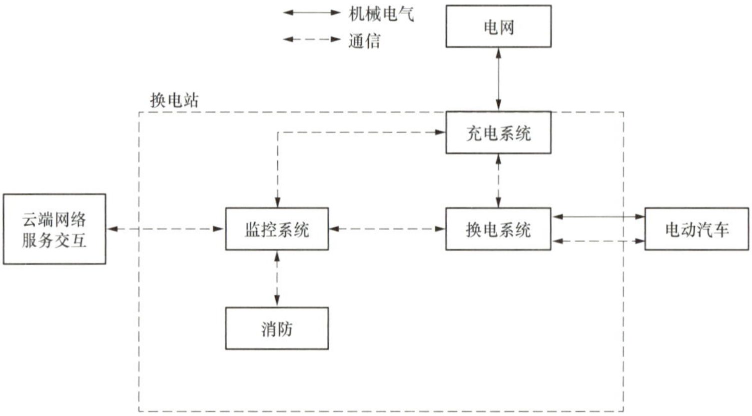

图 5-71　换电设备系统组成

换电系统：换电站端所有执行换电作业的机械、电气装置及部件的集合系统，主要包括换电平台、换电装置如RGV小车、锁止机构、动力蓄电池箱、限位机构、电池箱升降机、热管理装置等。

监控系统：实现换电作业与电池健康度、零部件健康度、车辆（通过换电系统）、云端网络、电网（通过充电系统）之间交互的监控与管理系统。

充电系统：为电池仓内的动力蓄电池提供电能补给的电气设备及连接部件组成的系统。

换电站发展正呈现出自动化、智能化、共享化、分布式、电网互动多个方向发展：

（1）换电站自动化。换电过程通过采集过程数据，确保换电电池与整车一体化，高效解决电池加锁及解锁可靠性问题，并降低误操作的可能性。

（2）换电站智能化。换电站通过本地监控及云平台监控，收集车辆及电池数据，对于换电前、中、后多维度评估，大大提高了纯电动车电池安全性及全生命周期监督管理的可操作性。同时，换电站与停车场、车联网及自动驾驶的结合，可以大幅提高换电站的使用效率，进一步提升快速集中补能的公共属性。

（3）换电站共享化。换电站建设受限于土地资源、电力资源等，仅服务单一品牌甚至单一车型的换电站是不经济、不合理的，通过标准化换电平台、换电机构到电池的标准化、换电系统的标准化，实现共享换电站。

（4）换电站分布式。换电站选址采用分布式，更易落站，换电站模块化设计使得所有换电站本身的接口统一，便于装配、运输、搬运，建设周期大大缩短，以更低的运行成本让企业获利。

（5）换电站电网互动性。由于换电站不仅从电网获取电源，其本身也有分布式储能单元的属性，另外电池也有充放电的需求，因此换电站的电网互动性大大提高，通过规模化的有序充电管理，不仅降低换电站运营成本，同时也对电网有削峰填谷的作用。

换电站作为一个固定的补能场所，可以满足不同用户、多场景的出行补能需求。例如，高速换电站可使用户无需担心充电难的问题，给予纯电动车主比加油更便捷的体验，而城市内区域换电站可大幅提高场地利用率，使得车辆利用率及补能效率大幅提高。另外，由于换电站将车电分离，电池系统可以不占用车辆，获取了独立的空间及时间以获得维护及重新标定。另外，由于电池技术正在不断发展，只要同样外包络尺寸的电池包，用户的电池获取了容量升级的可能性，用户可以通过换电得到更大容量的电池包，获取更长的行驶里程，从而解决不同场景下纯电动车辆出行的里程焦虑。

伴随自动驾驶的逐步推广和应用，换电站作为高度自动化的集成设备，可以无缝切换成自动泊车 + 自动换电生态，高效及自动化的加电方式非常适合纯电动车辆自动驾驶的发展。同时换电站不仅可以作为快速补能的手段，还可以承担电池的维护及保养应用。

到2025年，我国在公共交通及私人领域更多推广换电技术，让终端用户享受车电分离所带来的电池成本及电池全生命周期管理的优势，同时随着自动驾驶技术及车联网技术的发展，自动充换电技术也会形成初步市场接受度，同时多车型应用相同包络的电池包可以大大提高换电站的利用率。

到2030年，纯电动车辆用户占比越来越高，电池更换模式的接受度也会日益增加，分布式换电站及移动换电将得到更多的市场机会，自动驾驶采用换电方式将得到更多的市场机会，换电结合电网互动，将呈现智能化双向充放电技术商业化，同时跨平台车企换电平台将使换电站利用率进一步提升。

到2035年，随着电池技术的进一步突破，充电和换电网络将协同发展，一体化运营，大范围布点。更多的用户可以根据自身场景及需求，自由选择充电或换电，换电站储能化、无人化，让加电比加油更方便，给更多纯电动车使用者及自动驾驶使用者带来更多便利。

随着用户的接受程度越来越高，并结合自动驾驶、车联网技术的发展，换电技术正在呈现出与整车、电网协同发展的趋势。

表5-25列出换电主要关键核心技术。

表5-25　　换电关键核心技术表

技术名称	内容描述
互换性关键核心技术	共享型换电站以互换性为基础，探讨研究其中的关键技术
换电电池安全监控技术	共享化换电也会遇到互联互通问题，不同厂商换电电池数据上传与监控方式都不一样，不利于从国家和行业层面对电池的安全进行监控与预警，需要从数据接入、协议、数据格式与云端监控要求等方面进行共性技术突破，并调度换电站内电池充放电策略，做到柔性，这项技术的难点不在于协议等内容本身，而是在于标准化的难度与对安全的认知程度
智能化换电技术	（1）换电需求预测智能化。 （2）换电调度智能化。 （3）换电车辆自感知及导航。 （4）换电站设备自动化。 （5）换电站充电柔性化。 （6）自动驾驶与换电站协同。 （7）大数据平台监控管理。 （8）智慧电力交易结算。 （9）智慧电网互动技术

六、主要元器件参数及功能

（1）充电系统。换电站内充电系统以非车载充电机方式实现对电池包的充电，以集中充电模式为主，主要的充电机模块供应商有华为、泰坦、通合等，充电功率为 10~60kW，充电电压 200~500V。

（2）快换装置及控制系统。快换装置（如码垛机）及控制系统的管理模式与物流仓储管理系统（WMS）基本一致，以博众、精智为代表的物流仓库或智能停车库供应商已经开展换电站内的码垛机及控制系统解决方案。

（3）数据监控系统。换电站级数据监控包括电池充电、零部件健康度，以及与车辆、云端网络、电网之间交互的监控与管理，以蔚来为代表的云端电池监控方案，可以对换电系统及电池安全进行有效地监控与预警。

（4）人机安全系统。由于在换电过程中换电设备、电池箱需要在车辆和充电区往返运行，设备运行期间，如果在运行路线上有人员经过或停留，容易造成人身事故。因此在换电站内应增加人员安全监控系统，采用红外、视频识别等技术实现对特定区域的人员识别，并与换电设备进行通信，暂停设备的运行，从而确保人身安全。

（5）机械连接技术。在机械连接的结构方面，2015 年前常用于商用车的插销结构、卡销结构等，2015 年以后形成了应用于乘用车的错齿锁止结构、非标螺栓（螺纹式）、涡轮蜗杆结构等机械连接技术。在性能方面，机械连接性能从可抗 25G 的机械冲击的商用车应用到可抗 50G 机械冲击的乘用车应用，耐久性从 1000 次到 10000 次可满足不同的应用场景，机械连接具有较高的误差容错能力。

（6）电连接技术。在结构方面，主要有插拔式连接和平面连接两种，连接器出线方向有 90°、180°等多种选择，具有导向和浮动机构设计，浮动范围为 ±5mm（X、Y）及 ±5mm（Z），预留搭铁点安装设计，结构设计上增加了径向或轴向的簧圈技术以提升电连接的过电流性能和连接的稳定性，浮动结构提升了结构的兼容性，蠕动结构提升了耐振动能力。在性能方面，连接器满足互锁、防触指、插拔次数大于 1000 次、额定电压 800V、防护等级 IP68（1m，2h），覆盖 200~500A 的过电流能力，耐久性 2000~10000 次，低压通信不小于 20PIN，且满足平台化接口需求，高低压端子之间、壳体、每个端子和壳体零件之间的绝缘电阻应不小于 200MΩ，承受峰值电流 700A/30s，若连接器无任何电气损坏则可以正常工作，阻燃等级满足 UL94-V0，盐雾满足 480h，可满足各种车型的应用。

（7）液冷连接技术。在商用车和低动力性能的乘用车中，电池的冷却方式大多仍采用自然冷却，随着用户对车辆动力性能的提升，液冷冷却的方式在换电技术中也在逐步推广，蔚来的电池包与换电站均配备液冷及热管理技术。为实现换电液冷冷却功能，冷却连接装置需要拥有快速插拔、自动截止及浮动功能，插拔寿命 3000 ~ 8000 次以上。

第六章

充电通信与漫游

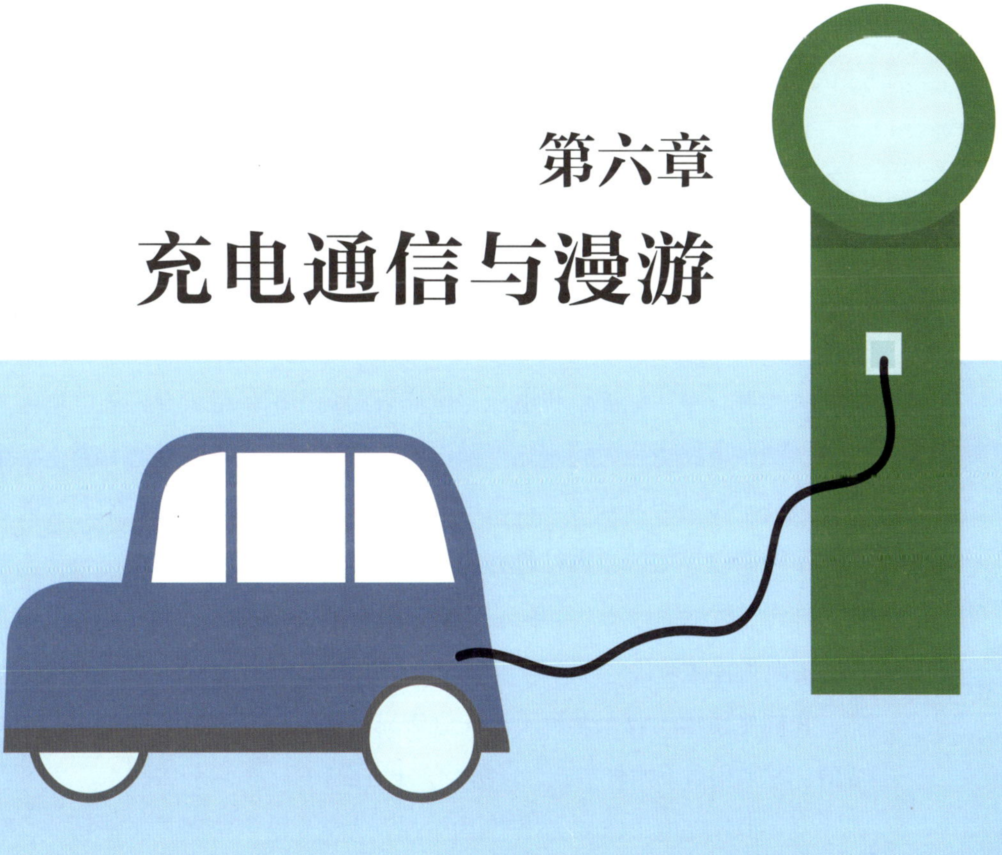

第一节　充电机与车辆之间的通信协议

一、直流充电控制过程

（一）充电控制过程

在充电过程中，电动汽车直流充电机和车辆需要按照规定的时序进行控制，以确保平稳安全的运行。双方需要交互的信号和信息包括两类：

（1）通过控制导引电路传输的信号；

（2）通过数字通信电路传输的充电参数及充电电路的电压、电流等参数测量值。

直流充电机的充电控制过程分为三个阶段：初始化阶段、能量传输阶段、关闭阶段。以GB/T 27930—2015《电动汽车非车载传导式充电机与电池管理系统之间的通信协议》为例，直流充电控制过程示意图如图6-1所示。

1. 初始化阶段

在初始化阶段，车辆与电动汽车直流充电机交换各自的充电限值和充电控制的相关参数信息，如充电机电压、电流限制，车辆的最大允许充电电流、电池温度等。测量电路电压，检查充电前电池与直流充电机是否导通，充电结束后电池与直流充电机是否断开等。如果电动汽车直流充电机与车辆版本、功能兼容，则进入下一阶段充电。兼容性检查后，直流充电机对直流电源线与包括车辆底盘在内的外壳进行绝缘检测，车辆连接器在绝缘检测前锁紧。

2. 能量传输阶段

在能量传输阶段，车辆不断向直流充电机发送充电电流或电压设定值，即需求值。并采用以下两种方式之一进行充电：

（1）恒流充电（CCC）：车辆为主控，直流充电机按照需求充电，采用CCC对车辆电池进行充电。

1）在整个充电控制过程中，直流充电机接收车辆请求的充电电流值（命令值）。

2）直流充电机以命令值为控制目标，调节直流充电电流。

3）根据系统要求，定期将车辆发出的命令值通知直流充电机。

4）直流充电机根据车辆指令值的变化调节直流充电电流。

（2）恒压充电（CVC）：车辆为主控，直流充电机按照需求充电，采用CVC对车辆电池进行充电。

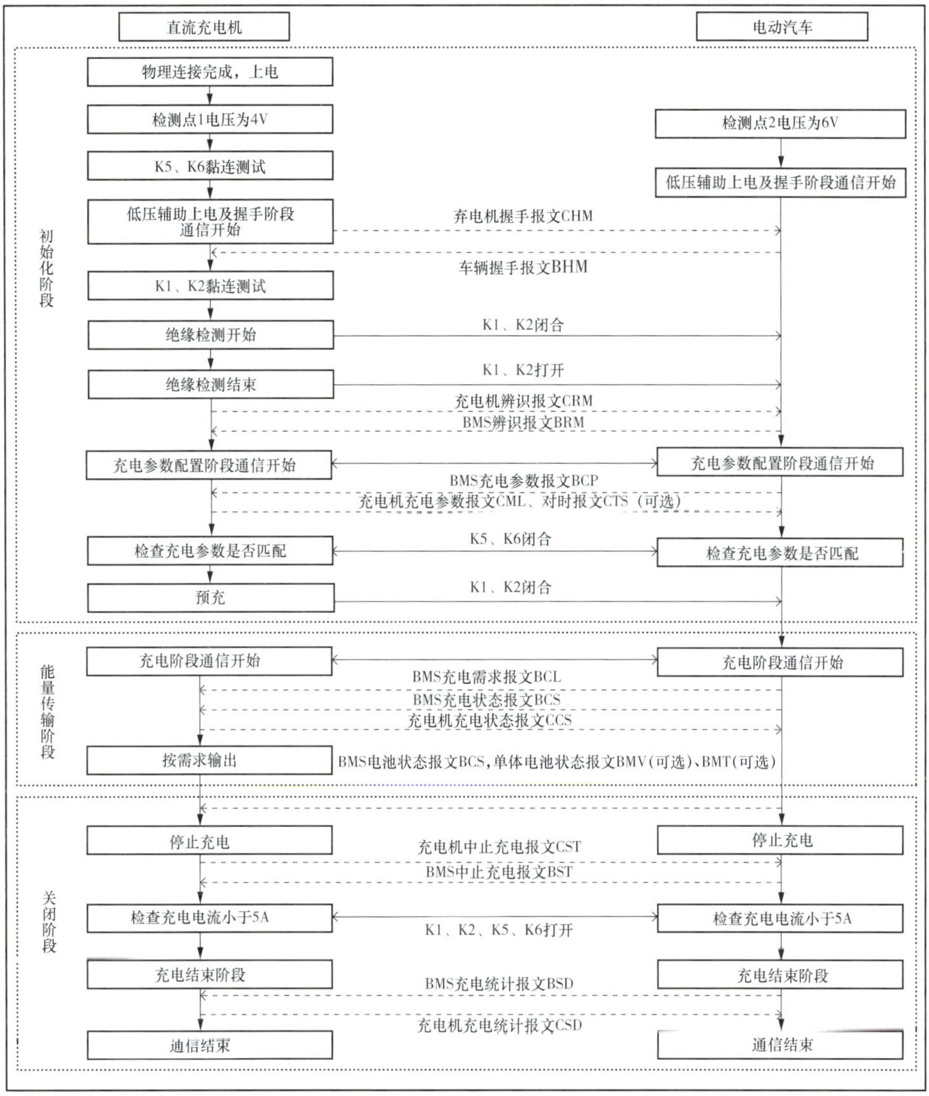

图6-1　直流充电控制过程示意图

1）直流充电机在整个充电过程中接收车辆请求的充电电压值（命令值）。

2）直流充电机以命令值为控制目标，调节直流充电电压。

3）根据系统要求，定期将车辆发出的命令值通知直流充电机。

4）直流充电机根据车辆指令值的变化调节直流充电电压。

3.关闭阶段

充电结束后，正常关机阶段允许直流充电机回到充电前的状态。当车辆或直流充电机指示充电结束时，直流充电机将充电电流降至零。车辆侧充电接触器在接近零电流时打开，只有在DC+和DC−之间的电压小于60V DC时才能拔枪。

（二）数字通信体系架构

直流充电机与电动汽车之间的数字通信采用基于控制器局域网（controller area network，CAN）的专用数字通信电路，主要遵循的CAN协议包括ISO 11898-1、ISO 11898-2、SAE J1939-11、SAE J1939-21。数字通信体系架构如图6-2所示。

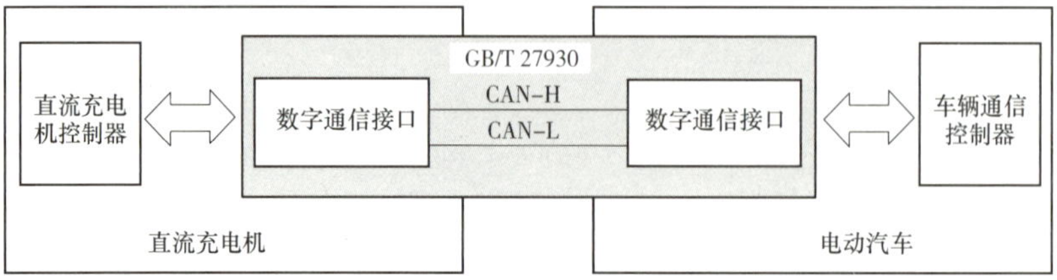

图6-2　数字通信体系架构

二、充电通信方式

直流充电过程需要充电机与电池管理系统（battery management system，BMS）协调配合，而这种协调配合就需要通信协议的参与。在充电过程中，充电机根据BMS的指令输出电压、电流，以达到安全、快速、最优充电的目的。

当前全球直流充电包括三种系统：欧洲和北美采用的联合充电系统（combined charging system，CCS）、中国的GB/T系统、日本的CHAdeMO系统。这三种系统之间的差异化在于充电插头/接口组合，底层物理连接以及车辆和直流充电机之间的通信协议。从协议的通信方式上来看，GB/T和CHAdeMO是基于CAN总线，CCS则基于IP协议的电力线通信（power line communication，PLC），见表6-1。

表6-1　　直流充电系统比较

系统	地区	连接器标准	通信协议标准
CCS（DC/AC）	欧洲和北美	IEC 62196-2、IEC 62196-3	ISO 15118、DIN 70121（PLC）
GB/T	中国	GB/T 20234.1—2015、GB/T 20234.3—2015	GB/T 18487.1—2015、GB/T 27930—2015（CAN）
CHAdeMO	日本	CHAdeMO	CHAdeMO（CAN）

虽然目前市场上主流的电动汽车直流充电通信方式有CAN通信方式、PLC通信方式，但业内普遍认为Ethernet通信方式将会是未来充电通信的优选方式。

（一）CAN通信方式

CAN是ISO国际标准化的串行通信协议，1986年由以研发和生产汽车电子产品著称的德国BOSCH公司开发，并通过ISO 11898及ISO 11519进行了标准化，是国际上应用最广泛的现场总线之一。CAN总线具有通信实时性强、抗干扰能力强、结构简单、应用方便、价格低廉等特点，且通信速率可达1Mbit/s，这些因素使得CAN总线在电动汽车应用上也成为趋势。CAN总线协议按照OSI 7层通信模型划分层次，最底层为物理层和数据链路层，再往上只有应用层，如图6–3所示。

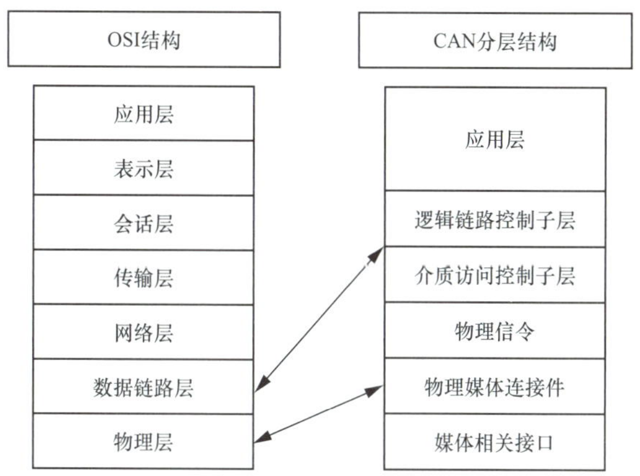

图6–3 CAN分层结构模型

（二）PLC通信方式

PLC技术是利用高压电力线（在电力载波领域通常指35kV及以上电压等级）、中压电力线（指10kV电压等级）或低压配电线（380/220V用户线）作为信息传输媒介进行语音或数据传输的一种特殊通信方式。该技术把载有信息的高频信号加载于电流上，然后用电线传输，接收信息的适配器再把高频信号从电流中分离出来并传送到计算机或电话以实现信息传递，PLC的工作原理示意图如图6–4所示。

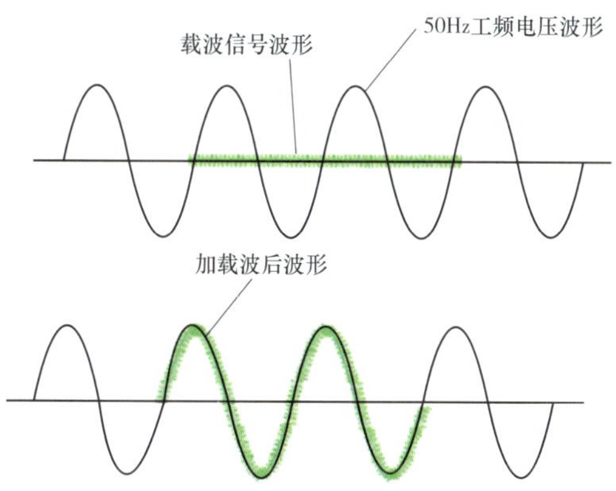

图6–4 PLC的工作原理示意图（一）

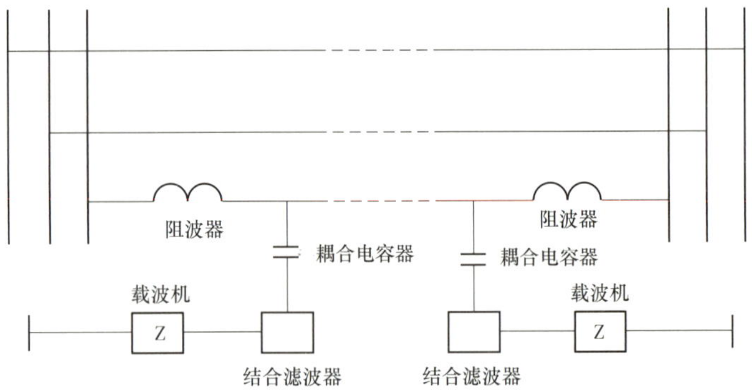

图6-4　PLC的工作原理示意图（二）

PLC相比其他通信技术具有组网简单、与Internet互联性好、避免重复铺设线缆等优点。随着PLC技术的日益成熟，PLC产品商业应用的范围也越来越广泛，G3-PLC、HomePlug Green PHY等标准的推出使得PLC技术在电动汽车充电设备组网及充电控制中有了更强的竞争性。2012年由ISO起草了ISO 15118系列标准，该标准对电动汽车与电网之间的通信接口做了一些规定，并将PLC技术作为可以运用于充电控制的通信技术。

（三）Ethernet通信方式

Ethernet（以太网）是一种计算机局域网技术。IEEE组织的IEEE 802.3标准制定了以太网的技术要求，它规定了包括物理层的连线、电子信号和介质访问层协议的内容。以太网技术的实质是一种两层的媒质访问控制技术，可以在五类线上传送，也可以与其他接入媒质相结合，形成多种宽带接入技术。作为目前应用最普遍的局域网技术，以太网逐渐取代了其他局域网标准如令牌环、FDDI和ARCNET等。

由于简单、成本低、可扩展性强、与IP网能够很好地结合等特点，以太网技术的应用正从企业内部网络向公用电信网领域迈进：以太网与电话铜缆上的VDSL相结合，形成EoVDSL技术；与无源光网络相结合，产生EPON技术；在无线环境中，发展为WLAN技术。电动汽车充电领域也逐步在尝试以太网的应用。

三、CAN总线通信

（一）CAN总线概述

CAN即控制器局域网，通常称为CAN bus，即CAN总线，是目前国际上应用最广泛的现场总线之一。

CAN总线是一种有效支持分布式控制或实时控制的串行通信网络，与一般的通信总线相比，它具有很高的网络安全性、通信可靠性和实时性，简单实用，网络成本低，特别适用于汽车计算机控制系统和环境恶劣、电磁辐射强和振动大的工业环境，因此CAN总线在诸多现场总线中应用最为广泛，并且成为汽车总线的代名词。

CAN总线的快速发展时期：

（1）1987年Intel公司生产出了首枚CAN控制器82526，随即，Philips公司也推出了CAN控制器82C200。

（2）1991年，BOSCH发布了CAN2.0技术规范，CAN2.0包括A和B两个部分。为促进CAN以及CAN协议的发展，1992在欧洲成立了CiA（CAN in Automation，国际用户和厂商协会），在德国Erlangen注册，CiA总部位于Erlangen。CiA提供的服务包括：发布CAN的各类技术规范，免费下载CAN文献资料，提供CANopen规范、DeviceNet规范，发布CAN产品数据库、CANopen产品指南，提供CANopen验证工具执行CANopen认证测试，开发CAN规范并发布为CiA标准。

（3）1993年，CAN成为国际标准ISO 11898（高速应用）和ISO 11519（低速应用）。

（4）1993年，ISO颁布CAN国际标准ISO 11898。

（5）1994年，SAE颁布基于CAN的SAE J1939标准。

（6）2003年，Maybach发布带76个ECU的新车型（CAN、LIN、MOST）。

（7）2003年，VW发布带35个ECU的新型Golf。

CAN接口已经被公认为微控制器的标准串行接口，应用在各种分布式内嵌系统。

CAN总线与一般的通信总线相比，它的数据通信具有突出的可靠性、实时性和灵活性。其主要特性如下：

（1）CAN具有较高的性价比，总线结构简单，器件容易购置，每个节点的价格较低，而且开发过程中能充分利用现在的单片机开发工具。

（2）CAN是目前为止唯一有国际标准的现场总线。

（3）CAN总线为多主工作方式，网络上任一节点均可在任意时刻主动向网络上其他节点发送信息而不分主从，通信方式灵活，且无须节点信息。

（4）CAN网络上的节点信息分成不同的优先级，可满足不同的实时要求，高优先级的数据最多可在134 μs内得到传输。

（5）CAN采用非破坏性总线仲裁技术，当多个节点同时向总线发送信息时，优先级较低的节点会主动地退出发送，而最高优先级的节点不受影响地继续传输数据，大大节省了总线冲突仲裁时间。尤其是在网络负载很重的情况下也不会出现网络瘫痪情况。

（6）CAN网络上只需通过报文滤波即可实现点对点、一点对多点及全局广播等几种方式传送接收数据，无须专门的“调度”。

（7）CAN网络上直接通信距离最远可达10km（速率5kbit/s以下），通信速率最高可达1Mbit/s（此时通信距离最长为40m）。

（8）CAN网络上的节点数主要取决于总线驱动电路，目前可达成110个。

（9）CAN采用短帧结构，传输时间短，受干扰概率低，具有极好的检错效果。

（10）CAN的每帧信息都有CRC校验及其他检错措施，保证了数据出错率低。

（11）通信介质选择灵活，可为双绞线、同轴电缆或光纤。

（12）节点在错误严重的情况下具有自动关闭输出功能，以使总线上其他节点的操作不受影响。

CAN总线作为汽车领域广泛使用的现场总线，具有灵活的错误处理机制，某个节点出现故障，不会对总线造成破坏。这种非破坏性的基于优先权的总线仲裁技术，可以保证通信的可靠性。CAN总线的一般结构图如图6-5所示。

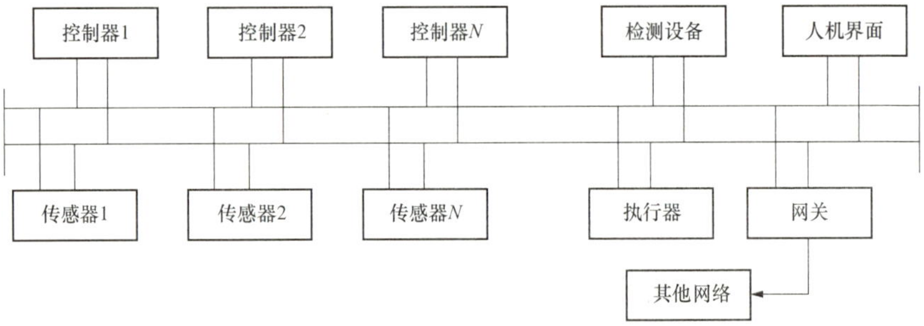

图6-5　CAN总线一般结构图

（二）CAN总线协议

CAN为总线型拓扑结构，为实现设计的透明度，对照ISO/OSI七层参考模型，CAN总线分层模型与各协议标准的对应关系如图6-6所示。

数据链路层的主要作用是在不可靠的物理线路上提供可靠的数据传输，包括：MAC（medium access control，媒体存取控制）和LLC（logical link control，逻辑

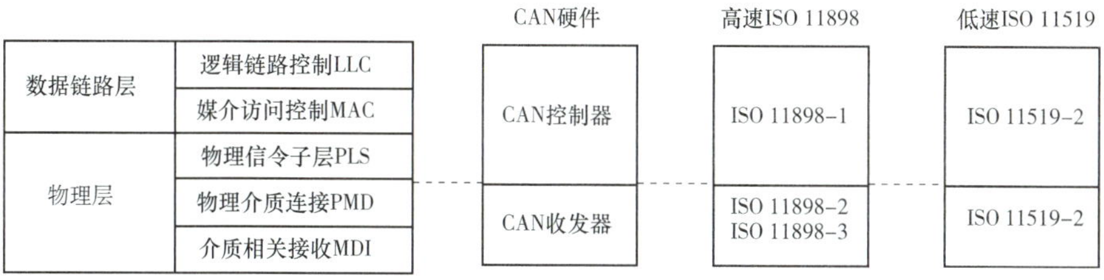

图6-6 CAN总线分层模型与各协议标准的对应关系

链路控制），MAC子层组成CAN协议的核心。数据链路层的功能是将从物理层接收到的信号组织成有意义的信息，提供如传输错误控制、传输顺序控制等数据传输控制流程。更具体来说，包括：信息如何封装成一帧，数据冲突仲裁、应答、错误的检测或通知。数据链路层的这些功能通常由CAN控制器硬件来实现，逻辑链路控制子层完成恢复管理、接收滤波、超载通知等功能。媒体访问控制子层实现数据封装/拆装、串行化/解除串行化、媒体访问管理、帧编码、错误检测等功能。总线上传输的报文都是以帧的结构进行传输，CAN2.0B协议规定了标准帧和扩展帧两种帧格式。

总线物理层位于协议的最底层，是整个系统的基础。物理层为设备之间的通信提供了传输媒体及互联设备，为数据传输提供了可靠的环境，它定义了物理传输介质及其机械、电气特性，还有数据传输的位时间、时间编排和同步等，然而，CAN协议并没有定义信号电平、通信速度、采样点值、驱动器和总线电气特征、连接器形式。对每个系统，这些特征由用户自行确定。根据ISO标准，物理层分为物理信令子层（PLS）、物理介质连接（PMD）和介质相关接收（MDI）。

CAN总线主要传输4种不同类型的帧：数据帧、远程帧、错误帧和超载帧。

数据帧由7个不同的位场组成，即帧起始、仲裁场、控制场、数据场、CRC场、应答场和帧结束，数据长度可为0。帧起始是标志数据帧和远程帧的开始，只有总线空闲时才能发送帧起始位。所有节点都必须同步于首先发送的那个节点的帧起始。仲裁场在标准帧和扩展帧中的格式不同：在标准帧中，仲裁场由11位标识符和RTR位组成，在扩展帧中，仲裁场由29位标识符和SRR位、标示位以及RTR位组成。控制场由6位组成，在标准格式中控制场包括DLC、发送显性电平的IDE和保留位r0。在扩展帧中，包括DLC和两个保留位，其中DLC表示所要发送的数据长度，应答场由应答间隙和应答界定符组成。如果在应答间隙总线上没有检查到显性电平，则发送失败，帧结束由7个隐性位组成，它标识了整个报文帧的结束。CAN的扩展帧结构如图6-7所示。

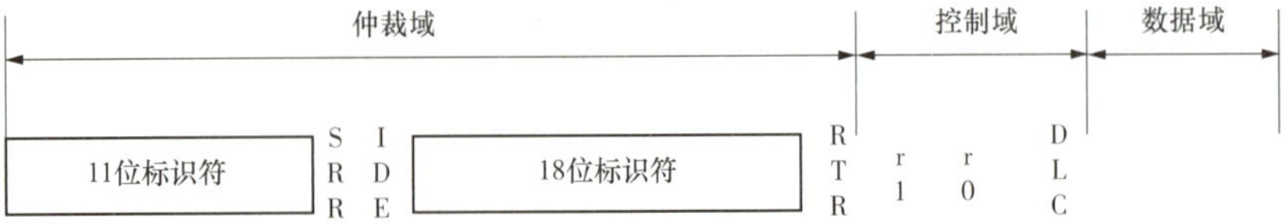

图6–7　CAN的扩展帧结构

接收数据的节点可以通过发送远程帧请求源节点发送数据，远程帧没有数据场，它由帧起始、仲裁场、控制场、CRC场、应答场和帧结束组成。

错误帧由错误标志和错误界定符两个域组成，检测到错误条件的“错误激活”节点，发送错误标志通告错误，它由6个连续的显性位组成；其他节点（错误被动节点）检测到错误标志后发送错误认可标志，错误被动节点由6个连续的隐性位组成。错误界定符由8个隐性位组成。错误标志发生后，每个节点监视总线，直到一个显性电平的跳变。此时表示所有的节点已经发送完了错误标志，并开始发送8个隐性电平的界定符。

超载帧包括两个位场：6个显性位的超载标志和8个连续隐性位的超载界定符。引起发送超载标志的超载条件有两个：一个是接收器要求延时下一个数据帧或远程帧的内部条件；另一个是在间歇场的前两位检测到显性位。

CAN的通信介质访问为带有优先级的CSMA/CA，采用多主竞争方式结构：网络上任意节点均可以在任意时刻主动地向网络上其他节点发送信息，而不分主从，即当发现总线空闲时，各个节点都有权使用网络。在发生冲突时，采用非破坏性总线优先仲裁技术：当几个节点同时向网络发送消息时，运用逐位仲裁原则，借助帧中开始部分的表示符，优先级低的节点主动停止发送数据，而优先级高的节点可不受影响的继续发送信息，从而有效地避免了总线冲突，使信息和时间均无损失，如图6–8所示。

CAN的传输信号采用短帧结构（有效数据最多为8个字节）和带优先级的CSMA/CA通信介质访问控制方式，对高优先级的通信请求来说，在1Mbit/s通信速率时，最长的等待时间为0.15ms，完全可以满足现场控制的实时性要求。CAN具有突出的差错检验机理，如错误检测、出错标定和故障界定；CAN传输信号为短帧结构，传输时间短，受干扰概率低，这些机制能够保证出错率处在极低的标准。另外，CAN节点在严重错误的情况下，具有自动关闭输出的功能，以使总线上其他节点的操作不受其影响，因此，CAN具有很高的可靠性。

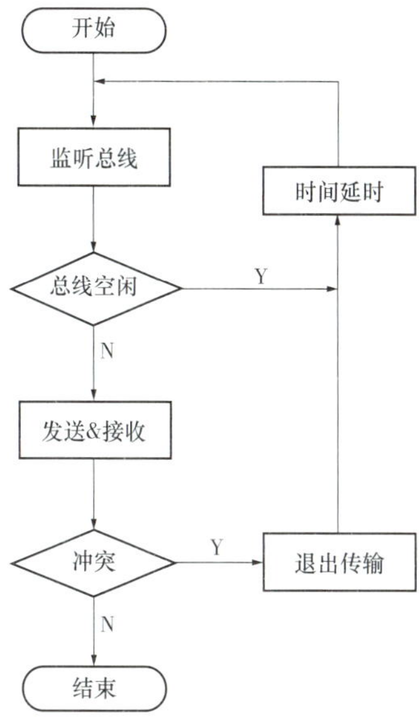

图6-8　CSMA／CD总线访问过程

（三）CAN总线应用

国内外汽车基本都采用CAN总线技术，CAN总线技术就是通过遍布车身的传感器，将汽车的各种行驶数据发送到“总线”上，在这个信息共享平台上，凡是需要这些数据的接收端都可以从“总线”上读取需要的信息，从而使汽车的各个系统协调运作、信息共享，保证车辆安全行驶、舒适和可靠。越高档的车配备的CAN总线数量越多。

1. 汽车CAN总线节点ECU的硬件设计

汽车CAN总线研发的核心技术就是对带有CAN接口的ECU进行设计，其中ECU的CAN总线模块由CAN控制器和CAN收发器构成。CAN控制器执行完整的CAN协议，完成通信功能，包括信息缓冲和接收滤波。CAN控制器与物理总线之间需要CAN收发器作为接口，它实现CAN控制器与总线之间逻辑电平信号的转换。

2. 未来智能传感器发展趋势

将CAN总线应用于智能传感器中，使传感器获得的信号能通过总线实时地、可靠地、高速而准确地进行传输，使得各汽车计算机控制单元能够通过CAN总线共享所有信息和资源，达到简化布线、减少传感器数量、避免控制功能重复、提高系统可靠性、降低成本、更好地匹配和协调各个控制系统。同时，由于智能传感器网络采用全数字化的通信，因此总线也具有很好的抗干扰能力，是未来智能化传感器和智能化控制网络的发展趋势。

3. 其他

CAN总线广泛应用在离散控制领域，其应用范围目前已不仅局限于汽车行业，在自动控制、航空航天、航海、过程工业、机械工业、纺织机械、农用机械、机器人、数控机床、医疗器械及传感器等领域中也已得到了广泛应用。

四、直流充电通信协议

直流充电通信协议规定了非车载充电机与电池管理系统之间的通信，是基于CAN总线的SAE（美国汽车工程师学会）J1939协议进行扩展的。这些标准规定了非车载充电机与电池管理系统之间的交互流程，将充电分为四个阶段：充电握手阶段、充电参数配置阶段、充电阶段和充电结束阶段。在流程的各阶段中，虽然各标准略有差异，但需要完成的功能基本一致。目前行业主要遵循的是国家推荐性标准GB/T 27930—2015《电动汽车非车载传导式充电机与电池管理系统之间的通信协议》。

GB/T 27930—2015《电动汽车非车载传导式充电机与电池管理系统之间的通信协议》规定了电动汽车非车载传导式充电机（简称充电机）与电池管理系统（BMS）之间基于控制器局域网（CAN）的通信物理层、数据链路层及应用层的定义。GB/T 27930—2015《电动汽车非车载传导式充电机与电池管理系统之间的通信协议》适用于采用GB/T 18487.1—2015《电动汽车传导充电系统　第1部分：通用要求》规定的充电模式4的充电机与BMS之间的通信，也适用于充电机与具有充电控制功能的车辆控制单元之间的通信。

（一）物理层

采用GB/T 27930—2015《电动汽车非车载传导式充电机与电池管理系统之间的通信协议》的物理层应符合ISO 11898-1：2003《道路车辆控制器局域网络　第1部分：数据链层和物理信令》、SAE J1939-11：2006《商用车控制系统局域网CAN通信协议　第11部分：物理层，250kbit/s，屏蔽双绞线》中关于物理层的规定，通信应使用独立于动力总成控制之外的CAN接口，通信速率采用250kbit/s。

物理层实现网络中电控单元（electronic control units，ECU）的电子连接。ECU的数目限制于总线的负载承受能力，在特定网段上ECU的最大数目定为30。

物理介质采用双绞线，其特定阻抗为 120Ω，电流对称驱动。相应 ECU的管脚线名称为CAN_H和CAN_L，屏蔽终端的第三方连接定义为CAN_SHLD。

CAN总线逻辑状态有隐性和显性两种。隐性用“1”表示，显性用“0”表示。图6-9为CAN总线逻辑数值表示图。在隐性状态下，CAN_H和CAN_L稳定在总线平均电压附近。两者之间的差分电压V_{dif}几乎为0，显性状态下，CAN_H和CAN_L两者之间的差分电压超过某一个最小阈值。当总线空闲时或没有发送显性位期间，总线处于隐性状态。当有多个节点同时发送显性位和隐性位时，显性位覆盖隐性位，总线处于显性状态。

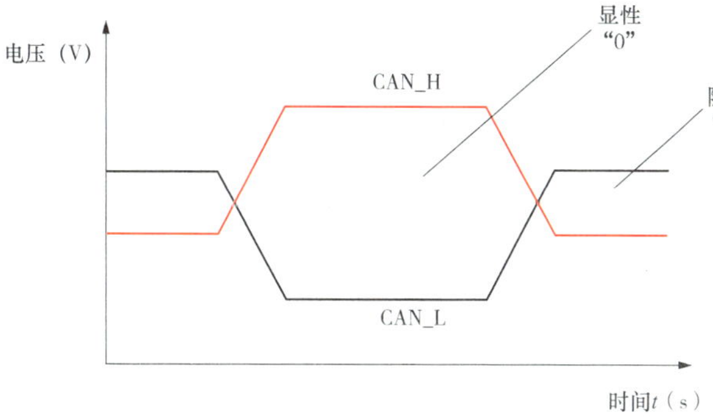

图6-9　CAN总线逻辑数值表示图

CAN通信协议主要由CAN总线控制器完成，CAN控制器主要由实现CAN总线协议部分和微控制器接口部分电路组成。通过简单的连接即可完成CAN协议的物理层和数据链路层的所有功能，应用层功能由微控制器完成。CAN总线上的节点既可以是基于微控制器的智能节点，也可以是具有CAN接口的I/O器件。

（二）数据链路层

采用GB/T 27930—2015《电动汽车非车载传导式充电机与电池管理系统之间的通信协议》的设备应使用CAN扩展帧的29位标识符，具体每个位分配的相应定义应符合SAE J1939-21：2006《商用车控制系统局域网CAN通信协议　第21部分：数据链路层》中的相关规定。

1. 数据链路层的功能：在物理层之上提供可靠的数据传输功能

SAE J1939数据链路层协议基于CAN2.0B数据链路层协议，为CAN报文ID赋予节点信息（目标地址、源地址等）、数据含义（PGN）、优先级等，实现应用层报文数据交换，如图6-10所示。

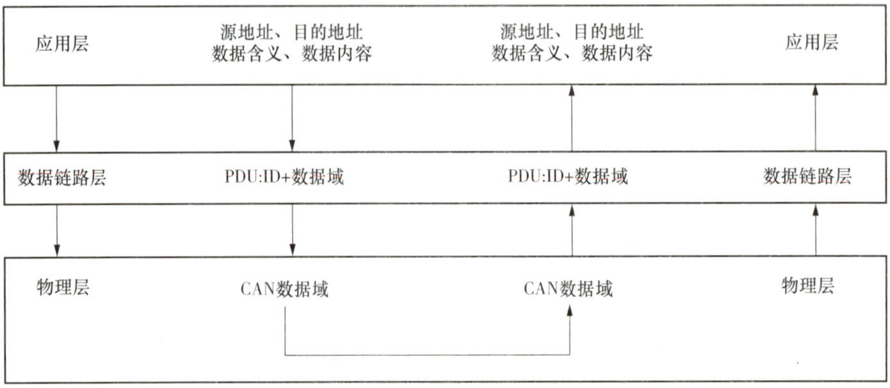

图6-10　数据链路层的功能

通过数据链路层的组织，使得发送的CAN数据帧具有必须的同步、顺序控制、错误控制和流控制，保证了数据传输的可靠性。

2. 报文格式

SAE J1939遵从CAN2.0B要求，使用扩展帧格式（29位ID）定义了一个完整的标准化通信策略。

SAE J1939规定每个节点使用一个源地址，并且将节点的源地址映射到CAN标识符中，以避免多个节点使用同一个CAN标识符。

应用层和网络层规定了一系列以协议数据单元形式存在的消息，协议数据单元定义了一个框架，用来组织数据帧中与SAE J1939协议相关的关键信息：PDU=ID+数据场。PDU将被分组封装在一个或多个CAN数据帧中，通过物理介质传送到其他网络设备，每个CAN数据帧只可能有一种PDU。需要指出的是，某些参数组编号定义需要多个CAN数据帧才能发送相应的数据。

某些CAN数据帧的域不是在PDU中定义，因为他们完全由CAN规范决定，对OSI数据链路层以上的层是不可见的，它包括SOF、SRR、IDE、RTR、控制域部分、CRC域、ACK域和EOF域。这些域是由CAN协议定义的，SAE J1939不能修改。

优先级（P）：这三位仅在总线传输中用来优化报文延迟。消息优先级可从最高0（0002）设置到最低7（1112）。所有控制消息的默认优先级是3，其他所有信息，如专用、请求和ACK消息的默认优先级是6。当定义新的参数组编号，或总线上通信量变化时，优先级可以升高或降低。当消息被添加到应用层，将给出一个推荐的优先级。

保留位（R）：SAE保留此位以备今后开发使用。不能将此位与CAN保留位混淆。所有消息应在传输中将SAE保留位置0，今后新的定义可能扩展PDU格式域，定义新的PDU格式，扩展优先级段或增长地址空间，它是PGN的一部分。

数据页位（DP）：数据页位选择参数组描述的辅助页，PGN的一部分，只有当数据页0中的PGN全部被分配完以后，才能够分配页1中的PGN。

PDU格式（PF）：PDU格式由8位构成，也是一个确定数据域对应参数组编号的域，是PGN的一部分，参数组编号除用来确定或标识命令、数据、某些请求、确认和否定之外，还可确定或标识那些要求一个或多个CAN数据帧通信的信息。若消息长于8字节，必须将消息分组封装发送。如消息长度小于8字节，则使用单个CAN数据帧。参数组编号可以对应一个或多个参数，推荐对多参数进行组合以利用数据域的全部8字节。

两种专有参数组编号的定义已经建立起来，来确保PDU1和PDU2两种格式的使用，专有信息的意义因制造商而异。例如，即使两个不同的发动机使用同一个源地址，制造商A的专用通信也极可能与制造商B不同。

特定PDU（PS）：特定PDU是一个8位域，其定义取决于PDU格式，根据PDU格式它可能是目标地址或者组扩展，若PDU格式（PF）段的值小于240，特定PDU段是目标地址。若PF段值在240和255之间，特定PDU包含组扩展（GE）值，PDU格式（PF）段范围见表6-2。

表6-2　　　　PDU格式（PF）段范围

PDU格式	PDU格式（PF）段	特定PDU（PS）段
PDU1格式	0 ~ 239	目标地址
PDU2格式	240 ~ 255	群扩展

目标地址（DA）：这个域中定义了消息发送的特定目标地址，需要指出的是，任何其他设备应忽略此消息，全局目标地址（255）要求所有设备作为消息响应者做出监听和响应。

组扩展（GE）：组扩展字段与PDU格式域的第四位（注意：当PDU格式域最高四位被置1，说明PS域是群扩展）规定了每个数据页4096个参数组。这4096个参数组仅在使用PDU2格式时才适用。另外，对于仅使用PDU1格式，每个数据页中有240个参数组。因此对于目前使用两种数据页来说有8672种参数群可以定义。

源地址（SA）：源地址域长8位，网络中一个特定原地址只能匹配一个设备，因此，源地址域确保CAN标识符符合CAN协议中的唯一性要求。

参数组编号（PGN）用于标识参数组，PGN是一个24位的值，包括以下要素：保留位、数据页位、PDU格式域（8位）和扩展域（8位）。

PGN与PDU的映射关系如图6-11所示。

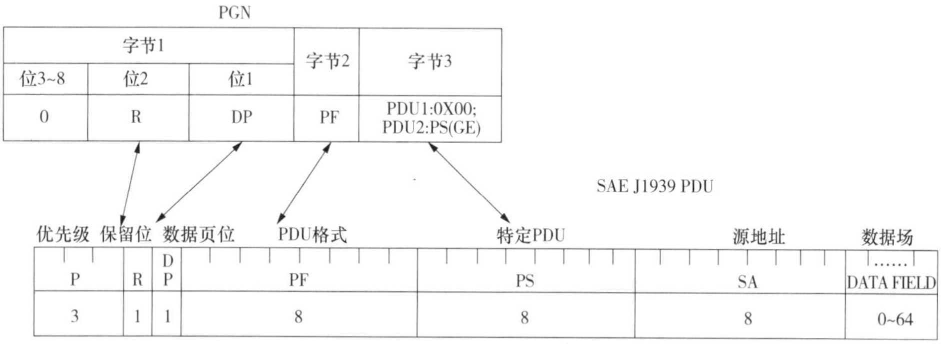

图6-11　PGN与PDU的映射关系

3. 传输协议功能

传输协议功能是数据链路层的一部分，它可再细分为两个主要功能：消息的拆装和重组、连接管理。

长度大于8字节的消息无法用一个单独的CAN数据帧来装载，因此，它们必须被拆分为若干个小的数据包，然后使用单独的数据帧对其逐一传送，而接收方必须能够接收这些单独的数据帧，然后解析各个数据包并重组成原始信息。

（1）数据包：CAN数据帧包含一个8字节的数据域，由于单独数据包必须要能够被一个个识别出来，才可以正确重组，因此把数据域的首字节定义为数据包的序列编号。

每个数据包都会被分配到一个从1到255的序列编号。由此可知，最长的数据长度是255包 ×7字节/包=1785字节。

（2）序列编号：序列编号是在数据拆装时分配给每个数据包，然后通过网络传送给接收方，接收方接收后，利用这些编号把数据包重组回原始信息。序列编号将从1开始一次分配给每个数据包，直到整个数据都被拆装和传送完毕，这些数据包将从编号为1的数据包开始按编号的递增顺序发送。

（3）数据拆装：过长的数据，是指那些无法用一个单独的CAN数据帧全部装载的数据，例如数据域长于8个字节的消息。第一个数据传送包包含序列编号1

和字符串的首7个字节，其余的7个字节跟随序列编号2存放在另一个SAE J1939/CAN数据帧中，再随后的7个字节与编号3一起，原始信息中所有的字节都被存放到SAE J1939/CAN数据帧中并被传送。每个数据传送包（除了传送队列中的最后一个数据包）都装载着原始数据中的7个字节，而最后一个数据包的数据域的8个字节包含：数据包的序列编号和与参数组相关数据的至少一个字节，余下未使用的字节全部设置为FF16。

（4）数据重组：数据包被陆续地接收后，多组消息的数据包将会按照序列编号的顺序重新组合成一长串字节。这一长串字节将被传送给负责处理长数据的应用程序模块。

（5）连接管理：连接管理是用于处理在特定目标地址传输时节点间虚拟连接的打开、使用和关闭。虚拟连接，是指在SAE J1939的网络环境中，为了传送一条由一个单独的参数组编号描述的长消息，在两个节点间建立的临时连接。在连接是一点到多点的情况下，不提供数据流控制和关闭的管理功能。

1）传输协议连接管理消息（TP.CM）格式见表6-3。

表6-3　传输协议连接管理消息（TP.CM）格式定义

参数群标称符	传输协议连接管理消息（TP.CM）
定义	用于9字节或以上的数据的参数群的传输，传输协议中所定义的每种特定消息都包含以下定义部分
重复传输速度	每次传送一个参数群编号
数据长度	8个字节
数据页位（DP）	0
PDU格式（PF）	236
特定PDU（PS）	目标地址
默认优先级	7
参数群编号（PGN）	60416（00EC0016）
本参数群功能所使用的参数范围	
控制字节	0～15，18，20～31，33～254保留给SAE分配
整个消息大小，字节数目	9到1785（2字节），0到8和1786到65535禁用
全部数据包的数目	1到255（1字节），0禁用
可发送的数据包数目	0到255（字节）
下一个将要发送的数据包编号	1到255（1字节），0禁用

续表

参数群标称符		传输协议连接管理消息（TP.CM）
序列编号		1到255（1字节），0禁用
连接模式下的请求发送（TP.CM_RTS）：指定目标地址		
字节：	1	控制字节=16，指定目标地址请求发送（RTS）
字节：	2，3	整个消息大小，字节数目
字节：	4	全部数据包的数目
字节：	5	保留给SAE设定使用，该字节应设为FF16
字节：	6~8	所装载数据的参数群编号
连接模式下的准备发送（TP.CM_CTS）：指定目标地址		
字节：	1	控制字节=17，指定目标地址准备发送（CTS）
字节：	2	可发送的数据包数目
字节：	3	下一个将要发送的数据包编号
字节：	4，5	保留给SAE设定使用，该字节应设为FF16
字节：	6~8	所装载数据的参数群编号
消息结束应答（TP.CM_EndofMsgAck）：指定目标地址		
字节：	1	控制字节=19，消息结束应答
字节：	2~3	整个消息大小，字节数目
字节：	4	全部数据包的数目
字节：	5	保留给SAE设定使用，该字节应设为FF16
字节：	6~8	所装载数据的参数群编号
放弃连接（TP.CM_Abort）：指定目标地址		
字节：	1	控制字节=255，放弃连接
字节：	2~5	保留给SAE设定使用，该字节应设为FF16
字节：	6~8	所装载数据的参数群编号
广播公告消息（TP.CM_BAM）：全局目标地址		
字节：	1	控制字节=32，广播公告消息（BAM）
字节：	2~3	整个消息大小，字节数目
字节：	4	全部数据包的数目
字节：	5	保留给SAE设定使用，该字节应设为FF16
字节：	6~8	所装载数据的参数群编号

2）传输协议数据传送消息（TP.DT）。TP.DT消息用于与同一个参数组相关的数据通信，它是指多组消息传送中的一个单独的数据包。例如，如果一条长消息为了通信被分割成5个数据包，那么将有5个TP.DT消息，TP.DT消息只能由发送者发送，格式见表6–4。

表6–4 传输协议数据传送消息（TP.DT）

参数组名称	传输协议数据传送消息（TP.DT）
定义	用于与同一个参数组相关的8字节以上的数据传送
重复传输速度	根据将要传送的参数组
数据长度	8字节
数据页位	0
PDU格式	235
特定PDU段	目标地址［TP.CM_BAM数据传送使用全局地址（DA=255），对于RTS/CTS数据传送不允许用全局地址］
默认优先级	7
参数组编号	60160（00EB0016）
包顺序号	1到255（1字节）
字节：1	数据包顺序号
字节：2～8	打包的数据（7字节）。注意多包参数组的最后一个数据包的数据可能少于8字节，多余的字节应用FF16填充

（三）应用层

应用层采用参数和参数组定义的形式，PGN对参数组进行编号，各个节点根据PGN来识别数据包的内容，发送数据采用周期发送和事件驱动的方式。

充电握手阶段报文分类具体见表6–5。

表6–5 充电握手阶段报文分类

报文代号	报文描述	PGN（Dec）	PGN（Hex）	优先权	数据长度（byte）	报文周期（ms）	源地址—目的地址
CHM	充电机握手	9728	002600H	6	3	250	充电机—BMS
BHM	车辆握手	9984	002700H	6	2	250	BMS—充电机
CRM	充电机辨识	256	000100H	6	8	250	充电机—BMS
BRM	BMS和车辆辨识报文	512	000200H	7	49	250	BMS—充电机

充电参数配置阶段报文分类具体见表6-6。

表6-6　　充电参数配置阶段报文分类

报文代号	报文描述	PGN（Dec）	PGN（Hex）	优先权	数据长度（Byte）	报文周期（ms）	源地址—目的地址
BCP	动力蓄电池充电参数	1536	000600H	7	13	500	BMS—充电机
CTS	充电机发送时间同步信息	1792	000700H	6	7	500	充电机—BMS
CML	充电机最大输出能力	2048	000800H	6	8	250	充电机—BMS
BRO	电池充电准备就绪状态	2304	000900H	4	1	250	BMS—充电机
CRO	充电机输出准备就绪状态	2560	000A00H	4	1	250	充电机—BMS

充电阶段报文分类具体见表6-7。

表6-7　　充电阶段报文分类

报文代号	报文描述	PGN（Dec）	PGN（Hex）	优先权	数据字节 byte	报文周期	源地址—目的地址
BCL	电池充电需求	4096	001000H	6	5	50ms	BMS—充电机
BCS	电池充电总状态	4352	001100H	7	9	250ms	BMS—充电机
CCS	充电机充电状态	4608	001200H	6	8	50ms	充电机—BMS
BSM	动力蓄电池状态信息	4864	001300H	6	7	250ms	BMS—充电机
BMV	单体动力蓄电池电压	5376	001500H	7	不定	10s	BMS—充电机
BMT	动力蓄电池温度	5632	001600H	7	不定	10s	BMS—充电机
BSP	动力蓄电池预留报文	5888	001700H	7	不定	10s	BMS—充电机
BST	BMS中止充电	6400	001900H	4	4	10ms	BMS—充电机
CST	充电机中止充电	6656	001A00H	4	4	10ms	充电机—BMS

充电结束阶段报文分类具体见表6-8。

表6-8　　充电结束阶段报文分类

报文代号	报文描述	PGN（Dec）	PGN（Hex）	优先权	数据字节byte	报文周期（ms）	源地址—目的地址
BSD	BMS统计数据	7168	001C00H	6	7	250	BMS—充电机
CSD	充电机统计数据	7424	001D00H	6	8	250	充电机—BMS

错误报文分类具体见表6-9。

表6-9　　错误报文分类

报文代号	报文描述	PGN（Dec）	PGN（Hex）	优先权	数据字节byte	报文周期（ms）	源地址—目的地址
BEM	BMS错误报文	7680	001E00H	2	4	250	BMS—充电机
CEM	充电机错误报文	7936	001F00H	2	4	250	充电机—BMS

（四）通信阶段

整个充电过程包括六个阶段：物理连接完成、低压辅助上电、充电握手阶段、充电参数配置阶段、充电阶段和充电结束阶段。在各个阶段，充电机和BMS如果在规定的时间内没有收到对方报文或没有收到正确报文，即判定为超时（超时指在规定时间内没有收到对方的完整数据包或正确数据包），当出现超时后，BMS或充电机发送错误报文，并进入错误处理状态。在对故障处理的过程中，根据故障的类别，分别进行不同的处理。在充电结束阶段中，如果出现了故障，直接结束充电流程。

五、直流充电通信协议一致性测试

（一）协议一致性测试

协议是各设备之间进行通信时应遵守的规则，协议测试的原因在于一个标准化的协议并不能确保该协议的实现之间能够成功地进行通信。因为协议标准目前基本上是使用自然语言描述的，实现者对于协议的不同理解会导致不同的协议实现，甚至有时会是错误实现。因此需要一种有效的方法来对协议实现进行判别，这便是“协议测试”。协议测试是从软件测试的基础上发展来的，是一种功能测试，即黑盒测试。协议测试有三种类型的测试：一致性测试、互操作性测试和性能测试。一致性测试是基础，是通过观察具体实现在不同的环境和条件下的反应行为来验证协议实现与相应的协议标准是否一致，一致性测试只关心协议实现呈现于外部的性能。要保证不同的协议实现在实际网络中能成功的通信，还需要检测某一协议实现与其他系统之间的交互过程是否正常，这是互操作性测试。另外还要对协议的性能进行测试如健壮性、吞吐量等。

电动汽车直流充电通信协议作为实现电动汽车传导充电的基本要素，协议的标准化、规范化是保证电动汽车与充电基础设施互联互通的基础，是电动汽车充电安全性和兼容性的有效保障，因此十分必要进行协议一致性测试，以减少因协议不兼容而造成的电动汽车与充电设施之间的互联互通问题。

（二）测试案例分类

电动汽车直流充电通信协议一致性测试案例分为物理层测试、数据链路层测试、应用层测试。但因物理层和链路层特性主要由CAN控制器决定，因此一致性测试的主要内容为应用层测试，应用层测试内容主要包括数据正确性测试、接收报文超时测试、充电流程测试。

1. 物理层测试

物理层主要检查内容包括CAN报文的通信速率，按照GB/T 27930—2015《电动汽车非车载传导式充电机与电池管理系统之间的通信协议》的规定，充电机与BMS的通信应使用独立于动力总成控制系统之外的CAN接口。充电机与BMS之间的通信速率采用250 kbit/s。

需要注意的是，在某些专用场合，供电设备制造商和电动汽车制造商协议一致的情况下，允许采用50kbit/s的通信速率。

2. 数据链路层测试

数据链路层测试内容包括：

（1）帧格式：检查充电机或BMS是否采用CAN扩展帧的29位标识符；

（2）协议数据单元PDU：检查协议数据单元的优先权、保留位、数据页位、PDU格式、PDU特定、源地址和数据域七部分组成符合要求；

（3）协议数据单元（PDU）格式：检查采用PDU1格式；

（4）参数组编号：检查参数组编号符合标准要求；

（5）传输协议功能：检查9～1785字节数据的连接初始化、数据传输、连接关闭符合传输协议功能。

（6）地址的分配：充电机和BMS的地址满足首选地址的要求。

3. 应用层测试

数据正确性测试：按照标准对通信协议参数的要求，在测试用例里把参数明确出来，检验系统数据是否有效正确。评价数据正确性的方法包括数据一致性、数据范围等。

接收报文超时测试：按照报文的开始发送条件和结束发送条件，在测试用例中模拟其中一方超过超时时间不发送或发送错误的，或标准未规定的报文，检测被测对象是否正确进行了接收报文超时处理。

充电流程测试：检查充电时序与充电报文的一致性，在测试用例中模拟在绝缘检测、预充电、充电、充电结束等过程中正常或异常的充电流程，检测被测对象是否正确进行了响应，通信交互过程是否符合标准要求。

第二节　充电信息漫游

一、技术框架定义

（一）充电信息漫游的服务定义

电动汽车充电桩在公共运营服务场景下，根据业务服务属性特征不同，一般会属于不同的充电服务运营商，充电服务运营商各自建设运营平台，通过提供各自专属的App、小程序或充电卡等充电服务凭证，向电动汽车车主提供充电服务。面对众多充电运营平台，电动汽车车主在找桩、充电、结算时会遇到不同运营商充电桩的信息不准、车桩不兼容、不同运营商间信息不一致等问题，给车主带来了充电桩信息指引的障碍。同时，电动汽车车主还会遇到使用多款App终端，办理多张充电卡，在不同运营平台重复进行注册、登录和充值等问题，给车主带来了充电桩便捷使用的障碍。

充电信息漫游指建立充电运营平台之间的信息交互标准，解决不同充电服务运营商间平台信息的互联互通，解决跨多运营商服务的充电业务协同，让电动汽车车主只需要通过一个终端、一个凭证就可以享受多运营商支撑的统一充电服务，高效提高车主充电体验，具有积极作用。

充电信息漫游依托平台间互联互通信息交互技术，实现电动汽车、车主、充电设备、充电服务运营商以及充电服务运营商之间和第三方之间的信息互联是充电设施建设与运营的关键环节，不仅事关电动汽车规模发展和电动汽车车主充电的便利性，也事关到充电服务运营商的健康可持续发展。《国务院办公厅关于加快电动汽车充电基础设施建设的指导意见》（国办发〔2015〕73号），要求“构建充电基础设施信息服务平台，统一信息交换协议，有效整合不同企业和不同城市的充电服务平台信息资源，促进不同充电服务平台互联互通”。

（二）国际充电信息漫游标准框架

国际上，充电信息漫游的技术框架和业务场景应用已经逐步形成，美国、欧洲、日韩的电动汽车服务运营商均已经积极开展技术探索与实践。由中国牵头编制的IEC 63119-1《电动汽车充电漫游信息交换　第1部分：通用要求》是中国主导的世界上第一个电动汽车充电服务领域国际标准，该标准于2019年正式发布。同时，该标准同步在欧盟标准投票全票通过，成为欧盟标准。

充电信息漫游架构基于平台交互技术，业务角色涉及设施运营商（Visited CSO）、漫游服务点（Roaming endpoint）、服务运营商（Home CSP）以及结算中心（Clearing house）。平台信息交互主要涉及I3接口和I4接口，I3接口负责结算中心平台与运营平台之间信息交互，I4接口负责设施运营平台和服务运营平台之间信息交互。充电信息漫游架构如图6-12所示。

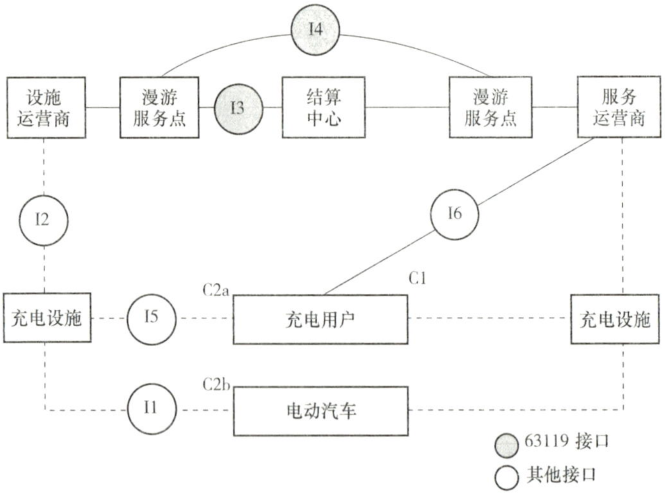

图6-12　充电信息漫游架构

（三）国内充电信息漫游标准框架

T/CEC 102—2016《电动汽车充换电服务信息交换》规定了充电基础设施信息交换体系架构，统一了信息接口的通信协议，实现了不同充电运营企业、不同区域的充电服务设施以及第三方平台间的信息互联，这为实现电动汽车充电基础设施的信息服务和充电服务互联互通奠定了基础。正是解决充电互联互通所需的信息交换标准。电动汽车充换电服务信息交换体系结构如图6-13所示。

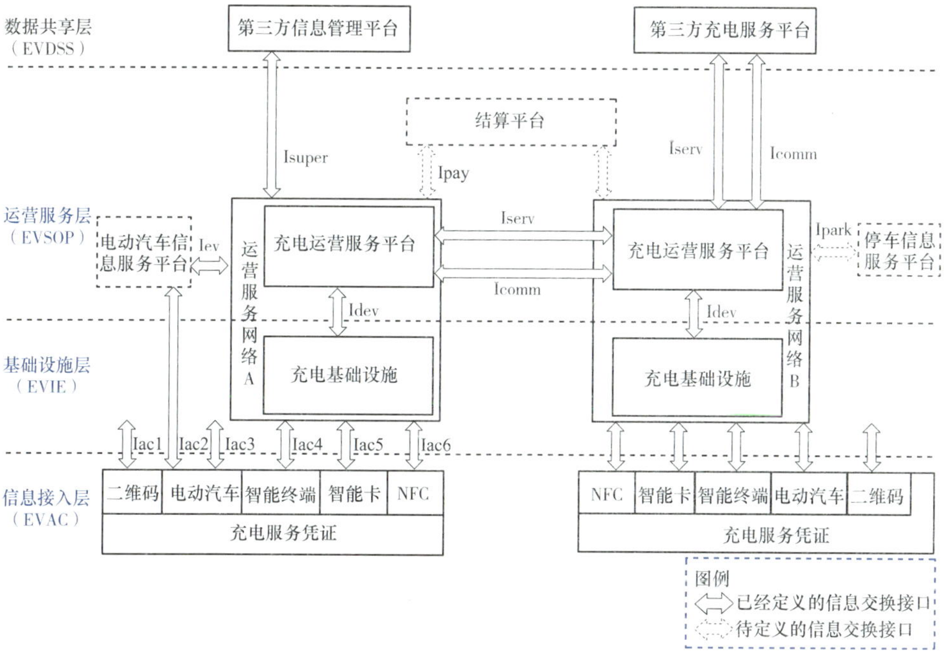

图6-13　电动汽车充换电服务信息交换体系结构

注　引自T/CEC 102.1—2016《电动汽车充换电服务信息交换　第1部分：总则》

（1）T/CEC 102.1—2016《电动汽车充换电服务信息交换　第1部分：总则》规定了电动汽车充换电服务信息交换的总体要求，包括充换电服务信息交换体系结构、信息交换服务流程、信息交换功能、安全机制以及性能指标要求，适用于归属不同运营商的电动汽车充换电运营服务平台之间的充换电服务信息交换，以及电动汽车充换电运营服务平台与第三方服务及管理平台之间的信息交换。

（2）T/CEC 102.2—2016《电动汽车充换电服务信息交换　第2部分：公共信息交换规范》本规定了电动汽车充换电业务信息服务交换规范，涵盖公共信息交换的功能描述、信息模型及接口协议，定义了公共信息接口，适用于归属不同运营商的电动汽车充换电运营服务平台之间的充换电服务信息交换，以及电动汽车充换电运营服务平台与第三方服务及管理平台之间的信息交换。

（3）T/CEC 102.3—2016《电动汽车充换电服务信息交换　第3部分：业务信息交换规范》规定了电动汽车充换电业务信息服务交换的方法，包括业务信息交换的接口流程、接口功能和接口协议，适用于不同运营商服务平台之间的充换电服务信息交换，以及电动汽车充换电服务平台与第三方服务及管理平台之间的信息交换。

（4）T/CEC 102.4—2016《电动汽车充换电服务信息交换　第4部分：数据传输及安全》确立了电动汽车充换电服务信息交换的数据传输和安全防护的一般原则，包含充换电服务信息交换的数据传输体系、平台认证要求、密钥的管理和使用要求。本部用于不同运营商服务平台之间的充换电服务信息交换，以及电动汽车充换电服务平台与第三方服务及管理平台之间的信息交换。

T/CEC 102—2016《电动汽车充换电服务信息交换》相继在国家电网有限公司、特来电新能源有限公司、万帮数字能源股份有限公司、普天新能源有限责任公司等充电服务运营商得到应用，也在北京市公用充电设施数据信息服务平台、上海充电设施监测与管理平台（联联充）等地方政府充电设施监控平台得到实施。该标准自2016年发布实施以来对促进电动汽车充电设施互联互通起到了非常显著的促进作用，例如，特来电新能源有限公司以该系列标准为基础，近两年来实现了与200多家合作伙伴的互联互通，提升了运营效率和市场绩效。目前该标准正在开展优化和修订工作，内容由4个部分扩展到10个部分，覆盖设施、平台、车辆服务、停车场等大范围的信息交互内容。其中：充电设施与信息服务平台之间的信息交互和充电设施信息服务平台之间的信息交互是信息漫游的重点部分。

二、充电信息交互

（一）充电设施与信息服务平台之间的信息交互

电动汽车充换电设备运营商通过各自的服务平台对其所运营的充换电设备进行监控、管理并为充换电服务的开展提供支撑。其中，充换电设备通过两种接入类型接入服务平台：① 充换电设备的直接分散接入；② 充换电设备通过就地信息采集、监控系统或装置间接集中接入。

接入服务平台的充换电设备或监控系统应具备与服务平台通信的能力，并具备以下一种或多种接口：

（1）以太网/光纤；

（2）2G/3G/4G/5G/WiFi；

（3）工业串行总线，如：RS-485/RS-232/CAN。

充电设备与服务平台之间存在资产管理、设备认证、用户认证、设备监测、充电过程控制、停止充电、充电订单服务、设备控制、设备管理、信息安全管理、计费模型管理、黑白名单管理等主要业务流程，具体如图6-14所示。

图6-14　充电设备信息交互类型及流程示意图

充电设备与服务平台交互的信息类型中，资产管理功能、服务平台发起暂停流程、服务平台发起恢复充电、设备控制和运行日志召测等类型信息，可根据服务平台和充电设备的实际情况，配置为可选功能。充换电设备与服务平台信息交互功能与接口的定义见表6-10。

表6-10　充换电设备与服务平台信息交互功能与接口的定义

序号	功能	接口	
1	资产管理功能	资产注册	终端注册请求数据接口 平台注册响应数据接口 终端注册结果数据接口 平台资产注册结果确认接口
		资产变更	平台资产变更数据接口 终端资产变更确认数据接口 平台资产变更结果数据接口 平台资产变更结果确认接口
		资产注销	平台资产注销数据接口 终端资产注销确认数据接口 平台资产注销结果数据接口 设备资产注销接口确认接口

续表

序号	功能		接口
2	设备认证服务	双向认证	终端认证请求数据接口 平台认证响应数据接口 终端认证数据接口 平台认证结果确认数据接口 终端认证结果确认数据接口
3	用户认证服务	二维码认证	平台更新二维码信息接口 终端确认二维码信息接口 平台下发用户验证结果（启动充电）接口 终端确认用户验证结果（启动充电答复）接口
		身份卡认证	充换电设施请求身份认证 平台身份认证结果确认
4	设备监测服务	实时状态信息	交流充电设备实时状态信息接口 直流充电设备实时状态信息接口 换电设备实时状态信息接口
		故障告警信息	交流充电设备故障告警信息接口 直流充电设备故障告警信息接口
		计量信息	充电设备的计量信息接口
		网络信息（可选）	查询网络接口信息的接口 回复网络接口信息的接口
		操作系统运行信息（可选）	查询操作系统运行信息的接口 回复操作系统运行信息的接口
5	充电过程控制服务	启动充电	服务平台远程启动充电接口 服务平台远程启动充电响应接口 服务平台远程启动充电执行结果接口
		暂停充电	服务平台下发暂停充电指令接口 服务平台暂停充电功能响应接口 服务平台暂停充电执行结果接口
		恢复充电	服务平台发起充电恢复指令接口 服务平台恢复充电功能响应接口 服务平台恢复充电执行结果接口
		充电功率控制	服务平台下发充电功率调节接口 服务平台充电功率调节响应接口 服务平台充电功率调节执行结果接口
6	停止充电服务	平台停止	服务平台下发停止充电功能接口 服务平台停止充电功能响应接口 服务平台停止充电执行结果接口
		设备停止	设备侧主动停止充电结果接口

续表

序号	功能	接口		
7	充电订单服务	交易结算	本地结算	交易订单推送数据接口
			平台结算	交易订单推送数据接口
			启动时刻信息	交易订单推送数据接口
		预约服务	车位预约管理	—
			地锁预约管理	—
			电池预约管理	用户预约电池服务数据接口 平台预约电池响应数据接口
		预约服务	充电设备预约管理	用户预约充电服务数据接口 平台预约充电响应数据接口
8	设备控制服务	地锁控制		平台下发地锁控制功能接口 平台地锁控制功能响应接口 平台地锁控制执行结果接口
9	设备管理功能服务	远程升级		平台终端远程升级下达接口 终端远程升级响应接口 终端下载文件状态推送 终端版本下载完成接口 终端远程升级执行接口 平台远程升级执行结果确认
		设备参数查询		平台终端参数查询接口 终端参数查询响应接口
		设备参数设置		平台终端参数设置接口 终端参数设置执行接口
		设备远程控制		平台终端远程控制接口 终端远程控制响应接口 终端远程控制执行接口 平台远程控制执行结果确认
		运行日志召测（可选）		平台终端运行日志召测接口 终端运行日志召测响应接口 终端运行日志召测执行接口 平台运行日志召测执行结果确认
10	信息安全管理服务	密钥更新管理		平台终端密钥设置接口 终端密钥设置结果接口
		交易随机数更新管理		终端交易随机数设置请求接口 平台终端交易随机数设置接口 终端交易随机数设置结果接口

续表

序号	功能	接口	
11	计费模型管理服务	计费模型管理	平台计费模型远程下发接口 设备计费模型自检结果反馈接口 设备计费模型更新结果反馈接口
12	用户账号管理	黑名单管理	推送黑名单数据接口 黑名单处理结果数据接口 查询黑名单数据管理接口 查询黑名单数据管理响应接口
		白名单管理	推送白名单数据接口 白名单处理结果数据执行接口 查询白名单数据接口 查询白名单数据响应接口

（二）充电设施信息服务平台之间的信息交互

不同运营服务平台下的电动汽车充电漫游功能，业务信息交换规范共支持7个业务流程，分别是：

（1）设备认证服务。

（2）业务策略服务。

（3）启动充电服务。

（4）充电业务服务。

（5）充电停止服务。

（6）充电订单服务。

（7）订单对账服务。

包括客户侧发起业务交互和设备侧发起业务交互两种流程。

第七章

充换电站设计及选址

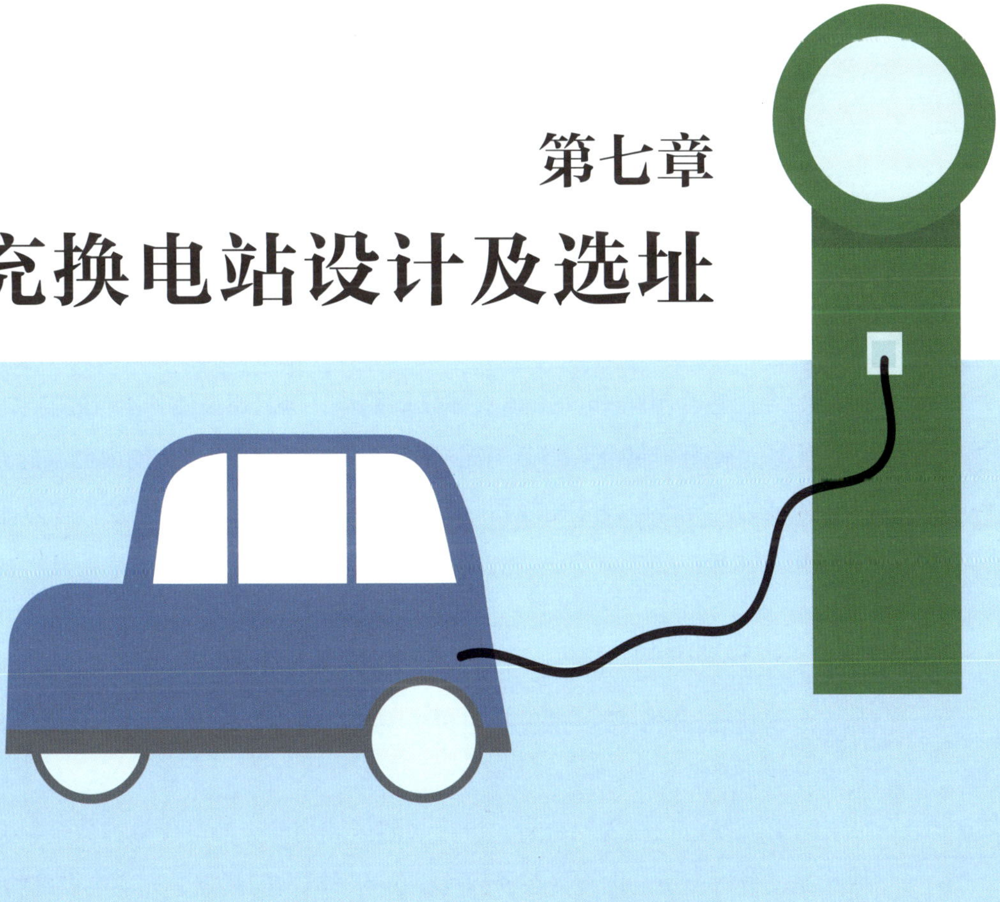

充电基础设施，从电能补给方式上，分为充电站和换电站，而充电站，根据目前政策，一般可分为集中式充电站和分散式充电设施，本章将先阐述选址的一般原则，接着介绍充换电设施的具体选址原则，最后就充电站和换电站的设计进行简要陈述。

第一节　充换电站一般规划

一、规划原则

根据NB/T 33023—2015《电动汽车充换电设施规划导则》，电动汽车充换电设施规划首先应遵守国家法律、法规和相关政策，在此基础上实现先进性、安全性、经济性和便利性的优化。

充换电站规划应与当地城乡发展规划相协调。满足地方经济与交通发展的要求。规划应与当地电动汽车发展规划相适应，并适度超前，满足推动电动汽车发展的需求。规划应与电网规划相结合，提高资源利用效率，充分保障电动汽车的电能供给。规划应考虑电动汽车技术发展趋势，满足用户便利出行的需求。

此外，针对提供公共服务的充换电设施，应考虑规划范围内已有的充换电设施服务能力。充换电设施的规划与电动汽车发展规划的年限一致，宜为近期5年，中期10～20年。

二、规划编制

在编制规划时，需要从充换电设施现状、电动汽车分类保有量、充换电设施需求三方面着手。

（1）充换电设施现状分析。统计规划区域当前充换电设施的数量、类型和使用状况，分析充换电设施存在的问题，包括对电网的影响、充换电设施的利用率、与实际需求的匹配程度、用户的便利性等。评价当前充换电技术水平、充换电设备的服务能力，预测电动汽车、电池及充换电技术的发展趋势。

（2）电动汽车分类保有量预测。根据车辆类型、车辆用途和技术参数等对电动汽车进行分类，根据电动汽车的不同类型进行保有量预测。电动汽车分类保有量预测根据车辆保有量及其发展规律，以及技术发展趋势，结合规划区域的政策、经济、人口等因素确定。按照规划修编要求，近期预测应逐年进行，中远期预测周期不宜超过5年。

电动汽车保有量预测可采取多种方法。根据不确定因素提出2～3个预测方案，经综合比较后选定推荐方案。

（3）充换电设施需求分析。电动汽车充换电模式分为整车充电和电池更换两种，充换电设施可细分为电动汽车充电站、交流充电桩、电池更换站、电池配送中心等，可根据充换电设施的技术参数对其进行进一步细分。电动汽车充换电设施类型可根据服务车辆特性确定。充换电设施需求根据电动汽车分类保有量预测和充换电模式确定，包括日均充换电时间/次数、电力需求等。

充换电站编制规划综合以上三点内容，进行分期规划。电动汽车充换电设施的建设规模、数量和建设时序测算可根据电动汽车充换电设施的服务能力、服务半径和设施利用率（电池更换模式应考虑电池配置比例）等因素确定。对各类充换电设施的建设制定分期建设规划，近期规划应逐年进行。充换电设施所需的占地面积、电网容量测算可根据充换电设施的新增计划数量和类型确定。

此外，规划区域充换电设施所需的占地、电网容量需求，应与城市、电网的分期规划进行比对、协调。

还有，近期规划每年应动态修正，中远期规划每五年宜修编一次。当电动汽车产业相关国家政策有较大变化时、电动汽车保有量的预期有较大变化时或电动汽车及充换电技术有较大发展时，应对规划内容全面修正。

第二节　集中式充电站规划选址

选址是否符合市场布局，这是关系着电动汽车充电桩未来运营能否成功的重要因素。总体来说，分为三大原则，首先要符合国家政策规范要求，其次是注重安全性原则，最后是遵循市场需求。

一、符合国家政策规范

（1）满足城镇总体规划和路网规划要求。充电站布局是对不同区域的充电站需求条件分析后得出的结果，但是具体到充电站选址定点时还须考虑其实施条件的可能性。充电站的选址定点应结合地区建设规划和路网规划，以网点总体布局规划为宏观控制依据，经过对布局网点及其周围地区规划选址方案的比较，确定网点设置用地。此外，应遵守《环境保护法》，做好环评工作；再者，要遵守《电力设施保护条例》，注意避开电力设施保护区。

根据GB 50966—2014《电动汽车充电站设计规范》，再结合实际经验，充电站的规划设计应满足充电站的总体规划，应符合城镇规划、环境保护的要求，并应选在交通便利的地方。充电站站址宜靠近城市道路，不宜选在城市干道的交叉路口和交通繁忙路段附近。充电站站址的选择与城市中低压配电网的规划和建设密切结合，以满足供电可靠性、电能质量和自动化的要求。充电站应满足环境保护的要求。充电站一般都是7×24小时全天候服务，充电站的运营噪声、辐射、照明灯光等，应在允许限值内。若充电站位于或靠近住宅区和社区应评估充电工作对周边居民的影响。

充电站的选址应避开电力设施保护区。电力设施的保护范围和保护区主要为发电厂、变电站、换流站、开关站等厂、站内的设施；发电厂、变电站外各种专用的管道（沟）、储灰场、水井、泵站、冷却水塔、油库、堤坝、铁路、道路、桥梁、码头、燃料装卸设施、避雷装置、消防设施及其有关辅助设施；水力发电厂使用的水库、大坝、取水口、引水隧洞（含支洞口）、引水渠道、调压井（塔）、露天高压管道、厂房、尾水渠、厂房与大坝间的通信设施及其有关辅助设施；架空电力线路：杆塔、基础、拉线、接地装置、导线、避雷线、金具、绝缘子、登杆塔的爬梯和脚钉，导线跨越航道的保护设施，巡（保）线站，巡视检修专用道路、船舶和桥梁，标志牌及其有关辅助设施；电力电缆线路：架空、地下、水底电力电缆和电缆联结装置，电缆管道、电缆隧道、电缆沟、电缆桥，电缆井、盖板、入孔、标石、水线标志牌及其有关辅助设施；电力线路上的变压器、电容器、电抗器、断路器、隔离开关、避雷器、互感器、熔断器、计量仪表装置、配电室、箱式变电站及其有关辅助设施；电力调度设施：电力调度场所、电力调度通信设施、电网调度自动化设施、电网运行控制设施；架空电力线路保护区：导线边线向外侧水平延伸并垂直于地面所形成的两平行面内的区域，在一般地区各级电压导线的边线延伸距离见表7-1。

表 7-1　一般地区各级电压导线的边线延伸距离

序号	电压等级（kV）	边线延伸距离（m）
1	1 ~ 10	5
2	35 ~ 110	10
3	154 ~ 330	15
4	500	20

在厂矿、城镇等人口密集地区，架空电力线路保护区的区域可略小于上述规定。但各级电压导线边线延伸的距离，不应小于导线边线在最大计算弧垂及最大计算风偏后的水平距离和风偏后距建筑物的安全距离之和。

电力电缆线路保护区主要为，地下电缆：线路地面标桩两侧各 0.75m 所形成的两平行线内的区域；海底电缆：一般为线路两侧各 2n mile（海里）（港内为两侧各 100m）；江河电缆：一般不小于线路两侧各 100m（中、小河流一般不小于各 50m）所形成的两平行线内的水域。

（2）满足站点用地面积相关规范要求。充电站布局宜结合电动汽车类型、保有量等因素综合确定，并充分利用供电、交通、消防、排水等公用设施。充电站规模宜结合电动汽车充电需求、车辆的日均行驶里程和单位里程能耗水平综合确定。

二、遵循安全性原则

安全生产，是指在生产过程中的人身安全和设备安全。也就是说，为了使劳动过程在符合安全要求的物质条件和工作秩序下进行，防止伤亡事故、设备事故及各种灾害的发生，保障员工的安全与健康，保障企业生产的正常进行。安全生产是安全与生产的统一，安全促进生产，生产必须安全。因此，在充电站选址、建设、验收、运营等阶段，都应遵循安全性原则。

根据 GB 50966—2014《电动汽车充电站设计规范》，结合实际经验，充电站应满足消防安全的要求。充电站的建（构）筑物火灾危险性分类应符合 GB 50229—2019《火力发电厂与变电站设计防火标准》和 GB 50016—2014《建筑设计防火规范》的有关规定。充电站内的充电区和配电室的建（构）筑物与站内外建筑之间的防火间距应符合 GB 50016—2014《建筑设计防火规范》的有关规定，充电站建构（筑）物相应厂房类别划分应符合表 7-2 的规定。

表7-2 充电站建构（筑）物相应厂房类别划分

充电站建设条件	建（构）筑物厂房类别
当采用油浸变压器时	丙类
当采用干式变压器时	丁类
当采用低压供电时	戊类

注 干式变压器包括SF_6气体变压器和环氧树脂浇注变压器等。

充电站不应靠近有潜在火灾或爆炸危险的地方，当与有爆炸危险的建筑物毗邻时，应符合GB 50058—2014《爆炸危险环境电力装置设计规范》的有关规定。充电站不宜设在多尘或有腐蚀性气体的场所，当无法远离时，不应设在污染源盛行风向的下风侧。充电站不应设在有剧烈振动的场所。充电站的环境温度应满足为电动汽车动力蓄电池正常充电的要求。为避免充电站不受雨季集中降水的影响，在选址时需要充分考虑站点位置的降水量和水淹高度，避免设备浸水风险，否则，就会出现如图7-1所示情况，充电站根本无法运营，只能荒废。

图7-1 因选址不当造成荒废的充电站

充电站应有夜间照明确保夜间运营服务时的安全性。无人值守充电站，宜安装监控摄像头，或建在公用监控覆盖范围内，以便及时发现险情或追踪原因。充电站应保证网络信号强度满足上传数据的要求。

三、遵循市场需求

（1）以需求为导向建立布局合理的充电站网络。充电站布局以充电需求为导向，充电需求是指一定数量的电动汽车在特定时间和特定地点对充电的需求。充电需求和交通密度密切相关，但又受到电动汽车运行方式的制约。充电站数量控制应考虑与充电需求的分布尽可能保持一致，应与各区域的电动汽车交通密度成正比。因此，规划充电站应根据区域供需平衡情况，再结合城市空间布局结构，满足该地区电动汽车运行配套需求，服务能力适度超前。

（2）遵循差别化服务和管理方式。根据各片区充电站需求的空间分布，结合地方意向对不同类型的充电设施布局统筹安排，确保每个设施均具有合理的服务范围或密度，相邻充电站之间应保持合理的联系，从总体上实现均衡布局。考虑电池的寿命老化、交通拥堵等现实因素，从保证电动汽车使用者连续行驶角度出发，充电站的服务半径应以电动汽车单次充电行驶里程 100 km计算。集中充电站服务范围为 100～120 km^2，服务半径为 5～7km。

（3）站点布局因地制宜，土地集约化利用。集中充电站考虑独立建设；或结合公交场站、交通枢纽、公共停车场、轨道交通站点、P+R 停车场等市政设施用地建设。独立充电桩可考虑在住宅小区、办公场所、大型超市等公共设施的停车位建设，一般按停车位数量的 2%～3% 布设。宜充分利用就近的供电、交通、消防等公用设施。

第三节　分散式充电设施规划选址

分散式充电设施，因其灵活方便，应用场景较多，如私人充电桩、地下车库充电设施、路边停车位充电设施等。

因分散充电设施选址要求，除了考虑像集中式充电站选址时的环保、消防、防水浸、注意避开电力保护设施外，更多的是根据需求设置。

根据GB/T 51313—2018《电动汽车分散充电设施工程技术标准》，结合经验，分散充电设施规划应与配电网规划相结合。分散充电设施的类型和规模宜结合电动汽车需求和停车位分布进行规划，并应符合新建住宅配建停车位应100% 建设充电设施或预留建设安装条件；大型公共建筑物配建停车场、社会公共停车场建设充电设施或预留建设安装条件的车位比例不应低于10%；既有停车位配建分散充电设施，宜结合电动汽车的充电需求和配电网现状合理规划、分步实施，主要包括在用户居住地停车位、单位停车场配建的充电设备宜采用交流充电方式，公共建筑物停车场、社会公共停车场、路内临时停车位配建充电设备宜采用直流充电方式。分散充电设施的选址宜充分利用就近的供电、消防及防排洪等公用设施；分散充电设施的选址应满足设施电源接入的要求；选址不应靠近有潜在火灾或爆炸危险的地方。当与有爆炸或火灾危险的建筑物毗连时，应符合GB 50058—2014《爆炸危险环境电力装置设计规范》的规定。

选址应满足周围环境对噪声的要求；分散充电设施不宜设在多尘或有腐蚀性气体的场所，当无法远离时，不应设在污染盛行风向的下风侧；分散充电设施不宜设在有可能积水的场所；分散充电设施不应设在有剧烈振动的场所；分散充电设施不宜建设在修车库内；分散充电设施宜选在有公用通信网络覆盖的区域；分散充电设施的选址应选取消防救援力量便于到达的场所。

此外，根据分散式充电设施的不同应用场景，其规划选址时，除满足以上要求外，地下车库充电设施由于在地下，网络信号弱，宜考虑带有蓝牙功能，以方便用户充电。安装位置选择时，应保证车辆不易碰撞到。车库一般装有监控，宜安装在停车库监控范围内。路边停车位充电设施宜结合电动汽车充电需求、车辆的日均行驶里程、单位里程能耗水平和道路侧停车位的布局综合确定，宜建设在交通畅通路段附近，全天准停的路边停车位，不宜选在交叉路口；充电终端建设的路边停车位处宜有路牙且充电终端外廓的垂直线与路沿石之间距离不应小于25cm，同时宜采取必要的防撞措施；宜具备良好的照明条件，满足夜间运营需求；充电终端应建设在路边停车位中间，正面朝向道路。充电电缆及车辆插头应从充电终端侧面引出；充电设施的选址应充分预留低压配电系统、分体式主机的安装位置，低压配电系统及分体式主机可安装在绿化带等不影响公共安全及人员不易触碰的位置；充电设施的分体式主机的建设应远离居民小区、学校等人员密集场所，避免噪音骚扰；充电设施宜考虑集中建设及管理，所选地点宜可建设6个或以上充电终端。

第四节　换电站规划选址

与充电设施不同，换电设施要全局考虑。根据各片区换电站需求的空间分布，结合地方意向对不同类型的换电设施布局统筹安排，确保每个设施均具有合理的服务范围或密度，相邻换电站之间应保持合理的联系，从总体上实现均衡布局。考虑电池的寿命老化、交通拥堵等现实因素，从保证电动汽车使用者连续行驶角度出发，换电站的服务半径应以电动汽车单次换电行驶里程 100 km计算。换电站服务半径约为 2 km。

换电站可独立或结合公交场站、交通枢纽、公共停车场、轨道交通站点，P+R停车场等市政设施用地建设。宜充分利用就近的供电、交通、消防等公用设施。

一、换电规划原则

换电规划应与当地城乡发展规划相协调，满足地方经济与交通发展的要求；应与当地电动汽车发展规划相适应，并适度超前，满足推动电动汽车发展的需求；应与电网规划相结合，提高资源利用效率，充分保障电动汽车的电能供给；应考虑电动汽车技术发展趋势，满足用户便利出行的需求。前往换电站车道的净宽度和净空高度均不应小于4.0m，并符合GB 50016—2014《建筑设计防火规范》中关于消防车道的相关规定；换电站不宜建在加油站、加气站等火灾危险性较大的场所附近，确需建造的应符合 GB 50156—2012《汽车加油加气站设计与施工规范》及GB 50016—2014《建筑设计防火规范》中关于防火间距的相关规定。

二、换电规划编制

统计规划区域当前充换电设施的数量、类型和使用状况，分析充换电设施存在的问题，包括对电网的影响、充换电设施的利用率、与实际需求的匹配程度、用户使用的便利性等。评价当前充换电技术水平、充换电设备的服务能力，预测电动汽车、电池及充换电技术的发展趋势。

根据车辆类型、车辆用途和技术参数等对电动汽车进行分类，根据电动汽车的不同类型进行保有量预测。电动汽车分类保有量预测根据车辆保有量及其发展规律，以及技术发展趋势，结合规划区域的政策、经济、人口等因素确定。按照规划修编要求，近期预测应逐年进行，中远期预测周期不宜超过5年。电动汽车保有量预测可采取多种方法。根据不确定因素提出2～3个预测方案，经综合比较后选定推荐方案。

电动汽车充换电模式分为整车充电和电池更换两种，充换电设施可细分为电动汽车充电站、交流充电桩、电池更换站、电池配送中心等，可根据充换电设施的技术参数对其进行进一步细分。电动汽车充换电设施类型可根据服务车辆特性确定。充换电设施需求根据电动汽车分类保有量预测和充换电模式确定，包括日均充换电时间/次数、电力需求等。

换电设施应进行分期规划，电动汽车充换电设施的建设规模、数量和建设时序测算可根据电动汽车充换电设施的服务能力、服务半径和设施利用率（电池更换模式应考虑电池配置比例）等因素确定。对各类充换电设施的建设制定分期建设规划，近期规划应逐年进行。

充换电设施所需的占地面积、电网容量测算，可根据充换电设施的新增计划数量和类型确定。根据规划区域充换电设施所需的占地、电网容量需求，与城市、电网的分期规划进行比对、协调。

充换电设施布局选址规划区域可按服务半径和覆盖范围确定，并逐渐完善充换电设施网络。

充换电设施的布局和选址应遵循布局原则，充换电设施布局应与规划期内的电动汽车应用领域和行驶特性相适应；充换电设施布局应与电网供电能力相结合；充换电设施布局应与城乡规划相结合。

充换电设施的布局和选址应遵循选址原则，充换电设施选址应满足便利性、经济性、安全性等要求；电池更换站和充电站宜靠近主要道路，应尽量减少对交通运输的影响；宜结合高速公路服务区及国道沿线城镇、乡村建设充换电设施；充换电设施宜利用现有停车场地，包括公共建筑、住宅小区及企事业单位的停车场等；充换电设施的选址应符合防火安全、电气安全、地质安全等要求。

充换电设施投资估算及规划修正主要为充换电设施总体投资和分年度投资估算，可根据不同类型充换电设施的成本、规模等因素确定。近期规划每年应动态修正，中远期规划每5年宜修编一次。当电动汽车产业相关国家政策有较大变化时、电动汽车保有量的预期有较大变化时或电动汽车及充换电技术有较大发展时，应对规划内容全面修正。

三、场站选址

换电站是用于快速更换电动汽车动力电池的自动化设施；选址是为换电站选取设施安装位置，使其符合工程、财务、规划、运营等各方面要求并最终签订场地租赁合同。因此在选址时一定要考虑周边环境条件和场地条件，具体可参照以下2点：

（1）环境条件。换电站需考虑实际使用效率，若设在商圈附近需测算可服务半径以及可服务密度。若换电站位于或靠近住宅区和社区应评估换电工作对周边居民的影响。换电站位于路网入口附近，需考虑车流量和出入位置，否则会影响到换电服务时间。站点必须满足 7 × 24 小时的全天候服务的要求。站点位于地上空间时需考虑地下管线和承重。站点位置必须有夜间照明确保夜间运营服务时的安全性。考虑到换电设备在无人值守时的安全性，必须考虑站点位置附近的治安状况。换电站需要向管理平台发送数据，因此需要考虑站点位置的移动数据信号的强度是否符合要求。为避免换点站不受雨季集中降水的影响，在选址时需要充分考虑站点位置的降水量和水淹高度，避免设备浸水风险。考虑到站点安装施工时机械设备的进出问题。换电站在地面时需要考虑吊装设备行驶是否会受到阻碍，位于地下停车场内时需要考虑叉车进入时的车库入口高度。为避免后期的噪声扰民问题，地面换电站距离敏感建筑物（指医院、学校、机关、科研单位、住宅等需要保持安静的建筑物）的直线距离应不小于 20m。

（2）场地条件。首先，场地面积需满足换电站集装箱外沿尺寸。为满足电气安全间距的要求，带电体需距离墙体 80cm 以上。换电站正前方 6m 内不应有遮挡物（满足安装时施工设备的移动空间）。地面场景高度满足设计要求，且上方不应有遮挡物。需考虑场地通道的宽度，以满足车辆回转的半径，一般情况下不小于 6m。

其次，换电站需根据设备总重量满足一定的承载，一般无法确定站点下方的回填土的回填质量，因此需对地面进行开挖，重新制作钢筋混凝土基础。

此外，换电站场址需确认换电站所属场地是否通过当地消防部门的验收，换电设备部署不应遮挡、影响消防栓的使用；消防栓的前方应至少保证宽 1m、长 2m 的区域没有任何杂物堆放。部署位置应便于人员疏散，确保疏散时间小于 5min；同时，站址一般不应选择在人员或车辆的出入口附近，以免影响人员及车辆的疏散。室内场站部署位置应有强排烟措施，换电站附近应有强排烟管道（10m 范围内），保证事故时有烟雾疏散通道。换电站不应影响消防车通行及消防车登高操作，尤其是地面换电站选址时，应注意查看场地的平面图，避开消防车的行驶通道及消防登高面。换电站不应靠近有潜在火灾或爆炸危险的地方，地面换电站距离消火栓的距离应不大于 50m。地面换电站距离附近建筑物的防火间距不低于 10m。

第五节　充电站设计

一、总体设计

充电站一般包含供电系统、充电设备、监控系统、配套设施等，如图7–2所示，其设计施工应满足产业特点，注意充电设施设计的特殊性，应立足电动汽车产业的技术现状，同时兼顾未来发展，做到远近结合、适度超前，并留有发展余地。

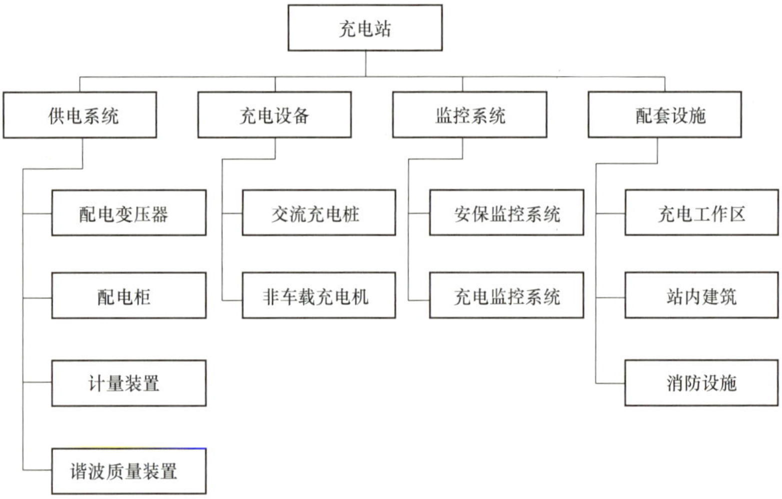

图7–2　充电站构成

在充电设施初步设计中主要依据是可行性研究报告及评审文件和设计中标通知书或委托文件，参与设计的单位必须严格执行其中规定的各项原则，初步设计文件应该包括设计图纸、主要设备材料清册、概算书等。初步设计文件应充分表达设计意图，内容完整齐全、计算准确、文字说明清楚、图纸清晰正确、各级签署齐全。初步设计文件的内容深度应确定设计方案、主要设备材料、提出用地要求、提供施工图纸设计方案依据、控制工程投资。主要技术方案应包括供配电系统、充电系统、电气二次线、计量系统、通信、总平面及竖向布置、建筑方案、建筑结构形式、地基处理方案等内容。

二、总平面布置

（1）一般规定。充电站包括站内建筑、站内外行车道、充电区、临时停车区及供配电设施等。站区总布置应满足总体规划要求，并应符合站内工艺布置合理、功能分区明确、交通便利、节约用地的原则。总平面布置宜按最终规模进行规划设计。在保证交通组织顺畅、工艺布置合理的前提下，应结合自然地形布置充电站，尽量减少土石方量。充电站宜单独设置车辆出入口。

（2）充电设备及建筑布置。充电设备应靠近充电位布置，以便于充电，设备外廓距充电位边缘净距不宜小于0.4m。充电设备的布置不应妨碍其他车辆的充电和通行。同时应采取保护充电设备及操作人员安全的措施。在用地紧张的区域，充电站内的停车位可采用立体布置。充电设备布置位置宜靠近上级供配电设备，缩短供电电缆的路径。充电站内建筑的布置位置应方便观察充电区域。充电站宜设置临时停车位置。

（3）道路。充电站内道路的设置应满足消防及服务车辆通行的要求。充电站出入口不宜少于2个，当充电站车位不超过50个时，可设置1个出入口。入口和出口宜分开设置，明确指示标识。

充电站内双列布置的充电位，中间行车道宜按行驶车型双车道设置；单列式布置的充电位，行车道宜按行驶车型单车道设置。充电站内单车道宽度不应小于3.5m，双车道宽度不应小于6m。当站内道路有消防车进出要求时，车道设置应符合GB 50016—2014《建筑设计防火规范》第7.1.8条的规定，转弯半径为9～12 m。

充电站的道路设计宜采用城市型道路。充电站的进出站道路应与站外市政道路顺畅衔接。

三、供配电系统设计

供配电系统主要为充电设备以及计量监控、安防与维修设备提供和运输电能。供配电设备主要由一次设备和二次设备所组成，包括配电变压器、配电柜与谐波治理装置、继电保护装置、电线电缆等电气设备。

（一）充电站供配电系统设计

充电站供配电系统设计应符合现行国家标准GB 50053—2013《20kV及以下变电所设计规范》的有关规定，遵循安全、可靠、适用的原则，便于安装、操作、检修和调试。当建设场地受限时，中、低压开关柜可与变压器设置在同一房间内，且变压器应选用难燃型或不燃型，其外壳防护等级不应低于IP2X。

配电设计一般采用单母线或单母线分段接线。运行经验证明，中、低压配电系统采用单母线接线或单母线分段接线能够满足供电可靠性的要求。由于充电站的用电设备具有非线性特性，在运行时将产生谐波分量。其中3次及其整数倍谐波电流在通过N线时，会使N线带电位，所以宜采用TN–S系统。低压断路器具有短路保护和过负荷保护功能，可以带负荷进行投切，其附件能实现模拟量和开关量的输入和输出。为防止不同电源并联运行，来自不同电源的低压进线断路器和低压分段断路器之间应设机械闭锁和电气联锁装置。保护方面应选用具有几段保护功能和接地保护功能的低压进线断路器，以满足保护动作的选择性要求。低压进线断路器宜设置分励脱扣装置，便于电网企业对充电站的统一调度管理。据调查近年来由于电力系统发生瞬间失压，造成大面积甩负荷的事例屡有发生，主要是由于配电变压器低压进线侧加装了失压脱扣装置，因此低压进线侧不宜设置失压脱扣装置。重要用电设备采用放射式供电，能保证其供电的可靠性，减少其他负荷故障或检修时的影响范围。

无功功率补偿装置宜设置在变压器低压侧，补偿容量宜按最大负荷时变压器高压侧功率因数不低于0.95确定。当用电设备的自然功率因数满足变压器高压侧功率因数不低于0.95的要求时，可不加装低压无功功率补偿装置。当采用如有源功率因数校正装置的非车载充电机时，其功率因数可达0.99及以上，在满足电网公司对功率因数的要求时，可不另设无功功率补偿装置。

配电线路所用铜导体具有耐腐蚀、抗老化、载流量大等特点，近年来在城网建设与改造中，多采用铜芯电缆，与聚氯乙烯绝缘电缆相比，交联聚乙烯绝缘电缆具有线芯工作温度高、载流量大的优点，因此中压电力电缆宜选用铜芯交联聚乙烯绝缘类型，低压电力电缆宜选用铜芯交联聚乙烯绝缘类型，也可选用铜芯聚氯乙烯绝缘类型。考虑到充电站谐波电流和低压负荷不平衡等情况，基于安全运行的要求，规定三相回路选用五芯电缆，单相回路选用三芯电缆，N线与PE线不共用，要求电缆中性线截面与相线截面相同。为防止电缆在施工及运行中可能出现的机械损伤或受到较大的压力，电力电缆宜采用钢带铠装。单芯电缆不应采用导磁性材料铠装，以避免涡流的损耗。交流单芯电缆不宜单根穿过钢管敷设，当需要单根穿管时，应采用非导磁管材，也可采用经过磁路分隔处理的钢管。

根据充电站用电设备容量大小的不同，充电站可选择高压供电或低压供电。

如用电设备容量在100 kW以下的充电站可采用高压供电，用电设备容量在100kW及以下的可直接采用220V单相低压供电。供电电压必须满足GB/T 12325—2008《电能质量　供电电压偏差》的要求。即10kV（20kV）及以下三相供电的电压偏差为标称电压的±7%，220V单相供电电压偏差为标称电压的+7%、-10%。

充电站供配电系统设计应采取选择合理的变压器变压比和电压分接头、降低系统阻抗、补偿无功功率、调整三相负荷平衡等减小供电电压偏差的措施。电动汽车充电机为非线性负荷，充电站中多个充电机一起充电所产生的电压波动和闪变对电网电能质量具有一定的损害。根据充电站充电设备和用电设备的特点，由于不含有大型冲击性设备，因此产生的电压波动和闪变比较小。在电压波动和闪变超过限值的情况下，可以采用动态补偿或调节装置直接对波动电压和电压闪变进行动态补偿或调节，以达到快速改善电压的目的。充电站所产生的电压波动和闪变在电网公共连接点的限值应符合GB/T 12326—2018《电能质量　电压波动和闪变》的有关规定。

电动汽车充电机的充电过程为非线性的负荷变化过程。充电站中的充电设备由数个非车载充电机、充电桩等组成，现有研究表明，充电站对电网最主要的电能质量影响即为造成谐波和引起电网功率因数的下降。谐波会对电网造成极大的危害，为了抑制谐波以保证较好的电能质量，必须对充电站产生的谐波进行限制。传统的线性负载电流/电压只含有基波（50Hz），没有或只有极少的谐波成分，而非线性负载会在电力系统中产生可观的谐波。谐波与电力系统中的基波叠加会造成波形的畸变，畸变的程度取决于谐波电流的频率和幅值。非线性负载会产生陡峭的脉冲型电流，而不是平滑的正弦波电流，这种脉冲中的谐波电流会引起电网电压畸变形成谐波分量，进而导致与电网相连的其他负载产生更多的谐波电流。非线性负载产生的谐波电流会影响电力系统的多个工作环节，包括变压器、中性线、电动机、发电机和电容器等。谐波电流会导致变压器、电动机和备用发电机的运行温度（*K*参数）严重升高。中性线的过电流（由谐波和不平衡引起）不仅会使导线温度升高造成绝缘损坏，而且会在三相变压器线圈中产生环流导致变压器过热。无功补偿电容器会因电网电压谐波畸变而过热，谐波将导致严重过流。另外，电容器还会与电力系统中的电感性元件形成谐振电路，这将导致电容器两端的电压明显升高，导致严重故障。照明装置的启辉电容器对由高频电流引起的过热也是十分敏感的，启辉电容器的频繁损坏表明电网中存在谐波的影响。谐波还会引起配电线路的传输效率下降、损耗增大，并干扰电力载波通信系统的工作，如电能管理系统（EMS）和时钟系统。谐波还会使电力测量表计、有功需量表和电能表的计量误差增大。

（二）分散充电设施供配电系统设计

分散充电设施的供配电系统应符合GB 50052—2009《供配电系统设计规范》的有关规定，负荷等级为三级。分散充电设施宜就近接入电源点。既有停车位配建充电设施应根据变压器容量、用电高峰时的变压器负载率等，选择接线方式。当采用单母线接线时，负载率不应超过100%；当采用单母线分段接线时，负载率不应超过60%。当接入充电设施造成配电变压器过载运行时，可采取对充电功率和充电时间段进行优化控制或对配电设施进行增容改造等措施，降低负载率。新建充电设施应根据规模在配电室预留专用馈线开关。当负荷容量小于250kW时，开关额定电流不宜小于400A；当负荷电流大于400A时，应增加开关。交流充电桩线路侧剩余电流保护器的型号应与其内部的剩余电流保护器相同。单相交流充电桩接入系统是宜满足三相平衡的要求。

分散充电设施的配电应配置配电箱，配电箱至分散充电设施应预留电缆通道。新建停车场应将低压电源引至充电车位附近，采用专用供电线路。电缆路径应规划合理，电缆应固定敷设；户内电缆宜采用桥架敷设、地槽敷设、马道敷设、穿管明敷等方式；户外电缆线路宜采用电缆沟槽或穿保护管埋地的方式敷设。220V/380V三相回路应选用五芯电缆；220V单相回路应选用三芯电缆，且电缆中性线截面应与相线截面相同。电力电缆截面的选择应符合GB 50217—2018《电力工程电缆设计标准》的有关规定，且电力电缆截面积可按大一级选择。主干线的截面积应结合分散充电设施负荷计算结果，按远景目标选定，并应留有一定的裕度。向充电设备供电的线路宜选用铜导体，电缆宜选用交联聚乙烯绝缘型。当线路敷设在户外时，外护套宜采用钢带铠装；电线宜采用聚氯乙烯绝缘类型。

四、用电负荷设计

作为大型用电设施，在设计之初用电负荷的设计就非常重要了。电动汽车充电设施用电负荷等级应符合GB 50052—2009《供配电系统设计规范》的规定，并满足中断供电将在经济上造成较大损失，或对公共交通、社会秩序造成较大影响的充电设施，应按不低于二级负荷供电的要求供电，其余场所可按三级负荷供电。

由于有些情况，电动汽车充电没有完全覆盖所有充电桩，也就是100%占桩充电的情况不多见，可以考虑按实际情况设计用电负荷。充电设备负荷容量可按以下公式计算。

充电设备输入总计算容量为

$$S = K_t(K_{x_1}\sum S_1 + K_{x_2}\sum S_2 + \cdots + K_{x_n}\sum S_n)$$
$$= K_t\left(K_{x_1}\sum\frac{P_1}{\eta_1\cos\varphi_1} + K_{x_2}\sum\frac{P_2}{\eta_2\cos\varphi_2} + \cdots + K_{x_n}\sum\frac{P_n}{\eta_n\cos\varphi_n}\right)$$

式中 S——充电设备的计量容量，kVA；

P_1、P_2、…、P_n——各类充电设备单台的输出功率，kW；

S_1、S_2、…、S_n——各类充电设备单台的输入容量，kVA；

η_1、η_2、…、η_n——各类充电设备的工作效率（0.9～0.96）；

$\cos\varphi_1$、$\cos\varphi_2$、…、$\cos\varphi_n$——各类充电设施功率因数（0.92～0.99）；

K_t——同时系数，一般取0.8～1.0；

K_x——需要系数。

电动汽车充电设施用电负荷计算时应根据项目使用性质、规模及使用情况等因素确定合理的需要系数。单相交流充电桩（7kW 慢充）的需要系数可参考表7–3取值。

表7–3 需要系数（K_x）推荐值

充电设备台数	1	5	10	15	20
需要系数	1	0.78～0.86	0.66～0.74	0.56～0.64	0.47～0.55
充电设备台数	25	30	40	50	60以上
需要系数	0.42～0.50	0.38～0.45	0.32～0.38	0.29～0.36	0.28～0.35

需要注意的是，由于新能源汽车还在不断发展中，实际使用时表7–3中系数可根据工程实际情况进行必要的调整。表中系数用于计算变压器负荷使用，用于供电干线的负荷计算时，建议提高一个档次标准。表中充电设备台数是按同一单相所接交流充电桩数量计算，采用三相配电时，表中充电设备台数应乘以3。

五、监控及通信系统设计

充电站监控系统应由站控层、间隔层及网络设备构成，监控系统结构设计可按照图7–3进行结构设计，规模较小的充电站可根据实际需要进行简化。站控层应实现充电站内运行各系统的人机交互，实现相关信息的收集和实时显示，设备的远方控制以及数据的存储、查询和统计等，并可与相关系统通信。间隔层应能采集设备运行状态及运行数据，实现上传至站控层、接收和执行站控层的控制命令的功能。

根据充电站的规模和硬件构成可选择配置站控层设备，主要包括服务器、工作站和打印机等；间隔层设备主要包括充电机监控单元、配电监控单元和安防系统等；网络设备主要包括网络交换设备、通信网关、光电转换设备、网络连线、电缆和光缆。

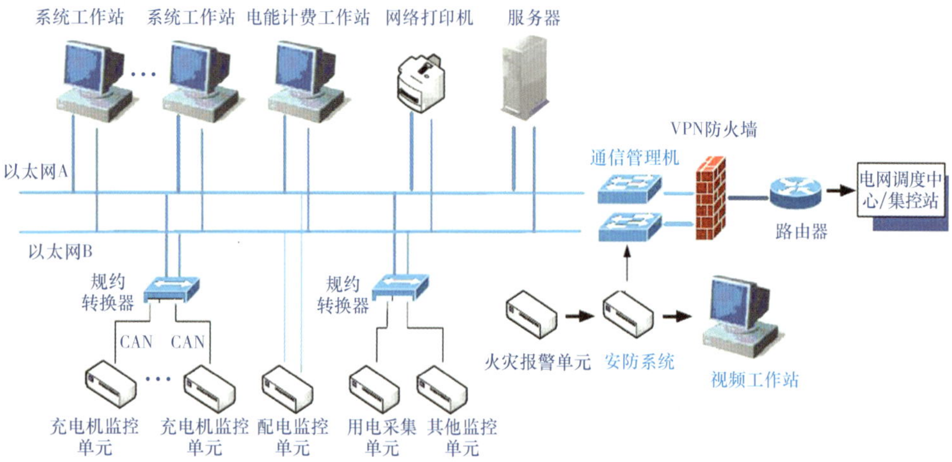

图7-3　充电站监控系统结构示意图

系统配置应遵循适用性原则，站控层配置应能满足整个系统的功能要求及性能指标要求，主机容量应与监控系统所控制采集的设计容量相适应，并留有扩充裕度。主机系统宜采用单机配置，规模较大的充电站可采用双机冗余配置，热备用运行。应设置时钟同步系统，其同步脉冲输出接口及数字接口应满足系统配置要求。

（一）充电监控系统

充电监控系统宜具备数据采集、控制调节、数据处理与存储、事件记录、报警处理、设备运行管理、用户管理和权限管理、报表管理与打印功能、可扩展性、对时等功能。

充电监控系统应具备采集非车载充电机工作状态、温度、故障信号、功率、电压、电流和电能量等；采集交流充电桩的工作状态、故障信号、电压、电流和电能量等。充电监控系统应实现向充电设备下发控制命令、遥控启停、校时、紧急停机、远方设定充电参数等控制调节功能；充电监控系统数据处理与存储功能，充电设备的越限报警、故障统计等数据处理功能；充电过程数据统计等数据处理功能；对充电设备的遥测、遥信、遥控、报警事件等实时数据和历史数据的集中存储和查询功能。

充电监控系统应具备操作记录、系统故障记录、充电运行参数异常记录、动力蓄电池参数异常记录等事件记录功能。充电监控系统应提供图形、文字、语音等一种或几种报警方式，并具备相应的报警处理功能。充电监控系统应具备对设备运行的各类参数、运行状况等进行记录、统计和查询的设备运行管理功能。充电监控系统可根据需要，规定操作员对各种业务活动的使用范围和操作权限，实现用户管理和权限管理功能。充电监控系统可根据用户需要定义各类日报、月报及年报，实现报表管理功能；并实现定时 / 召唤打印等功能。

充电监控系统应具备可扩展性，系统应具备较强的兼容性，以完成不同类型充电设备的接入；系统应具有扩展性，以满足充电站规模不断扩容的要求。

充电监控系统可以接受时钟同步系统对时，以保证系统时间的一致性。

（二）供电监控系统

供电监控系统应采集充电站供电系统的开关状态、保护信号、电压、电流、有功功率、无功功率、功率因数和电能计量信息等。供电监控系统应能控制供电系统负荷开关或断路器的分合。规模较大的充电站供电监控系统应具备供电系统的越限报警、事件记录和故障统计功能。

（三）安防监控系统

充电站安防监控系统的设计应符合 GB 50348—2018《安全防范工程技术标准》的有关规定，宜设置视频安防监控系统，并具有入侵报警、出入口控制设计。

视频安防监控系统的设计应符合现行国家标准 GB 50395—2007《视频安防监控系统工程设计规范》的相关规定，并根据安全管理要求，在充电站的充电区和营业窗口宜设置监控摄像机。视频安防监控系统宜具有与消防报警系统的联动接口。

入侵报警系统的设计应符合现行国家标准 GB 50394—2007《入侵报警系统工程设计规范》的有关规定。根据充电站的安全管理要求，宜在充电站内供电区和监控室设置入侵探测器。

充电站出入口控制系统的设计应符合现行国家标准 GB 50396—2007《出入口控制系统工程设计规范》的相关规定。根据充电站的安全管理要求，宜在充电站出入口设置出入口控制设备。

安防监控系统可以接受时钟同步系统对时，保证系统时间的一致性。

（四）通信系统

间隔层网络通信结构应采用以太网或 CAN 网结构连接，其通信介质可采用光纤或RS-485 等串行接口方式连接。站控层和间隔层之间及站控层各主机之间网络通信结构应采用以太网连接。监控系统应预留以太网或无线公网接口，以实现与各类上级监控管理系统数据交换。

六、防雷接地

充电站在进行防雷接地设计时应首先保证充电站的配电房、建筑物及输配电、充电桩、监控等设备设施应处于直击雷保护范围之内，而对于分散式充电设施可利用附近较高建（构）筑物上的接闪装置，但应确保充电桩处于直击雷保护范围之内。

在进行防雷接地设计之前应对拟建站场周边建（构）筑物防雷装置的安装情况进行调查，结合各地雷击情况一般将独立建设的充电站按照第三类防雷建筑物进行防雷装置的设计施工，如与其他建筑物共同建设或改造时，应综合考虑建筑物的性质并经计算确定其防雷级别。安装于户内的充电桩应至少有防直击雷、防闪电电涌侵入和防雷击电磁脉冲的保护措施，安装于户外的充电桩尚应采取防闪电感应的措施。在涉及防雷选址时，尽可能避开高层建筑物密集且年预计雷击次数相对较高的区域；远离高压架空电力线路走廊及其高耸的铁塔；所选场地周边建筑物高度相对较低或高度相差不大，且安装有防雷装置保护。当不可避免需要在上述雷电高风险区域建设充电桩时，也可适当提高雷电防御等级，增加防护措施，以减少雷灾事故的发生。

根据充电站的周围环境，接闪器宜采用接闪带、接闪网、接闪杆或组合等形式。充电站建（构）筑物的接闪带应沿着顶部四周及易受雷击的部位进行敷设，并形成不大于20m × 20m 或24m × 16m的接闪网格。充电站建（构）筑物宜利用其金属屋面作为接闪器，当分散式充电设施直击雷防护利用附近建（构）筑物的接闪器时，其应置于直击雷防护区内，充电桩附近接闪器与充电桩距离应不小于3m。

充电站可以利用建（构）筑物的立柱钢筋或金属立柱作为引下线，也可沿支撑立柱设置专设引下线。当设置专用引下线时，专设引下线应沿建（构）筑物立柱表面敷设，并经最短路径接地。专设引下线与充电桩基础的安全距离不应小于

3m，且引下线3m范围内地表层的电阻率不小于50kΩ·m，或敷设5cm厚沥青层或15cm厚砾石层。

充电桩外壳、支架、金属线管（槽）等所有金属组件通过金属螺栓、导线或SPD 连接到防雷装置上，要求各部件之间连接的直流过渡电阻不应大于0.2Ω，以减小电位差。充电桩防雷接地、电气设备的工作接地、保护接地应共用接地系统，其接地电阻值不宜大于4 Ω，同时应当注意共用接地装置的布置形式和尺寸。

七、消防给水及灭火设施

电动汽车充电站建（构）筑物的火灾危险性分类及其耐火等级应符合表7–4的规定。

表7–4　电动汽车充电站建（构）筑物的火灾危险性分类及其耐火等级

序号	建筑物名称		火灾危险性分类	耐火等级
1	配电室	当采用油浸变压器时	丙类	二级
		当采用干式变压器时	丁类	
		当采用低压供电时	戊类	
2	充电区		丁类	二级
3	监控室		戊类	二级
4	值班室等附属用房		戊类	二级

电动汽车充电站的防火分区、安全疏散和救援设施的设置应符合现行国家标准GB 50067—2014《汽车库、修车库、停车场设计防火规范》、GB 50016—2014《建筑设计防火规范》的有关规定。

电动汽车充电站应按表7–5确定火灾类别及危险等级并配置灭火器。灭火器的配置设计应符合现行国家标准GB 50140—2005《建筑灭火器配置设计规范》的有关规定。电缆的防火设计应采取防止电缆火灾蔓延的阻燃及分隔措施。

表7–5　建（构）筑物火灾类别及危险等级

配置场所	火灾类别	危险等级
充电区	E	高
配电室	E（A）	中

续表

配置场所	火灾类别	危险等级
监控室（消控室）	E（A）	中
值班室等附属用房	A	轻

具体的防范措施，可以从室外和室内，进行差异化设计。

（1）室外。电动汽车充电站配套建设的休息室等功能房应满足二级厂房相关要求。充电区防火间距应满足GB 50067—2014《汽车库、修车库、停车场设计防火规范》中停车场防火间距的相关要求。

电动汽车充电站应设置消防给水系统，不具备接入市政消防管道条件的场站应设置消防水池。

充电区的消防给水管道、室外消火栓、消防泵房的设置，应符合现行国家标准GB 50974—2014《消防给水及消火栓系统技术规范》的有关规定。充电区的消火栓宜沿充电区周边设置，且距离最近一排汽车不宜小于7m。

电动汽车充电站应设置消防应急照明和疏散指示。

（2）室内。电动汽车充电站建筑物构件的燃烧性能和耐火极限应符合现行国家标准GB 50067—2014《汽车库、修车库、停车场设计防火规范》、GB 50016—2014《建筑设计防火规范》的有关规定。

电动汽车充电站应设置火灾自动报警系统、排烟设施、自动喷水灭火系统、消防应急照明和疏散指示。

电动汽车充电站内应设置火灾探测报警系统。火灾探测报警区域应包括主要设备用房和设备区域。火灾探测报警系统的设计，应符合现行国家标准GB 50116—2013《火灾自动报警系统设计规范》的有关规定。

充电区应设置独立的防火单元，每个防火单元的最大允许建筑面积应符合表7-6。

表7-6　每个防火单元的最大允许建筑面积　m^2

耐火等级	单层汽车库	多层汽车库	地下汽车库或高层汽车库
一、二级	1500	1250	1000

每个防火单元应采用耐火极限不小于2.0h的防火隔墙或防火卷帘、防火分隔水幕等与其他防火单元和汽车库其他部位分隔。当采用防火分隔水幕时，应符合现行国家标准GB 50084—2017《自动喷水灭火系统设计规范》的有关规定。每个

防火单元的进风量和排风量符合GB 51251—2017《建筑防烟排烟系统技术标准》的规定。自然通风无法满足GB 51251—2017《建筑防烟排烟系统技术标准》要求的充电站和设置在地下的充电站应设置防排烟设施，防火分区机械排烟系统与通风、空气调节系统宜分开设置。当合用时，必须采取可靠的防火安全措施，并应满足GB 50016—2014《建筑设计防火规范》的有关规定。充电区应设置自动喷水灭火系统，规模较大的充电站应设置雨淋灭火系统。

因此，未设置火灾自动报警系统、排烟设施、自动喷水灭火系统、消防应急照明和疏散指示的地下、半地下和高层既有建筑内不应建设电动汽车充电站。

一旦发生火灾，有效的灭火设施可以降低损失程度，因此，电动汽车充电站建筑物灭火器配置应符合GB 50140—2015《建筑灭火器配置设计规范》的有关规定。室外充电区灭火器配置应符合：

（1）不考虑混合动力汽车进入时，按 E类火灾场所选择灭火器；应选择磷酸铵盐干粉灭火器、碳酸氢钠干粉灭火器、卤代烷灭火器或二氧化碳灭火器，但不得选用装有金属喇叭喷筒的二氧化碳灭火器；充电站应按轻危险级配置灭火器。

（2）考虑混合动力汽车进入时，按 B、E类火灾场所选择灭火器；应选用碳酸氢钠干粉灭火器、磷酸铵盐干粉灭火器、二氧化碳灭火器。充电站应按严重危险级配置灭火器，充电站内应设置火灾探测报警系统。火灾探测报警区域应包括主要设备用房和设备区域。火灾探测报警系统的设计，应符合现行国家标准GB 50116—2013《火灾自动报警系统设计规范》的有关规定。

加油、加气站内建设电动汽车充电站时，应符合GB 50156—2012《汽车加油加气站设计与施工规范》的要求。

第六节　换电站设计

一、换电站特点

换电站在供电系统设计、监控及通信系统设计、防雷接地要求等方面，与充电站并无太大区别。但由于换电站的充电系统，一般都是集装箱形式，体积大且重，现场施工需要吊装设备，因此，工程设计时主要考虑承重问题。此外，换电站里还存储电池，因此，消防给水及灭火设施除按照充电站的要求设计外，还需重点考虑电池存储的安全设计要求。

二、换电站设计特殊要求

（一）基本要求

接入电压满足设计要求；可用电容量满足设计要求。开关选型满足设计要求，如无现成可用开关，可考虑将小开关改造为大开关；如不具备改造条件，可考虑从合适位置引出电缆，在墙上挂配电柜（内含配电开关及计量装置）。

场地平面图作为车位规划用图，可以最直观的看见场地条件。建筑专业图纸、结构专业图纸（包含结构设计说明）是为了直观了解场地的承重等数据。若场地位于地面会涉及土建开挖和基础建设。开挖区域在地下1m以内，必须避免强电、弱电、通信电缆、光纤电缆、燃气管道、排污排水管道、军用电缆等。为避免盲目开挖造成破坏而引起纠纷，务必尽可能参考地下管线图，确认地下情况。

如项目有现成的电缆沟，车位优选电缆沟附近的位置。户外强弱电通道通常共用电缆沟，因此电缆沟的走向可通过查询场地管理方资料获得。如项目无现成电缆沟，或借用原有电缆沟到设备实际取电点仍有部分路径要新做电缆沟或直埋，此时开挖地面需参考其他专业图纸。例如查询市政水管道或排水暗沟的设计走向及深度，可通过查询场地管理方资料获得。

如换电站需要导视牌或引导线，需确定招牌位置。设备高度需在勘查确认场地高度限制。如需立面改造和喷涂，需事先和合作方沟通确认。以及当地台风对设备安全可能造成的影响，在室外站设备设计制造上和施工时都需要考虑。

勘测初期需要明确客户配电房位置，目标空开位置，电缆沟走向及是否还预留空间，如无预留空间，考虑到穿墙位置及业主方是否允许穿墙问题。评估整体工程施工周期，并与业主方人员提前沟通，明确允许施工的时间段及允许施工周期。换电站设计需要考虑人工、材料、施工、项目管理、验收等各个部分投入成本费用。

（二）消防安全要求

换电站安全和消防要求应满足GB/T 29772—2013《电动汽车电池更换站通用技术要求》中第12 章要求。电池更换站内应设置事故电池隔离措施；电池存储区域应设有事故电池紧急运送通道，电池更换站内宜配置应急转运车、移动沙箱等，对事故电池进行有效处理，保证事故电池快速、安全地运出充电架。

（三）监控要求

监控系统应满足 GB/T 29772—2013《电动汽车电池更换站通用技术要求》中第 9 章要求。监控系统应具备实时存储电池充电数据、更换电池的信息（电池编码、电池的信息等）及车辆信息等数据。监控系统应具有数据接口功能，向运营平台转发：电池更换站站况、电池组使用信息（包含车上的电池）、充电机工作状态、计量计费信息、车牌识别信息等并协助将所有数据通过 TCP/IP 协议上传至云端服务器。监控系统应具备车牌识别（VIN 编码）、计量计费、费用结算等功能。监控系统具有数据采集功能、数据处理与存储、事件记录、人机操作与图形编辑、报警处理、通信功能、报表管理与打印功能、系统维护与系统自检、可扩展性、充电信息管理功能等。监控系统应能采集的数据包括：充电机工作状态、温度故障信号、充电机功率、充电电压、充电电流、充电电量、汽车行驶里程、电池更换次数等。电池箱的出厂编号、版本、单体电压、温度、SOC、故障信号等。

监控系统应满足 NB/T 33005—2016《电动汽车充电站及电池更换站监控系统技术规范》的要求。监视：监控系统应能对站内主要设备运行参数和设备状态、通信状态和通信报文进行监视，并实时显示。报警：监控系统应能对站内设备状态异常、故障，测量值越限、突变及监控系统软、硬件、通信接口及网络故障进行报警处理。

（四）设备要求

换电站中的快换电池箱应满足 NB/T 33025—2016《电动汽车充电站及电池更换站监控系统技术规范》的要求：快换电池箱应满足车载使用工况要求，电池箱固定应采用机械式锁止机构，并具有防止锁止失效功能。电池箱锁止机构应能在三个相互垂直的轴上将电池箱固定在托架上，在车辆行驶造成的频繁振动下，不会出现产生危害的相对位移或产生明显的机械噪声。电池箱锁止机构的解锁和锁止应通过受控方式操作，锁止机构的工作状态应能可靠检测。电池箱锁止机构应能承受振动和冲击的影响。在异常情况下应能通过手动方式解锁并拉出电池箱。

电池箱连接器应满足 GB/T 32879—2016《电动汽车更换用电池箱连接器通用技术要求》的要求，连接器的防触电保护应符合 GB/T 11918.1—2014《工业用插

头插座和耦合器　第1部分：通用要求》中第 9 章的要求，连接器的接地保护应符合GB/T 11918.1—2014《工业用插头插座和耦合器　第1部分：通用要求》中第10章的要求，连接器插头和插座耦合后，防护等级不应低于GB/T 4208—2017《外壳防护等级（IP代码）》中IP55 的要求，连接器插头和插座脱开后，防护等级应符合GB/T 4208—2017《外壳防护等级（IP代码）》中IP2X 的要求。

电池箱更换设备应满足NB/T 33006—2016《电动汽车电池箱更换设备通用技术要求》的要求。

（五）电池更换安全

换电站设备应能识别换电车辆，获知车载电池箱身份编码（满足《电动汽车电池更换用电池箱编码技术规范》要求），以及电池箱的出厂编号、版本、行驶里程、更换次数、当前状态等等信息，保证电池箱在站内换电及换电后的充电过程中的安全。快换电池箱与车辆的固定安全应满足QC/T 743—2006《电动汽车用锂离子蓄电池》的要求。

第八章

充电设施施工

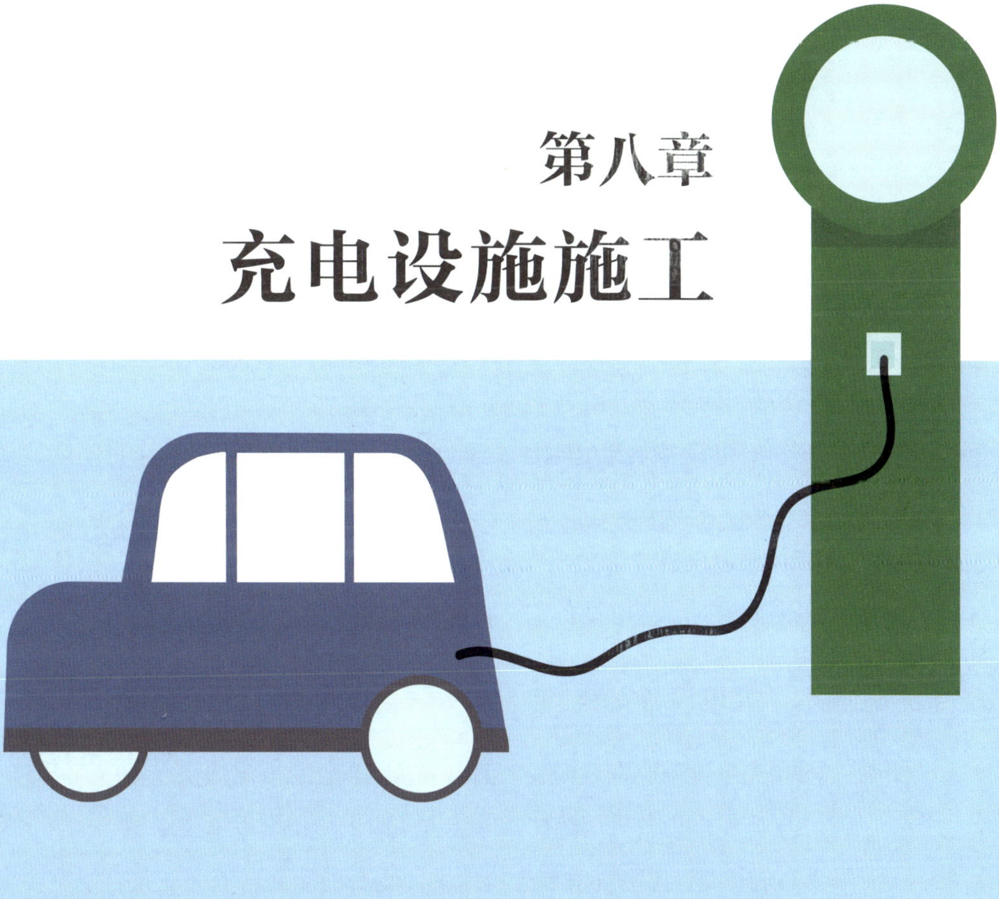

第一节　充电设备的布置与安装

一、充电设备布置

（1）充电设备应布置在通风良好，且远离以下情况的位置：

1）低洼易积水位置；

2）周围存在明火或火灾爆炸性设施的位置；

3）地下管线的安全距离不满足要求的位置；

4）高温、粉尘及腐蚀环境。

（2）充电设备的布置不应妨碍车辆和行人的正常通行。

（3）充电设备应结合停车位合理布局，便于车辆充电。

（4）充电设备的布置宜靠近供电电源，以缩短供电线路的路径降低损耗。

（5）采用分体式结构的非车载充电机，其整流柜宜靠近充电桩布置，末端压降应满足充电要求。

（6）充电设备与充电车位、建（构）筑物之间的距离应满足安全、操作及检修的要求。

（7）充电设备外廓距离充电车位边缘的净距不宜小于0.4m，受场地限制不满足静距离要求时，充电设备宜安装在车位线外不妨碍充电车辆停车及开门的位置。

二、充电设备安装

（1）充电设备应垂直安装，偏离垂直位置任意方向的误差不应大于5°。

（2）当充电设备采用壁挂式安装方式时，应符合以下要求：

1）充电设备应竖直安装于与地平面垂直的墙面，墙面应符合承重要求，充电设施应固定可靠；

2）充电设备安装高度应便于操作，设备人机界面操作区域水平中心线距地面宜为1.5m。

（3）当充电设备采用落地式安装方式时，应符合以下要求：

1）室内充电设备基础高出安装地坪50mm，室外充电设备基础高出安装地坪

200mm；

2）充电设备基础长宽尺寸宜大于充电设备长宽外廓尺寸50mm及以上；

3）充电设备基础四周应采取封闭措施，防止老鼠、蛇、猫、狗等小动物从底部侵入设备内部；

4）混凝土及砖砌充电设备基础，固定螺栓宜采用预埋地脚螺栓。

（4）充电车位应安装车挡器和防撞柱等防撞设施，以防止充电车辆撞击充电设备。

第二节 电缆路由施工

一、电缆管施工

（1）电缆管的内径，不宜小于电缆外径或多根电缆包络外径的1.5倍。

（2）电缆管的弯曲半径应符合下列规定：

1）明配导管的弯曲半径不宜小于管外径的6倍，当两个接线盒间只有一个弯曲时，其弯曲半径不宜小于管外径的4倍；

2）埋设于混凝土内的导管弯曲半径不宜小于管外径的6倍，当直埋于地下时，其弯曲半径不宜小于管外径的10倍；

3）电缆导管的弯曲半径不应小于电缆最小允许弯曲半径。

（3）部分或全部裸露在空气中的电缆保护管的选择，应符合以下要求：

1）防火或机械性要求高的场所，宜采用钢制管，并应采取涂漆或镀锌包塑等适合环境耐久要求的防腐处理；

2）满足工程条件自熄性要求时，可采用阻燃性塑料管，部分埋入混凝土中等有耐冲击的使用场所，塑料管应具备相应承压能力，且宜采用可挠性的塑料管。

（4）地中埋设的保护管，应满足埋深下的抗压要求和耐环境腐蚀性的要求，电缆数量较多时，宜采用排管。

（5）当塑料导管在砌体上剔槽埋设时，应采用强度等级不小于M10的水泥砂浆抹面保护，保护层厚度不应小于15mm。

（6）导管支架安装应符合下列规定：

1）除设计要求外，承力建筑钢结构构件上不得熔焊导管支架，且不得热加工开孔；

2）当导管采用金属吊架固定时，圆钢直径不得小于8mm，并应设置防晃支架，在距离盒（箱）、分支处或端部0.3～0.5m处应设置固定支架；

3）金属支架应进行防腐，位于室外及潮湿场所的应按设计要求做处理。

（7）除设计要求外，对于暗配的导管，导管表面埋设深度与建（构）筑物表面的距离不应小于15mm。

（8）进入配电设备的导管管口，当设备底部无封板时，管口应高出配电设备的基础面50～80mm。

（9）室外导管敷设应符合下列规定：

1）对于埋地敷设的钢导管，埋设深度应符合设计要求，钢导管的壁厚应大于2mm；

2）导管的管口不应敞口垂直向上，导管管口应在盒、箱内或导管端部设置防水弯；

3）由箱式变电所或落地式配电箱引向建筑物的导管，建筑物一侧的导管管口应设在建筑物内；

4）导管的管口在穿入绝缘导线、电缆后应做密封处理。

（10）明配的电气导管应符合下列规：

1）导管应排列整齐、固定点间距均匀、安装牢固；

2）在距终端、弯头中点或充电、配电设备等边缘150～500mm范围内应设有固定管卡，中间直线段固定管卡间的最大距离应符表8-1的规定；

3）明配管采用的接线或过渡盒（箱）应选用明装盒（箱）。

表8-1　　管卡间的最大距离

敷设方式	导管种类	导管直径（mm）			
		15～20	25～32	40～50	65以上
		管卡间最大距离（m）			
支架或沿墙明敷	壁厚＞2mm刚性导管	1.5	2.0	2.5	3.5
	壁厚≤2mm刚性导管	1.0	1.5	2.0	—
	刚性塑料导管	1.0	1.5	2.0	2.0

（11）塑料导管敷设应符合下列规定：

1）管口应平整光滑，管与管、管与盒（箱）等器件采用插入法连接时，连接处结合面应涂专用胶合剂，接口应牢固密封；

2）直埋于地下或楼板内的刚性塑料导管，在穿出地面或楼板易受机械损伤的一段应采取保护措施。

（12）可弯曲金属导管及柔性导管敷设应符合下列规定：

1）刚性导管经柔性导管与电气设备、器具连接时，柔性导管的长度在动力工程中不宜大于0.8m，在照明工程中不宜大于1.2m；

2）可弯曲金属导管或柔性导管与刚性导管或电气设备、器具间的连接应采用专用接头；

3）当可弯曲金属导管有可能受重物压力或明显机械撞击时，应采取保护措施；

4）明配的金属、非金属柔性导管固定点间距应均匀，不应大于1m，管卡与设备、器具、弯头中点、管端等边缘的距离应小于0.3m。

（13）电缆保护管内壁应光滑无毛刺，其选择应满足使用条件所需的机械强度和耐久性。

（14）单根电缆保护管使用时，宜符合下列要求：

1）每根电缆保护管的弯头不宜超过3个，直角弯不宜超过2个；

2）地中埋管距离地面深度不宜小于0.7m，距排水沟底不宜小于0.3m；

3）并列管相互间宜留有不小于20mm的空隙。

（15）导管敷设应符合下列规定：

1）导管穿越外墙时应设置防水套管，且应做好防水处理；

2）导管与热水管、蒸汽管平行敷设时，宜敷设在热水管、蒸汽管的下面，当有困难时，可敷设在其上面；相互间的最小距离宜符合表8-2的规定。

表8-2　　导管或配线槽盒与热水管、蒸汽管间的最小距离

导管或配线槽盒的敷设位置	管道种类	
	热水（mm）	蒸汽（mm）
在热水、蒸汽管道上面平行敷设	300	1000
在热水、蒸汽管道下面或水平平行敷设	200	500
与热水、蒸汽管道交叉敷设	不小于其平行的净距	

注　1. 对有保温措施的热水管、蒸汽管，其最小静距离不宜小于200mm。
2. 导管或配线槽盒与不含可燃及易燃易爆气体的其他管道的距离，平行或交叉敷设不应小于100mm。
3. 导管或配线槽盒与可燃及易燃易爆气体不宜平行敷设，交叉敷设处不应小于100mm。
4. 达不到规定距离时应采取可靠有效的隔离保护措施。

二、电缆沟施工

（1）直埋电缆的路径选择，宜符合下列要求：

1）避开含有酸、碱强腐蚀或杂散电流电化学腐蚀严重的地段；

2）无防护措施时，宜避开白蚁危害地带、热源影响和易遭受外力损伤的地段。

（2）直埋电缆沟开挖于非冻土区域时，电缆埋置深度应符合下列要求：

1）电缆外皮至地下构筑物基础，不得小于0.3m；

2）电缆外皮至地面深度，不得小于0.7m，当位于行车道或耕地下时，应适当加深，且不宜小于1m。

（3）直埋电缆敷设于冻土区时，宜埋入冻土层以下，当无法深埋时可埋设在土壤排水性好的干燥冻土层或回填土中，也可采取其他防止电缆受到损伤的措施。

（4）直埋电缆沟回填完成后，在电缆拐弯、接头、交叉，进出建筑物等地段应设明显的电缆标志桩，以标明电缆路径。

（5）直埋电缆沟示例图如图8-1所示。

（6）砖砌及混凝土电缆沟的尺寸应按容纳全部电缆确定，并满足施工作业活动所需空间。

（7）在不影响场区排水的情况下，户外砖砌及混凝土电缆沟的沟壁宜高出地坪。

（8）砖砌及混凝土电缆沟沟壁、盖板及其材质构成，应满足承受荷载和适合环境耐久的要求，可开启的沟盖板的单块重量，不宜超过50kg。

（9）砖砌及混凝土电缆沟内的电缆支架、桥架的层间距离，应满足能方便地敷设电缆及其固定、安置接头的要求。

（10）砖砌电缆沟示例图如图8-2所示。

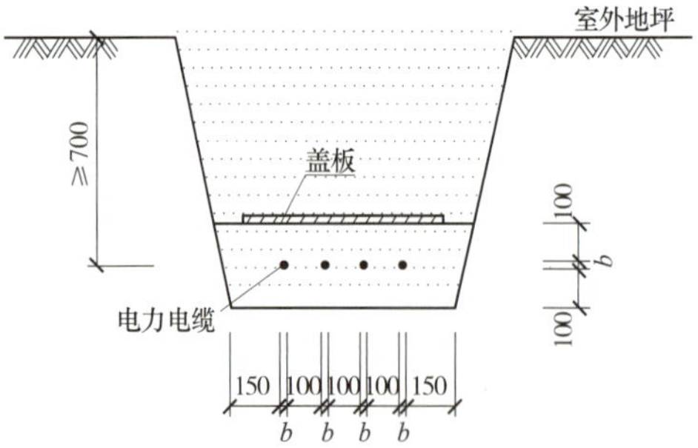

（a）

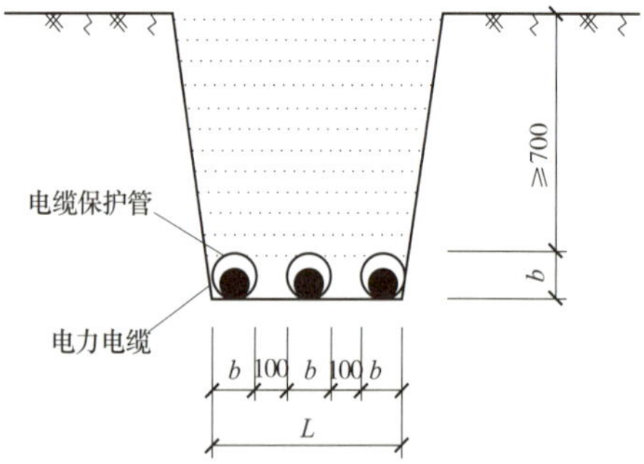

（b）

图8-1 直埋电缆沟示例图（一）（mm）

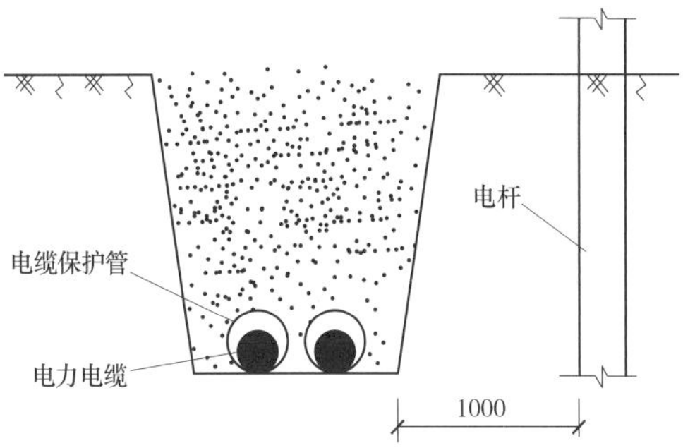

（c）

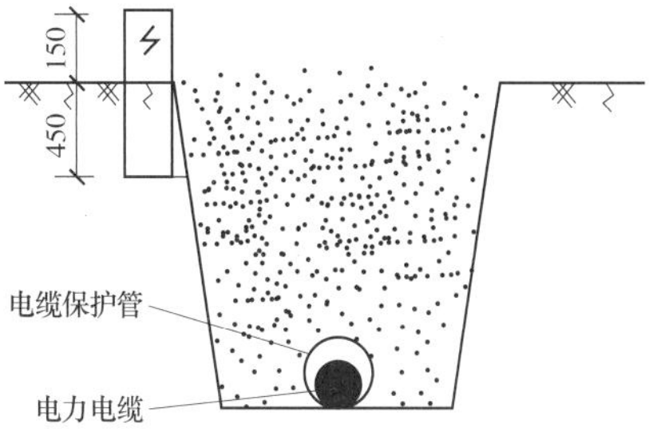

（d）

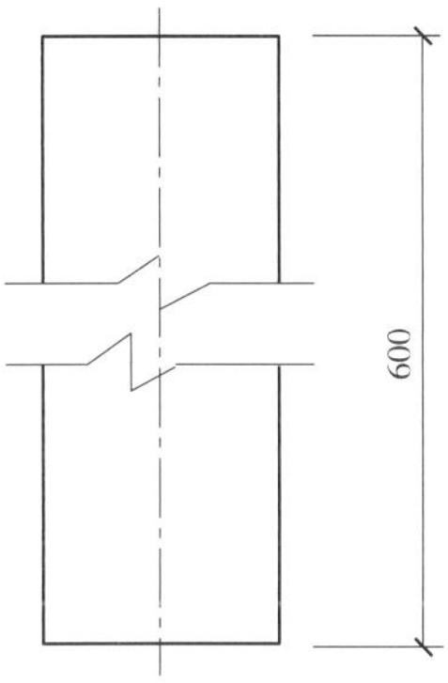

（e）

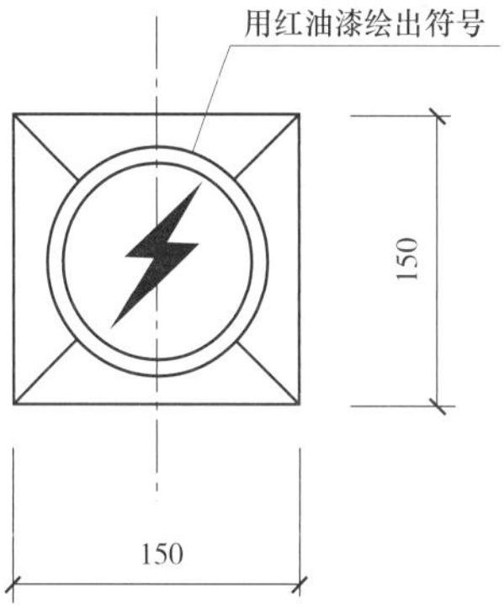

（f）

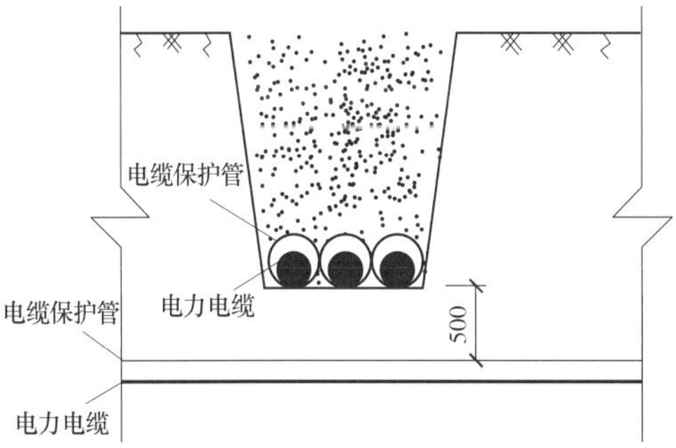

（g）

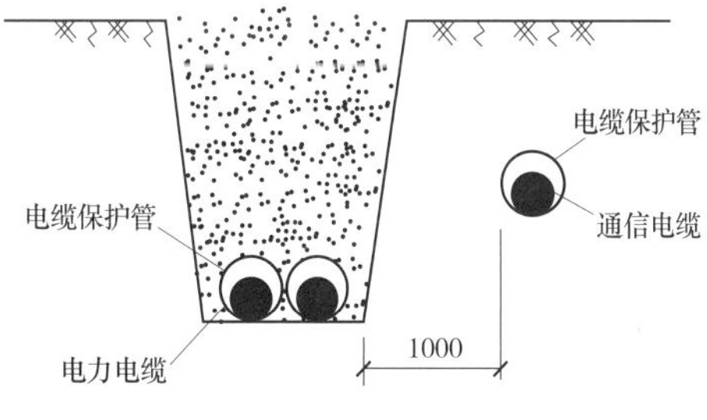

（h）

图8-1　直埋电缆沟示例图（二）（mm）

（a）直埋电缆沟剖面图；（b）直埋电缆沟宽度；（c）电缆与电杆临近；
（d）直埋电缆标志桩安装图埋设沿送电方向右侧；（e）电缆标志桩采用C20混凝土预制；
（f）电缆标志桩俯视图；（g）电缆与电缆交叉；（h）电缆与通信电缆平行

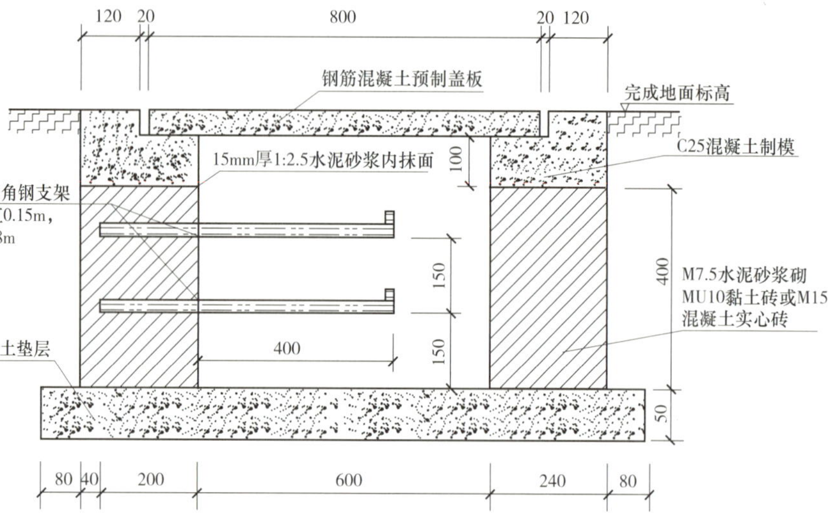

（a）

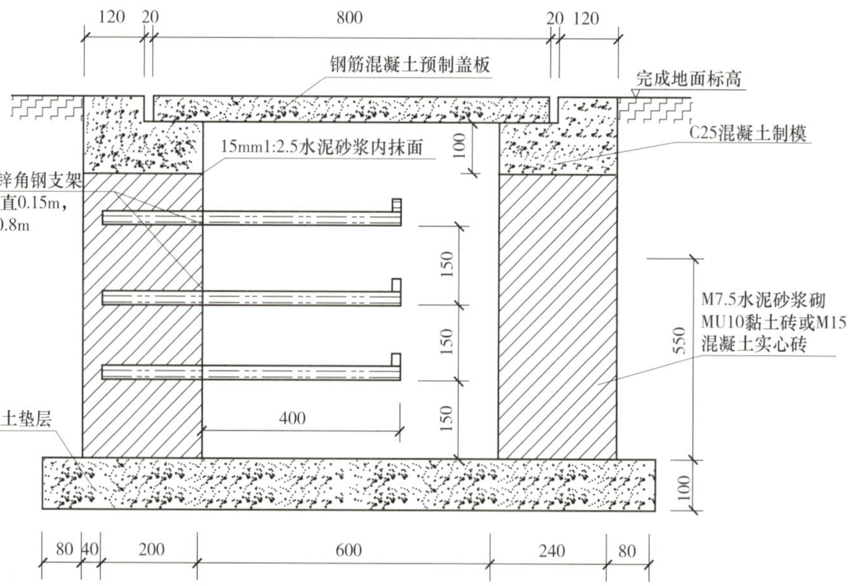

（b）

图8-2 砖砌电缆沟示例图（一）（mm）

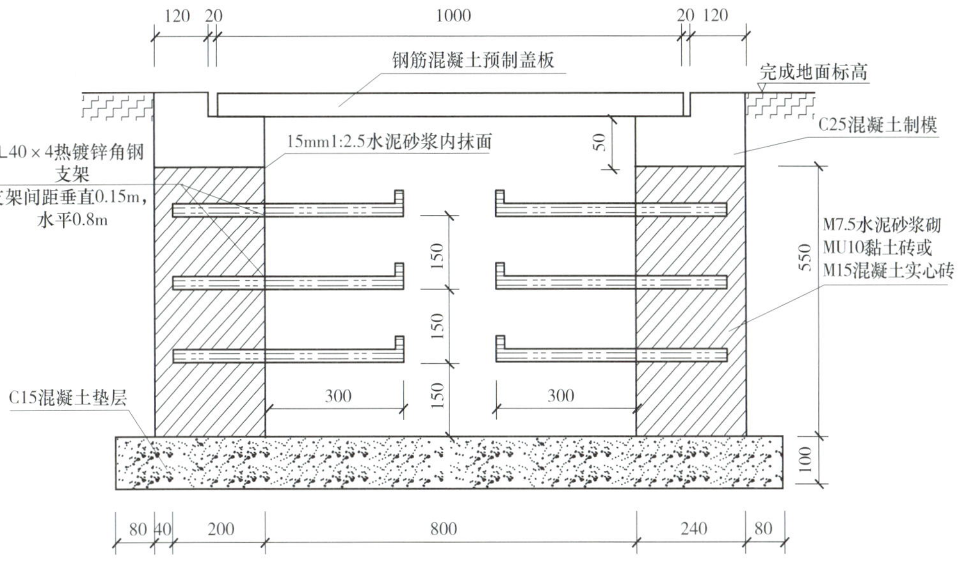

（c）

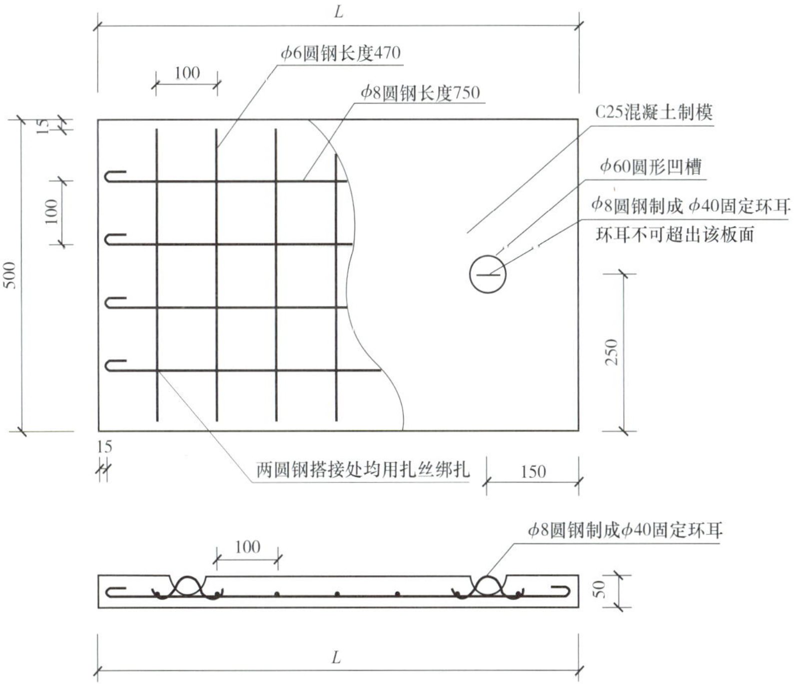

（d）

图8-2 砖砌电缆沟示例图（二）（mm）

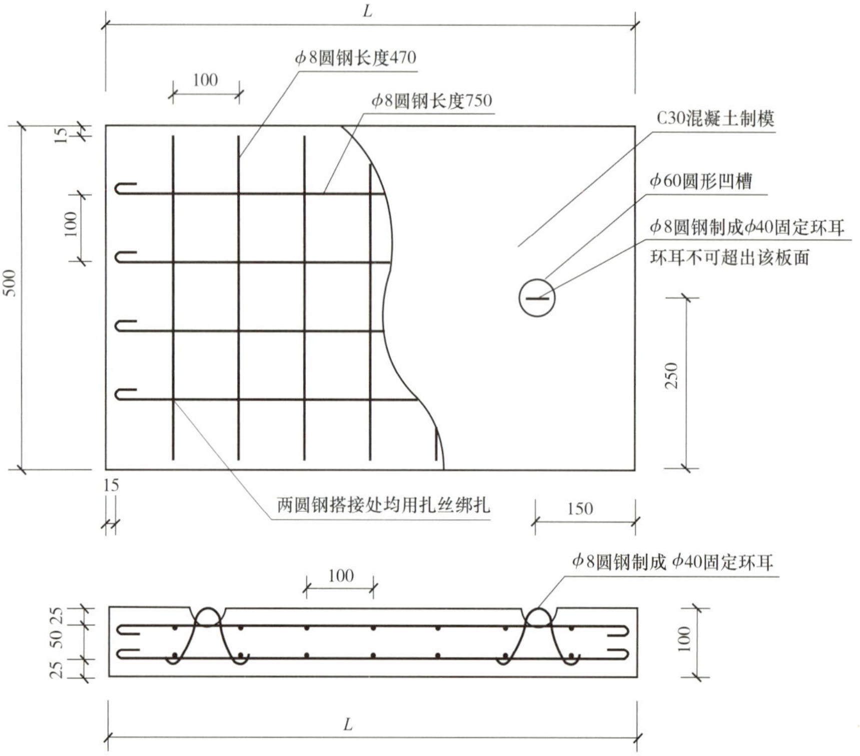

（e）

图8–2　砖砌电缆沟示例图（三）（mm）

（a）砖砌电缆沟断面图一；（b）砖砌电缆沟断面图二；（c）砖砌电缆沟断面图三；（d）非车道电缆沟盖板大样图；（e）过车道电缆沟盖板大样图

三、电缆桥架施工

（1）电缆桥架通常选用镀锌、涂塑或不锈钢钢材质，具体根据施工现场环境进行确定，电缆桥架厚度标准应满足表8–3的规定。

表8–3　　电缆桥架厚度对应表

桥架宽度（mm）	允许最小板厚度（mm）
$B<100$	1
$100\leqslant B<150$	1.2
$150\leqslant B<400$	1.5
$400\leqslant B<800$	2
$B>800$	2.5

（2）电缆桥架施工主要适应于地下车库等室内充电项目，充电项目工程所用的电缆桥架规格及路径，应根据充电项目施工方案确定，其施工工序为：

1）定位放线；

2）预埋铁件或安装膨胀螺栓；

3）支架、吊架、托架安装；

4）桥架安装；

5）保护接地安装。

（3）金属桥架本体之间的连接应牢固可靠，与保护导体的连接应符合下列规定：

1）金属桥架全长不大于30m时，不应少于2处与保护导体可靠连接，全长大于30m时，每隔20～30m应增加一个连接点，起始端和终点段均应可靠接地；

2）非镀锌桥架本体之间连接板的两端应跨接保护连接导体，保护连接导体的截面积应符合设计要求；

3）镀锌桥架本体之间不跨接保护连接导体时，连接板每端不应少于2个有防松螺母或防松垫圈的连接紧固螺栓。

（4）桥架本体与支架间及与连接板的固定螺栓应紧固无遗漏，螺母应位于桥架外侧，当铝合金桥架与钢支架固定时，应有相互间绝缘的防电化学腐蚀措施。

（5）当设计无要求时，桥架安装应符合下列规定：

1）桥架宜敷设在易燃易爆气体管道和热力管道的下方，与一般工艺管道的距离应不小于400mm，与可燃或易燃易爆气体管道的距离应不小于500mm，与有保温层的热力管道距离应不小于500mm，与无保温层的热力管道距离应不小于1000mm；

2）配线槽盒与水管同侧上下敷设时，宜安装在水管的上方；与热水管、蒸汽管平行上下敷设时，应敷设在热水管、蒸汽管的下方，当有困难时，可敷设在热水管、蒸汽管的上方，与热水管道的距离应不小于300mm，与蒸汽管道的距离应不小于1000mm。

（6）电缆桥架转弯、分支处宜采用专用连接配件，其弯曲半径不应小于桥架内电缆最小允许弯曲半径。

（7）电缆桥架的直线段、弯通及支、吊架等应光滑平整，无棱刺，不应有扭曲翘边等变形现象。

（8）电缆桥架水平敷设时，支撑跨距一般为1.5～3m，电缆桥架垂直敷设时固定点间距不宜大于2m，桥架弯通弯曲半径不大于300mm时，应在距弯曲段与直线段结合处300～600mm的直线段侧设置一个支、吊架。当弯曲半径大于300mm时，还应在弯通中部增设一个支、吊架。

（9）桥架安装高度宜不小于2m，两组电缆桥架在同一高度平行敷设时，其间净距不小于0.6m。

（10）电力电缆与控制和通信等非电力电缆不宜敷设在同一桥架内，当受条件限制，必须敷设在同一桥架内时，应采用金属隔板隔开。

（11）电缆桥架穿过防火墙和防火楼板时，应采取防火封堵（包括桥架内封堵）。

（12）电缆桥架安装方式如图8-3～图8-6所示，桥架结构系统图如图8-7所示。

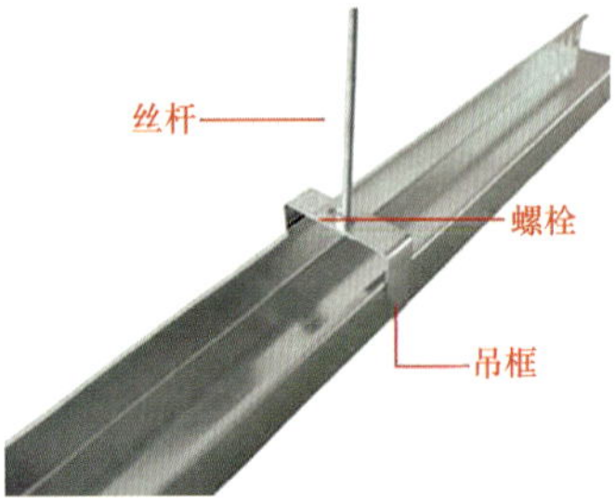

图8-3　水平吊装（吊框）
适用于小规格桥架水平吊装使用

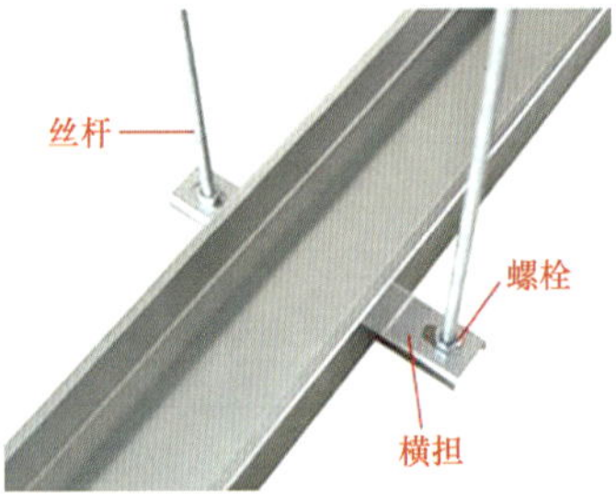

图8-4　水平吊装（横担）
适用于较大规格桥架水平吊装使用

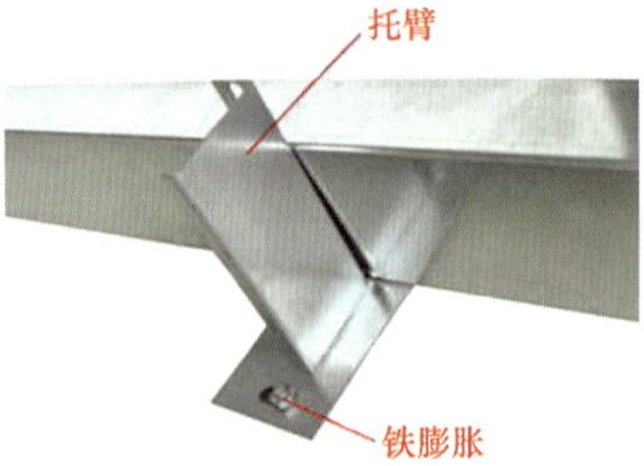

图8-5　水平靠墙（托臂）
适用于桥架水平靠墙安装使用

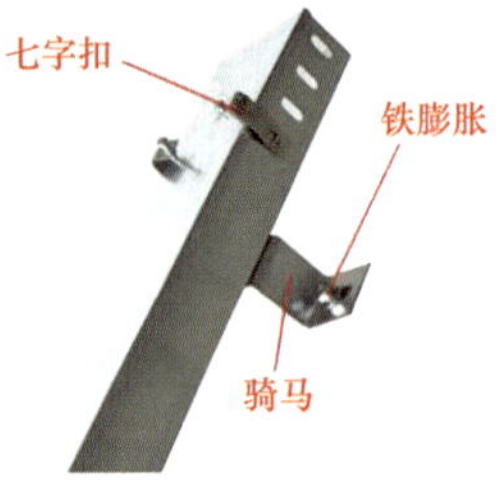

图8-6　垂直靠墙（骑马）
适用于桥架水平垂直安装使用

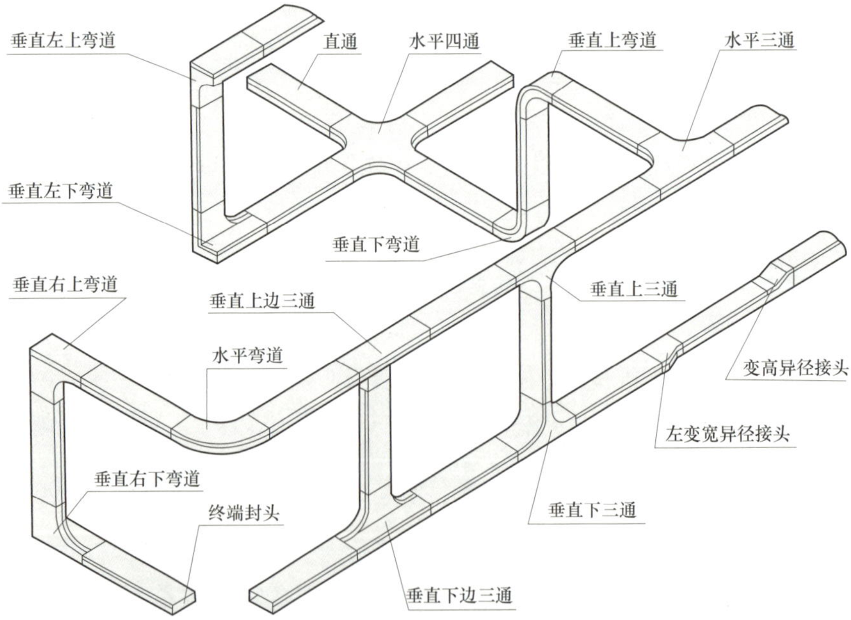

图8-7　桥架结构系统图

第三节　电缆敷设施工

一、电缆敷设一般规定

（1）电缆的路径选择，应符合下列规定：

1）应避免电缆遭受机械性外力、过热、腐蚀等危害；

2）满足安全要求条件下，应保证电缆路径最短；

3）应便于敷设、维护；

4）宜避开将要挖掘施工的地方。

（2）电缆敷设方式的选择，应视工程条件、环境特点和电缆类型、数量等因素，以及满足运行可靠、便于维护和技术经济合理的原则来选择。

（3）电缆在任何敷设方式及其全部路径条件的上下左右改变部位，均应满足电缆允许弯曲半径的要求，电缆的允许弯曲半径，应符合电缆绝缘及其构造特性要求，电缆转弯处的最小弯曲半径应符合表8–4规定。

表8–4　　电缆最小弯曲半径对照表

<table>
<tr><th colspan="2">电缆形式</th><th>电缆外径（mm）</th><th>多芯电缆</th><th>单芯电缆</th></tr>
<tr><td rowspan="2">塑料绝缘电缆</td><td>无铠装</td><td rowspan="6">—</td><td>15D</td><td>20D</td></tr>
<tr><td>有铠装</td><td>12D</td><td>15D</td></tr>
<tr><td colspan="2">橡皮绝缘电缆</td><td colspan="2">10D</td></tr>
<tr><td rowspan="3">控制电缆</td><td>非铠装型、屏蔽型软电缆</td><td>6D</td><td rowspan="3">—</td></tr>
<tr><td>铠装型、铜屏蔽型</td><td>12D</td></tr>
<tr><td>其他</td><td>10D</td></tr>
<tr><td colspan="2">铝合金导体电力电缆</td><td>—</td><td colspan="2">7D</td></tr>
<tr><td colspan="2" rowspan="4">氧化镁绝缘刚性矿物绝缘电缆</td><td><7</td><td colspan="2">2D</td></tr>
<tr><td>≥7，且<12</td><td colspan="2">3D</td></tr>
<tr><td>≥12，且<15</td><td colspan="2">4D</td></tr>
<tr><td>≥15</td><td colspan="2">6D</td></tr>
<tr><td colspan="2">其他矿物绝缘电缆</td><td>—</td><td colspan="2">15D</td></tr>
</table>

注　D为电缆外径。

（4）电缆通道畅通，电缆型号、电压、规格应符合设计，电缆外观无损伤绝缘良好，合理计算电缆长度减少电缆接头，电缆终端头和接头附近宜留有备用长度。

（5）电缆长度计算，应包括实际路径长度与附加长度，附加长度应计入下列因素：

1）电缆敷设路径地形等高差变化，伸缩节或迂回备用裕量；

2）终端或接头制作所需剥截电缆的预留段、电缆引至设备或装置所需的长度。

（6）电缆敷设不得存在绞拧、铠装压扁、护层断裂和表面严重划伤等缺陷。

（7）交流单芯电缆或分相后的每相电缆不得单独穿于钢导管内，固定用的夹具和支架不应形成闭合磁路。

（8）当电缆穿过零序电流互感器时，电缆金属护层和接地线应对地绝缘。对穿过零序电流互感器后制作的电缆头，其电缆接地线应回穿互感器后接地；对尚未穿过零序电流互感器的电缆接地线应在零序电流互感器前直接接地。

（9）电缆的敷设和排列布置应符合设计要求，矿物绝缘电缆敷设在温度变化大的场所、震动场所或穿越建筑物变形缝时应采取“S”或“Ω”弯。

（10）当电缆敷设在可能受到机械外力损伤、振动、浸水及腐蚀性或污染物质等损害时，应采取防护措施。

（11）电缆敷设时应排列整齐，不宜交叉，并加以固定。

（12）当设计无要求时，电缆支持点间距不应大于表8–5的规定。

表8–5　电缆支持点间距对照表

电缆种类		电缆外径	敷设方式	
			水平（mm）	垂直（mm）
电力电缆	全塑型	—	400	1000
	除全塑型外的中低压电缆		800	1500
	铝合金带连锁铠装的铝合金电缆		1800	1800
控制电缆			800	1000
矿物绝缘电缆		＜9	600	800
		≥9，且＜15	900	1200
		≥15，且＜20	1500	2000
		≥20	2000	2500

（13）下列情况，电缆需固定：

1）垂直或超过45°倾斜敷设的电缆每隔2m处；

2）水平敷设的电缆首末两端、转弯两侧及每隔5～10m处应设固定点；

3）电缆出入桥架及设备处。

（14）除超过整盘电缆长度外，电缆敷设不应有中间接头。

（15）电缆通道应避开锅炉的看火孔和制粉系统的防爆门，当受件限制时，应采取穿管或封闭槽盒等隔热防火措施，电缆不宜平行敷设于热力设备和热力管道的上部。

（16）电缆出入电缆沟、电气竖井、建筑物、设备以及管子管口处等部位应采取防火或密封措施。

二、地下直埋电缆敷设

（1）电缆应敷设于壕沟里，并应沿电缆全长的上、下紧邻侧铺以厚度不少于100mm的软土或砂层。

（2）沿电缆全长应覆盖宽度不小于电缆两侧各50mm的保护板，保护板宜采用混凝土。

（3）位于空旷地带，沿电缆路径的直线间隔100m、转弯处或接头部位，应竖立明显的方位标志或标桩。

（4）直埋敷设的电缆与公路或街道交叉时，应穿于保护管，保护范围应超出路基、街道路边以及排水沟边0.5m以上。

（5）直埋敷设的电缆引入构筑物，在贯穿墙孔处应设置保护管，管口应实施阻水堵塞。

（6）直埋电缆的接头配置，应符合下列规定：

1）接头与邻近电缆的净距，不得小于0.25m；

2）并列电缆的接头位置宜相互错开，且净距不宜小于0.5m；

3）斜坡地形处的接头安置，应呈水平状；

4）重要回路的电缆接头，宜在其两侧约1.0m开始的局部段，按留有备用量方式敷设电缆。

（7）直埋敷设电缆采用取特殊换土回填时，回填土的土质应对电缆外护层无腐蚀性。

（8）直埋敷设的电缆严禁位于管道正上方或正下方，电缆与电缆、管道、道路、构筑物等之间的允许最小距离标准应符合表8-6。

表 8-6　电缆与电缆、管道、道路、构筑物等之间的最小距离对照表

电缆敷设时的配置情况		平行（m）	交叉（m）
控制电缆之间		—	0.5①
电力电缆之间或与控制电缆之间	10kV 及以下电力电缆	0.1	0.5①
	10kV 及以上电力电缆	0.25②	0.5①
不同部门使用的电缆		0.5②	0.5①
电缆与地下管沟	热力管沟	2③	0.5①
	油管或易（可）燃气管道	1	0.5①
	其他管道	0.5	0.5①
电缆与铁路	非直流电气化铁路路轨	3	1.0
	直流电气化铁路路轨	10	1.0
电缆与建筑物基础		0.6③	—
电缆与公路边		1.0③	—
电缆与排水沟		1.0③	—
电缆与树木的主干		0.7	—
电缆与 1kV 以下架空线电杆		1.0③	—
电缆与 1kV 以下架空线杆塔基础		4.0	—

注　电缆与管道平行时，严禁位于管道的正上方或者正下方。
①　用隔板分隔或电缆穿管不得小于 0.25m。
②　用隔板分隔或电缆穿管不得小于 0.1m。
③　特殊情况时，取值不得小于 50%。

三、导管内电缆敷设

（1）在下列地点，电缆应有一定机械强度的保护管或加装保护罩：

1）电缆进入建筑物、隧道，穿过楼板及墙壁处；

2）从沟道引至电杆、设备、墙外表面或屋内行人容易接近处，距地面高度 2m 以下的一段；

3）可能有载重设备途经电缆上面的区段；

4）其他可能受到机械损伤的地方。

（2）管道内部应无积水，且无杂物堵塞，穿电缆时，不得损伤护层，可采用无腐蚀性的润滑剂（粉）。

（3）穿入管中电缆的数量应符合设计要求，管控端口应采取防止损伤电缆的处

理措施。

（4）除超过整盘电缆长度外，电缆敷设不应有中间接头。

（5）当电缆通过墙、楼板或室外敷设穿保护导管保护时，导管内径不应小于电缆外径的1.5倍。

四、桥架和支架电缆敷设

（1）桥架内电缆敷设应符合下列规定：

1）大于45°倾斜敷设的电缆每隔2m处设固定点；

2）电缆出入电缆沟、竖井、建筑物、充电设备以及管子管口处等做密封处理；

3）电缆敷设排列整齐，水平敷设的电缆，首尾两端、转弯两侧及每隔5～10m处设固定点；敷设于垂直桥架内的电缆固定点间距不超过1m。

（2）电缆的排列，应符合下列要求：

1）电力电缆和控制电缆不应配置在同一层支架上；

2）高低压电力电缆，强电、弱电控制电缆应按顺序分层配置，一般情况宜由上而下配置；

3）并列敷设的电力电缆，其相互间的净距应符合设计要求。

（3）电缆在桥架内的敷设应符合下列要求：

1）同一路径无防干扰要求的线路，可敷设于同一桥架内；

2）桥架内的绝缘导线总截面积（包括外护套），不应超过槽盒面积的40%，且载流导体不宜超过30根；

3）当控制和信号等非电力线路敷设于同一支架桥架内时，绝缘导线的总截面积不应超过桥架内建面积的50%。

（4）金属电缆支架必须与保护导体可靠连接，电缆支点水平距离不超过800mm，垂直距离不超过1000mm。

（5）除设计要求外，承力建筑钢结构构件上不得熔焊支架，且不得热加工开孔。

（6）当设计无要求时，电缆支架层间净距不应小于2倍电缆外径加10mm。

（7）最上层电缆支架距构筑物顶板或梁底的最小静距离应满足电缆引至上方充电设备时电缆弯曲半径的要求，同时距其他设备的最小净距离不应小于300mm，当无法满足要求时应设置防护板。

（8）当设计无要求时，最下层电缆支架距沟底、地面的最小距离不应小于表8–7的规定。

表8–7 电缆支架距离沟底及地面的最小净距

电缆敷设场所及其特征		垂直净距（mm）
电缆沟		50
隧道		100
电缆夹层	非通道处	200
	至少在一侧不小于800mm宽通道处	1400
公共廊道中电缆支架无围栏防护		1500
室内机房或活动区间		2000
室外	无车辆通过	2500
	有车辆通过	4500
屋面		200

（9）当支架与预埋件焊接固定时，焊缝应饱满；当采用膨胀螺栓固定时，螺栓应适配、连接紧固、防松零件齐全，支架安装应牢固、无明显扭曲。

（10）金属支架应进行防腐，位于室外及潮湿场所的应按设计要求做处理。

（11）桥架电缆敷设完毕后，应及时清除杂物、盖好盖板，必要时，应将盖板缝隙密封。

五、水底的电缆敷设

（1）水底电缆应是整根的铠装防水电缆，当整根电缆超过制造厂的制造能力时，可采用软接头连接。

（2）通过河流的电缆，应敷设于河床稳定及河岸很少受到冲损的地方，在码头、锚地、港湾、渡口及有船停泊处敷设电缆时，必须采取可靠的保护措施，当条件允许时，应深埋敷设。

（3）水底电缆的敷设，必须平放水底，不得悬空，当条件允许时，宜埋入河床（海底）0.5m以下。

（4）水底电缆平行敷设时的间距不宜小于最高水位水深的2倍。

（5）水底电缆引到岸上的部分应穿管或加保护盖板等保护措施，其保护范围：下端应为最低水位时船只搁浅及撑篙达不到之处，上端高于最高洪水位，在保护范围的下端，电缆应固定。

（6）电缆线路与小河或小溪交叉时，应穿管或埋在河床下足够深处。

（7）在岸边水底电缆与陆上电缆连接的接头，应装有锚定装置。

（8）水底电缆引到岸上时，应将余线全部浮托在水面上，再牵引至陆上，浮托在水面上的电缆应按设计路径沉入水底。

（9）水底电缆敷设后，应做检查，电缆应放平，河床起伏处电缆不得悬空，并测量电缆的确切位置，在两岸必须按设计设置标志牌。

六、电缆架空敷设

（1）架空电缆具体敷设方式为将电缆用电缆挂钩悬挂在钢索上，同时电缆应留有适当的弧度余量，若无电缆挂钩，且电缆较重，也可用1.5mm^{2}或2.5mm^{2}单芯电线（带绝缘）绑扎于钢索上，绑扎间距为电缆支点水平距离不超过800mm，垂直距离不超过1000mm。

（2）架空电缆与公路、铁路、架空线路交叉跨越时，最小允许距离应符合表8–8的规定。

表8–8　　架空电缆与其他公共设施交叉时最小允许距离对照表

交叉设施	最小允许距离（m）	备注
铁路	7.5	—
公路	6	—
电车路	3/9	至撑力索或接触线/至路面
弱电流线路	1	—
电力线路	1/2/3/4/5	＜1kV/1～10kV/35～110kV/154～220kV/330kV
河道	6/1	五年一遇洪水水位/至最高航行水位的最高船桅顶
索道	1	—

注　1.架空电缆对地最小安全操作距离为4m，若架空线路过道路距离则为6m。
2.架空电缆与摆动最大时树梢距离大于0.5m，若与广播电话线交叉，则需要大于0.6m。
3.架空电缆的线间距不得小于0.3m，靠近电杆的两电缆的间距不得小于0.5m。

（3）架空电缆必须采用铠装电缆，且全长不宜设置电缆接头。

（4）支撑架空电缆的钢索应满足荷载要求，并全线良好接地，在转角处需打拉线或顶杆。

（5）应采用镀锌钢索，不应采用含油芯的钢索，钢索的钢丝直径应不小于

0.5mm，钢索不应有扭曲和断股等缺陷。

（6）钢索的终端拉环埋件应牢固可靠，钢索与终端拉环套接处应采用心形环，固定钢索的线卡不应少于2个，钢索端头应用镀锌铁线绑扎紧密，且应接地（PE）或接零（PEN）可靠。

（7）当钢索长度在50m及以下时，应在钢索一端装设花篮螺栓紧固，当钢索长度大于50m时，应在钢索两端装设花篮螺栓紧固。

（8）钢索中间支、吊架间距不应大于12m，吊架与钢索连接处的吊钩深度不应小于20mm，并应有防止钢索跳出的锁定零件。

（9）钢索应承受全部负载，且钢索表面应整洁、无锈蚀。

第四节　电缆接线施工

一、电缆接线主要工具

电缆接线主要工具及用途见表8-9。

表8-9　电缆接线工具及用途对照表

序号	名称	用途
1	电缆剥皮刀	电缆剥皮
2	剥线钳	剥除电缆芯线绝缘
3	电工刀	电缆芯线剥皮
4	电缆断线钳	切割电缆
5	机械压钳	压接电缆
6	液压钳	压接电缆
7	扳手	紧固电缆
8	力矩扳手	紧固电缆
9	螺丝刀	固定电缆
10	电烙铁	焊接电缆
11	电吹风	热缩电缆指套或套管
12	斜口钳	剪切电缆芯线

续表

序号	名称	用途
13	万用表	检测电缆的连续性
14	绝缘电阻表	测量电缆的绝缘电阻

注 电缆压接工具需定期进行检定，工具的检定方式按工具生产厂家的要求进行，以保证电缆压接工具满足压接质量要求，工具检定周期一般为6个月。

二、电缆接线一般规定

（1）接线前确认被端接设备已永久性的安装完成，同时需确认电缆的规格型号、起端、终端信息防止接线错误，并对电源电缆进行阻值摇测，选用1000V绝缘电阻表，摇测电缆阻值应不小于1MΩ，否则进行电缆更换。

（2）接线时电缆进入充电设备后根据空间结构、线槽情况进行排列、固定，分类成束捆扎，外观要求整齐美观，同时要满足电缆弯曲半径的要求。

（3）若设备没有进线孔或设备的开孔及电缆密封接头不满足端接电缆的要求时，根据电缆保护相关配件尺寸，参考厂家的指导书进行开孔，开孔直径根据电缆直径及数量进行相应调整。

（4）电缆割破点应考虑电缆的预留量，电缆的割破点必须高于设备的电缆封堵层，同时又不能离端子排过近而影响芯线的正常走线，芯线的余量满足到接线端子排的长度。

（5）切剥电缆绝缘时，电缆铠装、填料、胶带、绝缘以及护套应予以清洁，注意不要损坏连接件进线处或端接处的绝缘，应防止损伤电缆芯线及保留的绝缘，若电缆芯线损坏应重新端接，剥削的电缆芯线，其长度必须深入到鼻子底部，深入鼻子里面的芯线上的绝缘必须全部清理干净。

（6）电缆终端及检修井内应设电缆标志牌，标明电缆规格型号、长度和起终点，标志牌的字迹应清晰不易脱落，标志牌规格宜统一，标志牌应能防腐，挂装应牢固。

（7）充电设备电缆铜鼻采用绝缘软护套或PVC胶带+热缩套管或自黏式绝缘胶带+PVC胶带的绝缘保护措施。

（8）接线完毕后，应对设备内部进行清理，保证干净整洁，同时充电设备进出线孔应用无机防火泥封堵，封堵要求密实、美观，封堵范围应不小于设备进出线孔或橡胶过线圈范围200m。

三、电缆接线主要施工标准

（1）制作电缆终端时，应尽量缩短绝缘暴露时间，电缆头应可靠固定，不应使电器元件或设备端子承受额外应力。

（2）导线与设备或器具的连接应符合下列规定

1）截面积在10mm^2及以下的单股铜芯线和单股铝/铝合金芯线可直接与设备或器具的端子连接；

2）截面积在2.5mm^2及以下的多芯铜芯线应接续端子或拧紧搪锡后再与设备或器具的端子连接；

3）截面积大于2.5mm^2的多芯铜芯线，除设备自带插接式端子外，应接续端子后与设备或器具的端子连接，多芯铜芯线与插接式端子连接前，端部应拧紧搪锡；

4）多芯铝芯线应接续端子后与设备、器具的端子连接，多芯铝芯线接续端子前应去除氧化层并涂抗氧化剂，连接完成后应清洁干净；

5）每个设备或器具的端子接线不多于2根导线或2个导线端子。

（3）截面积6mm^2及以下铜芯导线间的连接应采用导线连接器或缠绕搪锡连接，并应符合下列规定：

1）导线连接器应与导线截面积相匹配；

2）单芯导线与多芯导线连接时，多芯导线宜搪锡处理；

3）导线连接器与导线连接后不应明露线芯；

4）采用机械压紧方式制作导线接头时，应使用确保压接力的专用工具；

5）多尘场所的导线连接应选用IP5X及以上防护等级的连接器，潮湿场所的导线连接应选用IPX5及以上防护等级的连接器。

（4）导线采用缠绕搪锡连接时，连接头缠绕搪锡后应采取可靠绝缘措施。

（5）铝/铝合金电缆头及端子压接应符合下列规定：

1）铝/铝合金电缆的连锁铠装不应作为保护接地导体（PE）使用，连锁铠装应与保护接地导体（PE）连接；

2）线芯压接面应去除氧化层并涂抗氧化剂，压接完成后应清洁表面；

3）线芯压接工具及模具应与附件相匹配。

（6）当采用螺纹型接线端子与导线连接时，其拧紧力矩值应符合产品技术文件的要求，当无要求时应符合表8-10的规定。

表8-10　　　　　　　　　　拧紧力矩要求

螺纹直径（mm）		拧紧力矩（N·m）		
标准值	直径范围	Ⅰ	Ⅱ	Ⅲ
2.5	$\phi \leqslant 2.8$	0.2	0.4	0.4
3.0	$2.8 < \phi \leqslant 3.0$	0.25	0.5	0.5
—	$3.0 < \phi \leqslant 3.2$	0.3	0.6	0.6
3.5	$3.2 < \phi \leqslant 3.6$	0.4	0.8	0.8
4	$3.6 < \phi \leqslant 4.1$	0.7	1.2	1.2
4.5	$4.1 < \phi \leqslant 4.7$	0.8	1.8	1.8
5	$4.7 < \phi \leqslant 5.3$	1.2	2.0	2.0
6	$5.3 < \phi \leqslant 6.0$	2.5	2.5	3.0
8	$6.0 < \phi \leqslant 8.0$	—	3.5	6.0
10	$8.0 < \phi \leqslant 10.0$	—	4.0	10.0
12	$10.0 < \phi \leqslant 12.0$	—	—	14.0
14	$12.0 < \phi \leqslant 15.0$	—	—	19.0
16	$15.0 < \phi \leqslant 20.0$	—	—	25.0
20	$20.0 < \phi \leqslant 24.0$	—	—	36.0
24	$\phi > 24.0$	—	—	50.0

（7）绝缘导线、电缆的芯线连接金具（连接管和端子），其规格应与线芯的规格适配，且不得采用开口端子，其性能应符合国家现行有关产品标准的规定。

（8）电缆与接线鼻子采用机械冷压接，具体要求如下：

1）选用接线鼻子规格与电缆芯线匹配；

2）压钳的模具与线鼻子匹配；

3）线鼻子压接牢固，压接位置应均匀分布，不得使用铁锤砸击的方式进行压接，对于压接后的铜鼻有压接不牢或虚接情况时，须使用裸导线对线芯进行填充后再压接或重新制作铜鼻。

（9）电缆热缩套管的下料长度要求为80mm，套入电缆的位置应以电缆破割点为基准线，基准线上方（芯线处）为60mm，基准线另一端为20mm（大直径电缆根据实际情况适当增加），热缩套管安装完成后，应采用热风机进行热缩，禁止使用明火进行热缩。

（10）电缆芯线压接后确认线鼻子或带电体之间的安全距离是否不小于20mm，最小不应小于12mm。

四、电缆标志牌制作与安装

（1）充电设备内应在电缆终端头、电缆接头处装设电缆标志牌。

（2）标志牌上应注明线路编号，当无编号时，应写明电缆类型、规格及起讫地点，并联使用的电缆应有顺序号，标志牌的字迹应清晰不易脱落。

（3）标志牌规格宜统一，标志牌应能防腐，挂装应牢固。

五、防火泥封堵

（1）充电设备所有电缆进出线孔应用防火泥进行封堵，封堵严密，封堵范围应完成覆盖进线孔过线圈，防火泥厚度应大于30mm。

（2）若防火封堵的孔洞过大，可采取绝缘板（环氧、PC、ABS、尼龙、电木等材质）或薄钢板等强度满足要求的材质进行遮挡后，再用防火泥进行封堵。

第五节　接地施工要求

一、应做接地的充电设备

（1）充电设备的金属底座和外壳。

（2）配电、控制、保护用的屏（柜、箱）及操作台等的金属框架和底座。

（3）电缆桥架、支架和井架。

（4）装在配电线路杆上的电力设备。

（5）承载充电设备的架构和金属外壳。

二、充电设备人工接地装置的敷设

（1）人工接地网的外缘应闭合，外缘各角应作出圆弧形。

（2）接地装置应采用热镀锌钢材，水平敷设的可以采用圆钢和扁钢，垂直敷设的可以采用角钢和钢管。

（3）腐蚀比较严重地区的接地装置，应适当加大截面积，或采用阴极保护等措施。

（4）不得采用铝导体作为接地体或接地线。

（5）钢接地体和接地线的最小规格：圆钢直径不小于12mm，扁钢规格不小于40×4mm，角钢规格不小于50×5mm，钢管壁厚不小于4.5mm。

（6）充电设备的金属外壳和底座的接地线可利用金属构件、普通钢筋混凝土构件的钢筋、穿线的钢管等，利用以上设施作接地线时，应保证其全长为完好的电气通路。

（7）接地体顶面埋设深度不应小于0.6m。

（8）角钢、钢管、铜棒、铜管等接地体应垂直配置。

（9）接地体引出线的垂直部分和充电设备金属外壳或底座连接（焊接）部位外侧100mm范围内应做防腐处理，在做防腐处理前，表面必须除锈并去掉焊接处的残留焊药。

（10）接地体的间距不宜小于其长度的2倍，水平接地体间距不宜小于5m。

（11）接地干线应采取防止发生机械损伤和化学腐蚀的措施，在与公路、铁路或管道等交叉以及其他可能使接地线遭受到损伤处，均应用钢管或角钢等加以保护。接地线在穿过墙壁、楼板和地坪处应加装钢管或其他坚固的保护套，有化学腐蚀的部位还应采取防腐蚀措施。

（12）每个充电设备接地应以单独的接地线与接地干线相连接，不得在一个接地线中串接几个需要接地的充电设备。

（13）接地体敷设完工后的土沟其回填土内不应夹有石块和建筑垃圾等，外取的土壤不得有较强的腐蚀性，在回填土时应分层夯实，山区石质地段或电阻率较高的土质区段应在土沟中至少先回填100mm厚的净土垫层，再敷接地体，然后用净土分层夯实回填。

三、接地体（线）的连接

（1）接地体（线）的连接应采用焊接，焊接必须牢固无虚焊，接至电气设备上的引上线当无法焊接时，可用镀锌螺栓连接（若引上线为镀锡扁钢时，应采用不少于2个螺栓进行压接，要求压接密实，无明显可见缝隙）。

（2）接地体（线）的焊接应采用搭接焊，其搭接长度必须符合下列规定：①扁钢为其宽度的2倍，且至少3棱边焊接；②圆钢为其直径的6倍；③圆钢与扁钢连接时，其长度为圆钢直径的6倍。

（3）扁钢与钢管、扁钢与角钢焊接时，为了连接可靠，除应在其接触部位两侧进行焊接外，并应焊以由钢带弯成的弧形（或直角形）卡子或直接由钢带本身弯成弧形（或直角形）与钢管（或角钢）焊接。

（4）接地引上线与充电设备外壳连接应是明显的、可见的，不宜与设备基础钢制预埋件进行连接。

四、降低接地电阻的措施

（1）可敷设引外接地网或向外延伸接地体至低电阻率土壤。

（2）可采用井式或深钻式埋接地极至低电阻率土壤。

（3）填充电阻率较低的物质或使用降阻剂等，以改善土壤的传导性能。降阻剂应具有长效防腐的物理性，同时应符合国家现行技术标准，通过国家相应机构检验测试，并有合格证件，使用时严格按照生产厂家使用说明书规定的操作工艺施工。

（4）采用多层接地措施。

五、接地明敷标准

接地明敷多适应于地下车库和建筑物室内等场所，其采取的方式将规格不低于40mm×4mm的热镀锌扁钢（以下简称接地线）与充电设备金属外壳或底座连接在一起，并引致可靠接地端（或自然接地体），具体要求如下：

（1）接地线的安装位置应合理，便于检查，无碍设备检修和运行巡视。

（2）接地线的安装应美观，防止因加工方式造成接地线截面积减少、强度减弱、容易生锈等。

（3）支持件间的距离，在水平直线部分宜为0.5～1.5m，垂直部分宜为1.5～3m，转弯部分宜为0.3～0.5m。

（4）接地线应按水平或垂直敷设，也可与建筑物倾斜结构平行敷设，在直线段上，不应有高低起伏及弯曲等现象。

（5）接地线沿建筑物墙壁水平敷设时，离地面宜为250～300mm的距离。

（6）接地线与建筑物墙壁间的间隙宜有10～15mm。

（7）接地示例图如图8-8所示。

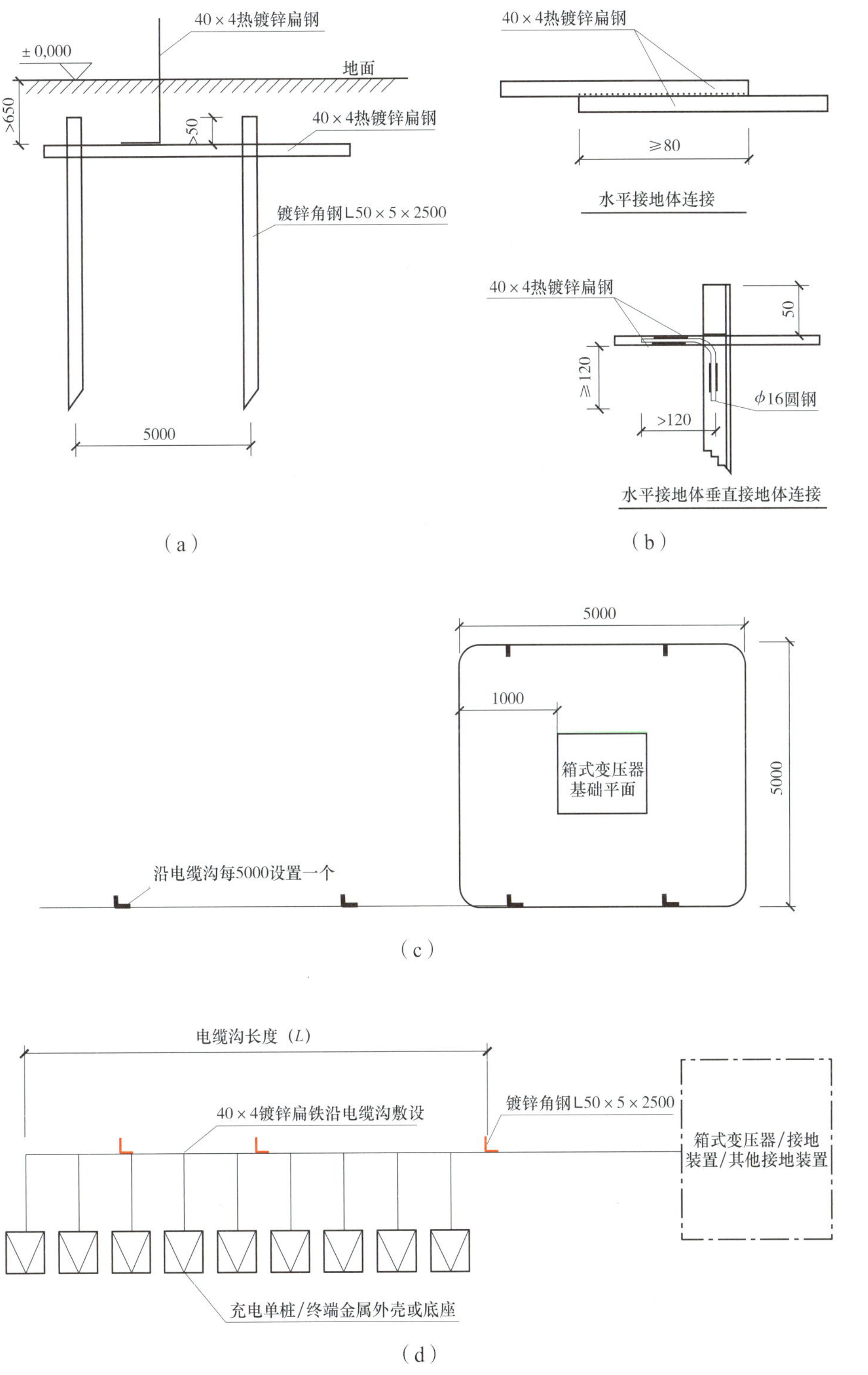

图8-8 接地示例（mm）

（a）接地装置立面图；（b）接地装置细部大样图；（c）接地装置平面图一；（d）接地装置平面图二

第六节　安全文明施工

一、安全标识

充电项目相关施工管理及作业人员应熟悉施工现场的安全标识，并严格按照安全标识指示进行施工活动，具体详见表8-11。

表8-11　　　　安全标识

序号	标志类别	安全标志描述	图例
1	禁止标志	禁止人们的不安全行为，禁止标志牌的基本形式是白色长方形衬底，涂写红色圆形带斜杠，下方为红色矩形黑体字标志	
2	警告标志	提醒人们对周围环境引起注意，以避免可能发生危险，警告标志牌的基本形式是白色长方形衬底，上面涂黄色正三角形及黑色标志，下面为黑框白底，黑体黑字	
3	指令标志	强制人们必须做出某种动作或采用防范措施，指令标志牌的基本形式是白色长方形衬底，上面涂写蓝色圆形标志，标志符为白色，下面为矩形黑色框和黑色黑体字补充	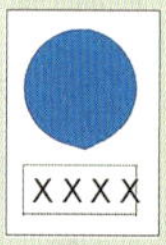
4	提示标志	向人们提供某种信息（如标明安全设施或场所等），提示标志牌的基本形式是绿色正方形，上涂写白色圆形，黑体黑字	

二、施工用电安全要求

1.通用施工用电安全要求

（1）施工用电设备的安装、运行、维护应由专业电工负责，明显部位应设严禁靠近以防触电的安全标志。

（2）施工用电线路及电气设备的绝缘应良好，布线应整齐，不得将电源线直接钩挂在闸刀上或直接插入插座内使用，电缆接线应做防漏电和防水措施。

（3）施工用电设备不得超铭牌使用，隔离型电源总开关不得带负荷拉闸。

（4）施工用电设备应做到“一机一开关一保护”，移动式施工用电设备应使用绝缘护套软电缆。

（5）施工用电线路架空时路径应合理选择，避开易撞、易碰以及易腐蚀场所，架空线路不得采用裸线，导线截面积不得小于16mm^2，架设高度不得低于2.5m，交通要道及车辆通行处，架设高度不得低于5m。

2. 移动开关箱用电安全要求

（1）施工用电设备的电源引线长度不得大于5m，长度大于5m时，应设移动开关箱。

（2）移动开关箱至固定式电源之间的引线长度不得大于30m，且只能用绝缘护套软电缆。

（3）开关箱必须装设隔离开关、断路器或熔断器，以及剩余电流动作保护器，当剩余电流动作保护器是同时具有短路、过载、漏电保护功能的漏电断路器时，可不装设断路器或熔断器。隔离开关应采用分断时具有可见分断点，能同时断开电源所有极的隔离电器，并应设置于电源进线端，当断路器是具有可见分断点时，可不另设隔离开关。

（4）开关箱中剩余电流动作保护器的额定漏电动作电流不应大于30mA，额定漏电动作时间不应大于0.1s，使用于潮湿和有腐蚀介质场所的剩余电流动作保护器应采用防溅型产品，其额定漏电动作电流不应大于15mA，额定漏电动作时间不应大于0.1s。

（5）开关箱中剩余电流动作保护器的极数和线数必须与其负荷侧负荷的相数和线数一致。

（6）不同电压等级的插座与插销应选用相应的结构，不得用单相三孔插座代替三相插座，单相插座应标明电压等级。

（7）施工现场开关箱应配锁，施工现场停止作业一小时以上时，开关箱应上锁，每天施工结束后，开关箱应及时收取并妥善保管。

3. 焊接作业用电安全要求

（1）电焊机要设置漏电断路器和二次空载降压保护器（或触电保护器），应放在防雨的电箱内，拉合闸时，应戴手套侧向操作，电焊机进出线两侧防护罩完好。

（2）操作前应检查所有工具、电焊机、电源开关及线路是否良好，金属外壳应安全可靠接地，进出线应有完整的防护罩，进出线端应用铜接头焊牢。

（3）焊机与开关箱距离不大于3m，熔丝的熔断电流应为该机额定电流的1.5倍，并配专用触电保护器，严禁用金属丝代替熔丝。

（4）在基坑进行施焊工作，应站在绝缘胶板或干燥木板上，暂停作业，应将焊钳挂起，不得放在基坑内。

（5）雷、雨、大雾、大雪或五级大风以上，应停止露天焊接作业。

4. 夜间施工临时照明用电安全要求

（1）照明线路敷设应采用绝缘槽板、穿管或固定在绝缘子上，不得接近热源或直接绑挂在金属构件上。

（2）照明灯具的悬挂高度不应低于2.5m，并不得任意挪动，低于2.5m时应设保护罩，照明灯具开关应控制相线。

（3）照明装置采用金属支架时，支架应稳固，并采取接地或接零保护。

（4）行灯的电压不得超过36V，潮湿环境下行灯电压不得超过12V，行灯应有保护罩，行灯电源线应使用绝缘护套软电缆。

（5）临时照明设施拆除后，不得留有可能带电的部分。

5. 电动工具用电安全要求

（1）电动工具使用前应检查外壳、手柄无裂缝、无破损，接地或接零保护线应连接正确、牢固，插头、电缆或软线完好，开关动作正常，转动部分灵活，电气及机械保护装置完好。

（2）电动工具的操作开关应置于操作人员伸手可及的部位，休息、下班或工作中突然停电时，应切断电源侧开关。

（3）使用移动式电动工具时，不得使电源线受力或接触工具的转动部分。

三、施工防火安全要求

1.通用防火安全要求

（1）充电项目施工时，应根据施工现场火灾危险性等级、保护半径配置相应的消防器材，应满足GB 50720—2011《建设工程施工现场消防安全技术规范》相关要求。

（2）充电项目配置的消防设施应有防雨、防冻措施，并定期进行检查、试验确保有效。

（3）在防火重点部位或易燃、易爆区周围动用明火或进行可能产生火花的作业时，应在有关单位办理动火工作票，经批准后，采取相应措施并增设相应类型及数量的消防器材后方可进行。

（4）施工现场不允许使用明火或燃烧材料，施工现场吸烟必须在指定区域，烟头不得乱丢。

2.焊接及气割防火安施工全要求

（1）不得在储存易燃、易爆物品的场所周围10m范围内进行焊接或切割工作，若无法避免应采取有效的防护措施。

（2）在焊接、切割地点周围5m范围内，应清除易燃、易爆物品，确实无法清除时，应采取可靠的隔离或防护措施。

（3）高处焊接作业时，应在焊点下方设置接火斗，并设置警戒线，不准行人通过或停留，指定专人带灭火器进行监护，高处气割作业时，氧气瓶、乙炔瓶、液化气瓶不得放在作业区域正下方，应与作业点正下方保持在10m以上的距离，必须清除作业区域下方的易燃物。

（4）焊接或切割工作结束后，应切断电源或气源，整理好器具，仔细检查工作场所周围及防护设施，确认无起火危险后方可离开。

（5）焊机的变压器不得超负荷，温升不得超过60℃，机壳上不得放置可燃易燃物品。

（6）气割前应检查氧气瓶、乙炔瓶的阀表是否齐全有效，橡皮管是否漏气，焊枪嘴和枪身有无阻塞现象。

（7）气割用氧气瓶、乙炔瓶的存放和使用距离不得小于5m，与明火的距离不得小于10m，并应放在阴凉通风处，不得在强烈的阳光下暴晒。

（8）气割用氧气瓶严防沾染油脂，有油脂的衣服、手套等禁止与氧气瓶、减压阀、氧气软管接触。

（9）气割作业点火时，焊枪口不准对人，正在燃烧的焊枪不得放在工件或地面上，作业中发现气路或气阀漏气时，必须立即停止作业。

四、个人防护用品安全要求

1.通用个人防护用品安全要求

（1）施工单位应向施工作业人员提供适用的个人防护用品（安全帽、安全鞋和安全带等），并指导施工人员正确佩戴，其中进入施工作业现场必须佩戴安全帽、穿安全鞋，高空作业必须系安全带，焊接需佩戴绝缘手套。

（2）进入施工现场，个人防护用品必须符合劳动保护用品相关规范，个人防护用品不得进行破坏或改装。

（3）焊工在焊接作业时要求戴有头保护装备（安全帽），只有在安全人员的指示下才允许戴软帽进行焊接或切割。

（4）在运动机械附近工作的人员必须防止衣服和身体部分被运动部件夹住。

（5）不可穿着渗有油脂、油漆、稀释剂、溶剂或类似材料的衣服。

2. 特殊个人防护用品安全要求

对于特殊作业，需要佩戴和使用额外的个人防护用品，施工单位应依照表8-12要求为工人提供相应的个人防护用品并指导和监督工人在施工现场使用。

表8-12　特殊个人防护用品使用表

防护类型	使用防护用品	使用环境
听力保护	耳塞或耳罩	在8h内噪声达到或超过85dB
眼睛和面部保护	护目镜	从事可能伤害眼睛的工作，如锯、切割、打磨等
	焊接面罩	从事或协助从事切割焊接作业
	气焊护目镜	从事或协助从事使用氧乙炔的切割和焊接作业
手部保护	手套（橡胶、腈纶、皮革、绝热等）	从事暴露于危害的作业如处理脱脂材料，或可能的切割伤，磨损，刺伤，化学灼伤，或操作手动工具产生的振动等
坠落保护	双系索全束式安全带	从事2m或2m以上的高处作业
呼吸保护	呼吸保护设备	使用呼吸器，员工必须经过培训、测试和医学检查

五、电缆敷设施工安全要求

（1）运输电缆盘时，盘上的电缆头应固定牢固，应有防止电缆盘滚动的措施。

（2）卸电缆盘不能从车上直接推下，滚动电缆盘的地面应平整，滚动电缆盘应顺着电缆缠紧方向，破损电缆盘不应滚动，电缆盘应立放，不得平放；滚运电缆盘时要做到电缆盘前方不能站人，两侧人员脚所站位置不得超过电缆盘边缘，以防止压伤事故。

（3）采用撬动电缆盘的边框架设电缆盘时，不要用力过猛，不要将身体伏在撬棍上面，并应采取措施防止撬棍滑脱、折断。

（4）敷设电缆时，电缆盘应架设牢固平稳，盘边缘距地面不得小于100mm，电缆盘转动力量要均匀，速度应缓慢平稳，推盘人员不得站在电缆前方。

（5）敷设电缆应由专人指挥、统一行动，并有明确的联系信号，不得在无指挥信号时随意拉引。

（6）用机械敷设电缆时，在牵引端宜制作电缆拉线头，保持匀速牵引，应遵守有关操作规程，加强巡视，有可靠的联络信号。

（7）进入带电区域内敷设电缆时，应取得运行单位同意，采取安全措施，保持安全距离，防止误碰运行设备，不得踩踏运行电缆。

（8）敷设电缆时，处于电缆转向拐角的人员，必须站在电缆弯曲半径的外侧，切不可站在曲半径的内侧，以防止挤伤事故。

（9）敷设电缆时，穿管处的人员必须做到：送电缆时手不可离管口太近，防止挤手；接迎电缆时，眼及身体不可直对管口，防止挫伤。

（10）人力拉电缆时，用力要均匀，速度要平稳，不可猛拉猛跑，看护人员不可站于电缆盘的前方。

六、电源接入安全要求

1.10kV 电源接入

（1）10kV 电源接入必须由具备资质的承包商进行施工，施工作业人员应具备相应资格，其他施工作业人员严禁进行任何相关作业。

（2）在进行高压接入时，承包商应在施工作业区域设置可靠的安全防护和安全警示，其他施工作业人员应遵守施工区域的安全管理规定。

2. 0.4kV 电源接入

（1）进行接线操作的人员必须是有合格操作证的电工，同时应掌握触电后的紧急救护法及电火灾扑救方法等应急知识。

（2）接线操作前应切断相关电源，禁止带负荷接电或断电。

（3）接线操作应在安全监护下进行，严禁单独作业。

（4）操作手柄应上锁或挂标牌，防止误操作。

（5）验电时应采用合格的绝缘、检验工具，线路各相分别验电。

（6）验明线路确认无电后，即将线路做短路接地，装设接地线，应由二人进行，先接接地端，后接导体端，拆除时顺序相反，拆、接时均应穿戴合格的绝缘防护用品。

七、文明施工

（1）施工现场应设置围挡，用以划分施工区域及非施工区域。

（2）施工现场设置的各种安全设施不得擅自拆、挪或移作他用，如确因施工需要，应办理相关手续，采取相应的临时安全措施，事后应及时恢复。

（3）施工现场有排水需求时，需采取合理的排水措施。

（4）施工现场应合理规划，进行合理的区域划分，设置作业区、材料堆放区、废料区、吸烟点、消防器材布置点。

（5）工作场所应保持整洁，垃圾或废料应集中堆放、及时清除，做到“工完、料尽、场地清”，坚持文明施工。

（6）工作场所应配备应急医疗用品和器材，并定期检查其有效期限，及时更换补充。

（7）材料、设备应按施工区域划分堆放整齐，并符合消防及搬运的要求，堆放场地应平坦、不积水，地基应坚实。

（8）设备材料露天存放时应设置支垫，并做好防潮、防火措施。

（9）易燃材料和废料的堆放场所应远离建筑物及用火作业区。

（10）充电设备、材料的保管与堆放应符合下列要求：

1）有防潮标志的充电设备应做好防潮措施；

2）充电设备应分类存放，放置应稳固、整齐，不得堆放；

3）重心较高的充电设备在存放时应有防止倾倒的措施。

（11）进入施工现场的人员应根据作业工种或场所需要选配个体防护装备（安全帽、安全鞋和安全带等）并正确佩戴，施工作业人员不得穿拖鞋、凉鞋、高跟鞋，以及短裤、裙子等进入施工现场。

（12）酒后不得进入施工现场。与施工无关的人员不得进入施工现场。

第九章

充电设施调试验收

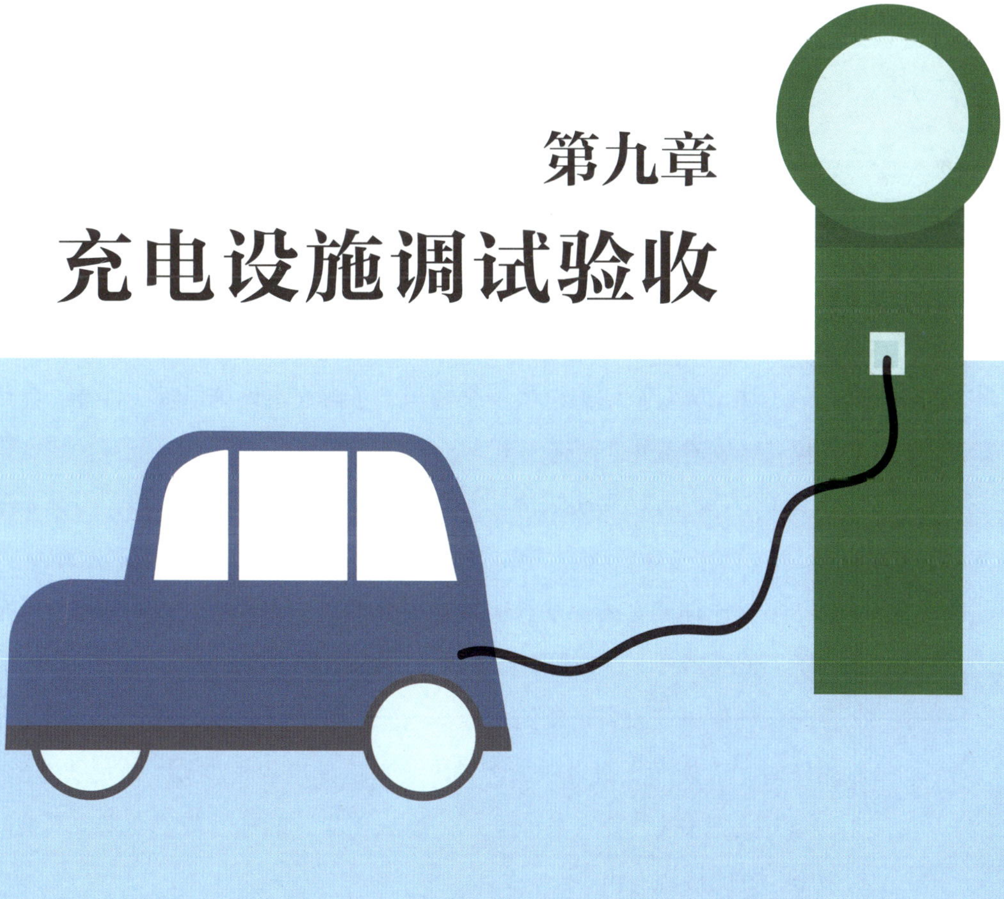

第一节　充电设施调试

充电设施调试指的是在施工完成后对充电设施检查参数配置和充电测试工作。

调试应保证充电设施设备安装后的正常交付使用，发现并排除安装质量及场地环境（如电源电压）等因素造成的充电设施设备使用危险、故障或隐患。在调试工程中发现的问题、隐患应记录并反馈相关单位整改。

一、充电设施调试流程

充电设施调试流程如图 9–1 所示。

二、充电设施调试安全操作要求

（1）调试人员必须取得电工特种作业操作证，持证上岗。

（2）原则上电工作业时应两人作业，一人操作，一人监护。

（3）调试人员应掌握电气安全知识，了解充电设施原理、性能，熟练掌握触电急救和事故紧急处理措施。

（4）工作时，必须头脑清醒，思想集中，不得酒醉、打闹，身体不适者禁止工作。

（5）工作期间必须穿戴绝缘鞋、绝缘手套，必要时应戴安全帽及其他防护用品，所用绝缘用具、仪表和工具须检查完好、可靠。

（6）任何电气设备、线路未经本人验电前，一律视为有电，不准触及。需接触操作时，应切断上级电源，经验电、放电（电容性设施）之后再次验电合格，在电源开关把手上挂上“禁止合闸，有人工作”的标示牌或者采取其他防止误合闸措施，方能接触工作。

（7）工作前必须进行上级供电断电，严格执行上锁挂牌程序。

（8）在可能的情况下，应尽量停电工作，如需带电操作，必须有专人监护。监护人应符合从业要求，监护时不得从事操作或做与监护无关的事情。

（9）带电作业时，应先分清火线、零线（地线），选好工作位置。工作时应不同时触及导电部分和接零（地）部分。如需断开导线时，应先断开火线，后断开

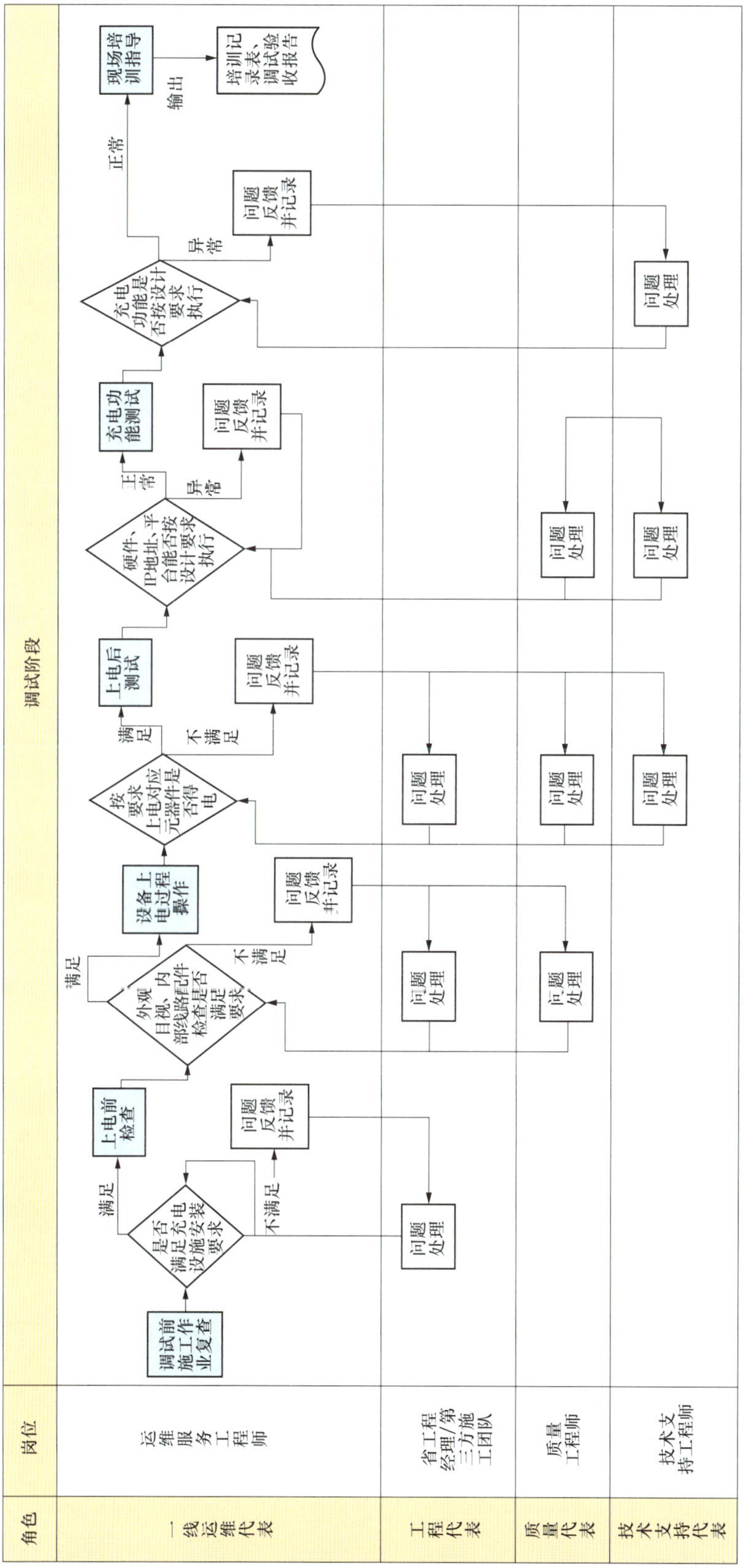

图9-1 充电设施调试流程图

零（地）线；搭接导线时，顺序相反。

（10）未经许可和批准，不得改变充电设施内原有接线方式和结构。

（11）工作结束后，将设备现场恢复原状，清点工具防止遗漏，并清扫、整理现场。

（12）发生安全事故时，立即启动安全生产应急预案，并按照预案要求立刻上报相关负责人，并于第一时间内按照应急预案进行现场应急处置，控制事故蔓延和扩大，抢救人员和财产。

（13）若发生人身触电时，应立即切断上级电源，按紧急救护法进行抢救，同时拨打“120”寻求专业帮助及向上级领导报告，并做好记录。

（14）电气设备发生火灾时，要立即切断电源，用沙子、二氧化碳灭火器、ABC干粉灭火器灭火，严禁用泡沫灭火器或水灭火，并立即上报上级领导。

（15）送电顺序为：高压电源侧、低压进出线侧、负载，即箱式变压器→配电柜→桩的顺序。

（16）停电顺序为：负载、低压进出线侧、高压电源侧，即桩→配电柜→箱式变压器的顺序。

三、充电设施调试前的准备

充电设施调试前确保现场已具备调试条件，取得要调试的产品类型、客户联系方式及调试地点和时间等相关信息。

调试人员接到调试任务后，应第一时间与客户联系，了解现场最新情况，再次确认调试时间、地点，准备调试所需工具、备件 。

（1）调试前所需工具准备。调试前需将调试使用的工具、测量器具、常用的螺丝刀扳手或电动工具等带齐，满足现场调试使用，如现场调试软件版本升级、部分零部件的拆装检测等工具均需带齐。

（2）软件版本。确定满足现场充电设施调测及充电功能的匹配版本，进行现场的软件升级工作。

（3）参数确认。提前确定现场的充电设施相关配置，便于现场进行充电参数的调整。

四、施工作业复查

调试人员对施工作业进行复查，发现有关安装问题需进行记录并反馈。

（1）检查基座是否固定密封以及防火泥是否封堵。

（2）检查设备内部器件是否紧固可靠。

（3）检查所用电缆规格是否满足充电机功率要求，如不满足应反馈工程部门重新施工，或因场地电容量限制可修改充电机输出功率进行限流操作。

（4）查看外观、标记、完整性、清洁度。

（5）检查接地电阻/绝缘电阻，接地电阻需不超过4Ω，电缆绝缘电阻需不低于10MΩ。测量方法如下：

1）使用接地电阻测试仪，测量设备各接地部分电阻，接地电阻应不超过0.1Ω。

2）检查充电机绝缘电阻值。使用绝缘电阻表分别测量三相交流线的L1与L2之间、L1与L3之间、L2与L3之间、L1与PE之间、L2与PE之间、L3与PE之间的绝缘电阻，测量值应不低于10 MΩ。

五、充电设施调测

现场的充电设施调测主要有以下部分构成，调试对象主要面向于非车载充电设施。

（一）工艺外观检查

充电机外观检查。

（1）首先检查充电机的外观是否受损，有无掉漆、划痕、擦伤等损伤，运输过程中充电机桩体结构是否受损。

（2）检查充电机的铭牌等标识标牌是否正确、清晰完整，安全警示标志是否张贴到位。

（3）检查充电机内部机械结构、配线工艺是否异常。

（4）与客户核对现场充电机配置信息是否与合同要求相符，配件是否齐全。

（二）上电前检查

检查充电机内部线路有无短路、断路。

使用万用表调至蜂鸣挡，将万用表两只表笔接触可听到蜂鸣声，确认万用表正常。分别将万用表的两只表笔打在充电机输入端的L1相与L2相，若有蜂鸣声，则该两相存在短路情况，应该立即排查线路，检查线路是否错接。若未蜂鸣则正常，两相之间不存在短路情况。

依据上述操作步骤依次测量交流输入端各相对零线及地直接是否短路。

用万用表蜂鸣挡继续测量直流输出正负极通断情况，检查直流输出正、负极是否接反。

（1）检查充电机是否存在明显接线错误，三相交流电L1、L2、L3、N输入进线端上下各端子，总开关上下端各个大小螺钉，直流输出正、负端子的上下端螺钉，设备所有接地螺钉，直流输出正、负铜牌上的螺钉，主控板上各个插头，开关电源12V接头以及端子排上的CANH、CANL通信线是否紧固。

（2）完成以上操作后可以对充电机上级电源送电，上级电源送电后应先用万用表测量桩内断路器上口电压，确认电压正常、稳定后再将桩内断路器合闸。

（三）参数设置检查

上电后，查看屏幕设置参数是否符合客户合同需求，屏幕参数参考表9-1内容进行设置。

表9-1　　屏幕参数设置参考

序号	项目	描述
1	手动启动允许	设置后可以在触摸屏点启动充电
2	支持刷卡	设置后如果客户桩已上智能管理平台，可以刷卡启动
3	支持扣费卡	设置后支持扣费卡
4	支持VIN码在线鉴权	如果该桩有VIN码在线鉴权启动方式的需求则设置
5	选择模块	选择该桩对应的充电模块并设置
6	支持桩端计费	设置后支持桩端计费
7	最低输出电压	整桩最低输出电压
8	最高输出电压	整桩最高输出电压
9	最大输出电流	整桩最大输出电流
10	电池温度阈值	车辆电池过温保护阈值

（四）调试中注意事项

在调试过程中，当柜门打开时现场运维人员不得远离，提醒其他人员危险事项，防止造成第三方人员好奇误触电。离开现场时，应确认柜门全部关闭并锁紧。

现场运维人员调试过程中应注意参数密码保密以防泄露，非专业人员知道密码后，使用密码进入此地区充电机系统设置，变更参数可能导致充电机不能使用、损坏、手动启动免费充电等，造成不必要的损失；合同中如需提供用户密码给客户时，应向客户说明该密码需保密，如果泄露的话，可能会对其造成不必要的财产损失。

在充电调试过程中要按相应的测试项目逐一按顺序完成，原则上不可遗漏或跳跃，防止发生误调、漏调现象，并在调试的过程中对每一项检查及调试做好相应的记录。

六、充电设施调试后的功能验证

（一）主要功能检查

（1）参数设置完毕后，进行充电功能测试时，应做好相关数据记录，测试充电功能是否满足技术要求，充电机正常充电时，查看屏幕上BMS需求电流与桩实际输出电流是否一致，充电时进入模块详情查看模块输出电压电流是否正常。

（2）检查运行状态指示灯工作是否正常。

（3）检查充电机是否可以有效地进行参数设置和信息查询，将参数设置完成后重新读取查看是否生效。

（4）检查充电机是否可以实现手动输入和控制的功能，屏幕设置硬件检测，选择输出，查看充电机对应硬件是否为输出状态。

（5）检查充电机电表变比设置是否与电流互感器参数一致。

（6）试充下检查屏幕显示的SOC、充电电压、充电电流值是否与车端一致。

（7）检查充电机绝缘检测是否正常，通过查看屏幕充电机升压后是否在5s之内泄放至60V以下。

（8）检查充电机内部是否具有过温保护功能，可通过屏幕设置充电枪温度设置来测试。

（9）检查电表、电流互感器等计量功能是否正常，试充后查看交、直流电表是否有电量产生，直流电表电量是否与充电机屏幕显示电量一致。

（10）充电机启动后，检查电子锁止装置工作是否正常，车辆接口无法带载分断。

（二）急停功能验证

（1）检查充电机急停功能是否正常。急停按下，充电机停止，脱扣线圈工作，塑壳断路器分闸；或者急停按下，接触器断开，充电机故障灯亮。

（2）检查充电机报警信号输出是否正常。充电机故障或失电时能有效的发出报警信号，通过按下急停后查看充电机故障灯是否亮起，屏幕是否有故障报警。

（三）整流模块状态检查

（1）检查充电机模块均流特性是否正常。试充过程中查看模块状态信息，根据各个模块输出的电压电流判断是否正常。

（2）检查充电机模块通信功能，能否有效和可靠的与主监控装置进行数据交换。

（3）检查充电机报警信号输出功能是否正常。通过改变屏幕设置下的充电机电源模块数量，模拟充电机故障，查看充电机故障灯是否亮起，屏幕是否有故障报警。

（四）不同启动方式验证

（1）通过App扫码控制充电机充电和停止充电。

（2）通过刷卡控制充电机启动充电和停止充电。

（3）通过VIN码启动方式控制充电机启动充电和停止充电。

（五）与后台监控系统通信验证

（1）通过App方式启动充电结束后上，查看App上传输出电压、电流、电量、与桩端结算是否符合。

（2）检查充电机是否可以用手机App控制充电机的启动充电和停止充电。

七、充电设施调试文件存档要求

调试验收归档文件，需现场客户签字同意后才能验收。

第二节　充电设施验收

验收是建设单位、施工单位、监理单位和运营单位共同来验收工程质量是否合格。包括电源接入点、配电部分、充电设施、视频监控系统及土建和其他配套部分的验收。

一、验收组织机构及人员职责

验收工作由建设单位负责组织实施。工程完工后，施工单位向建设单位提交工程验收报告，申请工程验收。建设单位收到建设工程验收报告后，对符合验收要求的工程，应当组织设计、施工、工程监理等有关单位进行竣工验收。

（一）成立工程验收组

成立验收领导小组，并设置组长和副组长，进行验收工作的统筹管理和协调。

成立验收工作组：资料验收小组、土建工程验收小组、电气工程验收小组等，各验收小组由组长、副组长、组员组成，具体人员数量根据现场实际情况确定，由施工、监理单位有关人员进行现场的配合验收工作。

（二）验收人员职责

验收组组长、副组长职责：负责统筹安排初验收工作，协调处理施工、运行、监理、设计、厂家等各方关系及验收中出现的重大事宜、争议，负责组织召开验收汇总会，听取各验收小组的工作汇报，总结验收工作，对验收中发现的缺陷提出整改指导意见，督促消缺，审核确认验收记录及验收报告。

各验收小组组长职责：组织本小组人员按验收范围及要求进行工程验收，搜集、汇总验收缺陷及问题，消缺完成后，组织人员复查确认，填写验收记录及验收报告。

各验收小组副组长职责：负责本小组内验收人员的招集、管理工作，组织、参与验收工作，提出验收缺陷及问题，消缺完成后，参与复查、确认。

各验收小组组员职责：在小组组长的领导下，具体负责各自范围的验收工作及消缺复查工作。

各验收小组配合人员职责：对各小组验收工作进行全面配合，包括资料提供、工器具提供、后勤保障、配合具体的作业工作等。

（三）验收资源配置

验收所需的设备、交通车辆、通信工具由各参验单位自备，检测、测量设备、规程、规范等技术文件由施工单位、监理单位提供。

二、电源接入点验收

充电设施作为接入电网的终端设施，通常需有与电网的连接点，即电源接入点（部分运营商又称为取电点）。在充电设施工程验收中，验收范围一般认为应是自电源接入点至充电机设备。故电源接入点的验收应是验收工作的起始部分。实际当中充电设施电源接入点比较多样化，但按权属划分一般常见的是电网电接入点和物业电接入点。对两类接入点的验收应注意以下内容：确认相线、中线、PE线的接入条件，重点关注接入相线是否配备母线过电流保护器，目测接地干线接地完好性，电表箱的安装位置是否合适，如有过流保护器件规格不符甚至缺损等问题应记录并与供电单位联系更换。

三、配电部分验收

（一）配电部分物料验收

主要设备、材料、成品和半成品应验收合格，并应做好验收记录和验收资料归档。当设计有技术参数要求时，应核对其技术参数，并应符合设计要求。

实行生产许可证或强制性认证（CCC认证）的产品（如断路器、剩余电流动作保护器、配电柜等），应有许可证编号或CCC认证标志，并应抽查生产许可证或CCC认证证书的有效性及真实性。

充电设备应具有第三方机构出具的测试报告和/或证书，高压成套配电柜、低压成套配电柜（箱）、控制柜（台、箱）的验收应符合下列规定：

（1）查验合格证和随带技术文件：高压和低压成套配电柜等成套柜应有出厂试验报告。

（2）核对产品型号、产品技术参数：应符合设计要求。

（3）外观检查：设备应有铭牌，表面涂层应完整、无明显碰撞凹陷，设备内元器件应完好无损、接线无脱落脱焊，绝缘导线的材质、规格应符合设计要求，蓄电池柜内电池壳体应无碎裂、漏液，充油、充气设备应无泄漏。

绝缘导线、电缆的验收应符合下列规定：

（1）查验合格证：合格证内容填写应齐全、完整。

（2）外观检查：包装完好，电缆端头应密封良好，标识应齐全。抽检的绝缘导线或电缆绝缘层应完整无损，厚度均匀。电缆无压扁、扭曲，铠装不应松卷。绝缘导线、电缆外护层应有明显标识和制造厂标。

导管的验收应符合下列规定：

（1）查验合格证：钢导管应有产品质量证明书，塑料导管应有合格证及相应检测报告。

（2）外观检查：钢导管应无压扁，内壁应光滑；非镀锌钢导管不应有锈蚀，油漆应完整；镀锌钢导管镀层覆盖应完整、表面无锈斑；塑料导管及配件不应碎裂、表面应有阻燃标记和制造厂标。

（二）施工工艺验收要求

1.成套柜、配电箱（盘）验收要求

（1）对于装有电器的可开启门，门和金属框的接地端子间应选用截面积不小于4mm²的黄绿色绝缘铜芯软导线连接，并应有标识。

（2）柜、台、箱、盘等配电装置应有可靠的防电击保护；装置内保护接地导体（PE）排应有裸露的连接外部保护接地导体的端子，并应可靠连接。

（3）配电箱（盘）内配线应整齐、无绞接现象；导线连接应紧密、不伤线芯、不断股；垫圈下螺栓两侧压的导线截面积应相同，同一电器器件端子上的导线连接不应多于2根，防松垫圈等零件应齐全。

（4）室外安装的落地式配电（控制）柜、箱的基础应高于地坪至少20cm，周围排水应通畅，其底座周围应采取封闭措施，如图9-2所示。

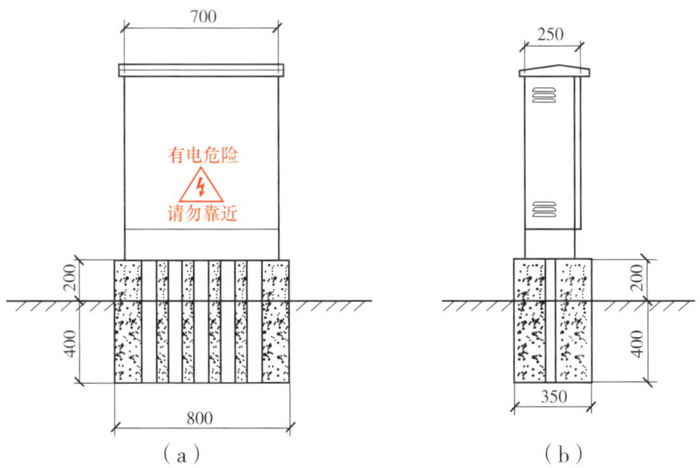

图9-2　配电箱落地安装（mm）

（a）正面；（b）侧面

2.梯架、托盘和槽盒验收要求

（1）金属梯架、托盘或槽盒本体之间的连接应牢固可靠，与保护导体的连接

应符合下列规定：

1）梯架、托盘和槽盒全长不大于30m时，不应少于2处与保护导体可靠连接；全长大于30m时，每隔20～30m应增加一个连接点。起始端和终点端均应可靠接地。

2）非镀锌梯架、托盘和槽盒本体之间连接板的两端应跨接保护连接导体，保护连接导体的截面积应符合设计要求。

3）镀锌梯架、托盘和槽盒本体之间不跨接保护连接导体时，连接板每端不应少于2个有防松螺帽或防松垫圈的连接固定螺栓。

（2）电缆梯架、托盘和槽盒转弯、分支处宜采用专用连接配件，其弯曲半径不应小于梯架、托盘和槽盒内电缆最小允许弯曲半径。

3. 导管敷设验收要求

（1）金属导管应与保护导体可靠连接。

（2）钢导管不得采用对口熔焊连接；镀锌钢导管或壁厚小于或等于2mm的钢导管，不得采用套管熔焊连接。

（3）进入配电（控制）柜、台、箱内的导管管口，当箱底无封板时，管口应高出柜、台、箱、盘的基础面50～80mm。

（4）室外导管敷设应重点检查埋设深度、管口位置、密封处理是否符合要求。

（5）明配的电气导管应在距终端、弯头中点或柜、台、箱、盘等边缘150～500mm范围内应设有固定管卡。

4. 电缆敷设验收要求

（1）金属电缆支架必须与保护导体可靠连接。

（2）电缆敷设不得存在绞拧、铠装压扁、护层断裂和表面严重划伤等缺陷。

（3）交流单芯电缆或分相后的每相电缆不得单根独穿于钢导管内，固定用的夹具和支架不应形成闭合磁路。

（4）电缆弯曲半径应符合安装规范的要求，如图9-3所示。

（5）电缆的首端、末端和分支处应设标志牌，直埋电缆应设标示桩。

5. 导管内穿线和槽盒内敷线的验收要求

（1）同一交流回路的绝缘导线不应敷设于不同的金属槽盒内或穿于不同金属导管内。

（2）除设计要求以外，不同回路、不同电压等级和交流与直流线路的绝缘导线不应穿于同一导管内。

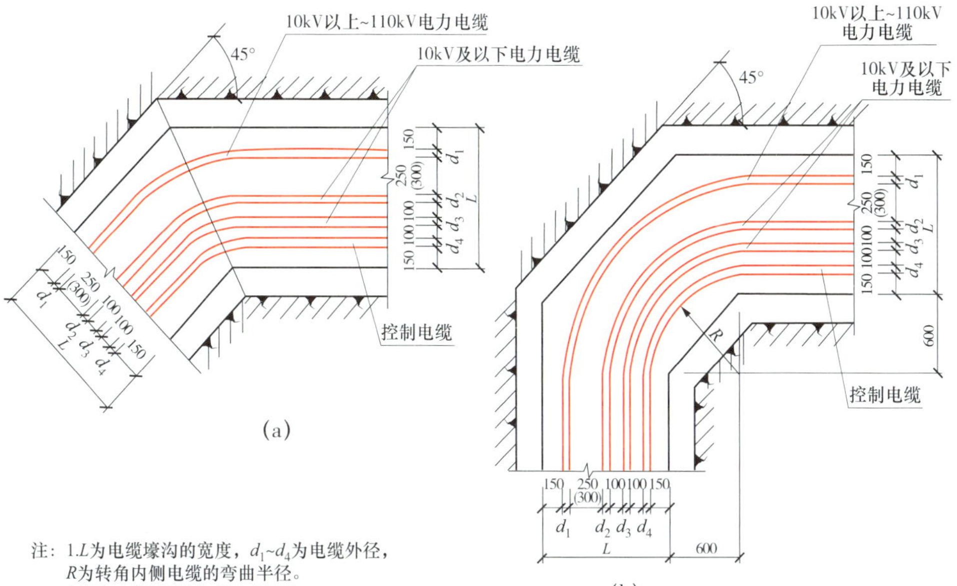

注：1.L为电缆壕沟的宽度，d_1~d_4为电缆外径，
R为转角内侧电缆的弯曲半径。
2.括号内数值适用于66~110kV。

图9-3　直埋电缆转角铺设

（a）电缆直埋转45°角；（b）电缆直埋转90°角

（3）绝缘导线接头应设置在专用接线盒（箱）或器具内，不得设置在导管和槽盒内，盒（箱）的设置位置应便于检修。

（4）除塑料护套线外，绝缘导线应采取导管或槽盒保护，不可外露明敷。

（5）绝缘导线穿管前，应清除管内杂物和积水，绝缘导线穿入导管的管口在穿线前应装设护线口。

（6）当采用多相供电时，同一建（构）筑物的绝缘导线绝缘层颜色应一致。

6. 电缆头制作、导线连接验收

（1）导线连接器应与导线截面相匹配。

（2）单芯导线与多芯软导线连接时，多芯软导线宜搪锡处理。

（3）与导线连接后不应明露线芯。

（4）采用机械压紧方式制作导线接头时，应使用确保压接力的专用工具。

（5）多尘场所的导线连接应选用IP5X及以上的防护等级连接器；潮湿场所的导线连接应选用IPX5及以上的防护等级连接器。

（6）绝缘导线、电缆的线芯连接金具（连接管和端子），其规格应与线芯的规格适配，且不得采用开口端子，其性能应符合国家现行有关产品标准的规定。

（三）配电线路测试

以下项目，应采用专门的仪器设备测试配电线路部分的安装合规性。

1. 绝缘电阻

测试配电线路部分的绝缘电阻，应符合以下规定：

（1）应选用500V绝缘电阻测试仪或具有此功能的仪表，测试并记录带电导体间、带电导体与保护导体间的绝缘电阻，其测试值应不小于5 MΩ。

（2）当被测回路中装有浪涌保护器（SPD）时，应在测试前临时拆除，测试后及时恢复。

2. 接地故障回路阻抗

当配电部分回路接入的接地系统采用TN-S或TN-C-S系统供电时，应测试接地故障回路阻抗，应符合以下规定：

（1）测试应在通电情况下进行。

（2）应在充电机侧输入端测试并记录接地故障回路阻抗，其测试值应满足下式要求：

$$Z_s(m) \leqslant \frac{2}{3} \times \frac{U_0}{I_a}$$

式中　$Z_s(m)$——实测接地故障回路阻抗（Ω）；

U_0——相导体对接地的中性导体的电压（V）；

I_a——保护电器在规定时间内切断故障回路的动作电流（A），一般按保护电器I_n的10倍取值（如采用I_n为40A的断路器，则I_a一般为400A）。

3. 漏保装置（RCD）的动作有效性

测试配电线路部分漏保装置（RCD）的动作有效性，应符合以下规定：

（1）应在其保护回路的末端使用专用仪表进行测试，不应仅按压保护电器的测试按钮判断其功能。

（2）记录动作时间和动作电流，应符合设计和装置设定要求。

4. 回路电压降

当充电设备距电源接入点线路长度超过50m时，应测试回路电压降，并符合以下规定：应在充电设备输入端和电源接入点分别测试并记录回路电压降，在额定充电电流条件下的测试值均应不大于5%。

四、充电设备验收

（一）交流充电桩验收

1. 交流充电桩现场测试准备工作

（1）需运营商（物业）配合提供的准备工作。

1）运营商提前按第三方检测机构提出的要求提供相应的技术合同、型式试验报告、充电机出厂报告、装配图、验收大纲等技术文件。

2）220V的供电电源端口，用于仪器设备的供电。

3）用于充电机测试使用的充电卡（如有）。

（2）交流充电桩检测设备见表9–2。

表9–2 交流充电桩检测设备

序号	测试设备	设备参数	图片
1	绝缘电阻测试仪（绝缘电阻检测时电压至少为500V）	输出电压：500/1000 / 2500/5000V 检测电阻：0 ~ 1000GΩ	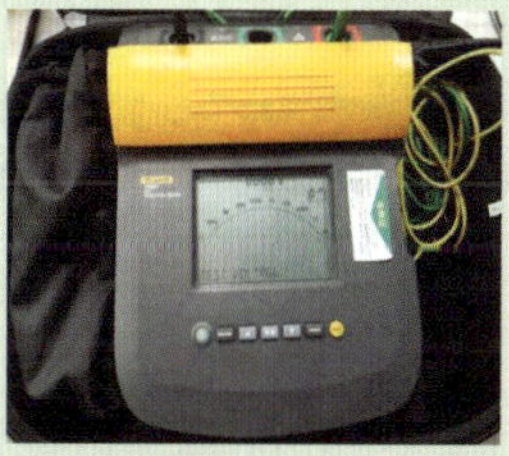
		检测电阻：0 ~ 1000MΩ 输出电压：1000V	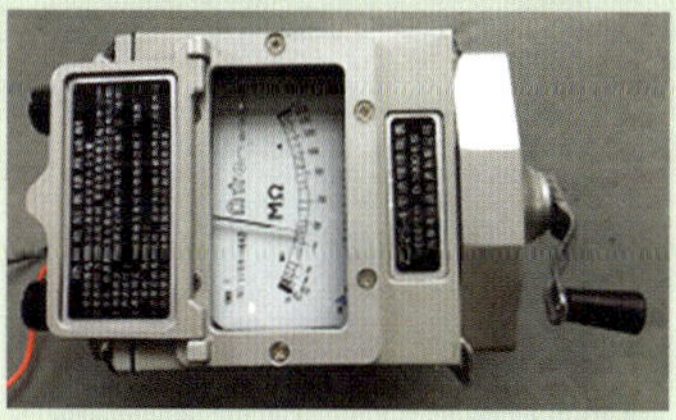
2	接地电阻测试仪（检测时电流至少10A）	检测电阻：0.1μΩ ~ 20kΩ 电流：0 ~ 50A 输出电压：50V DC	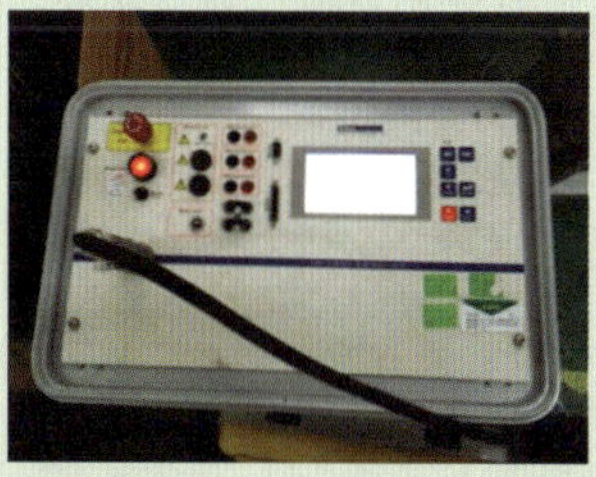
		检测电阻：600mΩ/电流0 ~ 10A 检测电阻：200mΩ/电流0 ~ 30A	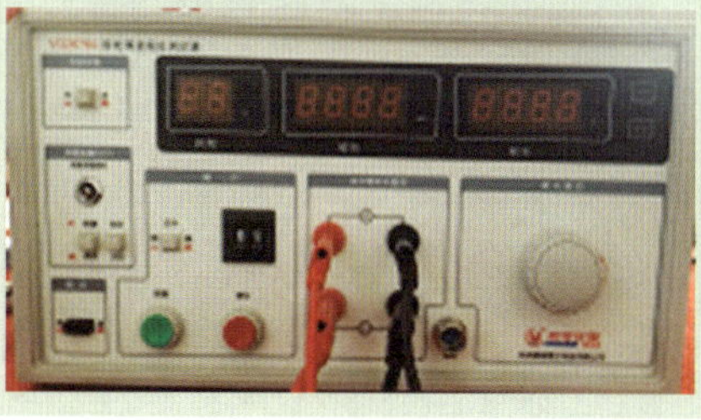

续表

序号	测试设备	设备参数	图片
3	万用表	直流：0～1000V 交流：2.5mV～1000V 直流电流：0～10A 交流电流:2.5μA～10A	

2. 一致性检查

充电设施一致性检查主要包括：充电机的铭牌（包括资产代码如有）、充电机的数量、充电端口数量、型式试验报告、关键元器件、软件版本的一致性检查。关键元器件检查表见表9–3。

表9–3　　交流充电设施关键元器件检查表

序号	名称	型号	规格	生产单位	检测认证报告	备注
1	计费控制单元TCU					
2	充电枪头（type C）					
3	供电枪座（type B）					
4	剩余电流动作保护器					
5	接触器					
6	继电器					

3. 交流充电桩现场常规检测及测试

（1）外观检查。目测检查充电机（含充电连接装置）的外壳应平整，无明显凹凸痕、划伤、变形等缺陷；表面涂镀层应均匀、不应脱落；零部件（含充电连接装置）应紧固可靠，无锈蚀、毛刺、裂纹等缺陷和损伤。

（2）充电模式和连接方式检查。目测检查充电机采用的充电模式应符合GB/T 18487.1—2015《电动汽车传导充电系统　第1部分：通用要求》中5.1规定的充电模式3；连接方式应采用GB/T 18487.1—2015《电动汽车传导充电系统　第1部分：通用要求》中3.1.3规定的连接方式A、连接方式B、连接方式C中任意一种，对于额定电流大于32 A的充电机，检查其应采用连接方式C。

（3）电缆管理及贮存检查。对于连接方式C，检查充电机应随桩配置车辆插头贮存装置，该装置可以与充电机分离或固定在充电机上。在未使用车辆插头时，检查车辆插头应存放在地面上方0.5～1.5 m处。对于车辆插头贮存装置与充电机分离的产品，检查其产品说明书应有车辆插头贮存装置安装位置的相关说明。

（4）开门保护试验（如有）。对于充电机盖子或门打开可造成带电部位露出的充电机，在充电前，不使用工具打开充电机盖子或门，检查充电机应无法启动充电；将充电机连接试验系统，并设置在额定负载状态下运行，不使用工具打开充电机盖子或门，检查充电机应切断交流供电回路，控制导引电路可保持通电。

（5）绝缘电阻试验。在充电机非电气连接的各带电回路之间、各独立带电回路与地（金属外壳）之间施加直流电压，绝缘电阻不小于10 MΩ。

（6）接地试验。充电机金属壳体应设置接地螺栓，用量规或游标卡尺测量其直径不应小于6 mm，且有接地标志；充电机的门、盖板、覆板和类似部件，应采用保护导体将这些部件和充电机主体框架连接，用量规或游标卡尺测量保护导体的截面积不应小2.5 mm^2；接地电阻试验仪检测充电机内任意应该接地的点至总接地之间的电阻不应大于100mΩ；接地端子应有明显的标志。

（二）非车载充电机验收

1.非车载充电机现场测试准备工作

（1）需运营商（物业）配合提供的准备工作。

1）运营商提前按第三方检测机构提出的要求提供相应的技术合同、型式试验报告、充电机出厂报告、装配图、验收大纲等技术文件。

2）220V的供电电源端口，用于仪器设备的供电。

3）用于充电机测试使用的充电卡（如有）。

（2）非车载充电机检测设备见表9-4。

表9-4　　非车载充电机检测设备

序号	测试设备	设备参数	图片
1	绝缘电阻测试仪（绝缘电阻检测时输出电压至少为500V）	输出电压：500/1000 / 2500/5000V 检测电阻：0～1000GΩ	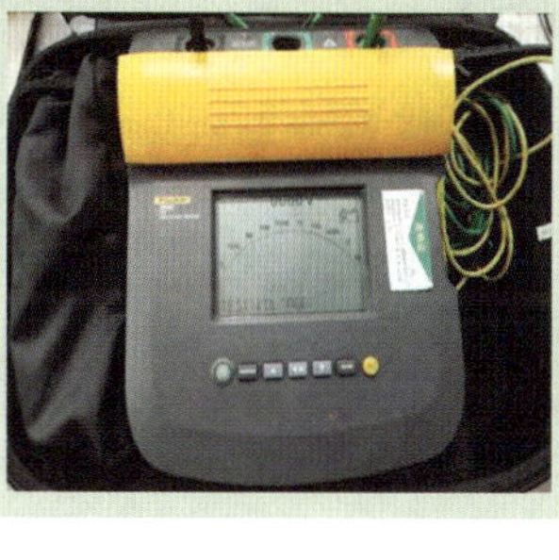

续表

序号	测试设备	设备参数	图片
1	绝缘电阻测试仪（绝缘电阻检测时输出电压至少为500V）	检测电阻：0～1000MΩ 输出电压：1000V	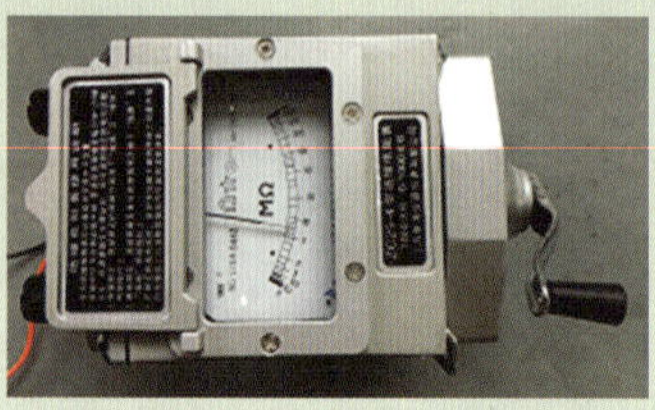
2	接地电阻测试仪（检测时电流至少10A）	检测电阻：0.1μΩ～20kΩ 电流：0～50A 输出电压：50V DC	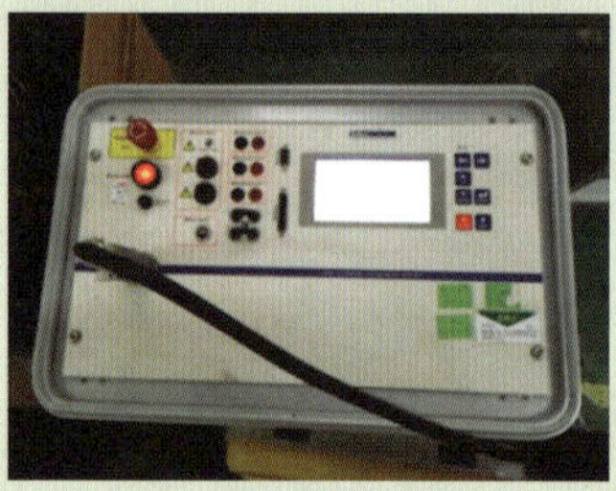
		检测电阻：600mΩ/电流0～10A 检测电阻：200mΩ/电流0～30A	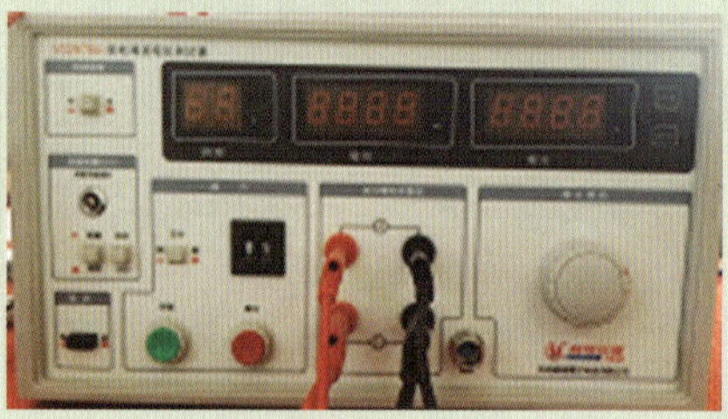
3	万用表	直流：0～1000V 交流：2.5mV～1000V 直流电流：0～10A 交流电流：2.5μA～10A	

2.一致性检查

充电设施一致性检查主要包括：充电机的铭牌（包括资产代码如有）、充电机的数量、充电端口数量、型式试验报告、关键元器件、软件版本的一致性检查。

关键元器件检查见表9-5。

表9-5　　非车载充电机关键元器件检查表

序号	名称	型号	规格	生产单位	检测认证报告	备注
1	计费控制单元TCU					

续表

序号	名称	型号	规格	生产单位	检测认证报告	备注
2	连接装置					
3	辅助电源					
4	断路器					
5	接触器					
6	充电模块					
7	充电控制器					
8	泄放电阻					
9	绝缘监测装置					
10	软件版本					

3. 非车载充电机现场检测外观、结构及安规检测

（1）外观检查。目测检查充电机（含充电连接装置）的外壳应平整，无明显凹凸痕、划伤、变形等缺陷；表面涂镀层应均匀，无脱落；零部件（包括连接装置内触头）应紧固可靠，无锈蚀、毛刺、裂纹等缺陷和损伤。

（2）防盗措施检查。对于户外型充电机，检查其应具有防盗措施，如防盗锁和防盗螺钉等，且产品安装说明书中应有相关要求。

（3）车辆插头锁止功能试验。将充电机连接试验车辆，启动充电，按照以下步骤进行试验：通过检查检测点 1 电压值，并施加符合 GB/T 20234.1—2015《电动汽车传导充电用连接装置　第1部分：通用要求》中 6.3.2 规定的拔出外力，检查机械锁止装置的有效性；通过检查电子锁反馈信号变化和机械锁是否能操作，检查电子锁止装置对机械锁止装置的联锁效果。当电子锁未可靠锁止时，检查充电机不应允许充电。在整个充电过程中（包括绝缘检测过程），检查充电机电子锁止应可靠锁止，不允许带电解锁且不应由人手直接操作解锁；模拟故障不能继续充电、充电完成时，检查在解除电子锁时车辆接口电压应降至 60 VDC 以下；检查电子锁装置应具备应急解锁功能。

GB/T 20234.1—2015《电动汽车传导充电用连接装置　第1部分：通用要求》中 6.3.2：在锁止状态下，施加200N的拔出外力时，连接不应断开，且锁止装置不得损坏。

（4）显示功能试验。将充电机连接试验车辆，测试待机状态、充电状态、故障或告警状态等，检查充电机的显示信息或状态应符合 NB/T 33001—2018 中6.7.1

的规定，且显示字符清晰、完整，没有缺损。

NB/T 33001—2018 中6.7.1 的规定如下：

1）充电机应显示下列状态信息：

a.充电机的运行状态指示：待机、充电、故障；

b.具有手动充电控制功能的充电机应显示人工输入信息。

2）充电机宜显示下列信息：

a.电池当前SOC、充电电压、充电电流、充电功率；

b.已充电时间、已充电电量、已充电金额。

对于具备手动充电控制功能的充电机，检查应能显示人工输入信息。

（5）开门保护试验（如有）。对具有维护门且门打开时可造成带电部位露出的充电机，连接试验系统，按照以下步骤进行试验：

1）在充电前，打开充电机门，检查充电机应无法启动充电；

2）对于一体式充电机，在充电过程中，模拟门打开，检查充电机应同时切断动力电源输入和直流输出；

3）对于分体式充电机，在充电过程中，模拟门打开，检查充电机应切断相应部分的电源输入或输出。

（6）充电模式和连接方式检查。目测检查充电机采用的充电模式应符合GB/T 18487.1—2015《电动汽车传导充电系统　第1部分：通用要求》中5.1规定的充电模式4，连接方式应采用GB/T 18487.1—2015《电动汽车传导充电系统　第1部分：通用要求》中3.1.3.3规定的连接方式C。

（7）充电连接装置检查。检查充电机所配置的充电用连接装置应具备符合GB/T 20234.1—2015《电动汽车传导充电用连接装置　第1部分：通用要求》、GB/T 20234.3—2015规定的证明材料，或者按照GB/T 34657.1—2017中6.2规定的方法对车辆插头的结构尺寸、插头空间尺寸进行复核。

（8）电缆管理及贮存检查。检查充电机应随桩配置车辆插头贮存装置，该装置可以与充电机分离或固定在充电机上。在未使用车辆插头时，检查车辆插头应存放在地面上方0.5～1.5m处（除地面安装设备）。

（9）绝缘电阻试验。在充电机非电气连接的各带电回路之间、各独立带电回路与地（金属外壳）之间施加直流电压，绝缘电阻不小于10MΩ。

（10）接地试验。充电机金属壳体应设置接地螺栓，用量规或游标卡尺测量其直径不应小于6mm，且有接地标志；充电机的门、盖板、覆板和类似部件，应采用保护导体将这些部件和充电机主体框架连接，用量规或游标卡尺测量保护导体的截面积不应小于 2.5 mm^2；通过接地电阻试验仪检测充电机内任意应该接地的点至总接地之间的电阻不应大于 0.1Ω；接地端子应有明显的标志；检查充电机内部工作地与保护地应相互独立，应分别直接连接到接地导体（铜排）上，不应在一个接地线中串接多个需要接地的电气装置。

五、视频监控系统验收

（一）文档验收

文档主要包括：验收申请书、完工报告、项目总结、隐蔽工程随工验收单、工程竣工图、点位路由图、线槽管道布线图、系统操作说明书、设备器材一览表、试运行记录、设备报验资料等工程所有施工文档；上述文档由施工方在验收前提供。文档应经签字和盖章后提交，并符合相关规范和建设单位要求。

（二）施工验收

1.设备材料的验收要求

器材验收一般要求：工程所用缆线器材型式、规格、数量、质量在施工前应进行检查，无出厂检验证明材料或者与设计不符者不得在工程中使用，经检验的器材应做好记录，不符合的器材应立即更换；工程中使用的线缆、器材应与订货合同或者封存的产品在规格、型号、等级上相符；备品、备件及各类资料应齐全。

缆线的验收要求：工程使用的对绞电缆型式、规格应符合设计的规定和合同要求；电缆所附标志、标签内容应齐全、清晰；电缆外护套完整无损，电缆应附有出厂质量检验合格证。电缆的电气性能抽验应从本批量电缆中的任意三盘中各截出100m长度，加上工程所选用的接插件进行抽样测试，并做测试记录。

接插件的检验要求：配线模块和信息插座及其他接插件的部件应完整，检查塑料材质是否满足设计要求；保安单元过电压、过电流保护各项指标应符合有关规定。

使用配线设备应符合的规定：电缆交接设备的型式、规格应符合设计要求；电缆交接设备的编排及标志名称与设计相符。各类标志名称应统一，标志位置应正确、清晰。

2. 配线的验收要求

干线与电源盘、柜应采用压接端子连接。

电子计算机机房内的电源线、信号线和通信线应分别铺设，排列整齐，捆扎固定，长度留有余量。

电源相线、中性线、保护接地线、直流工作地线、各种信号线和通信线的颜色应各不相同，并按设计要求编号。

电缆电线连接应可靠，不得有扭绞、压扁和保护层断裂等现象。

3. 设备安装的验收标准

（1）电视墙与操作台要求：

1）电视墙应安装在室内有利于监视的位置，使监视器不要面向窗户，避免阳光射入，而且与墙之间留有适当的操作，检修空间。

2）操作台安装、布置严格按照控制室平面布置图进行，需保证横平数直、美观、固定牢固。

3）操作台安装后，进行录像机、监视器、矩阵等中心设备安装，重点为固定牢固、美观。

4）全部设备安装后，配接线应准确、整齐、连接可靠，对墙、台体进行可靠接地。

（2）机柜、机架安装要求：

1）机柜、机架安装完毕后，垂直偏差应不大于3mm。机柜、机架安装位置应符合设计要求。

2）机柜、机架上的各种零件不得脱落和碰坏，漆面如有脱落应予以补漆，各种标志应完整、清晰。

3）机柜、机架的安装应牢固，如有抗震要求时，应按施工图的抗震设计进行加固。

4）各类配线部件安装要求各部件应完整，安装就位，标志齐全，安装螺钉必须拧紧，面板应保持在一个平面上。

（3）模块式通用插座安装要求：

1）安装在防静电地板或地面上，应固定在接线盒内，插座面板采用直立和水平等形式，接线盒盖面应与地面平齐。

2）固定螺钉须拧紧，不应产生松动现象。

3）各种插座面板应有标识，以颜色、图形、文字表示所接终端设备类型。

4. 摄像机安装要求

检查云台的水平、垂直转动角度，并根据设计要求定准云台转动的起点方向。

检查摄像机在防护罩内紧固情况。

检查摄像机防护罩的雨刷动作情况。

检查摄像机座与支架或云台的安装尺寸。

摄像机装置的安装应牢靠、稳固。

从摄像机引出的电缆宜留有1m的余量，不得影响摄像机的转动。摄像机的电缆和电源线均应固定，并不能用插头承受电缆的自重。

检查摄像机各项功能，观察监视区域的覆盖范围和图像质量，是否符合要求。

高速球摄像机安装应牢靠，稳固。

其他摄像机机座与支架或云台的安装尺寸应符合要求。

所有摄像机的电缆和电源线均应固定，并且不得使插头承受电缆的自重。

对于高速球摄像机应保证摄像机的引出电缆留出1m以上的余量，防止线缆影响摄像机预留位置工作。

摄像机镜头应避免强光直射，逆光安装，若必须进行逆光安装的地方，应选择将监视区的光对比度控制在最低限度范围内。

摄像机命名规则。设计为8个中文汉字，最多为10个。叠加位置位于屏幕右下角，字体为宋体。基本信息包括：街道信息（2～3个汉字）、地名信息、安装位置。

六、土建及其他配套验收

（一）验收范围及验收条件

1. 土建工程验收范围：包括下列工程实体及相关资料

设备基础、电缆沟工程等土建工程。

2. 具备的验收条件

施工单位按设计和规范要求完成相应的施工、安装、调试工程，无明显缺陷和遗留项目。

已完工程经过施工项目部三级自检合格，具备申报验收条件。

应提交的竣工资料基本完整、齐全、有效，能够满足验收条件。

监理单位收到施工项目部填报的《工程验收竣工报验单》及相关自检记录。

监理项目部对已完工程初步竣工核查合格。

监理单位已进行预验收及整改完毕，具备竣工验收条件。

（二）验收依据

（1）工程建设方面的法律、法规。

（2）政府批准的工程建设文件（包括已审查批准的设计图纸）。

（3）本工程建设工程监理合同。

（4）本工程其他建设工程合同。

（5）已审核批准的施工组织设计。

（6）建设单位的正当要求。

（7）施工过程中形成的文件。包括但不限于：设计变更通知单、施工图会审交底文件、技术核定单、工程联系单、工程会议纪要等。

（8）国家、地方和行业制定的规程、规范和质量评定标准。包括但不限于：GB 50300—2013《建筑工程施工质量验收统一标准》；GB 50202—2018《建筑地基基础工程施工质量验收标准》；GB 50209—2010《建筑地面工程施工质量验收规范》；GB/T 50107—2010《混凝土强度检验评定标准》。

（9）其他通用规范及专用规范要求。

（三）验收要求

预验收坚持现场检查与资料核查相结合，全面检查与重点抽查相结合的原则，既要检查现场实体质量，也要核查相关资料情况，既要重点抽查一些项目，也要对验收范围内的项目做全面检查，做到验收覆盖面100%，不漏项。

各验收小组要根据分工和工程施工完成情况，合理安排工作进度，保证验收工作安全、有序进行。

各验收人员要充分熟悉设计图纸、技术规范书和相关专业的有关标准、规范，熟悉材料/设备性能、参数和设备装置的原理。

验收用仪器仪表使用前应核查符合相关要求，保证完好、有效。

验收人员必须严格执行验收规范，按照设计图纸认真验收，严格把关，确保验收质量。要认真填写质量检查验收记录，发现问题先与施工配合人员充分沟通，然后及时填写“工程质量检查及缺陷处理记录”。此记录表每天汇总一次，交施工单位及时进行消缺。

验收前，施工单位应向验收组提供下列主要资料及文件：主要施工技术资料，主要施工技术记录，质量检验、调试记录，出厂资料、试验资料，材料/构配件开箱记录。

（四）安全措施

（1）验收前，验收组要向验收人员交代安全注意事项，同时施工单位应向验收人员进行交底，说明哪些设备、回路已带点，哪些操作需在验收配合人员的指导下进行，防止人员触电和设备、元器件的损坏。

（2）验收前已投运的电气设备，施工单位要设置隔栏，并悬挂标示牌。

（3）各验收人员应加强沟通、协调，交叉验收工作验收人员须协商一致后进行，避免出现意外。

（4）全体验收人员要正确佩戴安全帽，着装规范，登高验收须正确使用靠梯、安全带、高空作业车等用具，并配备人员协助和监护。

（5）设备操作须在验收配合人员的指导和同意下进行，各方共同协商进行。

（6）验收中所动的回路接线头要及时正确恢复，验收后不需继续通电的回路、装置、设备等施工单位要及时断电。

（7）遵守交通法规，注意行车安全。

（8）全体验收人员验收中要注意成品保护。

七、验收资料归档

充电站工程项目验收应做好所有工程资料的整理归档，以备用备查。根据NB/T 33004—2020《电动汽车充换电设施工程施工和竣工验收规范》、GB 50966—2014《电动汽车充电站设计规范》、GB/T 51313—2018《电动汽车分散充电设施工程技术标准》，充电设施的文档资料验收应包含以下内容：

（一）验收申请文件类

（1）制造厂提供的产品说明书、调试大纲、试验方法、试验记录、合格证件及安装图纸等技术文件。

（2）充电设备、配电柜、漏电保护装置、断路器等相关设备的出厂验收报告、认证证书（包括3C强制认证证书或CQC标志认证证书）。

（3）安装施工记录。

（4）现场安装调试报告。

（5）根据合同提供的备品备件清单。

（6）验收申请书。

（二）验收技术文件

（1）设计联络会会议纪要。

（2）设计文件和设计变更书（设计有变动的情况下提交，由设计单位提交）。

（3）工程竣工图。

（4）安装技术交底记录。

（5）调整试验记录。

（三）验收报告文件

（1）验收结论。

（2）验收测试记录。

（3）验收测试统计及分析报告。

（4）验收差异汇总报告。

（5）设备及文件资料现场验收报告。

第十章

充电设施运维及检修

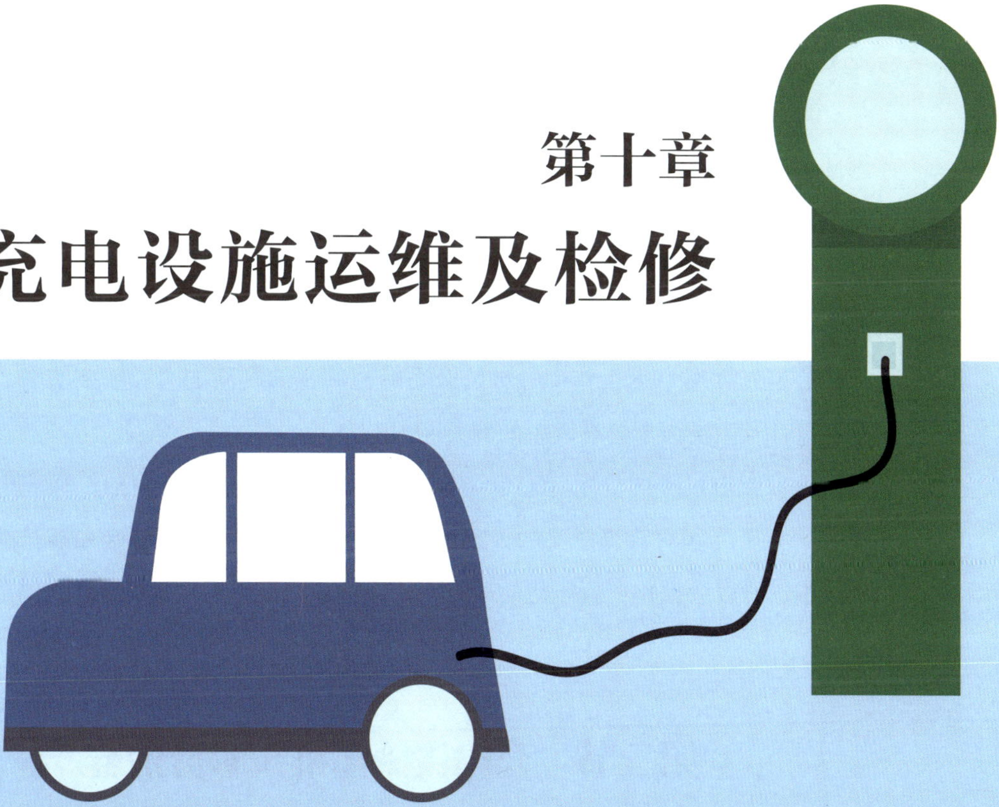

第一节　充电设施运维及检修概述

随着市场上充电设施的保有量越来越大，设备能否保持良好的状态成为充电设施高效服务的基本保障，而对充电设备进行的运维及检修工作，更是保证设备正常运转、满足客户基本充电需求的基础性工作。充电设备的定期检修是科学、合理的对充电设备配件进行功能验证及保障整机高寿命、高稳定、高可用率、高安全性的基础工作。

充电设施是连接电网和电动汽车的关键节点，是将电网电力转换为车辆电池电能的重要转换设备，是服务新能源汽车的公共基础设施。只有配置数量充足、区位合理、高可用率的充电设施，才能保障未来新能源汽车的可靠出行。因此如何保障充电设施的高效、安全、可靠运行，成为将电力资源及时的输送到用户手中的关键，所以充电设施的有效维护成为后期运营的重中之重。

充电设备运维及检修工作是一项对从业人员技术操作能力要求相对较高的专业性工作，它要求从业的人员具有专业的电力维修检修知识，具有相当高的耐心、责任心以及面对日常工作中各种复杂系统性问题的判断能力和解决能力，同时对产品设计及市场需求具有敏锐的洞察能力。

确保充电设施的稳定、安全运行正是运维和检修工作的目的，而充电设施高数量的充电终端对传统意义的人工运维造成了很大困难，同时带来高昂的运维检修成本，所以数据化、智能化的运维之路成为充电设施后期运维保障的必经之路。

第二节　充电设施运维及检修流程

一、工作流程图

运维及检修本质上属于管理流程的范畴，需要订制一套管理规范和操作流程，通过操作步骤说明、同等案例说明、条例说明来指导操作者。充电设施同样属于用电的设备，但不属于家电的范畴，因此它的运维管理方法跟电力设备的运维检修方法有很多共同的理念，可分成几块内容，如图10-1所示。

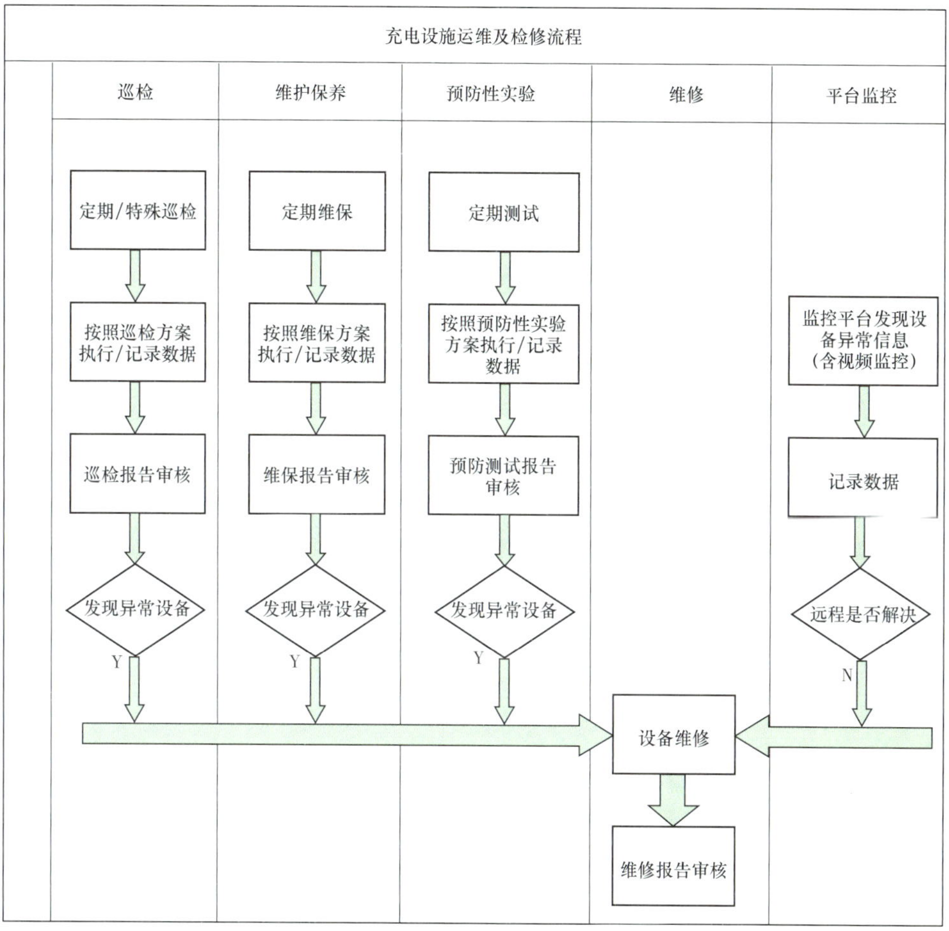

图 10-1 维护检修流程图

二、运维及检修的内容

（一）运维巡检

运维巡检，即按照规划好的周期和固定路线，依次对运行中的设备进行现场检查。主要通过现场观察、后台状态查询、现场检测、用户调研等方式对所管辖范围内的充电设备的功能性和安全性做简单初步地判断。运维巡检的目的主要在于对可能存在故障隐患的设备进行定期检查，以便尽可能在故障发生前消除故障隐患。

运维巡检工作对于巡检员有一定的要求，比如对充电设备的基本原理、经常出现的故障点以及相关检测工具的使用方法要有一定的了解。同时，对于运维巡检过程中发现的异常情况能进行现场处理，具备发现设备异常、划分故障等级和现场初步处理的能力。对于现场就能解决的问题，应及时现场解决。其他不能现场解决的问题需记录下来，描述好故障现象，通过报修系统将故障情况上传至管理平台后，将工作传递给维修部门。

运维巡检分为常规的周期巡检和特殊工况巡检两种，特殊工况巡检主要是针对发生了特殊天气，比如大风、雨雪等自然现象时，应进行实时检查，判断是否存在积水、积冰、雨棚损坏及桩体倾斜等安全隐患，为了第一时间杜绝重大故障的发生，巡检员有义务在向管理部门报备后，对现场充电设备进行断电操作。

（二）维护保养

充电设备经过现场验收投入实际使用后，长期处于带电运行状态，有些充电厂站的设备充电利用率非常高，因此需要定期对一些零部件进行清污、润滑、更换等保养工作。

1.环境因素

充电设备，特别是安装在室外的充电设备，其性能受安装环境的影响较大，对于环境的要求主要是防水、防尘、防浪涌、防昆虫小动物等。

（1）防水。充电设备属于电气设备，对绝缘性能要求较高。在雨季、台风季时，需特别关注充电桩防水情况。在雨势较大的天气，空气中水汽增多，充电桩在运行的时候，散热风机会将含大量水汽的空气吸入充电桩内部，容易造成内部电路板短路、充电模块短路烧坏、充电桩报绝缘故障、内部元器件生锈等问题。因此，在雨势较大的天气应尽量避免启动充电，延长充电桩的使用寿命。充电桩内部因进水生锈如图10-2所示。

图10-2 充电桩内部因进水生锈

（2）防尘。对于风冷式散热的直流桩，为了防尘，都需要在进风侧安装防尘棉。充电桩长期运行，大量灰尘、丝状纤维等杂物将集结在防尘棉上，加上雨天吸入水汽，杂物将会在防尘棉上结块，导致冷却空气无法顺利被吸入，使得充电桩散热情况变差，充电桩内温度过高，模块降额输出或直接因过温停止工作。因此，要经常性清洗防尘棉，必要时更换新防尘棉，并对充电桩内部的主板元器件进行除尘。

（3）防昆虫小动物。直流充电桩一般电源线从底部进入，进线孔应注意有效封堵，防止老鼠、蛇等动物以及昆虫从进线孔钻入后咬坏内部线路，造成安全隐患。进线孔用防水泥封堵如图10–3所示。

图10–3　进线孔用防火泥封堵

2. 日常使用问题

充电桩在日常使用中，会存在防尘棉堵塞、电器件螺钉松动、充电枪法兰扣松脱、充电枪头摔裂、高压回路接触点接触不良导致发热烧黑、辅助电源欠压等情况，维护时应重点检查上述问题。直流充电桩防尘网和母线铜排如图10–4所示。

图10-4　直流充电桩防尘网和母线铜排

（三）预防性实验

通过前面的介绍，大家知道，交流供电的充电设备动力电源通常为交流电压380V，而输出直流电压最高能达750V，以后还会出现直流电压1000V的产品，属于高压设备。虽然充电设备验收时都符合国家标准和行业标准里的安全要求规范，充电设备也有严格的充电控制导引设计来规范充电操作流程，大大减少了风险，但不能保证长期运行后，充电桩因环境因素、运行状态、材质老化等问题出现性能下降的情况。因此需要对设备的绝缘性、接地连续性进行检测，以免造成电击、烧伤等人身伤害事故发生。按照相关标准，充电桩电气回路的绝缘阻值应大于10MΩ，接地点接地电阻值应小于4Ω。具体要求可参考充电设备的行业标准NB/T 33001—2018、NB/T 33002—2018中的要求，交流和直流桩检测项并不完全一样，以交流桩为例，主要检测项目见表10-1。绝缘电阻、介电强度测试如图10-5所示。

表10-1　检测项目

断电检查	接线端子检查	交流接触器
		剩余电流动作保护器
		铜排端子
	绝缘安全检查	电阻值

续表

断电检查	除尘检查	是否有灰
	充电枪检查	枪头卡扣
		枪针帽
		枪针
		枪头
		充电枪线
	线缆检查	线缆浸水
		裸露接头
	接地可靠检查	接地电阻值
	防雷检查	显示点是否发红
	表计检查	电表线路是否松动
通电检查	设备开关检查	急停开关有效
	显示屏	辨识度正常
	设备参数检查	各参数是否正常

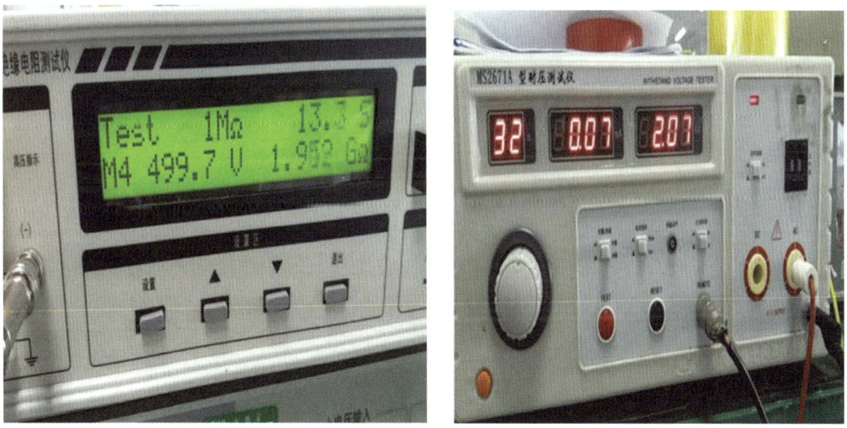

（a）　　　　　　　　（b）

图10–5　绝缘电阻、介电强度测试

（a）绝缘电阻测试；（b）介电强度测试

（四）维修

维修即修理充电设备故障的过程。充电设备分直流充电桩、交流充电桩两种，它们的故障种类繁多，表10–2为交、直流桩的故障分类。

充电设备属于智能化设备，它具备自动检测故障，并提示告警的功能，并且故障告警能生成记录，自动上传给后台（如果安装了监控平台的话），第一时间通知到相关部门。故障信息同样可以由巡检人员、维护保养人员、充电客户通过售后电话或平台工具上报给售后维修部门。

应根据设备故障的紧急度等级进行优选级排序，合理安排资源进行有效的维护。经过分析故障现象后，一旦分配了处理任务和时效的监督，则进入维修的过程。有些故障通过远程分析能很方便的解决，比如远程获取调试日志，查找出准确的故障原因，通过开发软件然后远程升级解决；有些故障则需要相关人员去现场核实情况之后才能做出相应的处理，具体处理周期与技术人员对故障的预判以及充电桩设计时的可维护性息息相关。

表10-2　　交、直流充电桩的故障分类

交流桩故障分类		
1	通信故障类	显示屏、电表、读卡器、后台通信、其他外部设备
2	电气类	接触器黏连、防雷器故障、电子锁故障、短路故障、急停事件、门禁事件、停电事件、风扇故障
3	电源故障类	输入过电压、输入欠电压、输入断相、输出过电流
4	车端故障类	控制导引电压异常，有序控制异常
5	桩体环境类	桩体过温、枪座过温、桩体倾斜、水浸事件、烟雾事件
6	业务数据类	计量读数异常、扣费异常、解锁卡异常
7	其他	绝缘监测异常、泄放回流、并联接触器拒动/误动故障等
直流桩故障分类		
1	通信故障类	显示屏、电表、读卡器、后台通信、BMS通信、其他外部设备
2	电气类	接触器黏连、防雷器故障、熔断器故障、电源模块故障、风扇故障、电子锁故障、绝缘检测故障、断路器故障、输出短路故障、急停事件、门禁事件、停电事件、直流输出连接器故障
3	电源故障类	输入过电压、输入欠电压、输出过电压、输入过电流、输出过电流、输入断相
4	车端故障类	单体电压异常、电池电压异常、BMS需求电压异常
5	桩体环境类	桩体过温、枪头过温、桩体倾斜、水浸事件、烟雾事件
6	业务数据类	计量读数异常、扣费异常、解锁卡异常
7	其他	交流输入接触器拒动/误动、交流输入接触器黏连故障等

（五）监控平台

图10–6是带有视频监控与平台管理的充电系统拓扑图，从图上可以看到，所有充电桩均通过无线或有线网络连到了一个充电桩监控平台（有些配置了视频监控功能），所有接入的充电设备都能主动地向后台监控系统实时传送大量的数据信息，包括计量计费数据、充电记录、实时充电状态、故障信息、温度、电压电流值等。其中故障信息就与运维及检修息息相关，详细到故障类别、开始时间、工作的运行参数。由于平台监控软件数据库统计分析功能的优势，具备平台监控功能的充电设备监控的实时性效果非常好，因此巡检的周期也可以适当地进行延长，甚至完全取代现场巡检的工作。

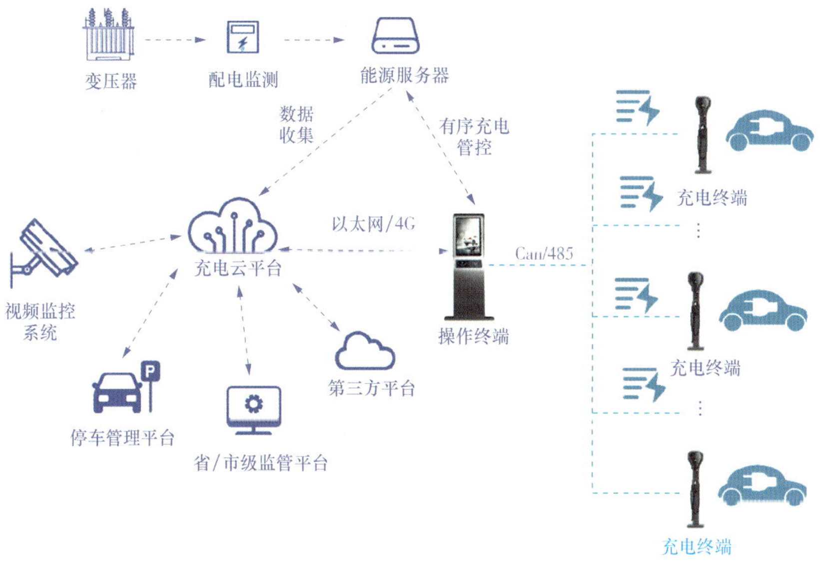

图10–6　带有视频监控与平台管理的充电系统拓扑图

监控平台的运维功能非常强大，而且功能扩展性很强，能通过更改软件增加各种自动判别规则，实现丰富的运维及检修功能，来达到高效自动化管理的目的，以下为某平台实现的部分功能：

（1）售后派单功能：设置紧急度控制策略，当后台收到报警事件后，立即存档，然后根据控制策略，自动发送相关信息给售后部门主管或维修人员进行初步分析，并由人工确认派单给维修人员。

维修人员接受任务后，通过电话询问，后台远程信息采集，技术部门支持等多方面的方法分析故障原因，确定解决方案。处理完毕后，填写完成时间及处理方法，上传维修的图片，闭环维修流程。

（2）运维监管功能：运维部门可查询所有派单完成情况，并可以自动知会超期工单，自动提醒与催促，不让任何一个故障流失，影响公司声誉。

（3）智能化排查异常：

1）查询长期（时间可设置）不在线桩，僵尸桩（一直没有人用）预警。

2）充电电量与充电收入偏离过大桩排查。

3）排查平均充电效率、待机功耗过大充电设备。

（4）设备生命周期管控：所有的任务均可以人工设定周期，包括产品的保质期、零部件保质期、巡检周期、保养周期、预防性试验周期、工单闭环时长设定、自动提醒功能等。

一般平台管理由系统工程师或软件工程进行管理和维护，他们的主要职责是保障网站、数据库、服务器安全稳定地运行，对于充电设施运维人员来说只需要登录账户进行操作，应用这些平台的即有功能，虽然各家的运营管理系统界面和操作方法并不一样，但实现的原理是一样的，从实践出发，设计的功能是否能有效提高工作效率，这需要应用者接受针对性的培训以及学习实际操作，才能充分地了解和运用。同时，运维及检修人员有权利和义务反馈一些好的建议给平台管理者，方便对平台进行功能的扩展和优化，以提高运维及检修的效率。

第三节　充电设施运维及检修规范

一、故障等级分类

发生充电设备事故一般是指发生火灾、电击伤人、机械伤人，发生爆炸等严重的事件；而充电设备故障则不同，它并未发生这类事故，只是存在发生的风险或功能性损失，通过有效的维护和检修可以降低这类事故发生的风险，并使设备一直处于正常运行的状态。

表10–3根据对充电用户的影响，将充电设备出现的故障问题分为4个等级。

表 10-3 电动汽车充电设备故障等级分类

问题级别	严重性	描述
一级问题	高	设备故障，存在安全隐患有可能危及设备和用户安全或者无法满足用户的紧急充电或离开需求时，将此类问题定义为一级问题。 举例：桩体漏电，枪头带电，枪头不解锁，枪头破裂，不能充电故障等
二级问题	中	设备出现问题，虽然无法正常工作，但是采取临时措施或相邻设备可以满足用户充电需求时，将此类问题定义为二级问题。 举例：显示屏花屏，App可以启动，个别模块损坏
三级问题	中	充电厂站中设备出现问题，部分无法正常工作，充电站剩余充电系统可以满足用户充电需求时，将此类问题定义为三级问题。 举例：集中安装充电设备出现故障
四级问题	低	充电站设备出现问题，但是不影响充电业务，能够正常满足用户的充电需求，可以在巡视过程中解决的，将此类问题定义为四类问题。 举例：急停无故按下，少量风扇损坏，充电枪防护罩丢失，安全标识损坏等

注 以上分类仅供参考，现实中具体故障定义等级需要根据实际情况来判定，同一个故障现象在不同的应用场景下可能定义不同，主要由紧急程序来判断。

二、运维及检修管理规范

针对充电设备运维及检修的管理，可参考表10-4、表10-5内容操作，可以根据不同的设备特点自行补充。

表 10-4 交流充电桩巡视内容及要求

巡视内容	问题等级	处理方案	有人值守周期	无人值守周期
检查充电桩门锁是否完好	四级	现场处理	日	周
检查充电枪（座）是否完好，不能有明显裂缝；枪线不能有明显的开裂，枪线不能拖到地上，尤其不能在车辆停车区域搁置；枪线固定法兰扣是否松脱	一级	有损坏则禁止服务，通知维修；只是不挂枪或不挂枪线，重新整理	日	周
检查充电枪头是否在插枪座上插好。观察枪头电极插口内是否有积水，有积水则枪头和插座均需擦干	一级	擦干净前禁止提供服务，现场立即处理	日	周
检查充电枪的防护罩是否完好，有插枪座则枪平时需要插在枪座内，无插枪座需要补齐，以免进水或进灰尘	四级	现场处理，无枪座则枪头需向下放置，不能搁置在地上。上报补防护罩	日	周

续表

巡视内容	问题等级	处理方案	有人值守周期	无人值守周期
检查充电桩各种安全标识是否完好	四级	通知维修	日	周
检查充电桩桩体有无明显晃动或因碰撞、大风导致倾斜	一级，四级	视严重程度取消服务，通知维修	日	周
检查充电桩的急停开关是否完好	二级	通知维修	日	周
检查充电桩显示屏是否完好，损坏将无法使用	一级或二级	通知维修	日	周
检查充电桩指示灯功能是否正常	二级	通知维修	日	周
检查充电桩是否有故障提示	三级	通知维修	日	1. 人工监控模式/周 2. 自动监控模式/日
检查充电桩的充电功能是否正常	3	通知维修分析	日	1. 人工监控模式/周 2. 自动监控模式/日
检查充电桩是否与后台正常连接	3	如果不具备离线充电功能，则影响整桩的使用。重启后还连不上，需要检查当地的手机上网信号	日	1. 人工监控模式/周 2. 自动监控模式/日
检查充电桩是否有烧糊等异味	一级	通知维修组	日	周
检查充电桩雨棚等设施是否完好	四级	通知维修组	日	周

表 10-5　　非车载直流充电机巡视内容及要求

巡视内容	问题等级	处理方案	有人值守周期	无人值守周期
检查非车载充电机门锁是否完好	四级	现场处理	日	周
检查充电枪（座）是否完好，不能有明显裂缝，枪线不能有明显的开裂，枪线不能拖到地上，尤其不能在车辆停车区域搁置	一级	禁止充电，立即通报	日	周
检查充电枪头是否在插枪座上插好。观察枪头电极插口内是否有积水，有积水则枪头和插座均需擦干净	一级	禁止充电，立即清理	日	周

续表

巡视内容	问题等级	处理方案	有人值守周期	无人值守周期
检查充电枪的防护罩是否完好	四级	报备补充配件	日	周
检查非车载充电机各种安全标识是否完好	四级	报备补充配件	日	周
检查非车载充电机整体有无明显晃动或因碰触、大风发生倾斜	一级、四级	视严重程度停止服务，报备维修组	日	周
检查非车载充电机的急停开关是否完好，如果按下了，判断是否误动	四级	手动恢复急停，检查是否不报警	日	周
检查非车载充电机显示屏是否完好	二级	花屏或触摸失效，报备更换	日	周
检查非车载充电机指示灯功能是否正常	三级	不影响充电则三级处理，报备维修	日	周
检查充电机是否有故障提示，包括检查含模块故障灯	一级、二级、三级	初步查询报警原因，如无安全隐患，保留故障现场并报备维修，有安全隐患，则断开对应配电开关，禁止此桩充电。不影响充电过程，按三级报备维修	日	1. 人工监控模式/周 2. 自动监控模式/日
检查非车载充电机的充电功能是否正常	二级	不能正常充电和缴费结算，需禁止服务，报备维修	日	1. 人工监控模式/周 2. 自动监控模式/日
检查非车载充电机是否与后台正常连接	三级	不影响充电，超过1天不能在线需要启动维修	日	1. 人工监控模式/周 2. 自动监控模式/日
检查非车载充电机是否有烧糊等异味	一级	停止服务，报备维修	日	周
检查非车载充电机雨棚等设施是否完好	四级	报备维修	日	周

三、维护保养规范

充电设备的维护保养工作包含设备各部分（月/季度/年）的整体检查、维护和保养工作，由专业人员完成。充电系统维护内容及周期要求见表10-6。

表 10-6　　充电系统维护内容及周期要求

问题等级	处理方法	维护内容	周期要求
交流充电桩			
一级	视情况严重度采用拧紧螺钉或通知厂家更换处理	充电桩内部器件检查，防雷器是否损坏，强电端子有无过热变色或烧熔痕迹，或有放电声	半年
四级	补充或手动填充整理	检查充电桩内部的防鼠泥是否完整	年
四级	拧紧螺钉	检查充电桩结构固定螺母是否缺失或松动	半年
四级	手动按压和恢复，系统是否有报警反应，充电中是否能停止	检查充电桩的急停功能是否正常，包括充电中或待机中响应正常	年
四级	停电，用吸尘器或吹风机处理	清洁充电桩内部灰尘	年
一级	人工排出，如非底部浸水造成，通知厂家处理	检查充电桩内部是否积水	月或特殊天气
一级	打紧接地线螺钉，检测电源地线连续性	检查充电桩的接地是否良好	年
非车载直流充电机			
一级	视情况严重度采用拧紧螺钉或通知厂家更换处理	非车载充电机内部器件检查，防雷器是否损坏，强电端子有无过热变色或烧熔痕迹，或有放电声	半年
四级	补充或手动填充整理	非车载充电机内部的防鼠泥是否完整	年
四级	拧紧螺钉	检查非车载充电机固定螺母是否缺失或松动	半年
二级	手动按压和恢复，系统是否有报警反应，充电中是否能停止	检查非车载充电机的急停功能是否正常	半年
四级	停电，内部用吸尘器或吹风机处理。防尘网拆下用水冲，晾干处理	清洁非车载充电机内部灰尘（含防尘网）	季度或半年
一级	人工排出晾干，如非底部浸水造成，通知厂家处理防护性	检查非车载充电机内部是否积水	月或特殊天气
一级	拧紧接地线螺钉，检测电源地线连续性	检查充电桩的接地是否良好	年

四、预防性试验要求

1. 主要试验项要求

电动汽车充电站预防性试验主要通过检测仪模拟汽车充电，对充电桩的充电安全进行安全测试，以检测充电桩的充电安全。此项工作需要由试验专业人员借助特殊检测仪器进行定期检查。

（1）绝缘电阻。用开路电压为表10–7规定电压等级的测试仪器，测量充电机非电气连接的各带电回路之间、各独立带电回路与地（金属外壳）之间绝缘电阻不应小于10 MΩ。

（2）介电强度。在供电设备非电气连接的各带电回路之间、各独立带电回路与地（金属外壳）之间按表10–7规定施加1 min工频交流电压（也可采用直流电压，试验电压为交流电压有效值的1.4倍）。试验过程中，试验部位不应出现绝缘击穿或闪络现象。

表10–7　　绝缘试验的试验等级

额定绝缘电压 U_i（V）	绝缘电阻测试仪器的电压等级（V）	介电强度试验电压（kV）	冲击耐压试验电压（kV）
$U_i \leqslant 60$	250	1000（1400）	1
$60 < U_i \leqslant 300$	500	2000（2800）	±2.5
$300 < U_i \leqslant 700$	1000	2400（3360）	±6
$700 < U_i \leqslant 950$	1000	$2 \times U_i+1000$ （$2.8 \times U_i+1400$）	±6

注　1.括号内数据为直流介电强度试验值。
2.出厂试验时，介电强度试验允许试验电压高于表中规定值的10 %，试验时间1 s。

（3）接地实验。通过电桥、接地电阻试验仪或数字低电阻试验仪测量，所有作为隔离带电导体的金属外壳、隔板，电气装置的金属外壳以及金属手柄等应该接地的点，均应有效等电位连接，且与总接地之间接地连续性电阻不应大于0.1 Ω，测量点不应少于3个，至少应包含距离最远的一个取点，不能随便选。

（4）输出短路保护功能。对于交流充电桩，通过短接输出线的方式，检查充电前应禁止充电启动充电和充电中充电桩能立即停止充电，并给出报警提示。

对于直流充电桩，在充电前短接输出正负极，检查充电机是否能在绝缘检测阶段能停止充电，并给出报警提示。

（5）剩余电流保护功能。交流充电桩必须具备30mA的漏电保护功能，可通过按压漏电保护装置上的测试按键，检查是否会立即跳闸。

直流充电桩一般主回路上不需要安装漏电保护装置，因此需要借助充电桩绝缘检测仪来进行检测充电桩是否存在漏电的安全隐患。

2.试验项周期要求

充电系统预防性试验内容及周期要求见表10-8。

表10-8 充电系统预防性试验内容及周期要求

设备	试验内容	周期要求
交流充电桩	绝缘电阻测量	（1）2年； （2）大修后； （3）必要时
	介电强度试验	（1）2年； （2）大修后； （3）必要时
	短路保护功能试验	（1）2年； （2）大修后； （3）必要时
	接地实验	（1）2年； （2）大修后； （3）必要时
	剩余电流保护功能试验	（1）2年； （2）大修后； （3）必要时
非车载直流充电机	绝缘电阻测量	（1）2年； （2）大修后； （3）必要时
	介电强度试验	（1）2年； （2）大修后； （3）必要时
	接地性能试验	（1）2年； （2）大修后； （3）必要时
	输出短路保护性能试验	（1）2年； （2）大修后； （3）必要时

五、设备维修要求

1.一般性要求

（1）电动汽车充电站设备维修应遵循“安全使用、及时处理、提升用户体验”的原则执行。

（2）电动汽车充电站应根据对客户的影响对设备故障进行分级，并确定处理时间。

（3）电动汽车充电站设备维修应留存维修记录，并设专人保管，保存时间不得低于2年。

（4）电动汽车充电站维修中的设备应张贴故障状态标识，避免用户使用。

2. 维修时限要求

根据电动汽车充电站设备出现问题的紧急程度，电动汽车充电站故障维修时限可参考表10–9的要求。

表10–9　　电动汽车充电站故障维修时限要求

参数	描述	工作级别	最长时间
解决时间	就某一故障，按接到反馈与维修完成之间的时间测算的时间跨度	一级问题	6个小时
		二级问题	24个工作时
		三级问题	48个工作时
		四级问题	1个自然月

3. 检修质量效果验证

电动汽车充电站设备维修完毕后，运维及检修人员应对维修效果进行验证，并留存验证记录。对于充电系统维修，维修专业人员可使用模拟负载或电动汽车进行充电测试，确认问题是否排除。

4. 备品登记

电动汽车充电站设备维修过程中，如果出现设备更换的情况，通过填写设备更换申请单，通过设备更换流程，完成设备更换。

5. 维修效果评价

电动汽车充电站运营单位应组织不定期电话回访，通过回访用户确认维修效果。

六、运维及检修基本安全要求

1. 明确对象边界

首先要界定维护的范围，不属于自己管理范围的设备不允许随意接触，也是安全操作的重要前提。

2. 运维人员资质要求

（1）运维及检修人员应掌握电动汽车充电原理、充电设施工作原理、常见故障处理办法、充电设备维护办法、应急处理方法。

（2）运维巡检人员应具备电工操作证，熟悉相关设备的日常巡视内容，掌握安全、消防、应急处理方法。

（3）维护保养组人员应具备电工操作证，熟悉相关设备的工作原理及维护办法，掌握事件应急处理方法及相关安全知识。

（4）维修组人员应具备电工操作证，熟悉相关设备的工作原理及维修办法，掌握事件应急处理方法及相关安全知识。

（5）预防性试验组人员应熟悉相关设备的试验规程，能正确的选择和使用试验仪器仪表，明确各项试验的注意事项。

（6）监控组人员应熟悉监控设备的规范使用方法及常见问题维护方法，能按照要求做好监控信息的记录，统计分析，协助现场运维及检修人员分析故障的原因。遇到突发事件及时向上级汇报。

（7）除巡视工作以外，均应以2人为一组进行维护检修工作，做好相互监督，预防违规操作。

（8）维护保养、维修均需要先做停电处理并再次验电，确保充电桩没有电，必须要带电操作的，需确认设备接地是否良好，漏电保护装置是否正常。

（9）对于需要停止服务等待修理或准备修理的充电桩应关断电源，并通知监控后台备案，桩上也需要有明显的告之信息，以免修理完成前造成安全事故或修理中发生后台远程启动充电的工况。

（10）售后人员在处理故障的过程中，必须符合电气安全技术操作规程的相关规定。

（11）必须按照安全规定使用必要的防护用品。对设备进行拆卸作业时，必须佩戴防护手套，设备运行过程中严禁进行带电拆卸和维修工作。进行带电测试时必须有人监护，同时确保电源处于随时可控状态，严禁独自作业。

（12）严禁使用无安全防护装置或安全防护装置失灵的设备。外出到场站外的其他区域进行安装作业时，严禁进入无安全保护的场所。无人监护或情况不明时不得冒险进入危险场所、密闭狭小空间或进入设备内部作业。

（13）作业前必须切断电源，并亲自验电，确认不带电后方可进行作业，未经本人亲自验电前一律视为有电。经断电、验电、放电后，还须在配电箱处悬挂“有人作业，禁止合闸”字样的临时停电牌，必要时可对配电箱上锁，防止其他不明情况的人员误操作私自上电，引发安全事故。

（14）若有两人以上一同作业，在接通电源前，必须告知一同处理的同事即将上电，保持安全距离。上电操作人员必须要本人收到同行同事的回复，确认安全后，方可接通电源。

（15）设备上电时，手勿触及设备外壳，防止上电瞬间造成浪涌触电。

（16）不得随意拖接临时线，若确实需要接临时线排查故障，期间应有专人监管，使用完毕后应立即拆除临时线。

（17）严禁将导线直接插入插座或使用损坏的插头插座。

（18）设备充电过程中，严禁擅自打开充电桩维护门。

（19）对于直流充电桩，电源模块未完全放电前，切勿上手触摸相关线路，使用电笔或万用表确认无电后再进行相关操作。

（20）对操作空间狭小的区域，未切断电源前，切勿擅自伸手进入内部操作和检修。切断电源后，使用电笔或万用表确认操作区域不带电后方可进行。

（21）使用电气测量工具对线路进行验电等操作时，测试用具勿混搭被测线路以外的线路，防止对地短路或相间短路造成触电事故。

第四节　充电设施运维常用工具的使用方法

一、充电接口模拟器

（一）便携式直流充电桩测试设备概述

便携式直流充电桩测试设备是一种专门用于电动汽车直流充电桩现场检测的装置，主要应用于新安装直流充电桩、维修后充电桩、升级改型后充电桩的互操作性功能验证、通信协议一致性测试、充电桩工作性能确认。可以按照非车载充电机与BMS通信协议新国标完成物理连接、充电电压监测、充电电流监测、充电状态测试、通信状态测试、自动充电响应、控制时序故障仿真等试验项目，可以在安装调试工程结束之后实现快速判断充电桩是否符合标准技术要求、充电桩工作是否正常。

（二）便携式直流充电桩测试设备基本功能

便携式直流充电桩测试设备可以实现充电电压、电流、辅助电源电压、CC1

电压、充电状态实时监控以及实现充电通信协议一致性测试要求；具备模拟电动汽车BMS系统，内部集成CAN通信模块，实现与充电桩之间的通信功能；具备电池电压模拟器，满足充电桩启动电压的仿真功能；具备电动汽车车辆充电仿真电路，具有GB/T 18487.1—2015附录B中R4、R5等效电阻及检测点2处上拉电压仿真等功能。

系统工作示意图如图10-7所示。

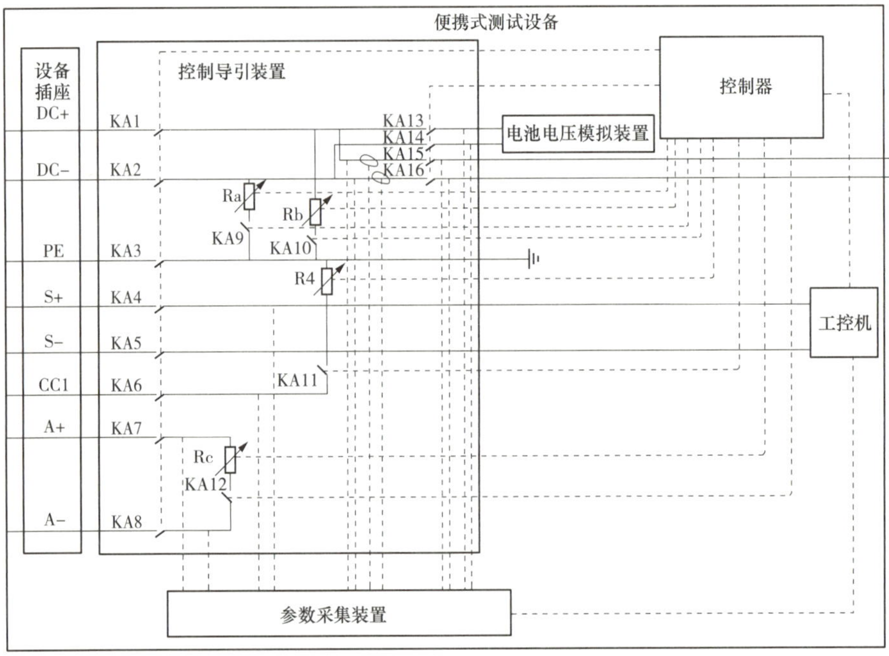

图10-7 系统工作示意图

（三）便携式直流充电桩测试设备使用方法

便携式直流充电桩测试设备连接示意图如图10-8所示。

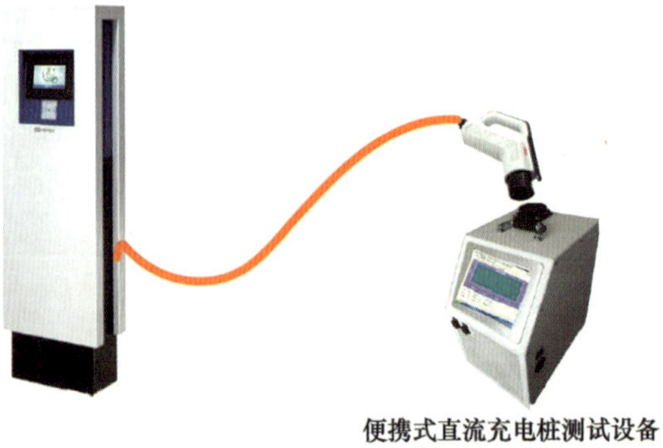

图10-8 便携式直流充电桩测试设备连接示意图

1.软件操作流程

登录Windows操作系统，进入便携式直流充电桩测试设备操作系统。

如图10–9所示，在主界面的工具栏可以进行选择车型、开始充电、结束充电、自动测试、数据查询、进入后台管理和退出系统等操作。显示区可以实时显示握手阶段、配置阶段、充电阶段、结束阶段的重要参数和采集的直流电压、直流电流、辅助电源电压、CC2电压的数值以及K5的吸合状态，也可以重新设置电池充电需求的各项参数。

图10–9　软件控制区域

2.CAN通信连接

通过图10–9软件控制区域选择好设备号和通道号之后先单击【连接】，再单击【启动CAN】。

3.充电参数配置

单击主界面的【后台管理】，进入后台管理界面，选择【充电参数配置阶段】，即进入如图10–10所示界面。

设置好最高允许充电电压、最高允许充电电流等各项参数后，保存参数。

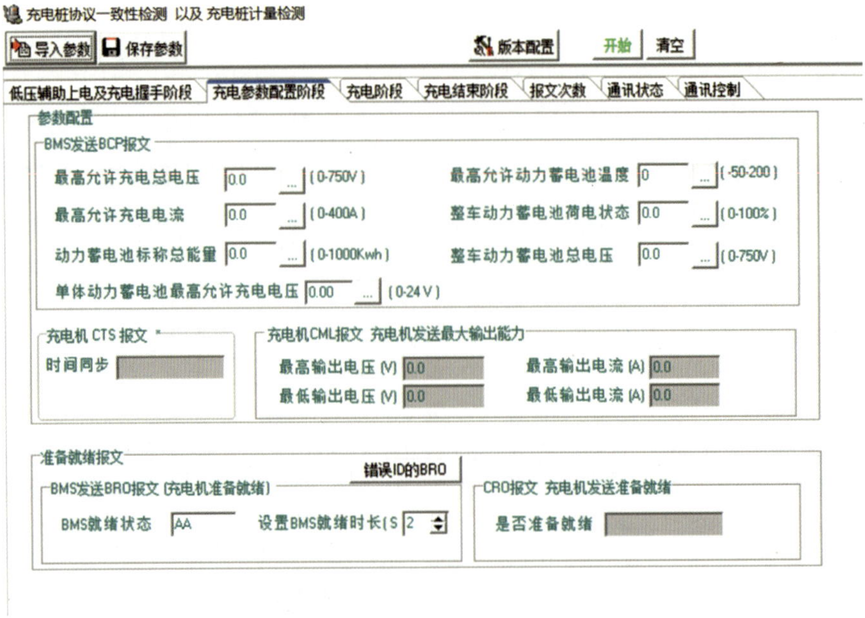

图10–10　软件参数设置

4.选择车型

如果车型参数之前已经设置好，直接单击主界面工具栏中【选择车型】，弹出窗口，选择需要的车型，导入测试参数。

如果车型参数还未设定，按照操作流程第3步进行充电参数设置。

5.负载控制

单击主界面的【后台管理】，进入后台管理后选择通信设置，如图10–11所示。

在负载控制栏设置好启动电压、负载电流、加载电压后，勾选启动电压固定值，即设置成功。

6.充电

新建报告并打开后，单击主界面的【开始充电】，充电桩开始为本设备充电，充电过程中可以查看充电阶段充电机和充电桩测试设备的工作状态。

7.结束充电

完成充电后，单击主界面的【结束充电】，充电桩结束充电。

充电结束后可以查看充电结束阶段的中止条件、故障原因以及报文等信息。

（四）便携式直流充电桩测试设备使用注意事项

为避免在测试过程中发生电击事故，需遵循以下几点原则：

（1）佩戴防护眼镜或面罩。

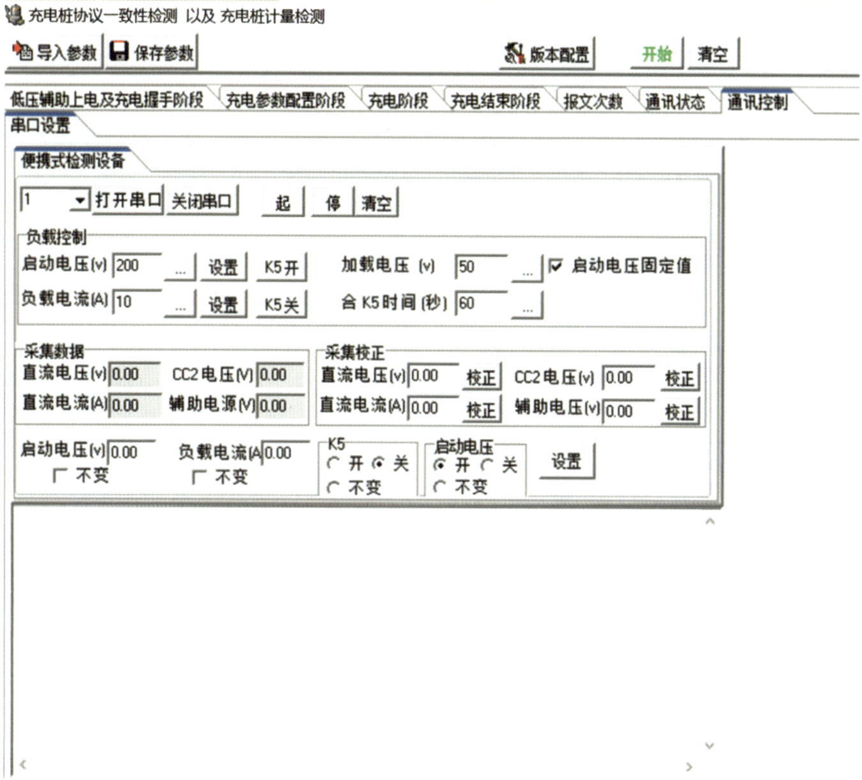

图10-11 模拟负载参数设置

（2）佩戴橡胶防护手套。

（3）穿着防护工作服。

（4）避免工作人员处于回路中。

（5）避免接触框架及靠近金属物品。

（6）使用人员在使用测试设备前，应进行良好的培训，并取得设备使用授权。

二、耐压测试仪

（一）耐压测试仪概述

耐压测试仪，又叫电气绝缘强度试验仪，或叫介质强度测试仪，也有称介质击穿装置、绝缘强度测试仪、高压实验仪、高压击穿装置、耐压试验仪等，交/直流耐压试验是将一规定交流或直流高压施加在电器带电部分和非带电部分（一般为外壳）之间以检查电器的绝缘材料所能承受耐压能力的试验，用于检验产品在实际工作状态下的电气安全性能，是检验设备电气安全性能的重要指标之一。电器在长期工作中，不仅要承受额定工作电压的作用，还要承受操作过程中引起短时间的高于额定工作电压的过电压作用（过电压值可能会高于额定工作电压值好几倍），在这些电压的作用下，电气绝缘材料的内部结构将发生变化。当过电压强度达到某一定值时，就会使材料的绝缘击穿，电器将不能正常运行，操作者就可能触电，危及人身安全。为避免充电设备对使用者产生电击的情况，必须进行耐压试验。

（二）耐压测试仪基本原理

耐压测试的基本原理是把一个高于正常工作的电压加在被测设备的绝缘体上，并持续一段规定的时间，如果器件的绝缘性足够好，加在上面的电压就只会产生很小的漏电流。如果一个被测设备绝缘体在规定的时间内，其漏电电流保持在规定的范围内，就可以确定这个被测设备可以在正常的运行条件下安全运行。基本的规定是以两倍于待测物的工作电压，再加1000V，作为测试的电压标准。有些产品的测试电压可能高于2 倍工作电压 + 1000 V。例如有些产品的额定工作电压范围是从100V到240V，这类产品的测试电压可能在1000V到4000V之间或更高。一般而言，具有“双绝缘”设计的产品，其使用的测试电压可能高于2倍工作电压+ 1000 V 的标准。交、直流充电设备的工频耐压试验，分别按照NB/T 33008.1—2018中5.10.2和NB/T 33008.2—2018中5.11.2的要求选择试验电压，试验部位选择充电设备的非电气连接的各带电回路之间、各独立带电回路和地（金属外壳）之间，若泄漏电流大于10mA或试验部位出现绝缘击穿和闪络现象时，则判断被测充电设备不合格。

（三）耐压测试仪使用方法

1. 耐压测试仪示例

以某公司产品为例，对耐压测试仪的使用方法进行说明，如图10-12所示。

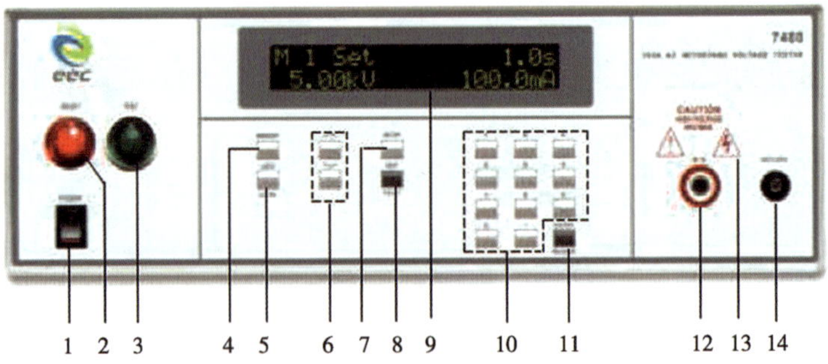

图10-12　耐压测试仪面板

图10-12图例含义：

1——POWER 开关：电源开关，I 为开启电源（ON），O 为关闭电源（OFF）。

2——RESET 开关：重置、停止测试及停止警报声音开关，内含红色指示灯，DUT 测试异常时，红色指示灯会亮。

3——TEST 开关：执行测试之开关，内含绿色指示灯，当DUT 通过测试时，绿色指示灯会亮。

4——MEMORY 键：记忆组选择键。

5——LOCK/ LOCAL 键：键盘安全锁定键。

6——“▲”和“▼”键：选择键，“▼”键为逆向选择，而“▲”键为顺向选择。

7——SETUP 键：操作和环境条件设定键，如显示器反衬亮度、蜂鸣器音量、遥控或手动模式选择。

8——EXIT/ PRINT 键：清除参数设定或退出功能键。

9——LCD 显示屏。

10——数字键：0 ~ 9，输入键。

11——ENTER/REVIEW 键：输入确认和功能设定功能键。

12——H.V. 端子：高压输出端子。

13——高电压标志：当仪器开始输出电压时，高电压标志内的指示灯会闪烁，表示“高电压输出中、危险”。

14——RETURN 端子：回线端子，提供高压一个回路电流路径。

2. 耐压测试仪操作方法

（1）先将充电设备测试线全部连接，然后再将回路线（return）接到仪器的回路端子上，最后才将高压测试线接到本仪器的高压端子上，并检查所有的测试线是否全部接妥。

（2）在开机后，进入交流耐压测试参数设定模式，液晶显示器显示如图10-13所示。

图10-13 液晶显示器显示

图10-13图例含义：

1——MXX：测试程序记忆组（memory）代表数字（1 ~ 50）。

2——X_Set：记忆组链接。

3——XXX.X s：测试时间（dwell time）设定（0.1 单位/step）可选择秒（s），分（min）及小时（h）为单位。

4——X .XX kV：交流输出电压设定（单位 0.01 kV/step）。

5——XX.XX mA：泄漏电流上限设定：

在 0.00 ~ 99.99 挡位时，单位 0.01 mA/step。

在 100.0 ~ 200.0 挡位时，单位 0.1 mA/step。

（3）使用“▲”或“▼”键作为选择参数项目的操作键。按“▲”键为顺向转动参数项目，而按“▼”键逆向转动参数项目。交流耐压测试参数设定项目依序为：电压（Voltage）、泄漏电流上限（HI–Limit）、泄漏电流下限（LO–Limit）、缓升时间（Ramp UP）、时间单位（Dwell Unit）、测试时间（Dwell Time）、缓降时间（Ramp DOWN）、电弧判定模式（ARC Detect）、电弧灵敏度（ARC Sense）、频率（Frequency）、链接（ Connect）。

（4）交流输出电压设定，按“▼”键后，会进入输出电压参数设定，用数字键输入电压数值，然后再按“ENTER”键，将设定数值存入。在存入电压数值之后，仪器自动进入下一个参数设定项目“泄漏电流上限设定”。

（5）泄漏电流上限（HI–Limit）设定：在完成输出电压参数设定之后，使用数字键输入泄漏电流上限10mA，然后再按“ENTER”键，将设定数值存入。仪器在存入泄漏电流上限值之后，自动进入下一个参数设定项目“泄漏电流下限设定”。

（6）泄漏电流下限（LO–Limit）设定：在完成泄漏电流上限参数设定之后，使用数字键输入泄漏电流下限值，然后再按“ENTER”键，将设定数值存入。

（7）其余参数可采用默认设定的参数值。

（8）按“TEST”开关，此时面板上红色的“高电压”符号会闪烁，定时器也同时开始计时。

（9）测试完成后，仪器会自动关闭输出，“TEST”开关上的绿色指示灯会亮起，同时发出一声“哔”的声音，确认测试对象通过测试，显示器会出现“PASS”和测试结果的数值。

（四）耐压测试仪使用注意事项

（1）进行现场耐压测试作业时，必须安排在一般人员非必经的场所，使非工作人员远离测试区域，并标明“危险！高压测试进行中，非工作人员请勿靠近”。

（2）仪器必须有良好的接地，作业前务必将地线接妥并确认电源极性及低电阻的地线回路，以确保人员安全。测试电源必须有单独的开关，一旦有紧急事故发生时，可以立即关闭电源，再进入处理事故。

（3）耐压测试仪所输出的电压和电流，在错误的操作下，足以造成致命的伤害，因此，耐压测试仪必须由训练合格的人员使用和操作。

（4）操作人员不可穿有金属装饰的衣服或配戴金属的首饰和手表等，金属饰物很容易造成意外的感应电压，造成人员电击伤害。

（5）操作者脚下垫绝缘橡皮垫，戴绝缘手套，以防高压电击造成生命危险。

（6）仪器必须可靠接地。

（7）在连接被测体时，必须保证高压输出“0”及在“复位”状态。

（8）测试时，仪器接地端与被测体要可靠相接，严禁开路。

（9）切勿将输出地线与交流电源线短路，以免外壳带有高压，造成危险。

（10）尽可能避免高压输出端与地线短路，以防发生意外。

（11）测试灯、超漏灯、 旦损坏，必须立即更换，以防造成误判。

（12）排除故障时，必须切断电源。

（13）仪器空载调整高压时，漏电流指示表头有起始电流，均属正常，不影响测试精度。

（14）仪器避免阳光正面直射，不要在高温潮湿多尘的环境中使用或存放。

三、绝缘电阻测试仪

（一）绝缘电阻测试仪概述

绝缘电阻表俗称兆欧表，或称摇表、高阻计、绝缘电阻测试仪等。绝缘电阻表是大量使用于电力网站和用电设备的绝缘电阻检测仪表，对保证产品质量和运行中的人身及设备安全具有重要意义。

（二）绝缘电阻测试仪基本原理

电气设备通常选用“不导电”的绝缘纤维制品、云母、绝缘油、沥青、玻璃、陶瓷、高分子材料等作为绝缘材料。但所有的绝缘材料在外界电场作用下都会有极化、电导、损耗、击穿等物理特性，从而表现出导电性。也就是说，绝缘材料的绝缘是相对的，通常讲的绝缘并非完全的电气隔离，而是指导电被“限制”在允许值下的情况。为衡量绝缘材料对导电的“限制”能力引入了绝缘电阻这一概念。

绝缘电阻是反映电路独立回路之间绝缘程度的主要指标。绝缘电阻的阻值与绝缘的介质损耗以及绝缘材料在工作状态下的逐步劣化等均存在着极为密切的关系。产品的绝缘电阻主要取决于所选用的绝缘材料，但工艺水平对绝缘电阻的影响很大。因此测定绝缘电阻是监督材料质量和工艺水平的一种方法；测定绝缘电阻可以发现工艺的缺陷，同时也是研究绝缘材料的品质和特性，研究绝缘结构以及产品在各种运行条件下使用性能等各方面的重要手段。对于已投入运行的产品，绝缘电阻是判断产品品质变化的重要依据之一。绝缘电阻测量准确与否直接影响产品品质的判定，因此我们要十分重视绝缘电阻的测量问题。

绝缘电阻测试普遍采用的方法是“加高压，测漏流 ”。绝缘电阻被施加高压后，漏流成分比较复杂，主要有以下4种。

1. 电容电流

因介质极化而产生，实际上是导体和外极绝缘层作为一对电极构成一个电器而形成的电容电流。电容电流按指数规律随时间很快的衰减，一般在数毫秒时间内接近消失。

2. 不可逆吸收电流

因绝缘材料中的电解电导而产生，经数秒后衰减至零。

3. 可吸收电流

是指绝缘材料的位移电流，在施加电压的瞬间达最大值，然后趋向稳定，经数分钟后趋于消失。

4. 泄漏电流

泄漏电流是绝缘材料中的自由离子及混入的导电杂质所产生的，与电压施加时间无关，在电场强度不太高时符合欧姆定律。电阻随温度升高而增大，它的大小反映了绝缘品质的优劣。严格说来，只有对应恒定电导电流的电阻才是绝缘电阻，由于施加电压后，绝缘中存在着三种随时间而衰减的电流，因此理论上应该等这三种电流全部衰减完后才读出泄漏电流的数值，以计算绝缘电阻。但由于可吸收电流经数分钟后才趋于消失，考虑到测量系统长时间的稳定性，测量时间不宜太长，同样测量条件，读数时间越长，数值越大。

（三）绝缘电阻测试仪使用方法

以某公司产品为例，对绝缘电阻测试仪的使用方法进行说明，如图 10-14 所示。

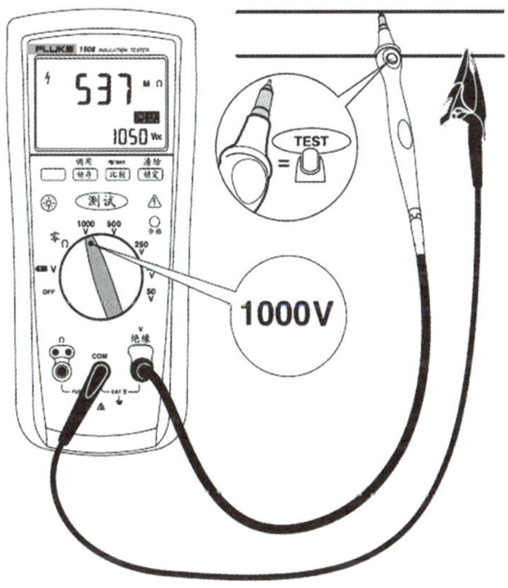

图 10-14　绝缘电阻测试仪连接

测试步骤：

（1）将充电设备变压器输出侧以及充电桩断路器电源断开。

（2）使用万用表对充电设备进行验电操作，确保充电设备处于不带电状态。

（3）将充电桩进线断路器侧 A、B、C 三相短接。

（4）将测试探头插入 V 和 COM（公共）输入端子。

（5）将绝缘电阻测试仪旋转开关转至所需要的测试电压位置，选择对应的电压测量值。

（6）按下仪器的测量按钮，测量三相进线和地线之间的绝缘电阻值，并记录测试数据。

（7）测试直流充电设备时，将直流充电设备输出回路正负极短接。

（8）将绝缘电阻测试仪旋转开关转至所需要的测试电压位置，选择对应的电压测量值。

（9）按下仪器的测量按钮，测输出线路和地线之间的绝缘电阻值，并记录数据。

（10）将绝缘电阻测试仪旋转开关转至所需要的测试电压位置，根据输入回路和输出回路的电压值，选择对应的电压测量值。

（11）按下仪器的测量按钮，测输入回路和输出回路之间的绝缘电阻值，并记录数据。

（12）恢复充电设备的三相进线和输出回路的线路。

（四）绝缘电阻测试仪使用注意事项

（1）测量绝缘电阻值时，应确保设备处于不带电状态。

（2）测量充电设备绝缘电阻值时，需对输入回路对地、输出回路对地、输入回路对输出回路的绝缘电阻值进行测量，测量输入及输出对地绝缘电阻值时，应分别短接三相交流进线以及输出回路出线。

（3）应根据标准选择合适的量程挡位进行绝缘电阻测试。

四、接地电阻连续性测试仪

（一）接地电阻连续性测试仪概述

接地电阻连续性测试主要测量充电设备接地线与机壳之间的接触点的电阻，它所反映的是设备的各处外露可导电部分与设备的总接地端子之间的电阻，是对充电设备机壳与接地排之间保护电路有效性的测试，目的是保证产品上所有带电回路在绝缘失效的情形下会变成带电体时，有可靠的接地保护设备使用者的安全。

（二）接地电阻连续性测试仪基本原理

接地电阻连续性测试仪简称导通测试仪，是应用大电流原理测试电气设备外壳与安全地线导通状况的仪器，用以检查设备的接地质量。根据GB/T 7251.1—2013《低压成套设备和控制设备 第1部分：总则》中要求，对成套设备验证时，应使用接地电阻连续性测试仪进行验证，仪器至少能输出10A交流或直流电流，测量的方式是依照欧姆定律的原理，在接触点上流过一个电流，然后分别测量电流和接触点的电压值，再依照欧姆定律计算出电阻值。

小电阻测量，通常采用四线法测试技术，原理图如图10–15所示。

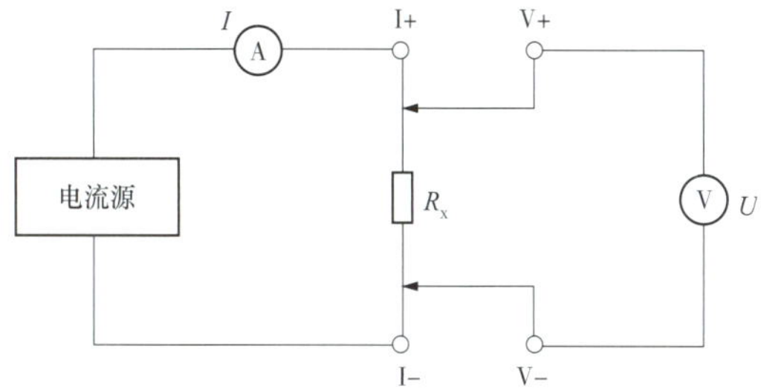

图10–15　四线法测小电阻接线原理图

由电流源经“I+、I–”两端口，供给被测电阻R_x电流，电流的大小由电流表读出，R_x两端的电压降“V+、V–”由电压表读出。通过对I、U的测量，就可以算出被测电阻的阻值。仪器采用的是四端子法测量，因此可消除导线电阻和接触电阻带来的误差。

（三）接地电阻连续性测试仪使用方法

一般情况下，接地电阻连续性测试仪设计面板如图10–16所示。

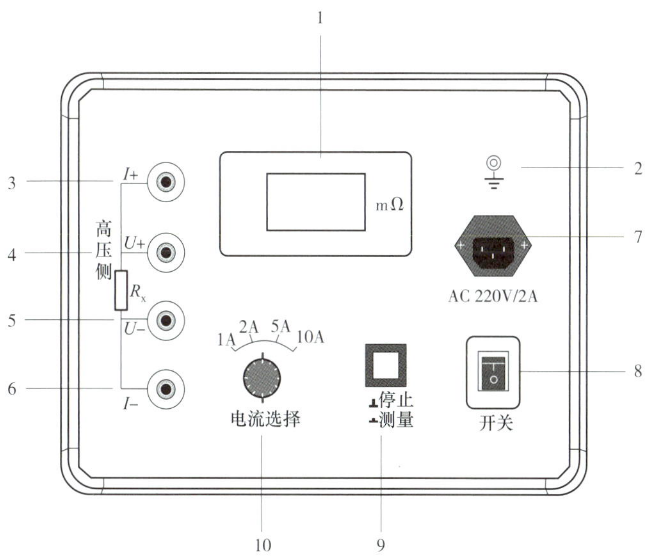

图10–16　接地电阻连续性测试仪面板

注　1～9对应名称见表10–10。

表10-10　　接地电阻连续性测试仪各部位名称

序号	名称	序号	名称
1	电阻显示（mΩ）	6	电流输出I－
2	接地	7	220V电源插座
3	电流输出I＋	8	电源开关
4	测量输入U＋	9	停止/测量
5	测量输入U－	10	电流选择

测试步骤：

（1）将设备配套使用的测试线分别插入测试孔3、4、5、6，并将测量挡位拨至10A测量位置。

（2）将充电设备进行断电。

（3）使用万用表或其他设备，对充电设备进行验电操作，确保充电设备处于不带电状态。

（4）将正极输出夹子夹在充电设备外壳前面板金属裸露位置。

（5）将负极输出夹子夹在充电设备接地母排。

（6）按下测量键，待读数稳定后记录测试数据。

（7）重复（4）~（6）测量步骤，分别测量充电设备后面板、左面板、右面板、把手等金属裸露位置的接地导通电阻，并分别记录数据。

（四）接地电阻连续性测试仪使用注意事项

为避免在测试过程中发生电击事故，需遵循以下4点原则：

（1）测试前，应确保充电设备处于不带电状态。

（2）测试仪器使用中，必须可靠的接地。

（3）测试人员应佩戴橡胶防护手套。

（4）测试人员应穿着防护工作服。

第五节　充电设施平台运维功能

一、充电设施故障远程诊断

（一）远程诊断概述

现代制造设备的结构日趋复杂，自动化程度也越来越高，许多设备综合了机械、电子、自动控制、计算机等许多先进技术，充电设备中各种元器件相互联系、相互依赖，这就使得设备故障诊断难度增大。由于充电现场存在着很多不确定性因素，如天气、环境温度、供电情况、人为操作等，使得在充电设备的运行过程中，不可避免会出现各种各样的故障，一旦出现故障，能否对故障进行快速的诊断并排除故障，对于制造企业来说是非常重要的。充电设备的使用者都是一些运营人员，他们并不具备设备相关专业技能，日常运营过程中只能解决一些简单的问题，如对充电设备进行重启，当系统出现较严重故障时，就需要相关专家的帮助才能解决问题，但如果每次出现故障时都需要专家前往现场，成本非常巨大且不及时，这就对设备的故障诊断提出了新的要求，即如何克服地域和时间的限制，实现远程专家协作诊断。

（二）远程诊断技术特点

远程故障诊断的最大特点是设备与诊断资源在地域上的分离，提供服务的诊断资源与被诊断设备之间通过网络通信，组成一个比较松散的逻辑整体，这使得远程资源为设备提供故障诊断服务的形式有了一些新的特点。一方面，可以将诊断任务分解为不同故障域的子问题，再利用不同的远程诊断资源进行诊断，进而将所有这些诊断结论综合，得到比较准确的诊断结果；另一方面，同一远程资源将可以为不同地域的多个或多种设备提供诊断服务。

因此，开放式远程故障诊断系统具有如下的特点：①多资源协作性，诊断系统中可以有多个诊断资源共同为一个设备协作进行故障诊断；②多设备适应性，能够快速地重构出相应的符合实际需要的诊断系统，比较方便地为不同类型、不同地域的设备提供故障诊断服务。

（三）远程诊断关键技术

设备远程监控和诊断维护系统由稳态、动态数据采集单元，实时状态监控单元，本地故障诊断单元，远程诊断专家系统，远程专家会诊中心和计算机通信网络6个部分组成。

1.数据采集单元

数据采集单元主要完成设备进行稳态、动态数据的采集，在设备远程故障诊断系统中，要实现设备的在线。实时监控以及在线调整，须有现场设备数据采集模块的支持。

2.远程专家会诊中心

远程专家会诊中心的主要功能是为设备专家实现远程诊断提供必要的协同工作环境，主要包括远程监控、远程控制和信息服务。

远程监控主要是指在线获取现场设备的运行状态和故障信息，如数据采集单元和监控单元的输出、现场控制终端上显示的设备运行状况和自我诊断信息，以及数控程序和其他各种控制程序等。远程控制主要指设备专家通过网络直接获得设备控制权，从而通过虚拟操作面板在线远程操作、调试现场设备。信息服务主要是指通过如电话会议、共享白板和在线图像、声音传输等方式，实现设备专家之间以及专家和现场工作人员的在线沟通，从而共同分析、诊断、排除故障。

计算机通信网络、网络数据传输模块、远程监控和诊断异地进行，须通过网络来实现。网络数据传输模块是利用多媒体信息集成技术开发的Web服务程序，其基本功能为将数据采集装置采集到的数据按一定的格式打包后发送给相应的远程诊断服务程序；同时，网络数据传输模块负责动态提取、诊断服务程序和其他应用程序所需要的信息，如压力、位置等信息。

3.智能维护成为远程监控和诊断装备发展方向

在传统远程监控和诊断领域，大部分技术开发和应用集中在信号及数据处理、智能算法研究（人工神经网络、遗传算法等）以及远程监控技术（以数据传送为主）方面。而基于主动的维护模式理念的智能维护技术重点在于信息分析、性能衰退过程预测、维护优化、应需式监测（以信息传送为主）的技术开发与应用，产品和设备的维护体现了预防性要求，从而达到近乎零故障和自我维护的目的。

由于工业界对预防性维护技术的需求，故障诊断领域的研究重点已逐步转向状态监测、预防性维修和故障早起诊断领域，其为智能维护技术的实现打下了扎实基础。实际上，故障诊断研究已趋于智能维护领域的初级阶段。

通过网络进行的远程诊断和诊断维护技术影响并渗透到传感器领域，于是出现了基于网络技术的网络传感器。它将网络接口芯片与智能传感器集成起来，并把通信协议固化到智能传感器的ROM中。网络传感器继承了智能传感器的全部功能，并且能够和计算机网络进行通信，因而在现场总线控制系统中得到广泛的应用，成为现场级数字化传感器；而网路传感器的发展和应用，又反过来促进了远程监控和诊断维护技术的发展和完善。

二、关键器件的状态检修

（一）状态检修概述

状态检修是企业以安全、环境、效益等为基础，通过设备的状态评价、风险分析、检修决策等手段开展设备检修工作，达到设备运行安全可靠、检修成本合理的一种设备检修策略。其中安全是指由于各种原因可能导致的人身伤害、设备损坏、运行可靠性下降等危及设备正常运行的情况；环境是指设备运行对国民经济、环境保护等产生的影响；效益是指企业成本、收益以及事故情况下可能造成的直接或间接经济损失等经济效益。

（二）状态检修的流程

状态检修工作基本流程包括：设备信息采集、设备状态评价、风险评估、检修策略、检修计划、检修实施及检修后评估七个环节。

1. 信息采集

设备信息采集是状态检修的基础，通过制定信息采集标准，规范设备基础资料采集工作内容和时限要求。对关键指标（如电压、电流、温度、运行状态等）进行准确、完全、规范、及时的采集，为下一步提供数据基础。

2. 状态评价

状态评价是基于信息采集数据，根据相应的评价规则及算法，对各类充电设备的运行指标进行评价，以此评估设备运行的健康程度。

3. 风险评估

风险评估是根据设备当前运行指标，对设备可能面临的威胁、存在的问题及造成的影响，进行综合性的评估。准确的风险评估是做出正确状态检修策略的依据。

4. 检修策略

检修策略以风险评估作为指导意见，对不同设备制定针对性的检修内容及检修方法。

5. 检修计划

检修计划是指根据具体的检修设备类型、检修部件、检修内容，明确具体的检修人员、检修工期及执行进度。

6. 检修实施

检修实施是指根据制定的检修计划，由对应的检修人员对设备进行故障确认、故障处理、故障恢复等维修操作。

7. 检修后评估

检修后评估是指对设备检修实施完毕后，对设备的检修结果进行综合评估，形成综合评估报告及改进措施。

（三）状态检修与定期检修的比较

1. 检修周期不同

状态检修是根据设备状态检修，定期检修为固定周期检修。前者可在后者的基础上缩短或延迟检修周期。

2. 设备信息量不同

状态检修要求的信息比定期检修要更加全面，以支撑对设备运行状态的综合评估。

3. 效率不同

随着科技的进步，设备质量大幅提升，定期检修发现的缺陷率很低，而状态检修根据设备信息的采集与分析，可以对设备的运行状态作出更准确的判断以帮助制定检修计划。

三、关键器件的生命周期管理

（一）基本概念

传统的器件设备管理（equipment management）主要是指设备在役期间的运

行维修管理，其出发点是从设备可靠性的角度出发，具有为保障设备稳定可靠运行而进行的维修管理的相关内涵。包括设备资产的物质运动形态，即设备的安装、使用、维修直至拆换，体现出的是设备的物质运动状态。

资产管理（asset management）更侧重于整个设备相关价值运动状态，其覆盖购置投资、折旧、维修支出、报废等一系列资产寿命周期的概念，其出发点是整个企业运营的经济性，具有为降低运营成本，增加收入而管理的内涵，体现出的是资产的价值运动状态。

现代意义上的设备全生命周期管理，涵盖了资产管理和设备管理双重概念，应该称为设备资产全生命周期管理（equipment-asset life-cycle management）更为合适，它包含了资产和设备管理的全过程，从采购、（安装）使用、维修（轮换）报废等一系列过程，即包括设备管理，也渗透着其全过程的价值变动过程，因此考虑设备资产全生命周期管理，要综合考虑设备的可靠性和经济性。

（二）设备资产全生命周期管理的任务

以生产经营为目标，通过一系列的技术、经济、组织措施，对设备的规划、设计、制造、选型、购置、安装、使用、维护、维修、改造、更新直至报废的全过程进行管理，以获得设备寿命周期费用最经济、设备综合产能最高的理想目标。

（三）设备资产全生命周期管理的阶段

1. 前期管理

设备的前期管理包括规划决策，计划，调研，购置，库存，直至安装调试，试运转的全部过程。

（1）采购期：在投资前期做好设备的能效分析，确认能够起到最佳的作用，进而通过完善的采购方式，进行招标比价，在保证性能满足需求的情况下进行最低成本购置。

（2）库存期：设备资产采购完成后，进入企业库存存放，属于库存管理的范畴。

（3）安装期：此期限比较短，属于过渡期，若此阶段没有规范管理，很可能造成库存期与采购期之间的管理真空。

2. 运行维修管理

包括防止设备性能劣化而进行的日常维护保养、检查、监测、诊断以及修理、更新等管理，其目的是保证设备在运行过程中经常处于良好技术状态，并有效地降低维修费用。在设备运行和维修过程中，可采用现代化管理思想和方法，如行为科学、系统工程、价值工程、定置管理、信息管理与分析、使用和维修成本统计与分析、ABC分析、PDCA方法、网络技术、虚拟技术、可靠性维修等。

3. 轮换及报废管理

（1）轮换期：对于部分可修复设备，设备定期进行轮换和离线修复保养，然后继续更换服役。此期间的管理对于降低购置及维修成本，重复利用设备具有一定的意义。

（2）报废期：设备整体已到使用寿命，故障频发，影响到设备组的可靠性，其维修成本已超出设备购置费用，必须对设备进行更换，更换后的设备资产进行变卖或转让或处置，相应的费用进入企业营业外收入或支出，建立完善的报废流程，以使资产处置在账管理，既有利于追溯设备使用历史，也利于资金回笼。至此，设备寿命正式终结。

（四）设备资产全生命周期的闭环管理

设备在管理的过程中会经历一系列的设备及财务的台账和管理及维修记录，如设备的可靠性管理及维修费用的历史数据，都可以作为设备资产全生命周期的分析依据，最终可以在设备报废之后，对设备整体使用经济性、可靠性及其管理成本作出科学的分析，并可以辅助设备采购决策，可以更换更加先进的设备重新进行全生命周期的跟踪，也可以仍然使用原型号的设备，并应用原设备的历史数据进行更加科学的可靠性管理及维修策略，使其可靠性及维修经济更加优化，从而使设备资产全生命周期管理形成闭环。

（五）设备资产全生命周期管理系统

为了从管理上达到对设备资产全生命周期的合理管理，必须构建一个适合本企业的设备资产全生命周期管理系统。该系统不仅具有资产管理（台账）、设备管理、维修工时和成本管理等基本功能，还应具有信息综合分析、报警功能和诊断专家功能等，对资产、故障、诊断、备件、维修工时、成本等信息能资源共享，进行综合分析（输入数据必须准确）并预报。全生命周期管理系统要求将相关信息按时按规定记录（必须真实）并输入计算机，例如将故障类型、产生原因、停台天数、维修工时、成本等相关数据及时输入计算机，并对信息进行分析处理，然后利用分析结果采取针对性措施，以达到故障率大幅下降的目的。

设备资产全生命周期管理系统具体的管理功能：

（1）前期管理功能：设备前期管理是保持和提高其后续管理中设备技术状态和经济效果的关键，是做好后续管理的基础。该部分主要包括设备规划、选型、安装、调试、验收、申购计划、申购合同、设备租赁、厂商信息等，其中设备规划部分主要包括年度设备使用计划、年度设备使用费计划、设备使用计划需求量等的制定。

（2）台账管理功能：台账数据是进行设备优化配置管理的基础，反映企业设备基本信息及其资产状况，具有静态和动态两部分数据，静态数据主要有设备编号、名称、型号规格、厂商信息、所属单位、原值、主要性能参数等；动态数据如设备净值、折旧额、累计能耗费用、月有效工作台班/时数等。

（3）设备状态变动管理功能：记录设备的启用、停用、闲置、租入、租出、转入、转出、故障、事故、报废等的管理，为管理决策层准确快速地提供设备当前状态。

（4）运行状态管理功能：记录设备日常运行工时信息、能源消耗信息、操作员信息等。

（5）维修保养管理功能：包括设备维修管理和设备保养管理，管理人员根据设备关键性及其各项经济技术指标对设备分类，对不同类型的设备分别采用状态检测维修、定期维修、事后维修、改善性维修等不同的维修模式，维修管理包括编制及更改维修计划、记录维修信息、核算维修费用；设备保养管理主要进行润滑定标、润滑实施等管理。

（6）统计分析功能：统计设备各项技术经济指标及综合状态，提供针对不同管理层次需求的报表输出。包括设备分布表、下属部门设备分布表、工程机械费用核算明细表、单台机械全项核算明细表、单台机械实际费用图表、机械运转情况及经济核算报表、租赁设备收支核算表等。通过各种统计数据及指标，使管理者全面、快速、准确的了解当前企业机械设备资产及使用情况，辅助领导进行企业管理决策。

（7）备件管理功能：对设备的备件进行必要的库存管理，在保证设备正常运作的情况下，尽量降低其库存，减少资金占用量。备件管理主要包括建立设备备件台账，完成备件的出入库管理，制定备件储备定额；备件采购计划管理；对备件进行ABC分析，提供各类统计分析报表。

（8）系统维护功能：对系统进行维护，保证系统良好运作。系统维护主要是管理、创建和调整系统的角色、用户及其权限，并进行系统操作权限分配；设置和调整系统的实时信息反馈；完成操作日志、数据备份及数据恢复操作。

四、平台运维自动派单功能

依托充电桩平台的数据，通过一系列的数据筛选、逻辑计算、规则判定等方式，可以使运维工作变得更加智能、便利、快捷。一个自动化的平台可以大大提升工作效率，如充电运维平台中的自动派单功能，主要涉及“工单流转”和“工单管理”两部分主要内容。

（一）工单流转

工单流转主要包含故障报修、工单建立、工单派发、工单处理、工单闭环、服务回访等。

1. 故障报修

用户可通过多种途径进行故障报修，如App、客服电话、微信公众号等。同时工程师在巡检过程中，发现了存在故障或隐患的情况，也可进行报修。再者，平台可建立一定的故障预警机制，如当某个站点出现了大面积故障的时候，平台直接发布预警信息，这样可以保证工程师能够第一时间了解该类情况，减少此类情况对用户的影响和运营损失。

2. 工单建立

用户的报修反馈同步到管理后台后，由专人对用户反馈信息进行分类、定义、同步建立相应的工单。

3. 工单派发

工单派发可以通过后台设置的相关逻辑进行一键派发。充电桩运营商的涉及地域、用户群大小不一，运维管理体系层级也不尽相同。但归根结底还是从派单到接单过程，最终都会流转到具体负责的人员。因此，运维平台可以通过充电桩所在的站点，与对应站点负责的工程师关联起来，系统在生产只需要点击“一键派发”，就可直接自动流转到对应的工程师，节省了大量烦琐的人员确认沟通工作。若出现了站点或者人员的变动，则只需要按实际情况，修改后台的关联逻辑即可。

也有的运营商采用系统接到报修后自动建立工单，并通过设备所在区域和对应区域工程师的关联关系，完成自动派单，实现了客户报修的瞬间，工单即流转到了对应的工程师，节省了中间大量的审核流转环节。该种模式大大提高了工单流转的时效性。

4. 工单受理与闭环

运维工程师在接到系统自动派发的工单后，根据工单紧急程度进行响应。维修完成后可上传维修照片，编辑故障维修方法和结果，并进行闭环处理。

（二）工单管理

运维平台也可为运维工作提供高效便捷的管理服务，管理者需要的内容都可以在平台上开发出相应的功能。以下列举一些常用的功能。

1. 用户自助处理指引

根据充电桩的不同类型、型号等，可对充电桩常见的故障进行相应的分类，对于一些简单的、用户通过自己操作就可以排除的故障（如急停故障、门禁故障）可在云台维护好相应的处理方法后，在App端采用智能客服问答的形式，给用户相应的自助操作指引，排除故障。

2. 超时工单提醒

对于不同的故障，各运营商都有各自的处理时效，当某些工单快超时处理时，平台可有相关的标签对其进行标记，提醒对应的工程师及时处理。

3. 紧急工单提醒

当出现紧急需要处理的情况时，可在建立工单的时候定义为“紧急”标签，派发后系统可以推送消息或者下发短信的形式通知运维工程师，对紧急故障进行优先安排处理。

4. 工单数据管理

基于运维系统的工单数据库，可为相关工作提供有力的数据基础，运维管理者在做相关报表、故障分析、零部件质量管理、故障处理时效与质量、运维工作考核等方面，依照各运营商各自的管理规定，平台开发者翻译成相应的数据规则后，即可在系统上直接提取想要的数据。

5. 设备周期管理

无论是充电桩运营商还是销售商，都会涉及设备的巡检周期、维保周期、使用周期等周期性管理，通过运维平台可直接对每一台充电桩设定相关周期性标签，对庞大数量的充电桩的各项周期性指标进行有效的管控。

随着人们生活水平的提高以及充电桩行业的发展，新能源汽车用户不再单纯地关注充电价格这一个方面，各运营商之间的竞争也不再单纯的在服务费上打“价格战”，在充电质量、服务质量等方面的竞争也会逐步展开。一个高效智能的运维平台，对于运营商来说，不仅对于日常运维管理可以节省大量人力物力，对于用户市场来说，通过提高服务质量也可以起到扩大用户市场的积极效果。

第六节　充电设施用户使用基本要求

一、概述

本节主要介绍充电桩操作的基础知识，及使用过程中的注意事项。

二、用户注册

当前主流充电方式分为App扫码启动、专用充电卡刷卡启动、账号密码启动、即插即用等。

1.App账号注册

以某App为例，首先打开App，点击右下角“我的”菜单，然后点击“登录/注册”（如有账户则直接登录，无账户按要求注册后即可登录）。

2.账号密码注册

以某App为例，基本注册流程相同，登录以后在“我的”菜单栏“账号与安全”菜单“设置支付密码”进行密码设置后即可使用账号密码进行充电操作。

3.专用充电卡申请

专用充电卡需到相应运营商处进行申请。

三、充电操作

（一）充电桩部分装置定义

1.充电连接装置（充电枪）

直流充电桩充电连接装置以某充电枪为例，充电枪铭牌上标注“125A 750V

DC”字样，即表示该枪线支持的最大直流电压为750V，最大直流电流为125A；图10-17为直流充电连接装置接口，按国标要求制作，与车辆充电插座适配；图10-18为直流充电连接装置插头分布方式。

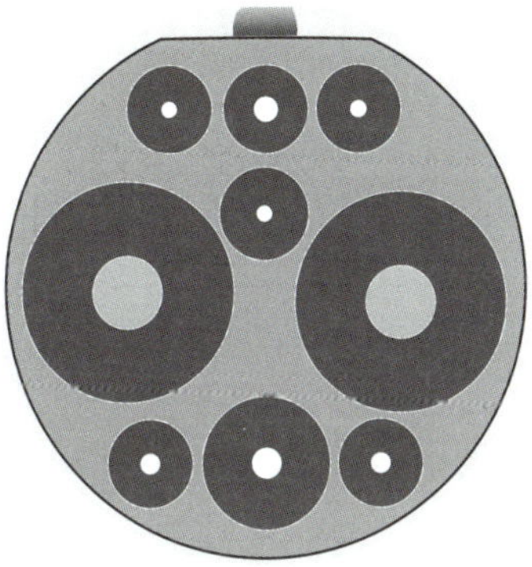

图10-17　直流充电连接装置接口示意图

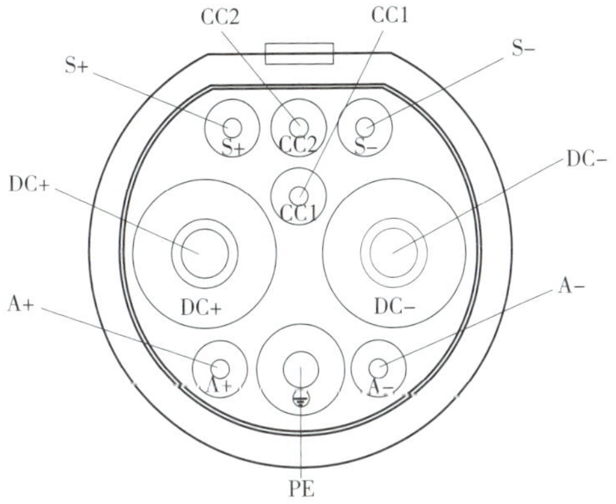

图10-18　直流充电连接装置插头分布方式

交流充电连接装置及交流充电连接装置插头分布方式如图10-19和图10-20所示，一般充电枪额定电流为16A/32A两种类型。

图10-19　交流充电连接装置接口示意图

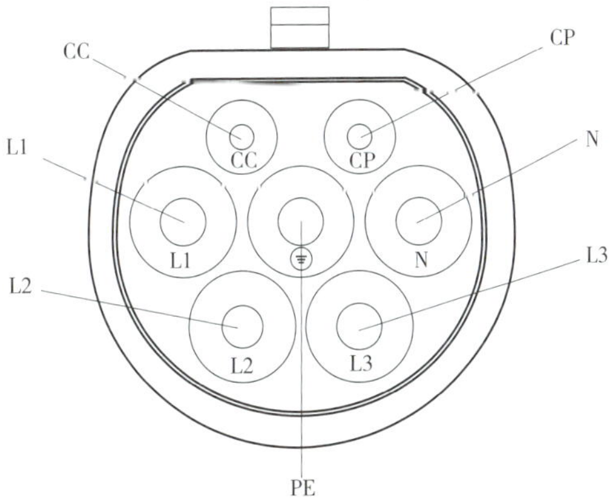

图10-20　交流充电连接装置插头分布方式

2. 充电插座

直流充电插座及插座分布方式如图10-21和图10-22所示。

图10-21　直流充电插座示意图

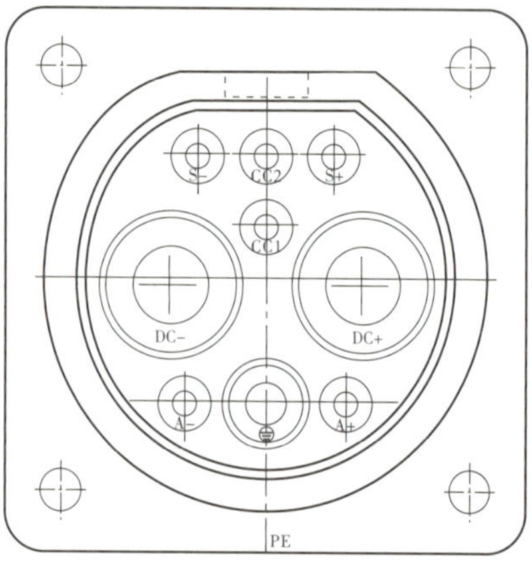

图10-22　直流充电插座分布方式

交流充电插座及插座分布方式如图10-23和图10-24所示。

图10-23　交流充电插座示意图

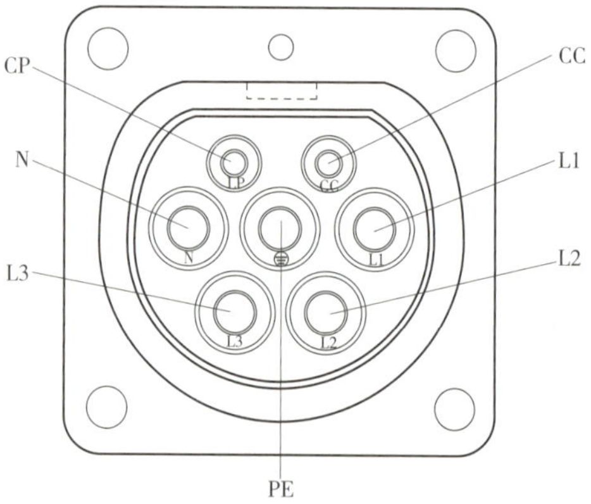

图10-24　交流充电插座分布方式

3. 充电操作屏幕

充电操作屏通过串口线与充电桩系统相连接，可通过屏幕与系统进行交互，完成充电相应设置。

（二）充电流程

1. 充电前准备

充电前对充电桩进行整体检查，确保充电现场无积水，枪体外观无破损，无裸露线材；充电使用前，确保充电设施处于准备就绪状态，工作电源正常，电源指示灯正常，充电枪处于空闲状态。充电车辆停放于充电枪线长度辐射范围内，且车辆所有电源均处于关闭状态。确保充电桩与车辆均处于正常状态后将充电枪插入车辆充电插座，听到“咔嗒”的声音，车辆与充电桩即完成连接。

2. 启动充电

车辆与充电桩完成连接后，可通过手机App/充电卡/账号密码等方式来启动充电，充电时，触摸屏会显示当前充电信息，包括：充电电压、充电电流、电量百分比、充电费用、车辆充电需求等信息。

主流充电启动方式一般有：即插即用、App扫码启动、账号密码启动、专用充电卡刷卡启动等。

（1）即插即用方式。当充电枪与电动汽车充电端口连接完毕后，充电自动启动，充电状态指示灯亮起。

（2）App扫码启动。根据充电服务运营商提供的充电App扫描对应的二维码启动充电，充电状态指示灯亮起。

（3）账号密码启动。用户使用从充电服务商处获取的账号密码启动充电，充电状态指示灯亮起。

（4）专用充电卡刷卡启动。将充电卡放置到充电桩读卡感应区，充电桩感应到充电卡后，充电状态指示灯亮起，开启充电。

3. 充电结束

在显示屏点击“结束充电”/“结算”即可停止充电，充电停止后可在屏幕查看充电费用、充电时间等相关信息。

（1）即插即用方式停止充电。用户对车辆实施了停止充电指令后，充电自动停止，充电状态指示灯熄灭，按下充电枪上的机械按键，拔出充电枪，将电动汽车充电端口保护盖关闭复原，充电枪放回仓位。

（2）App停止充电。根据充电服务运营商提供的充电App停止功能，按下App上停止充电按钮，充电状态指示灯熄灭，停止充电。按下充电枪上的机械按键，拔出充电枪，将电动汽车充电端口保护盖关闭复原，充电枪放回仓位。

（3）账号密码停止充电。用户点击充电设备屏幕的“停止充电”按钮，并按照屏幕提示输入充电密码，充电状态指示灯熄灭，停止充电。按下充电枪上的机械按键，拔出充电枪，将电动汽车充电端口保护盖关闭复原，充电枪放回仓位。

（4）专用充电卡刷卡停止充电。将充电卡放置到充电桩读卡感应区，充电桩感应到充电卡后，充电状态指示灯熄灭，停止充电。按下充电枪上的机械按键，拔出充电枪，将电动汽车充电端口保护盖关闭复原，充电枪放回仓位。

4. 充电异常处理

充电过程中出现异常情况，如充电启动失败、锁枪等问题，可拨打现场售后服务电话，寻求帮助。

某运营商充电桩充电流程示意图如图 10–25 所示。

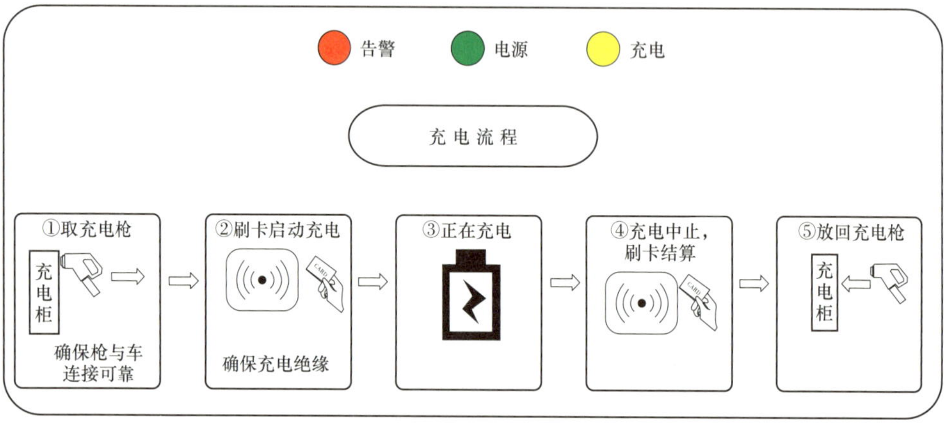

图 10–25　某运营商充电桩充电流程示意图

四、充电安全注意事项

（1）用户充电前应对充电桩进行检查，如发现充电枪破损、充电装置故障灯亮、充电枪和车辆插座积灰积尘严重等问题，请勿使用该充电桩充电。

（2）如遇雨雪天气，用户应尽量避免使用无遮蔽的露天充电桩进行充电，建议到有遮雨棚的充电桩或室内的充电桩进行充电。

（3）如遇充电桩故障，无法充电时，请用户更换充电桩进充电，禁止用户打开充电桩相关位置进行修理，售后服务人员会对故障充电桩进行处理。

（4）用户在充电过程中，如遇到充电桩设备冒烟、车辆起火等问题时，请立即按下急停按钮停止充电，及时撤离现场并拨打报警电话。

（5）用户在使用充电桩前，应检查充电枪头和充电插座的清洁干燥，如有脏污，自行用清洁干布擦拭或求助场站专业人员，严禁用手触摸充电枪枪芯，避免触电事故的发生。

（6）充电设施仅限连接电动车辆，切勿连接其他负载（电动工具等）。

（7）请不要让重物压住充电枪或人为踩踏充电枪。

（8）请不要将易燃、易爆等危险物品（包括可燃蒸气）放置在桩体表面及周边。

（9）请不要自行拆卸、维修、改装充电设施，如有维修、改装等需求，请联系相关专业人员。不正当的操作可能会造成充电设施的损坏、漏水、漏电等风险的发生。

（10）充电过程中，确保车辆处于静止及熄火状态；为安全起见，不建议停留车内休息。

（11）严禁在充电过程中拔卸枪头，确保在充电过程中人身、设备和车辆安全。

（12）充电过程中，如有异常情况，可立即按下急停按钮，以切断所有输入输出电源。

（13）儿童请勿在充电过程中靠近车辆玩耍，以防造成意外伤害。

（14）定期监测车辆状态，了解车辆性能以及电池状态，以便及时发现问题。

（15）在日常行驶中，尽量避免车辆涉水，注意安全，谨慎驾驶。良好的充电、驾驶习惯和定期的保养才是确保安全的关键。

第十一章

充电设施故障及应急处理

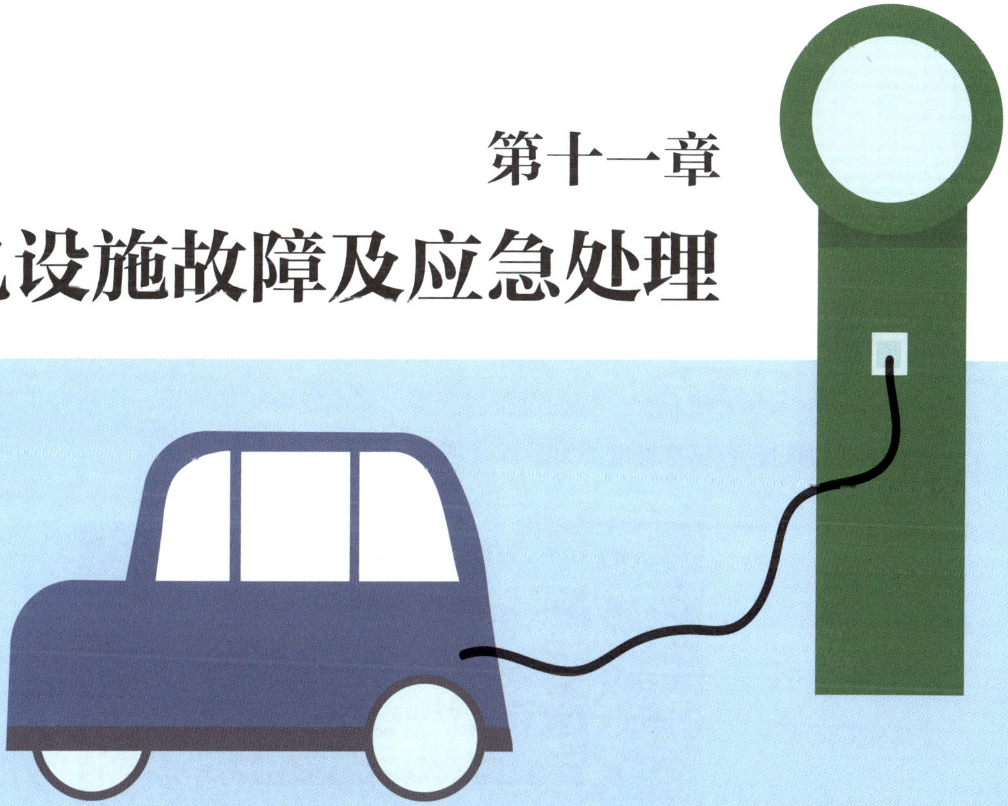

目前充电设施故障反馈来源主要分为三个方面：客户反馈、系统预警、售后人员巡检，其中客户反馈主要通过拨打客服电话、多媒体渠道等。客服人员接到客户反馈或者系统预警，应按照反馈来源在规定时间内以电话或者工单形式联系对应厂家的售后人员。售后人员接收到客服人员电话或者工单后，应在2个小时内以电话或工单形式回复计划处理时间，由客服人员及时告知客户故障处理进度。问题解决后售后人员需及时以电话或工单形式通知客服人员，由客服人员对客户进行回访。充电设施故障处理完毕，客服人员负责形成电子文档，记录内容需要包括客户信息、反馈故障信息、反馈时间、处理完成时间、处理人员信息等。

第一节　充电设施故障处理

一、充电设备常见故障的分类及处理办法

1. 充电机故障

（1）控制器通信故障。控制器与设备通信出现异常时，会导致控制器无法正常获取设备充电信息、控制设备启停等，影响设备正常使用，该故障正常情况下可以通过设备屏幕报出，如图11-1所示。

图11-1　通信中断提示

产生该故障的原因包括：控制器硬件故障；控制器与设备之间的通信线接线松动；通信线抗干扰能力不佳或总线匹配电阻有问题。

可以通过以下方式排查、解决问题：

1）设备断电后用万用表检查设备与控制器间通信线路是否连接异常，匹配电

阻是否连接可靠，通信线屏蔽层是否有效接地。

2）替换法进行测试，通过替换控制器，查看故障是否消除，从而判断故障元器件，直接更换。

（2）电表通信故障。电表与控制器通信异常时，会导致控制器无法获取电表信息，从而无法正常计费，充电设备无法正常使用，该故障正常情况下可以通过设备屏幕报出。

产生该故障的原因包括：控制器与电表接线松动；控制器/电表故障。

可以通过以下方式排查、解决问题：

1）查看电表左上角是否有“电话”标识，如图11-2所示，若无，则说明电表未和控制器通信成功，设备断电后用万用表检查控制器与电表间通信线路是否连接异常，匹配电阻是否连接可靠。

图11-2　电表“电话”标识

2）替换法进行测试，通过依次替换控制器、电表，查看故障是否消除，从而判断故障点，如果控制器/电表损坏，直接更换。

（3）绝缘检测故障。直流充电设备在启动时会检测充电回路中DC+、DC−分别与PE间的绝缘情况，当绝缘电阻小于100Ω/V时充电机报出故障并无法启动充电；当绝缘电阻大于100Ω/V且小于500Ω/V时充电机告警但可以启动充电；当绝缘电阻大于500Ω/V时属于正常范围。充电机绝缘检测故障是由于直流充电回路中DC+、DC−与PE间的绝缘电阻不足或绝缘检测模块异常导致，该故障正常情况下可以通过设备屏幕报出。

产生该故障的原因包括：充电输出回路中对地绝缘损坏；绝缘检测模块故障。

可以通过以下方式排查、解决问题：

1）打开设备查看设备内是否有潮气过重或者进水情况，若有，可以通过开门通风一段时间，测试故障是否消失。

2）查看直流输出回路的线缆是否有破皮情况，若有则更换线缆；若无则把设备断电用绝缘电阻表测试直流输出回路中DC+、DC−分别与PE的绝缘阻值，查看是否在正常范围。

3）通过替换法，更换绝缘检测模块，查看故障是否恢复，若恢复，则更换绝缘检测模块。

4）反馈给设备厂家，由厂家人员协助排查问题点。

（4）门禁故障。充电设备检测到门未关好，不允许启动充电，影响充电设备正常使用，该故障正常情况下可以通过设备屏幕报出。

产生该故障的原因包括：门未关好；门磁行程开关未插好或损坏；设备控制器异常。

可以通过以下方式排查、解决问题：

1）重新关门，查看故障是否消除。

2）检测开关与控制器间的接线是否虚接、松动，行程开关弹片状态是否正常。

3）通过替换法，依次更换门磁行程开关、设备控制器，判断故障元器件，确定后直接更换。

（5）设备屏幕黑屏或失灵。设备屏幕黑屏时，首先要查看设备电源指示灯是否正常，以此来判断是否是由于设备供电问题导致。

如果电源指示灯不亮，产生该故障的原因包括：设备前端断电；交流进线跳闸/故障；设备急停按钮被按下或者损坏。

可以通过以下方式排查、解决问题：

1）用万用表测量设备进线电缆电压是否正常，若无电压，则检测低压配电箱、配电房开关是否闭合。

2）若设备进线电缆电压正常，首先查看设备进线开关是否闭合，若未闭合则闭合后查看故障是否恢复；若已闭合，用万用表测量断路器下口（设备内）电缆电压是否正常，若电压异常，可以通过断电后更换断路器，再重新上电后查看故障是否恢复。

3）检查设备急停按钮，若按钮被按下，顺时针旋转按钮查看是否恢复正常；

通过测试法更换急停按钮，判断急停按钮是否损坏。

如果电源指示灯亮，产生该故障的原因包括：设备控制器损坏；设备控制器与显示屏间的连线松动；显示屏损坏。

可以通过以下方式排查、解决问题：

1）重新检查设备控制器与显示屏之间的连线，查看是否有虚接、松动的情况；检查屏幕保护膜是否鼓起。

2）通过替换法，依次更换设备控制器、显示屏，判断故障元器件，确定后直接更换。

（6）BMS通信超时。充电失败充电桩提示BMS通信超时，充电桩与车辆BMS主要通过S+、S–通信，如果该通信线路有异常，BMS与充电机将无法正常通信，充电异常原因报出通信超时。

产生原因包括：充电枪枪头内部S+或者S–出线断线；S+、S–通信线虚接或者错接；充电枪有异物或者其他问题导致插枪不到位。

可以通过以下方式排查、解决问题：

1）检查充电桩点击充电后开关电源是否有输出，A+、A–之间电压为12/24V。

2）将万用表拨到通断挡，分别测量枪头到设备出线端子排的S+、S–是否为导通状态，若两者有任何一个不导通，则说明枪线内部出现断路，需更换枪线；检查S+、S–之间匹配电阻是否为120Ω。

3）检查端子排处的接线是否正确，是否有虚接情况出现。

4）检查枪头和充电插座是否光滑平整无异物，充电枪头插针是否有退针情况发生。

（7）绝缘通信超时。故障原因分析：绝缘检测模块与CCU之间通信异常。

可以通过以下方式排查、解决问题：

1）检查绝缘检查模块高压检测线正负是否接反。

2）确定CCU程序与绝缘检查模块程序配套。

3）检查绝缘检查模块与CCU之间通信线连接是否正常。

（8）模块短路故障。故障原因分析：模块过载导致，并没有实际短路。

可以通过以下方式排查、解决问题：

1）重启充电桩，检查车辆请求电压、电流是否超出模块最大输出能力。

2）根据模块指示灯，如图11–3所示，检查模块是否出现故障，如有故障，替换掉故障模块。

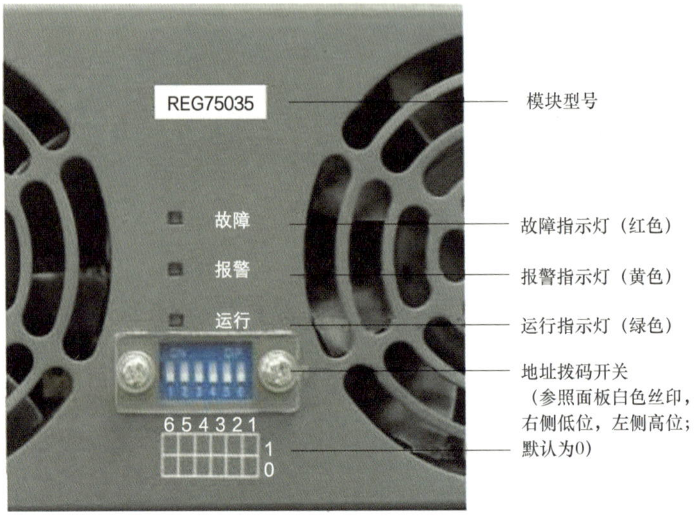

图11-3　充电模块图示

（9）模块输出电压超时。故障原因分析：点击充电后模块没有电压输出。

排查解决：检查模块输入端空气开关是否跳闸，模块输入电压是否正常，PCU功率分配单元通信是否正常。

（10）充电功率达不到需求值。原因分析：部分模块未正常工作。

排查解决：① 用万用表测量中间接触器，确认是哪一个接触器没有闭合，查出该接触器没有闭合原因；② 根据模块指示灯，检查模块是否出现故障，如有故障，替换掉故障模块。

2. 充电枪故障

交流充电枪故障主要有以下4点：

（1）插枪后显示未连接（充电桩）。当充电机插枪后，不能正常显示插枪，首先要检测设备侧CP信号状态，由于设备侧检测插枪状态是通过检测点1的CP对地电信号决定，如图11-4所示，当充电枪未插枪时检测点1对地电压为12V，插枪后电压为9V或6V，此时交流充电桩检测到9V或6V电压时判断充电枪已经插入。

产生故障原因包括：交流充电枪PE线或者CP线断路；交流充电枪CP对地短路；交流充电桩其他故障；车辆等其他问题。

可以通过以下方式排查、解决问题：

1）交流充电桩断电，用万用表分别测量充电枪的PE线、CP线通断情况，若线路断路，直接更换充电枪。

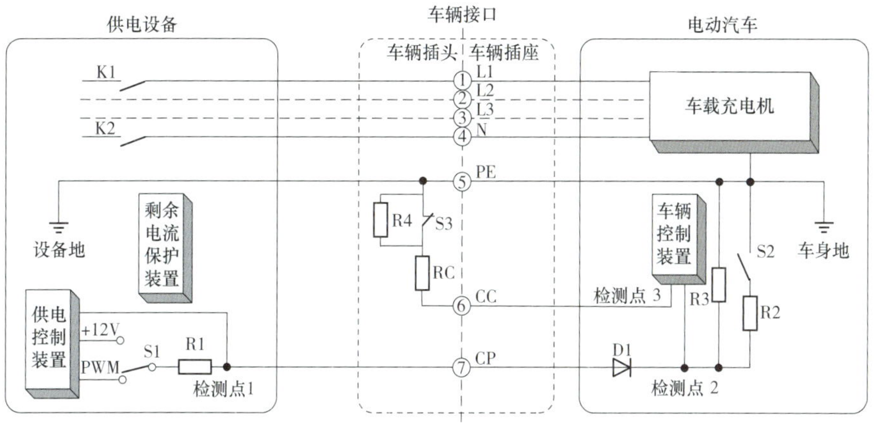

图11-4　充电模式3连接方式C的控制导引电路图

2）交流充电桩断电，用万用表测量充电枪的CP线与地是否导通，若导通直接更换充电枪。

3）通过检测充电枪无异常的前提下，在未插枪的情况下，用万用表测量CP对地的电压为12/9/6V以外的电压，可以通过充电桩厂家技术人员进行处理。

4）检测交流枪线及充电桩无异常，并且其他车辆可以正常充电，可以建议客户去4S或者沟通车辆厂家进行处理。

（2）插枪后显示未连接（车辆）。当充电枪插入车辆接口后，车辆内部不显示充电枪已连接，需要检测充电枪枪头处CC接口，根据图11–4可知，车辆通过检测点3，检测CC对地电阻来判断是否已插枪，当交流充电枪在复位状态下CC对地电阻为RC阻值。

注：市面常见交流充电枪为16/32/63的，对应RC电阻分别为680 /220 /100Ω，R4电阻为1.8 / 2.7 /3.3kΩ。

产生故障原因包括：枪口CC口故障；枪头机械锁故障；车辆等其他问题。

可以通过以下方式排查、解决问题：

1）在交流充电枪机械锁复位状态下，若用万用表测量充电枪枪口CC对地电阻无穷大，直接更换充电枪。

2）在交流充电枪机械锁复位状态下，若用万用表测量交流充电枪枪口CC对地电阻值为RC+R4，说明充电枪的机械锁失效，导致充电枪内S3开关常开，直接更换充电枪。

3）检测交流枪线及充电桩无异常，并且其他车辆可以正常充电，可以建议客户去4S或者沟通车辆厂家进行处理。

（3）充电时有电压无电流。充电时交流充电桩通过充电接口输出电压至车辆的车载充电机。

产生故障原因包括：交流充电枪L1/L2/L3/N线断路；交流充电桩控制板等其他故障；车辆车载充电机故障。

可以通过以下方式排查、解决问题：

1）交流充电桩断电后，用万用表分别测量充电枪L1/L2/L3/N线的通断情况，若有断路情况，直接更换充电枪。

2）充电过程中用万用表测量交流充电桩交流输出端子，L1/L2/L3与N之间的电压无220V时，说明充电桩内部有异常，可以直接沟通充电桩厂家进行处理。

3）检测交流枪线及充电桩无异常，并且其他车辆可以正常充电，可以建议客户去4S或者沟通车辆厂家进行处理。

（4）电子锁故障。原因分析：CCU检测不到电子锁闭合反馈信号。

排查解决：

1）测试充电枪电子锁是否正常。

2）检查CCU主板到电子锁信号反馈是否断路。

下面再简单介绍一下几个常见的直流充电枪故障。直流充电枪示意图如图11–5所示，直流充电枪充电枪口主要包括直流供电：DC+、DC–，主要负责直流供电；设备地线：PE，负责连接设备地与车辆地；电通信线路：S+、S–，负责直流充电桩和车辆BMS通信；充电连接确认线路：CC1、CC2，CC1负责充电桩连接确认，CC2负责车辆连接确认；低压辅助电源线路：A+、A–，负责给车辆BMS系统供电。

（1）插枪后显示未连接（充电桩）。直流充电桩插枪显示状态通过CC1回路控制，充电枪机械锁在复位状态，充电枪插入车辆接口时，在直流充电桩内测量CC1对地电压为4V，未插枪时CC1对地电压为6V；充电枪机械锁在按下状态，充电枪插入车辆接口时，在直流充电桩内测量CC1对地电压为6V，未插枪时CC1对地电压为12V，如果在测量时出现其他电压或者电压与以上描述状态不符时，充电插枪会不显示。

产生原因包括：CC1或者PE线路断路；充电枪头CC1对地电阻失效；直流充电桩内部故障；车辆插口问题。

可以通过以下方式排查、解决问题：

1）直流充电桩断电，用万用表分别测量充电枪的PE线、CC1线通断情况，若

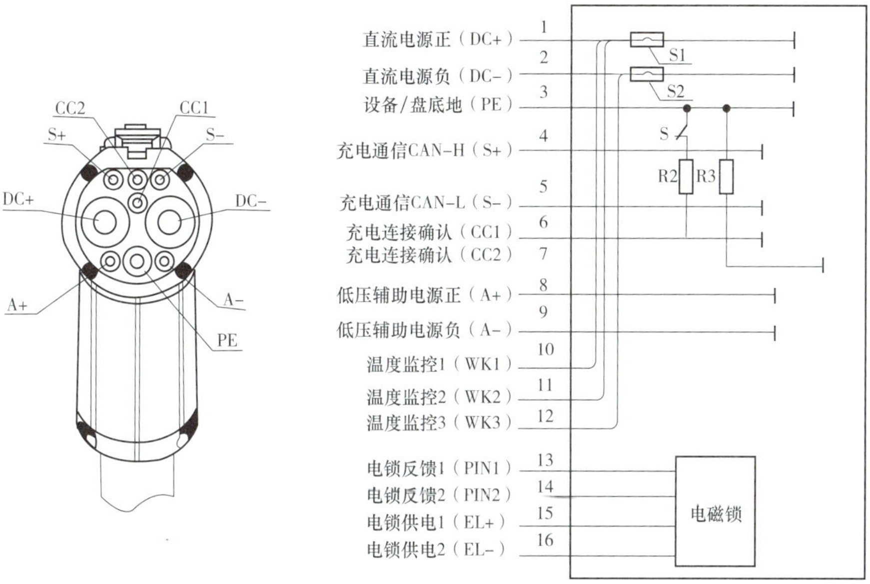

图11-5　直流充电枪示意图

线路断路，直接更换充电枪。

2）直流充电桩断电，把直流充电枪拆下，然后用万用表测量CC1线缆对PE电缆电阻值，正常电阻在1kΩ左右，如果出现其他值说明枪头内部电阻异常或者失效，直接更换充电枪。

3）充电枪拆下后，把充电桩上电，用万用表测量充电桩内CC1端子对地电压值，如果出现12V以外的电压或者无电压，可以判断为充电桩内部问题，可以沟通充电桩设备厂家协助处理。

4）充电桩和充电枪都确认无异常后，可以测量车辆充电接口CC1对地电阻，正常为1kΩ，如果出现其他电阻值，并且更换车辆后可以正常充电，可以判断为车辆问题，建议客户去4S处理。

（2）插枪后显示未连接（车辆）。车辆通过检测充电枪CC2接口对地电阻（正常为1kΩ左右）来确认是否插枪，如果车辆检测不到该电阻，则无法判断已插枪。

产生原因包括：充电枪内部CC2对地电阻异常；车辆等其他问题。

可以通过以下方式排查、解决问题：

1）用万用表直接测量直流充电枪头CC2对地电阻，如果出现其他异常阻值，可以直接更换充电枪。

2）可以通过更换其他车辆测试，检查同样的充电桩插枪后能否正常显示，如果其他车辆正常，可以建议客户到4S店处理。

3. 其他故障

（1）风机故障。产生原因包括：风机故障不运转；风机反馈线松动；控制板接收风机反馈端子损坏，无法正常接收风机反馈信号。

可以通过以下方式排查、解决问题：

1）排查风机供电是否正常，供电正常风机不运转则需要更换风机。

2）检查风机反馈线是否虚接，重新紧固拔插。

3）尝试更换控制板，检查是否能正常接收风机反馈信号。

（2）主接触器故障。产生原因包括：接触器烧坏或损坏，无法正常动作；主接器反馈线松动；控制板接收接触器反馈端子损坏，无法正常接收接触器反馈信号。

可以通过以下方式排查、解决问题：

1）查看接触器有无烧毁迹象，尝试更换接触器。

2）检查接触器反馈线是否虚接，重新紧固拔插。

3）尝试更换控制板，检查是否能正常接收接触器反馈信号。

（3）过温故障。产生原因包括：风机故障不运转；防尘网堵塞；模块积灰严重。

可以通过以下方式排查、解决问题：

1）参考风机故障排查方法。

2）取下防尘网清洗干净。

3）对模块进行清灰，或者尝试直接更换。

（4）网络及通信设备故障。对于充电站来说作为公共场站运营时，如果需要具备扫码充电等功能，就需要充电站能够与云平台进行网络通信，一般充电桩获取网络方式有两种：流量卡和网线，流量卡需要借助通信设备进行上网，当网络或者通信设备出现问题时，充电桩与云平台通信中断，表现为设备在App上离网。

产生原因包括：通信设备异常；流量卡异常；有线网线异常；设备故障。

可以通过以下方式排查、解决问题：

1）设备离网后，到达现场可以首先检查通信设备状态，以路由器为例，可以通过观察路由器信号状态、运行状态等指示灯查看路由器是否正常，如果指示灯异常，需根据相关说明更换路由器或者尝试重新配置路由器。

2）当怀疑离网是由流量卡导致时，可联系运营商查看流量卡运行状态，或者直接尝试更换流量卡。

3）可将网线从充电设备拔下，接入电脑，如果电脑网络连接提示错误，并且无法访问网页或内网，说明有线网络出现异常。

4）当检查网络正常时，需检查设备程序是否卡死，设备与路由器的接线是否有误，或者其他硬件问题。

（5）线路故障。产生原因包括：线路虚接；绝缘性能低；使用操作不当。

可以通过以下方式排查、解决问题：

1）在出厂或者设备维护时，没有将线路紧固到位，导致线路虚接。

2）在使用过程中，线缆或者设备其他硬件出现了绝缘性能降低，应使用绝缘电阻表或者绝缘电阻测试仪测试绝缘阻值，若阻值较低需及时更换。

3）在设备日常使用中，出现枪线扭曲，或者暴力拔插的情形，对于已经出现问题的设备应及时进行维护更换，并对现场加强规范指导。

（6）辅助电源故障。充电机要与BMS进行通信，通常需要先输出12V（GB/T 18487.1—2015）来供给BMS电源，若BMS没有供电源，则可能无法回复充电机发出的相关报文，导致通信超时，充电出现异常。

产生原因包括：辅助电源输出线路虚接或错接，导致设备或者控制板检测不到辅助电源输出信号；辅助电源损坏无法输出电压；辅助电源无输入电压。

可以通过以下方式排查、解决问题：

1）检查A+、A−相关接线是否存在错接、虚接。

2）检查辅助电源指示灯是否正常。

3）检查辅助电源输入电压是否正常。

（7）急停故障。现象一般是提示急停被按下，或者无法启动充电。检查急停按钮是否被按下，测试急停是否损坏。

二、充电设备故障常用分析方法

1. 设备报文分析法

在整个充电系统中，充电机与BMS之间，充电机与平台之间，还有充电机内部都是有特定的通信协议规范，如果某一环节的通信出现了异常，则会影响正常充电。下面以充电机与BMS之间的GB/T 27930—2015《电动汽车非车载传导式充电机与电池管理系统之间的通信协议》为例，介绍几例异常情况。

（1）充电通信超时。启动充电后，设备一直处于启动充电状态，无法进入充电阶段，拔插充电枪重新启动也是如此，抓取的BMS通信报文数据如图11–6所示，可以看到BMS发送的BRO报文一直是00（未准备就绪状态），此时我们需分析此情况出现的原因。问题出现在参数配置阶段，我们先查看下BHM报文中BMS发送的最大允许电压，为90 1b（705.6V），查看充电机最大输出能力报文CML中充电机发送的最大输出能力为88 13（500.0V），对比发现充电机的最大输出能力小于BMS的最大允许电压，故BMS一直未发送充电准备完成报文。

26	接收	12:42:38.275.0	0x182756f4	数据帧	扩展帧	0x02	90 1b
27	接收	12:42:38.275.0	0x1826f456	数据帧	扩展帧	0x03	01 01 00
28	接收	12:42:38.524.0	0x182756f4	数据帧	扩展帧	0x02	90 1b
29	接收	12:42:38.524.0	0x1801f456	数据帧	扩展帧	0x08	00 01 01 01 01 31 32 33
30	接收	12:42:38.771.0	0x1cec56f4	数据帧	扩展帧	0x08	10 31 00 07 07 00 02 00
31	接收	12:42:38.771.0	0x1cecf456	数据帧	扩展帧	0x08	11 07 01 ff ff 00 02 00
32	接收	12:42:38.782.0	0x1801f456	数据帧	扩展帧	0x08	00 01 01 01 01 31 32 33
33	接收	12:42:38.782.0	0x1ceb56f4	数据帧	扩展帧	0x08	01 01 01 00 06 e8 03 a0
34	接收	12:42:38.793.0	0x1ceb56f4	数据帧	扩展帧	0x08	02 17 ff ff ff ff ff ff
35	接收	12:42:38.804.0	0x1ceb56f4	数据帧	扩展帧	0x08	03 ff ff ff ff ff ff ff
36	接收	12:42:38.815.0	0x1ceb56f4	数据帧	扩展帧	0x08	04 ff ff ff 4c 47 58 43
37	接收	12:42:38.826.0	0x1ceb56f4	数据帧	扩展帧	0x08	05 45 36 44 42 39 4a 30
38	接收	12:42:38.837.0	0x1ceb56f4	数据帧	扩展帧	0x08	06 30 38 32 37 39 35 ff
39	接收	12:42:38.837.0	0x1ceb56f4	数据帧	扩展帧	0x08	07 ff ff ff ff ff ff ff
40	接收	12:42:38.848.0	0x1cecf456	数据帧	扩展帧	0x08	13 31 00 07 ff 00 02 00
41	接收	12:42:38.848.0	0x1801f456	数据帧	扩展帧	0x08	aa 01 01 01 01 31 32 33
42	接收	12:42:39.105.0	0x1801f456	数据帧	扩展帧	0x08	aa 01 01 01 01 31 32 33
43	接收	12:42:39.339.0	0x1cec56f4	数据帧	扩展帧	0x08	10 0d 00 02 02 00 06 00
44	接收	12:42:39.339.0	0x1cecf456	数据帧	扩展帧	0x08	11 02 01 ff ff 00 06 00
45	接收	12:42:39.350.0	0x1ceb56f4	数据帧	扩展帧	0x08	01 a9 01 d0 07 5c 02 90
46	接收	12:42:39.361.0	0x1801f456	数据帧	扩展帧	0x08	aa 01 01 01 01 31 32 33
47	接收	12:42:39.361.0	0x1ceb56f4	数据帧	扩展帧	0x08	02 1b 6e 8d 02 10 0e ff
48	接收	12:42:39.361.0	0x1cecf456	数据帧	扩展帧	0x08	13 0d 00 02 ff 00 06 00
49	接收	12:42:39.372.0	0x1807f456	数据帧	扩展帧	0x07	20 2a 0c 17 04 14 14
50	接收	12:42:39.372.0	0x1808f456	数据帧	扩展帧	0x08	88 13 dc 05 90 01 a0 0f
51	接收	12:42:39.608.0	0x100956f4	数据帧	扩展帧	0x01	00
52	接收	12:42:39.618.0	0x1808f456	数据帧	扩展帧	0x08	88 13 dc 05 90 01 a0 0f
53	接收	12:42:39.857.0	0x100956f4	数据帧	扩展帧	0x01	00
54	接收	12:42:39.868.0	0x1807f456	数据帧	扩展帧	0x07	21 2a 0c 17 04 14 14
55	接收	12:42:39.879.0	0x1808f456	数据帧	扩展帧	0x08	88 13 dc 05 90 01 a0 0f
56	接收	12:42:40.107.0	0x100956f4	数据帧	扩展帧	0x01	00
57	接收	12:42:40.140.0	0x1808f456	数据帧	扩展帧	0x08	88 13 dc 05 90 01 a0 0f
58	接收	12:42:40.357.0	0x100956f4	数据帧	扩展帧	0x01	00
59	接收	12:42:40.378.0	0x1807f456	数据帧	扩展帧	0x07	21 2a 0c 17 04 14 14
60	接收	12:42:40.400.0	0x1808f456	数据帧	扩展帧	0x08	88 13 dc 05 90 01 a0 0f
61	接收	12:42:40.606.0	0x100956f4	数据帧	扩展帧	0x01	00
62	接收	12:42:40.660.0	0x1808f456	数据帧	扩展帧	0x08	88 13 dc 05 90 01 a0 0f
63	接收	12:42:40.866.0	0x100956f4	数据帧	扩展帧	0x01	00
64	接收	12:42:40.887.0	0x1807f456	数据帧	扩展帧	0x07	22 2a 0c 17 04 14 14
65	接收	12:42:40.920.0	0x1808f456	数据帧	扩展帧	0x08	88 13 dc 05 90 01 a0 0f
66	接收	12:42:41.113.0	0x100956f4	数据帧	扩展帧	0x01	00
67	接收	12:42:41.178.0	0x1808f456	数据帧	扩展帧	0x08	88 13 dc 05 90 01 a0 0f
68	接收	12:42:41.361.0	0x100956f4	数据帧	扩展帧	0x01	00
69	接收	12:42:41.403.0	0x1807f456	数据帧	扩展帧	0x07	22 2a 0c 17 04 14 14

图11–6　BMS通信报文数据（一）

（2）车辆VIN码显示错误。用户反馈在充电界面显示的车辆VIN码有误，我们首先需要了解设备VIN码的来源。车辆VIN码是通过BMS报文中的BRM发出，通过抓取的报文（如图11–7所示）发现，车辆发送的VIN码就是无效值，所以此问题需BMS方进行解决处理。

接收	16:25:15.101.0	0x1801f456	数据帧	扩展帧	0x08	00 01 01 01 01 31 32 33
接收	16:25:15.235.0	0x1cec56f4	数据帧	扩展帧	0x08	10 31 00 07 ff 00 02 00
接收	16:25:15.235.0	0x1cecf456	数据帧	扩展帧	0x08	11 07 01 ff ff 00 02 00
接收	16:25:15.255.0	0x1ceb56f4	数据帧	扩展帧	0x08	01 01 01 00 06 fc 03 de
接收	16:25:15.266.0	0x1ceb56f4	数据帧	扩展帧	0x08	02 0d ff ff ff ff ff ff
接收	16:25:15.277.0	0x1ceb56f4	数据帧	扩展帧	0x08	03 ff ff ff ff ff 01 ff
接收	16:25:15.287.0	0x1ceb56f4	数据帧	扩展帧	0x08	04 ff ff ff ff ff 00 00
接收	16:25:15.297.0	0x1ceb56f4	数据帧	扩展帧	0x08	05 00 00 00 00 ff ff 00
接收	16:25:15.307.0	0x1ceb56f4	数据帧	扩展帧	0x08	06 00 00 00 00 00 ff ff
接收	16:25:15.318.0	0x1ceb56f4	数据帧	扩展帧	0x08	07 ff ff ff ff ff ff ff
接收	16:25:15.318.0	0x1cecf456	数据帧	扩展帧	0x08	13 31 00 07 ff 00 02 00
接收	16:25:15.318.0	0x1801f456	数据帧	扩展帧	0x08	aa 01 01 01 01 31 32 33

图11-7　BMS通信报文数据（二）

2.输出电压分析法

设备若想处于正常运转状态，各个部件的输入或者输出电压必需处于合理范围内，否则设备会告警或者直接不运行，这就要求现场运维人员熟记各个元器件的工作参数。下面简单介绍2种常见的案例。

（1）辅助电源异常。设备报辅助电源异常，首先找到问题辅助电源，使用万用表直流电压挡测量辅助电源输出，查看是否有正常12V或24V输出，若有，则需要排查线路反馈；若没有，则需要排查辅助电源的交流输入电压是否正常；若输入电压正常，辅助电源无输出，可基本判定为辅助电源问题；若交流输入电压不正常，则需要排查上级电源输入。

（2）模块欠电压故障。使用万用表交流挡测量交流输入线电压是否都为380V，若出现欠电压的情况，则需要逐级检查上级电源是否正常；若输入电压正常，则考虑为模块问题，可调换直流模块做进一步验证。

3.设备阻值分析法

（1）以CAN通信为例，CAN总线通信状态可靠性最高时为总线两端添加120Ω终端电阻，并联阻值为60Ω左右，若使用万用表欧姆挡测量总线CANH与CANL之间的阻值过小或者过大，说明线路存在故障，可能导致通信异常。

（2）可使用万用表的通断挡（线路较长时可配合一根导线构成回路）检验线路是否有断路和短路。

4.工作状态分析法

每种设备包括设备里的元器件，都有正常或者异常的工作状态，工作状态有的可通过器件表面的指示灯灯语体现，例如模块的三灯：电源灯、告警灯、故障灯，如图11-3所示，当告警灯亮起时，虽然设备还能运行，但说明设备已存在故障的风险点，需及时排查处理；有的可用相关仪表工具测量检验，例如接触器无法正常吸合或黏连。

5. 逻辑推理分析法

当设备出现问题时，我们首先要分析问题的起因，基本锁定问题点，而不是漫无目的尝试更换器件或者一味的进行重启，重启虽然可能临时解决，但是实际也在很大程度上掩盖了问题本质。例如现场出现离网，虽然重启可能恢复，但是问题点具体是在控制器的通信模块还是其他硬件，是否与设备的软件程序有关，我们无从得知，问题很有可能不定时地复现。我们需要连接控制器，查看控制器的网络通信是否正常，抓取设备相关运行报文，分析设备发送给控制器的数据状态是否正常。

6. 单元分割分析法

当系统运行出现问题时，我们要尝试将各部分分割，来确认问题点，例如绝缘故障，当线路绝缘出现问题时，我们应当将线路的各部分分割开，单独测量模块、铜排、线缆、枪线的绝缘，以此来确定最终的问题点。

7. 故障代码分析法

根据充电异常时设备报出的终止原因，或者故障状态报出的故障码，并结合现场实际的设备类型、工况场景分析可能导致异常的原因，需对设备的故障原因较为熟悉，或者能通过查阅设备资料快速找到故障原因。

第二节　充换电站应急处理

一、充换电站应急工作原则

充换电设备在使用过程中将不可避免地会遇到意外破坏、灾害天气、人身伤亡、火灾等突发情况，因此运营企业应建立相应的应急响应机制，以确保设备发生突发故障或人员伤亡事故时能够迅速、准确、有效地组织抢修，最大限度地挽救生命、减少损失，降低维修成本。

同时，还应建立健全充电保障和充电恢复应急机制，提高应对突发事件的应急处理能力，保证充电应急工作迅速、高效、有序地进行，满足突发情况下充电保障和充电恢复的需要，确保充电可靠性。

依据2006年1月8日国务院发布的《国家突发公共事件总体应急预案》结合充电设施应用场景和特点，适用于充电设施的应急工作原则是：以人为本、减少损失；加强管理、预防为主；统一领导，分级负责；快速反应、协同应对。

（1）以人为本、减少损失。充电设备应急工作应将保障人员健康和生命安全作为首要任务。凡是可能造成人员伤亡的突发事故发生前，要及时采取人员避险措施；突发事故发生后，要优先开展抢救人员的紧急行动；要加强现场应急小组人员自身安全防护，最大程度地避免和减少突发事故造成的人员伤亡和危害。

（2）加强管理、预防为主。充电设备具有功率大、使用频率高、使用环境复杂等特点，因此安装运营企业应增强忧患意识，重视公共安全工作，防患于未然。加强巡检工作，预防与应急相结合，常态与非常态相结合，做好应对突发事故的思想准备、预案准备、组织准备以及物资准备等。

（3）统一领导，分级负责。充电设施运营企业应设立专门的应急处置小组，由企业总经理统一领导，根据各企业组织架构的不同，建立分类管理、分级负责，条块结合、属地管理为主的应急管理体制，实行业务领导责任制。根据突发事件的严重性、可控性、所需动用的资源、影响范围等因素，启动相应的预案。

（4）快速反应、协同应对。加强应急处置队伍建设，充分动员和发挥运维一线员工和用户的作用，及时获取充分而准确的信息，跟踪研判，果断决策，迅速处置，最大程度地减少危害和影响。

二、充电场站安全用电事项

（一）操作人员管理要求

（1）充电桩操作人员必须经国家有关部门培训考核合格并持有颁发的资质证后才能上岗，同时需接受安全教育和岗位技能培训。操作人员应佩戴或在场站内的醒目位置悬挂标明个人姓名、工号、岗位的标志。

（2）充电作业时须穿戴专业绝缘防护鞋及绝缘防护手套，保持自身、车体、充电桩及周边区域干燥。

（3）操作人员应主动引导车辆进入充电位置，当车辆停稳，切断电动汽车动力电源和辅助电源，拉紧手刹，人员离车后，方可进行充电作业。驾驶员自觉服从站点工作人员的安排。

（4）充电前，操作人员应检查充电接口是否正常完好，并对车辆进行充电前检查，对充电设备与电动汽车的连接和充电参数的设置进行确认。

（5）充电启动后，确认充电正常，并定期巡视充电状态。发生安全事故，应快速按下红色急停按钮，切断电源。

（6）充电过程中，车辆严禁启动或移动，严禁带电插拔充电插头。充电结束后、行车前，驾驶员应确认充电终止以及充电设备与电动汽车物理分离。

（7）严禁使用金属物体触碰充电枪接口、纯电车充电口。

（8）操作人员应基本了解电动汽车的构造和充电设备的工作原理，了解动力蓄电池应用的基础知识，掌握充电操作规程、充电设备检测、故障判断和处理、安全知识和应急处理方法。

（9）操作人员应按照充电桩生产厂家的顾客手册对充电桩进行定期保养与例行检查，保持其安全、清洁、完好，并做好相关检查保养记录。

（10）充电站每日应做好站内日查，当班管理人员应对作业现场进行监督，发现违章行为和不安全因素，有权制止并向上级反映情况。充电作业人员应定期或根据工作需要随时进行巡视。

（二）充电桩使用和管理

（1）充电人员必须定期检查充电桩及其他相关设备，消防器材、设备设施保持清洁干燥，并做相关检查记录，按要求上报。定时对充电场地、充电设备设施、消防器材进行保洁，确保设备情况良好。

（2）充电过程中，操作人员应按照操作流程操作，如厂家有其他充电要求，则按照厂家要求进行操作。同时须按要求对充电桩仪表、数据、充电模块、线路、开关等设施进行检查，并按要求填写巡检记录。

（3）充电过程中如发生故障，充电人员应立即按下充电机上的急停按键，以防故障进一步扩大，并上报技术科，由专业人员进行设备维修。

（4）如遇系统起火时，首先动用紧急停机装置切断电源，然后使用ABC通用型灭火器或者二氧化碳灭火器灭火，严禁使用泡沫灭火器和水灭火。

（5）充电结束后，应按规定拔除充电枪，将线缆理好放在线架上，锁好充电口及车门，并记录相关数据。

（6）各类台账记录完善，分类明细准确。

（7）严禁私自拆卸、改装充电桩设备及附加设施，对因此造成的损坏由当事人承担相应的经济责任，并对管理责任人进行问责。

（三）充电场站管理

（1）充电站所属公司应设置安全管理组织机构，并配备专职或兼职的安全员，要建立安全管理制度和应急预案，建设安全应急保障体系。并负责制定、修订充电站管理责任书，负责指导、监督、评估充电站安全管理工作。

（2）充电站管理人员是充电站安全管理第一责任人，对充电站安全进行管理。应建立运行值班制度，包括日常巡检、运行交接班、值班日志等。要落实、贯彻安全工作的相关规定及要求，组织开展充电站安全实施工作，落实各级人员的应急职责。

（3）充电站应在明显位置设置公示牌，明示充电站的名称、运营时间、服务项目、服务热线、站点地图指示、求援电话、监督举报电话以及当前站内充电设备可供使用情况等。

（4）露天设置的充电桩应有安全防护措施，保证雷雨等特殊天气的设备安全。

（5）技术部定期组织充电桩厂家对站内充电桩进行巡检。

（四）纯电车充电管理

（1）纯电车按充电操作人员要求停放，车辆停止后拉起驻车制动，将挡位置于N挡，并检查确保车辆高低压电源开关处于关闭状态，以防止充电时瞬时电流损坏车辆电器设备。

（2）车辆需集中存放，集中管理，存放位置要远离加油站、加气站、热源、火源、腐蚀性气体、潮湿的地方，同时还应避免尖锐物体的撞击、挤压。

（3）纯电动车辆以电量SOC为50%～80%存放。

（4）新车在运营之前必须进行一次满充电，确认对车辆已充满电进行签字登记后方可正常投入使用，确保电池电压均衡。

（5）以最近一次满充电记录为起始点，纯电动车每月至少进行满充电、放电一次。

（6）车辆充电及维护期间，应有专人监控看护，如遇异常问题及时通知专业人员处理。

（7）禁止雷电天气、雨天露天给电动车辆充电。

（8）每台车应随车配《纯电动车充电维护保养登记册》，每次维护时经手人签字确认。

（9）纯电车辆所属公司需做好车辆充电、运营台账记录，便于车辆的使用和维修。根据车辆技术状况，合理安排一、二级维护保养计划，并做好车辆使用、维修台账管理。

（10）预期存放时间超过两周的车辆应断开整车快速断路器，并由专人妥善保管车辆；对于长期停放的车辆，每两周必须上电一次，检查仪表读数，检查电池电量SOC值，如果SOC低于30%需立即安排出库进行充电，保证停车关机时整车SOC介于50%～80%区间。

（五）突发事件的应急处置

（1）充电站所属公司应设置应急组织，建立突发事件应急预案，包括火灾、车辆故障、电池破损燃烧爆炸、供电系统故障、人员触电、设备故障、停电和断网等。

（2）充电站内各紧急出口通道应保持畅通。发生灾害时，应能及时采取有效的处置措施，及时疏散人员，并报告有关部门。

（3）应急预案应满足统一指挥，分级负责；组织机构健全；人员和物资配备充足；通信畅通；行动迅速、准确等基本要求。应急预案的主要内容应包括：组织机构、人员、物资、事件等级、报告程序、事故处置方法、快速疏散方法、紧急救护措施、现场保护、清理和善后工作等。

（4）应急预案中涉及的应急设备应在指定场所存放，专人负责，定期检查应急预案所需物资的有效性。

（5）充电站所属公司应定期进行消防培训和应急演练，全体人员应掌握消防知识，熟知消防器材的位置、性能和使用方法。每半年应至少进行一次应急预案的全员培训和演练，如图11-8所示，针对演练中的问题，修改和完善应急预案。

图11-8　充电站组织应急演练现场

（6）充电站每月组织一次安全检查。并应根据季节特点和重大节日对充电站进行专项检查。消防设施和监控器材应由专人定期进行维护与保养，灭火和监控系统应处于完好有效状态。

（7）突发事件的处置应按应急预案的要求进行。

三、充换电站火灾应急处理

火灾类型有电池火灾事故、电气火灾事故和其他物质火灾事故。充换电站主要可能发生火灾的场所是充换电区域、高低压配电房（箱式变压器室）、监控系统值班室。电池遇有壳体破裂、跌落、外力破坏、高温、猛烈撞击、电解液泄漏等将会发生火灾事故，同时电池也可能会因为受潮等各种原因引起内部短路发生自燃事故。电气可能导致火灾事故发生的几种途径有：① 各类供电/用电设备保养不到位、电阻不符合要求、短路、过载、电源线老化、虫蛀鼠咬等原因，会引发电气火灾；② 防雷设施出现故障后遭遇雷击也可能引发火灾事故，造成人员伤亡和财产损失；③ 办公室内配备的电脑、空调、复印机、监控系统等如使用不当、电源线老化等各种原因，可能会引发电气火灾事故；④ 值班人员使用明火（如：蚊香、烟头等），未将明火及时熄灭，引燃周围可燃物也可能导致火灾事故发生；⑤ 临时施工人员在进行焊接、切割、打磨、热加工等临时性作业时，未采取有效防护措施，引燃周围可燃物，也可能引发火灾事故。

电池火灾事故的发生不分季节，但夏季高温炎热，天气多变，特别是每年台风暴雨期间，空气潮湿，地面多水，车辆常行驶在积水中，易导致电池因为受潮而短路引发自燃事故；春夏季节多是雷雨天气，易引发雷电火灾事故；供配电系统火灾事故的发生不分季节，但每年4～9月，因气候炎热，供电需求量大，易因天气高温加上超负荷使用而引发电气线路火灾。冬季如因孔洞封堵不严，老鼠等小动物进入供配电系统也易引发供配电系统火灾；冬季因气候干燥，易引发明火事故。

1. 灭火器材的选择及使用方法

火灾爆炸事故应急救援的优先原则为员工和应急救援人员的安全优先；防止事故扩大优先；保护环境优先。

不同火灾的处置方式不同，见表11-1，灭火时应先控制，后扑灭，且在保证自身安全的情况下进行灭火。

表 11-1　　现场灭火器材选择

火势情况分类	建议选用灭火器材	注意事项	备注
电池火灾	干沙灭火器、干粉灭火器、灭火毯	当心电池爆炸	
电气火灾	干粉灭火器、二氧化碳灭火器、1211 灭火器	先断电，后灭火	
其他明火火灾	消防栓、水基型灭火器、干粉灭火器		

下面简单说一下 4 种常用灭火器的灭火原理和使用方法。

（1）水基型灭火器，适用于各类车辆的 A、B、C、E 类火灾场所，属物理灭火。药剂可在可燃物表面形成并扩展一层薄水膜，使可燃物与空气隔离，实现灭火。经雾化喷嘴，喷射出细水雾，漫布火场并蒸发热量，迅速降低火场温度，同时降低燃烧区空气中氧的浓度，防止复燃。要求有效喷射时间不小于 15s，有效喷射距离不小于 3m，喷射剩率不超过 8%。使用方法是除掉铅封，拔掉保险销，左手托住瓶底，右手提着压把，在距火焰 3m 的地方，用手用力压下压把，喷射药剂覆盖燃烧区，直至把火全部扑灭。使用时请注意：① 灭火时应站于上风处距离火源 2m 以上，将灭火器直立，喷口对准火源基部进行喷射，且灭火器不可倒置使用；② 水基型灭火器不适用于扑救电火灾，扑救电火灾时，必须首先切断电源，严禁带电操作，以免触电。

（2）灭火毯，属于企业、商场、船舶、汽车、民用建筑物等场合的一种简便的初始灭火工具。特别适用于家庭和饭店的厨房、宾馆、娱乐场所、加油站、充电站等一些可能着火的场所，主要是通过覆盖火源、阻隔空气，以达到灭火的目的，可以防止火势蔓延，也可以防护逃生用。其特点是不燃、耐高温（550～1100℃）、质地柔软、光滑、紧密、不刺激皮肤，对需远离热源体的人、物是一个理想有效的外保护层，并且非常容易包扎表面凹凸不平的物体，在无破损的情况下可重复使用。使用方法是将灭火毯固定或放置于比较显眼且能快速拿取的桩体上；发生火灾初期，切断电源和气源后，将灭火毯迅速抖开，作为盾牌状拿在手中，直接覆盖在火焰上；灭火毯持续覆盖在着火物体上，并采取积极灭火措施直至着火物体完全熄灭。逃生时，只要将毯子裹于全身，由于毯子本身防火、隔热的特性，在逃生过程中，人的身体能够得到很好的保护；如果人身上着火，将毯子抖开，完全包裹于着火人身上以扑灭火源。

（3）干粉灭火器，适用扑救石油、可燃液体、可燃气体、可燃固体物质的初期火灾。基本原理是通过窒息、冷却及对有焰燃烧的化学抑制，以达到灭火目的。

使用方法是灭火时可手提或肩扛灭火器奔向火场，在燃烧处5m左右，选择上风位置，一手紧握喷粉胶管，一手打开开启装置喷射。若是外挂式储气瓶干粉灭火器，操作者提起储气瓶上的开启提环；内置式储气瓶或储压式，操作者应先将开启把上的保险销拔下，然后将开启压把压下即可。注意干粉灭火器扑救可燃、易燃液体火灾时，应对准火焰根部扫射。如被扑救的液体火灾呈流淌状燃烧，应对准火焰根部由近而远，并左右扫射，直至把火焰全部扑灭；如可燃液体在容器内燃烧，应对准火焰根部左右晃动扫射，使干粉雾流覆盖容器开口表面。切不能将喷嘴直接对准液面喷射，防止喷流冲击力将可燃液体溅出容器造成火势蔓延扩大。干粉喷射时间短，喷射前要选择好喷射目标，由于干粉容易飘散，不宜逆风喷射，灭火时应在上风或侧风方向进行灭火。

（4）消防栓，适用扑救多种类型的火灾，水是分布最广、使用最方便、补给最容易的灭火剂。灭火原理是冷却和降温。使用方法是将存放消防栓的仓门打开，将水袋取出，平放打开，将阀头接在水袋上，对准火源，双手托起阀头，打开水阀，进行灭火。注意，不能用于扑救与水能发生化学反应的物质引起的火灾，以及高压电器设备和档案、资料等引起的火灾，同样也不适用于扑救酯类、醇类、醚类等比水轻，难溶于水的液体火灾。

2. 应急处理

充电车辆火灾的紧急处理方法是当电动车在充电状态下突然发生冒烟/着火事件时，按如下步骤处理：

（1）当驾车人或乘客发现车辆有冒烟甚至明火时，应立即离开车辆避免发生人员伤亡。

（2）若车辆在充电时发生自燃，现场人员应立即按下充电桩急停按钮切断电源，避免因充电设施造成其他危害事故。

（3）立刻拨打119报警，组织疏散周围围观人员和停放的车辆，向上级汇报现场情况。

（4）现场人员有能力自救的情况下，发现自燃车辆车窗未打开时，应立即砸碎车窗玻璃，并使用附近的消火栓喷射大量的水以降低电池温度，停止内部化学反应，防止火势蔓延至相邻的电池单元。

（5）扑灭明火后，继续喷水至少20～30min，同时用红外测温仪测温观察；如果温度上升继续大量喷水，防止二次复燃。

设备火灾的紧急处理方法是发生充电桩内部或配电箱起火的险情时，应立即切断上级供电电源，使用干粉灭火器进行灭火作业，拨打119报警。火情消除后应立即通知维护公司，由维修工程师对充电桩进行检修，以防发生二次伤害。

注意拨打火警电话应报告以下内容：火灾发生的时间、地点，火势情况，燃烧物质及目前应急处置状态。汇报火情后，安排人员到指定地点接引消防车。消防队进行扑救前应急小组应将充电设备断电状态、电动车高压回路存在触电危险、电池可能释放有毒气体、电池可能复燃需用水持续冷却等信息告知消防人员。

应急救援行动按照以下顺序优先进行：疏散、抢救人员；控制事故事态、程度；抢救重要设备。

（1）疏散、抢救人员。人员疏散的方式方法主要是通过步行方式按规定的疏散路线撤离危险区域，到达划定紧急疏散集合地点。各疏散小组成员应沉着冷静，按照疏散次序引导区域人员有序的从安全出口疏散，对受伤和情绪不稳定的人提供帮助。楼上人员进行撤离时应注意避免争先恐后，拥堵无序，要相互兼顾照应，尽可能向事故发生点的上风方向迅速撤离；明确采取的预防措施、注意事项、撤离方向和撤离距离。撤离必须是有组织性的。

发生火灾后，所有人员应迅速进行疏散（除参与应急抢险人员），人员疏散在安全地点集合后，由各部门负责人清点事发时正在现场的人员，看是否已全部撤出。若人员未能全部撤出，则应马上报告给现场应急指挥人员或疏散组组长，组织人员进行救援。应急人员在进行应急救援时要佩戴好相关的防护用品。

利用警戒桩、警戒带对现场进行临时性隔离。如有可能，在隔离区域悬挂未经允许严禁进入的提示牌，并指定人员进行现场警戒，从而避免第三方人员的误入。

视现场人员受伤情况，进行应急抢救：

1）烫伤急救方法。首先要立即迅速脱离热源，脱去衣物（如衣服与身体连在一起，可暂将不连接部位剪去），然后用冷水冲或浸泡，或用毛巾包裹冰块敷在烫伤处。大面积烫伤必须立即送医院急救。

小面积烫伤后，应马上冷敷，越快越好。可用净水冲在烫伤部的略上方部位，水不要开得太大，可连续冲十几分钟。这样不仅可缓解疼痛，也可防止烫伤向深部延伸。如果烫伤部位出现水泡，不要去挑破，而应该用干净的纱布垫着再用绷带包扎好，去医院处理。

大面积烧伤时，为了争取时间和防止弄破水泡，可以穿着衣服（如外衣很脏，可先脱去外衣）用水冲冷却，冲5～20min，然后再轻轻地脱去衣服，用干净纱布包扎伤口。对于Ⅰ度烧伤不必过于担心，但烧伤面积大的，一定要送医院处理。

烧伤部位容易感染，所以一定要用干净纱布包好。面积大者，要用干净被单包好。烧伤引起脱水、血压下降会导致休克，所以要让肢体略抬高些。

2）窒息现场急救措施。火灾现场易产生毒性气体，致人头痛、意识混乱甚至因窒息而昏迷，因此需要掌握一些窒息现场急救方法，见表11-2。

表11-2　　窒息现场应急救援办法

序号	窒息原因	应急救援办法
1	火灾烟雾、一氧化碳中毒	立即把病人抬离火灾事故现场，病人平卧，解开衣服放在阴凉通风的地方，对病情严重或昏迷者进行人工呼吸
2	颈胸部受伤	病人半卧位，保持呼吸道通畅，清除气管口腔内的血块，封闭胸部开放伤口，固定肋骨骨折，速送医院急救
3	缺氧	立即抬离现场，把病人放在空旷通风良好的地方，解开衣物。如口腔有异物清除异物；病情严重或昏迷者立即进行口对口人工呼吸
4	触电	当病人昏迷时清除呼吸道异物，保持呼吸道畅通同时进行人工呼吸、心肺复苏

（2）控制事故事态、程度。电源切断处应确保为着火部位上一级电源，而非本级的断路器、急停开关等。即使设备有自动断电功能，也应到上级开关确认电源已断开。变压器着火存在爆炸可能性，箱式变压器室发生火情时切断上级电源后应以组织疏散为主。高压箱式变压器着火未停电时，应做好警戒保证周边人员与箱式变压器的安全距离，防止跨步电压触电。电动汽车电池在地下车库等封闭空间燃烧释放大量烟气和有毒气体，应立即组织人员疏散。火灾发生后应及时疏散周围车辆、易燃易爆物，与正在燃烧的电动汽车距离15m内应无可燃物。

3.后期处置

应急救援队伍应及时恢复现场的充电设施，并消除对周边环境的影响；火灾应急处置后，应及时补充消耗物资装备；跟踪确认事故最终调查报告，根据责任核算事故损失，开展后期事故预防及应急演练相应工作。

（1）事故调查。

1）查看现场确认事故损失情况，如充电设备损毁情况、电动汽车损毁情况并留存照片。

2）调取充电详细数据，确认充电过程中是否有故障报警，根据充电数据变化（插枪状态、继电器状态、故障状态、最后一条数据时间等）核实现场应急处置过程是否一致。

3）与事故现场场地方人员沟通或查看监控视频录像了解起火时间、断电情况、报警时间和灭火时间等信息。

4）拆检充电终端、枪头、总控箱等设备确认有无明显烧损痕迹，检测设备电阻确认有无短路、故障接地等情况。

5）如场站未断电，在检测设备一切正常后，可通过使用电动汽车充电验证设备的完好性。

6）如事故涉及第三方责任，以上调查过程需由第三方或场地方在场。

事故调查结束后，应组织评估应急预案有效性和人员、物资准备情况，将应急过程信息整理总结形成事故报告；如发生电动汽车起火等涉及第三方责任的事故，在事故原因未确认前，应保护现场不被破坏，事故车辆应指定临时停放位置，车辆拆检必须在多方均在场的情况下进行，避免车辆厂家把车私自拖走。

（2）事故预防。

1）从制度方面：建立相应安全管理制度，开展定期安全巡查、不定期安全检查等多种形式的检查，把各种形式的检查有机地结合起来，及时整改事故隐患，把着眼点放在整改安全隐患，改进安全工作上来，落实定时、定人、定资金、定措施，确保整改到位；建立相应建设、运维规范，加强临时动火、用电、动土、登高等作业管理，完善施工工艺，严格按照相关国家标准施工，做好充电设施接线和防火封堵，加强项目质量管理，严格施工的验收流程，充电场站现场张贴警示标识、应急告知等标志牌，重点区域应加以隔离。

2）从设备方面：建立设备和电池检维保体系，防范各类安全事故发生；完善防雷设施，加强防雷检测；场站安装摄像头，实施24h监控摄像；充电站设计应符合相关国家标准，充电桩具备相应安全保护功能、使用材料符合规范要求，场站选址应与易燃易爆场所保证安全距离，产品、场站应配备有效的消防设施并随着相关技术标准的更新不断改进，产品设置有效的紧急断电措施。

3）从人员方面：工作人员应进行安全培训并经考试合格后方可上岗，并定期进行应急演练，提高紧急情况应变能力。充电设施运营商应按照《中华人民共和国突发事件应对法》《突发事件应急预案管理办法》《生产经营单位生产安全事故应急预案编制导则》以及地方文件要求，编写应急预案。预案发布后，公司要组织对应急救援队伍进行预案解读培训，使其熟悉应急职责、响应程序和处置措施，切实提高应急联动处置能力。安全员负责制订年度应急演练计划，通过模拟火灾场景编制演练方案，因地制宜组织开展桌面推演、实战演练，演练后总结分析应急预案的可操作性和有效性。火灾事故演练至少每年组织一次，演练计划、演练方案、演练评估和演练音像资料要及时归档备查。

四、充换电站灾害天气应急处理

常见的灾害天气充电站隐患有：

（1）暴雨：水位过高淹没基础倒灌进设备内时，存在短路或触电隐患。

（2）大风：强风作用下场站雨棚、公告牌、总控箱等设施存在倾覆隐患以及充电设施破坏后导致的触电事故。

（3）遭受地震灾害：发生地震灾害时，应及时切断充电桩的供电电源，避免因地震过程中桩体损坏引发漏电事故。地震中充电桩存在受损情况时，应在震后及时通知维护公司，由维护工程师现场处理，禁止用户盲目上电操作。

（4）雷电灾害：雷雨季节电闪雷鸣时不宜进行车辆充电作业，建议断开充电桩供电电源。如果充电桩在充电过程中遭受雷击，首先断开充电桩供电电源，然后致电维护公司，维护工程师现场处理，禁止用户在专业人员到达前进行任何操作，避免造成人身触电事故。

依据《中华人民共和国突发事件应对法》《中华人民共和国安全生产法》《中华人民共和国气象法》《气象灾害防御条例》《国家气象灾害应急预案》《突发事件应急预案管理办法》《生产经营单位生产安全事故应急预案编制导则》，建立健全分工明确、协同高效的灾害天气应急响应机制，提高灾害天气防范、处置能力，最大限度减轻或者避免灾害天气造成的人员伤亡、财产损失。

1.应急组织体系

（1）指挥组织。应急领导小组负责组织实施灾害天气的应急救援的指挥工作。按照“统一指挥、分工合作”的原则，明确职责与任务，开展灾害天气的应对工作。领导小组应由总经理担任应急指挥小组组长，安全专员、各部门负责人作为应急领导小组成员，最先到现场的人员作为现场应急总指挥，后续按照领导小组的设置执行指挥权的交接。

针对现场突发的灾害情况，由熟悉现场、设备的运维人员组成应急行动小组，在日常的工作中应加强应急专业知识的培训；应成立专门应急通信小组，由熟悉现场所有人员联系方式的人员担任，负责对场站负责人实时信息及时传递、组织应急反应。

（2）应急职责。领导小组职责是负责领导、组织、监督、协调全公司的灾害天气应急工作；及时掌握灾害发展态势，适时发布（解除）预警、启动（终止）

应急响应；决策灾害天气应急重大事项；协调、调动灾害天气应急资源，做好灾害天气应急处置工作；派遣抢险指导人员赶赴现场等。

应急行动小组职责是完成现场灾害情况的处置，收集场站历史降水、大风资料，积极配合日常灾害天气应急工作的检查，积极参加灾害天气应急演练和灾害天气应急知识培训；应急通信小组职责是负责在接到灾害天气情况报告后组织应急人员进行应急处置或寻求外部协助，同时将现场实时灾害天气、应急状况报告给应急领导小组。

（3）其他应急救援保障。公司采购部门负责应急物资的采购及补充，灾害天气应急物资包含但不限于绝缘手套、绝缘靴、手电筒；公司财务必须加强应急资金的管理，确保抢险工作中各项费用的支出；公司应制订应急预案、灾害天气应急处置、现场急救等流程，并定期组织演练改进确保应急流程的有效性；公司车辆应首先满足场站应急需求，公司车辆上应保证有一套运维和应急必备工具，避免紧急情况因缺少工具无法响应。

（4）预防。

1）工程施工：严格把控雨棚、公告牌等附属设施施工质量，加强项目质量管理，严格施工的验收流程。

2）产品及方案设计：场站选址不应设置在低洼、环境中，产品、场站应配备有效的排水设施，产品设计应能适应暴雨、大风恶劣天气的环境。

3）运维应定期巡检，确保及时排除设备故障，对外壳防护等级下降、绝缘破损等隐患定期检查整改，雨季来临前及暴雨天气后应及时检查电缆井、基础集水坑的排水工作情况。

4）有针对性地制定应对措施或应急预案，做好气象灾害预防及应急处置准备工作。充电场站现场设置警示标识、应急告知等标志牌，防止现场错误处置造成二次伤害。

（5）预警及信息上报。实时关注气象局发布的灾害天气预警；场站现场要提供场站负责人的联系方式并目视，发生紧急情况及时通知场站负责人；场站负责人要提前与场站相关人员进行沟通，发生紧急情况应第一时间通知场站负责人。

当现场发生灾害天气导致充电设备倒灌进水或设备倾覆，第一发现人（客户、物业）可立即打电话通知场站负责人；场站负责人收到报告信息后应立即通知相关人员进行分界开关或配电室电源断电；场站负责人应立即通知应急通信小组，由应急通信小组传递信息和组织应急队伍赶赴现场进行后期处置，及时将应急情况实时跟进上报。

2. 应急处理

（1）暴雨天气应急响应与处置。

1）应急准备：与场站方沟通根据充电场站在历史上是否存在积水或设备进水等信息，确定1级暴雨天气重点关注场站清单、2级暴雨天气重点关注场站清单、联系方式、历史信息等内容。

2）当发生暴雨天气时，应急领导小组启动应急预案：当收到1级暴雨预警时，与1级暴雨天气重点关注场站的场站方沟通，合理安排充电时间，箱式变压器由应急行动小组切断电源，总控箱由场站方从配电室切断电源；当收到2级暴雨预警时，与2级暴雨天气重点关注场站的场站方沟通，合理安排充电时间，箱式变压器由应急行动小组切断电源，总控箱由场站方从配电室切断电源。

暴雨开始时，场站负责人电话确认箱式变压器、总控箱电源是否切断；对于未提前切断电源的非重点关注场站，收到总控箱基础被淹没的报告后，场站负责人通知场站方从配电室切断电源；对于未提前切断电源的非重点关注场站，收到箱式变压器基础被淹没的报告后，应急通信小组寻求供电局协助，从箱式变压器上侧分界开关切断电源。

雨停后，场站负责人应立即到现场进行已停电设备送电前检查和抢修。

3）设备过水的处理方法。由于暴雨，充电桩遭受水淹或浸水时，应立即切断充电桩的供电电源，并在输入电源开关处做出有效防护，防止人为误闭合供电开关造成人员触电事故。水淹或浸水灾害消除后，应第一时间通知维护公司，由维修工程师现场对充电桩进行检修，禁止用户盲目上电操作。

（2）大风天气应急响应与处置。

1）应急准备：在日常场站设备巡检时检查设备固定的牢固性，对于存在问题的设备设施应尽快维修并记录在案。

2）当发生大风预警天气时，应急领导小组启动大风天气应急预案：大风前应立即对记录在案存在稳固性问题的场站加紧抢修修复；大风起后，场站方应密切关注场站设备设施状态，发现倾覆问题立即向场站负责人报告；大风止后，场站方应立即检查设备设施稳固状态，对于已倾覆的充电设备立即通过配电室或供电局切断电源，并通知场站负责人组织抢修。

3）充电设施线缆受外力断裂。由于大风充电设施输电线缆遭受外力造成线缆断裂时，在充电桩供电开关未断开之前，需安排专人在离断裂点5～8m处进行看守，以防人员进入充电线断裂点周围半径5m范围内造成触电险情。同时，安排其他人员断开充电桩供电开关。充电桩供电开关断开后应立即通知相关公司，并确保供电开关在维修工程师到达前一直处于断开状态。

（3）应急注意事项。当总控箱、箱式变压器内部被淹没时，应从淹没部位上级（配电室、分界开关）进行断电，严禁在水中接近已被淹没的配电设施，切断电源前应确保断电部位周边无触电风险；严禁在雨中进行户外送电断电作业，建议在暴雨前断电，避免发生触电；应急响应和处置应以确保人员安全为前提，如事故发展可能导致人员伤害，应以应急疏散为主要应急措施。

台风暴雨期间应停止加电作业，并切断电源，并做好设备设施及其他物品等的加固措施；台风暴雨期间可视情况仅保留照明用电；台风暴雨期间视情况及时疏散车辆及人员；如有人身伤害应及时拨打急救电话；大致估计事故原因、受影响范围，及时报告；采取其他减少人员、财务伤亡、防止事故扩大的措施。

3.后期处置

当积水消退，设备设施检查无故障或故障已修复，确认充电设施无遗留隐患后，现场由应急领导小组宣布暴雨天气应急处置工作结束。当大风停止，设备设施检查无故障或故障已修复，确认充电设施无遗留隐患后，现场由应急领导小组宣布大风天气应急处置工作结束。

灾害天气停止后，应急小组应立即组织应急过程相关人员、统计损失，总结应急过程中的问题及改进措施；应急过程中产生的人员、物资损失及应急过程信息由应急领导小组负责对外发布，其他人员禁止以任何形式向外界传递应急处置的信息。

灾害天气应急处置后，应收集相关预警级别、降雨量、水位、是否被淹没等信息，形成场站降水历史信息，统计存在问题的场站，列入下次应急重点关注场站的清单；灾害天气应急处置后，应急小组应核算事故的财产经济损失，开展后期保险理赔相应工作。

五、人身伤害应急处理

一般充换电站人身伤害有以下4种：

触电风险：由于充换电设施保护功能模块失效，设备外壳带电导致触电；线缆绝缘破坏、接地失效等情况导致人员触碰充电设施外壳导致触电；进行检维修作业时误触碰设备带电部位；由于设备内进水，设备带电部位与外壳间隙不足；未按照应急预案正确进行事故应急处置，导致触碰设备带电部位。

灼伤：在未断电的情况下进行作业，金属工具与带电部位间距不足，导致电弧灼伤。

骨折、外伤：现场总控箱等设施固定不牢固倾覆；大风天气下场站设施坠落造成打击；吊装作业站在起重臂或吊物附近被砸伤；登高作业未佩戴安全带从高处坠落；交通事故造成的撞击外伤。

中暑：高温天气在户外或箱式变压器内作业容易引起中暑。

依据《中华人民共和国突发事件应对法》《中华人民共和国安全生产法》《突发事件应急预案管理办法》《生产经营单位生产安全事故应急预案编制导则》《防暑降温措施管理办法》等，建立健全分工明确、协同高效的人身伤害应急响应机制，提高人身伤害处置能力，最大限度减轻事故造成的人员伤亡。

1.应急组织体系

（1）指挥组织。应急领导小组：领导小组负责组织实施人身伤害事故的应急救援的指挥工作。按照“统一指挥、分工合作”的原则，明确职责与任务，应由总经理担任应急指挥小组组长，安全专员、各部门负责人作为应急领导小组成员，最先到现场的人员作为现场应急总指挥，后续按照领导小组的设置执行指挥权的交接；应急行动小组：由熟悉人身伤害应急技能和流程的人员组成；应急通信小组：由熟悉现场所有人员联系方式的人员担任。

（2）应急职责。领导小组职责：负责领导、组织、监督、协调全公司的人身伤害应急工作；适时发布（解除）高温预警、启动（终止）应急响应；决策人身伤害事故应急重大事项；协调、调动应急资源；后续通知伤者家属，跟踪伤者医疗情况，事故调查，协调交通部门出具责任认定书，并落实工伤保险流程等工作；应急行动小组职责：积极配合日常人身伤害应急工作的检查，积极参加人身伤害应急演练和急救知识培训，发生人身伤害事故时正确进行应急处理；应急通信小组职责：负责在接到人身伤害情况报告后组织应急人员进行应急处置或寻求外部医疗协助，持续跟踪后续事故处理和医疗急救进展，同时将实时信息报告给应急小组成员。

（3）其他应急救援保障。公司采购部门负责应急物资的采购及补充，人身伤害应急物资包含但不限于医疗箱、绝缘手套、绝缘靴等；公司财务必须加强应急资金的管理，确保抢险工作中各项费用的支出，并在医疗急救时按照工伤法规要求垫付相关费用；公司应制订人身伤害应急处置及急救流程，并定期组织演练和培训，提升员工的急救技能。

（4）预防预警和信息上报。在产品方案设计、工程施工、运维过程确保设备设施安全可靠，员工按照作业文件和方案要求正确操作，按照交通规则安全驾驶，避免人身伤害事故发生。应当根据地市级以上气象主管部门所属气象台当日发布的预报气温，调整作业时间：日最高气温达到40℃以上，应当停止当日室外露天作业；日最高气温达到37℃以上、40℃以下时，全天安排员工室外露天作业时间累计不得超过6h，且在气温最高时段3小时内不得安排室外露天作业；日最高气温达到35℃以上、37℃以下时，应当采取换班轮休等方式，缩短员工连续作业时间，并且不得安排室外露天作业员工加班。根据体检结果，对患有心、肺、脑血管性疾病，肺结核，中枢神经系统疾病及其他身体状况不适合高温作业环境的员工，应当调整作业岗位。应当为高温作业、高温天气作业的劳动者供给足够的、符合卫生标准的防暑降温饮料及必需的药品，应当按照当地法规要求为高温作业员工发放高温岗位津贴。

当现场发生人身伤害事故，第一发现人（客户、物业、运维人员）需立即拨打120急救电话，并通知场站负责人或其他工作人员；场站负责人应立即通知应急通信小组，由应急通信小组传递信息和组织应急队伍赶赴现场进行后期处置，及时将应急急救情况实时跟进上报。

2. 应急处理

（1）应急响应。现场人员发现人员受伤后应第一时间组织急救处理并上报该事故给场站负责人；当员工受伤较重时应立即拨打120急救电话；如发生交通事故，应立即报告交警部门并配合现场取证；进行人员急救处理的同时，应消除现场危害因素，避免其他人受到伤害。

（2）现场处置方法。

1）触电事故处置。人体触电后，通过心脏、肺及中枢神经系统的电流强度越大，触电时间越长，其后果也就越严重。而电击对人体所造成的伤害，以心脏为最要害部位。触电事故引起死亡的原因较多，但大都是由于电流刺激人体心脏引起心室的纤维性颤动（简称“室颤”）、停搏或电流引起呼吸中枢麻痹导致呼吸停止而死亡。因此，触电急救必须争分夺秒，然而不能盲目乱救。现场抢救触电者的原则是八字方针：迅速、就地、准确、坚持。迅速是争分夺秒使触电者脱离电源；就地是必须在现场附近就地抢救，千万不要长途送往医院抢救，或者等公司管理人员到达现场再进行抢救，以免耽误抢救时间；准确是人工呼吸法的动作必须准确；坚持是只要有百分之一希望就要尽百分之百努力去抢救。

处置方法是：迅速关闭开关，切断电源；用绝缘物品挑开或切断触电者身上的电线等带电物品；查看呼吸和心跳情况，保持伤者呼吸畅通；呼叫120急救，正确报告地点和受伤情况；呼吸、心跳停止，接受过正规训练的人员可以立即进行心肺复苏，并坚持长时间进行，未接受正规训练的人员不建议进行心肺复苏操作；妥善处理局部电烧伤的伤口，保持创面清洁。

救下触电者后，应通过意识、呼吸与心跳情况进行简单诊断：触电者若闭目不语、出现神志不清情况，应让其就地仰卧躺平，要确保气道通畅。可立即呼叫其名字或轻拍其肩部（时间不超过5s），以判断触电人是否丧失意识。禁止摇动触电人头部进行呼叫。触电者如神志昏迷，丧失意识，应立即查（查有否呼吸）、听（听有否心跳）。具体可用“看、听、试”的方法尽快（不超过10s）进行判定，切勿拖延。看：仔细观看触电者的胸部和腹部是否有起伏；听：用耳朵贴近触电者的口鼻与心房处，细听其有无微弱呼吸声和心跳音；试：用手指或小纸条试测触电者口鼻处有无呼吸。再用两手指轻按触电者左侧或右侧喉结旁凹陷处的颈动脉看有无搏动，以判定是否还有心跳。

触电后多数会呈现“假死”状态，有触电者经过4h甚至更长时间的连续抢救而获得成功的先例。据资料统计，从触电后1min开始救治的约90%有良好效果；从6min开始救治的，约10%有良好的效果；而从12min开始救治的，则救活的可能性相对很小了。所以，抢救及时并坚持救治对触电人而言意义非同一般。在医务人员未接替救治前，切不能放弃现场抢救，更不能只根据触电人当时已经没有呼吸或心跳，便擅自判定伤员为死亡而放弃抢救。

对“有心跳而呼吸停止”的触电者，应采用“口对口人工呼吸法”进行急救，示意图如图11-9所示：将触电者仰天平卧，颈部枕垫软物，头部偏向一侧，松开衣服和裤带，清除触电者口中的血块、假牙等异物。抢救者跪在病人的一边，使触电者的鼻孔朝天后仰；用一只手捏紧触电者的鼻子，另一只手托在触电者颈后，将颈部上抬，深深吸一口气，用嘴紧贴触电者的嘴，大口吹气；然后放松捏着鼻子的手，让气体从触电者肺部排除，如此反复进行，每5s吹气一次，坚持连续进行，不可间断，直到触电者苏醒为止。

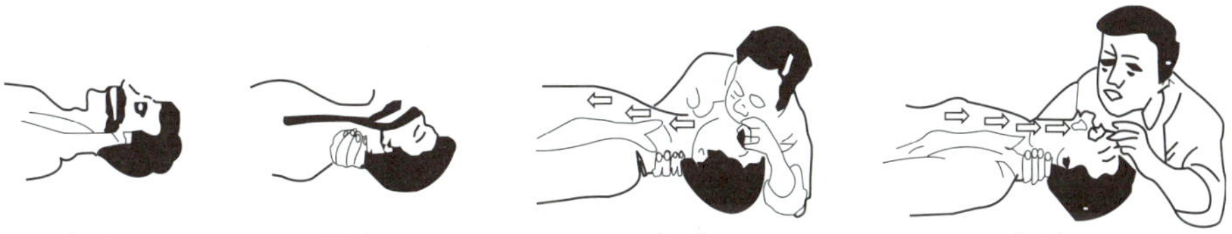

（a）　　（b）　　（c）　　（d）

图11-9　口对口人工呼吸法示意图

（a）步骤一；（b）步骤二；（c）步骤三；（d）步骤四

口对口人工呼吸法注意事项：①口对口吹气的压力需掌握好，刚开始时可略大一点，频率稍快一些，经10 ~ 20次后可逐步减小压力，维持胸部轻度升起即可；② 吹气时间宜短，约占一次呼吸周期的三分之一，但也不能过短，否则影响通气效果；③ 如遇到牙关紧闭者，可采用口对鼻吹气，方法与口对口基本相同。此时可将病人嘴唇紧闭，急救者对准鼻孔吹气，吹气时压力应稍大，时间也应稍长，以利气体进入肺内。

对“有呼吸而心跳停止”触电者，应采用“胸外心脏挤压法”进行急救，如图11-10所示：将触电者仰卧在硬板上或地上，颈部枕垫软物使头部稍后仰，松开衣服和裤带，急救者跪跨在触电者腰部；急救者将右手掌根部按于触电者胸骨中下三分之一处（如图11-11所示），中指指尖对准其颈部凹陷的下缘，左手掌复压在右手背上，肘关节伸直，依靠体重和臂、肩部肌肉的力量，垂直用力，向脊柱方向压迫胸骨下段，使胸骨下段与其相连的肋骨下陷：成年人5 ~ 6cm，5 ~ 13岁者3cm左右，婴幼儿2cm左右，间接压迫心脏，使心脏内血液搏出；挤压后突然放松（要注意掌根不能离开胸壁），依靠胸廓的弹性使胸复位，此时，心脏舒张，大静脉的血液回流到心脏。挤压与放松的动作要有节奏，按压频率为80 ~ 100次/min，小儿90 ~ 100次/min，必须坚持连续进行，直到心跳恢复为止。

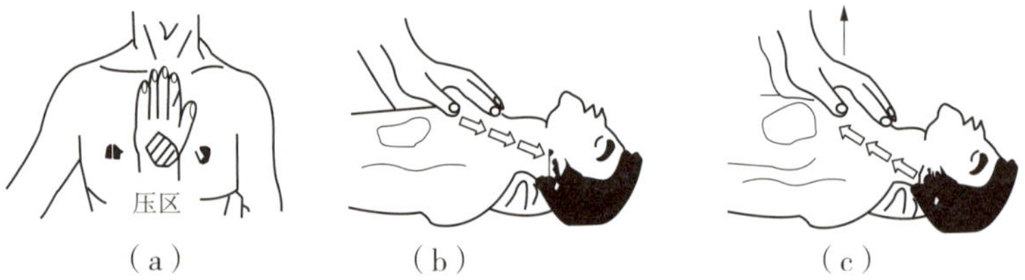

图11-10　胸外心脏挤压法示意图

（a）步骤一；（b）步骤二；（c）步骤三

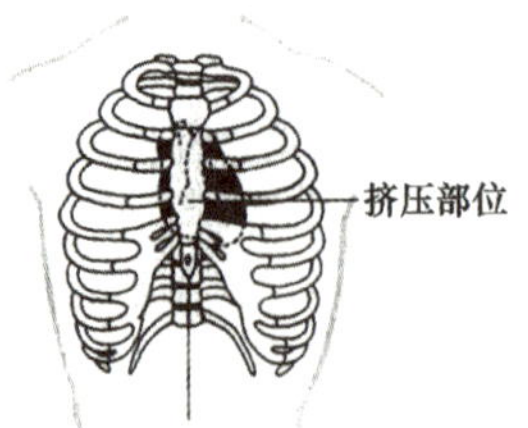

图11-11　胸外心脏挤压位置

胸外心脏挤压注意事项：①挤压时位置要正确，一定要在胸骨中下三分之一处的压区内，接触胸骨应只限于手掌根部，手指与胸壁不接触；② 用力一定要垂直，并要有节奏，有冲击性；③ 对儿童只能用一个手掌根部即可；④ 挤压与放松时间比例以0.6∶0.4为恰当；⑤ 为提高效果，应增加挤压频率，最好能达每分钟100次。

对“呼吸和心跳都已停止”的触电者，应同时采用“口对口人工呼吸法”和“胸外心脏挤压法”进行急救。一人急救：两种方法应交替进行，即吹气2～3次，再挤压心脏5～15次，且速度都应快些；两人急救：每5s吹气一次，每1s挤压一次，两人同时进行。

2）创伤急救。创伤急救原则上是先抢救，后固定，再搬运，并注意采取措施，防止伤情加重或感染；需要送医院救治的，应立即做好保护伤员措施后送医院救治，抢救前先使伤员安静躺平，判断全身情况和受伤程度，如有无出血、骨折和休克等；外部出血立即采取止血措施，在出血处近心侧使用止血带绑扎或按住伤口近心侧，减少血流量，防止失血过多而休克；外观无伤，但呈现休克状态，神志不清或昏迷者，要考虑胸腹部内脏、脊柱或脑部受伤的可能性，禁止随意搬动；为防止伤口感染，应用清洁布片覆盖。救护人员不得用手直接接触伤口，更不得在伤口内填塞任何东西或随便用药，搬运时应使伤员平躺在担架上，腰部束在担架上，防止跌下；平地搬运时伤员头部在后，上楼、下楼、下坡时头部在上。搬运中应严密观察伤员，防止伤情突变；若伤势较重或伤势不明，为防止二次伤害，应对伤者受伤部位进行简单止血处理后等待医护人员救护。

3）骨折急救。

a.伤口处理：开放性伤口的处理除应及时恰当地止血外，还应立即用消毒纱布或干净布包扎伤口，以防伤口继续被污染。伤口表面的异物要取掉，外露的骨折端切勿推入伤口，以免污染深层组织。有条件者最好用高锰酸钾等消毒液冲洗伤口后再包扎、固定。

b.简单固定：现场急救时及时正确地固定断肢，可减少伤员的疼痛及周围组织继续损伤，同时也便于伤员的搬运和转送。但急救时的固定是暂时的。因此，应力求简单而有效，不要求对骨折准确复位；开放性骨折有骨端外露者更不宜复位，而应原位固定。急救现场可就地取材，如木棍、板条、树枝、手杖或硬纸板等都可作为固定器材，其长短以固定住骨折处上下两个关节为准。

c.安全转运：经以上现场救护后，应将伤员迅速、安全地转运到医院救治。转运途中要注意动作轻稳，防止震动和碰坏伤肢，以减少伤员的疼痛；注意其保暖。

4）电弧灼伤急救。迅速切断电源、迅速脱离热源。如邻近有凉水，在无外部创面时，可先冲淋或浸浴以降低局部温度；避免再损伤局部。伤处的衣裤袜之类应剪开取下，不可剥脱。转运时，伤处向上以免受压；减少污染，用清洁的被单、衣服等覆盖创面或简单包扎。

5）中暑。及时脱离高温环境，迅速将病人移到阴凉、通风地方，垫高头部，解开衣扣，平卧休息，观察体温、脉搏呼吸、血压变化；用冷水毛巾敷头部，或用冰袋置于中暑者头部和大腿根部等部位，或用酒精擦身降温，并补充淡盐水、冷西瓜水、绿豆汤等含盐清凉饮料，清醒者也可服人丹、十滴水、藿香正气水等；对日射病者应严密观察意识、瞳孔等变化，头置冰袋或冰帽，以冷水洗面及颈部，以降低体表温度，有意识障碍呈昏迷者，要注意防止因呕吐物误吸而引起窒息，将病人的头偏向一侧，保持其呼吸道通畅；对重症中暑者应立即送往医疗机构进行治疗。

3.后期处置

应急处置结束并确认现场危害因素消除，现场由应急领导小组宣布应急处置工作结束。事故应急终止后，应急行动小组应立即组织应急过程人员统计损失，总结应急过程中的问题及改进措施；应急过程中产生的人员、物资损失及应急过程信息由应急领导小组负责对外发布，其他人员禁止以任何形式向外界传递应急处置的信息。

应急救援队伍应及时恢复现场的设施；应急终止后进行事故调查，确认事故原因并对同类设施做好人身伤害预防工作；应急处置后，应及时补充消耗物资装备，应急小组应核算事故的财产经济损失，开展后期保险理赔相应工作；伤者在医院治疗期间，应急小组应配合安全部门、交警部门进行事故调查，并进行工伤保险流程申请。

为了防止触电事故的发生，公司实行逐级用电安全管理制度，按照要求安装漏电保护开关，不断加强安全巡查，除此外还有以下4种防护措施：

（1）防短路。电线短路有三种情况：接地短路、线间短路、完全短路。短路会造成火灾。防止短路，必须做到：安装使用电器设备时，应根据电路的电压、电流强度和使用性质，正确配线。在具有高温或潮湿场所，要配用耐高温和防潮电线。导线安装牢固，防止脱落，不能将导线成捆打结或将电线紧紧挂在铁丝或铁钉上；移动电力工具的导线（含移动充电机），要有良好的保护层，以防受机械损伤、脱落；严禁导线裸端插在插座上；电源总开关、分开关均应安装适合使用电流强度的保险装置，并定期检查电流运行情况，及时消除隐患。

（2）防过负荷。各种导线都有一定的负荷，当电流强度超过导线负荷时，导线温度骤增，可导致绝缘层着火，使附近可燃烧物燃烧，造成火灾。防止电路过负荷引发火灾，必须注意：所有电气设备都应严格按照电器安全规程选配相应的导线，并正确安装，不得随意乱拉乱接；凡超负荷的电路，应改换合适使用负荷的导线或去掉电路上过多的电力工具，或根据生产程度和需要，分出先后，控制使用；为防止三相电动机单相运行，要在三相开关配电板上安装单相运行的信号灯；电路总开关、分开关均应安装与导线安全载流量相适应的易熔断的保险器。

（3）防接触电阻。当一根导线与另一根导线或导线与开关、保险装置、仪表以及电器用具连接的地方接触不良，就会形成接触电阻。如果接触电阻过大，在电流通过时，在接触处会引起发热，直至使电线绝缘层着火，金属导线熔断，产生火花，烧着附近可燃物，造成火灾。为避此患，必须注意：凡导线与导线或导线与开关、保险装置、电器用具连接时，先要将导线的氧化层、油脂等杂质清除干净，而且连接要牢靠；$10mm^2$及以下电缆，建议采用插接；$10mm^2$以上电缆，宜采用接线端子、专用热收缩套制作接头，再用平垫片、弹簧垫片、双螺母与设备进行连接；应经常对线路连接部位进行检查，发现接点松动、发热时，要及时处理。

（4）电火花、电器设备产生火花或电弧，极易引发易燃易爆气体、粉尘的燃烧乃至爆炸。预防电气设备电火花引起火灾的主要措施是：经常用外部检查和检查绝缘电阻的方法来监视绝缘层的好坏；防止裸体电线和金属体相接触，以防短路；铅酸电池加电期间可能有氢气产生，要安装防爆照明灯具、开关及保险装置。

公司要组织对应急救援队伍进行培训，使其熟悉应急职责、响应程序和处置措施，切实提高应急联动处置能力，同时预案中紧急断电、信息上报和请求医疗急救的相关要求应对场站业主（现场人员、电工等）进行告知，避免人身伤害应急过程中造成事故扩大。

安全专员负责制订年度应急演练计划，围绕情景模拟构建有针对性地编制演练方案、演练脚本，因地制宜组织开展桌面推演或实战演练，演练后总结分析应急预案的可操作性和有效性。突发事件演练每1年至少组织1次演练，演练计划、演练方案、演练评估总结要及时归档备查。

附录A　电动汽车充电设施标准体系

（2020版）

一、充电设施标准体系概述

充电设施标准体系应涵盖充电设备制造、检验检测、规划建设和运营管理等全方位，主要解决电动汽车使用过程中的充电安全、互联互通、设备质量、设施规划布局、计量计费等关键问题。标准体系共划分为基础标准、电能补给标准建设与运行标准、服务网络标准4个部分。主要包括传导充电、无线充电、电池更换3类充电技术路线，涉及术语、传导充电系统与设备标准、无线充电系统与设备标准、动力电池箱标准、计量、服务网络等21个专业领域标准。规划标准157项，其中，规划国家标准57项，行业标准62项，团体标准38项。目前，标准体系中已发布标准有72项，正在制修订标准有58项，拟制定标准有32项。电动汽车充电设施标准体系框架如图A-1所示。

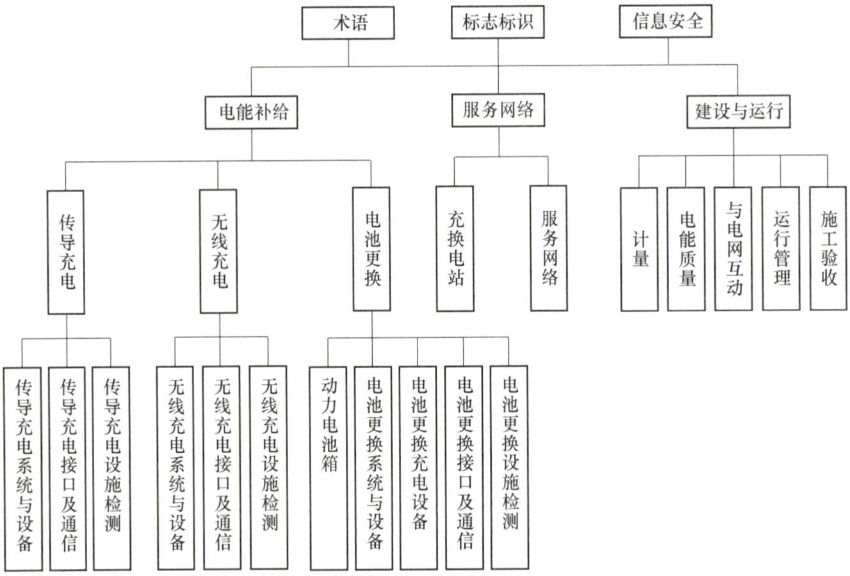

图A-1　电动汽车充电设施标准体系框架图

二、充电设施标准体系内容

（一）基础通用

主要包括充换电设施术语、标志标识以及信息安全等。该部分标准是为适应电动汽车充换电基础设施的建设提供规范的基础性定义。

（二）电能补给

分为传导充电、无线充电和电池更换3类充电技术路线。

（1）在传导充电方面，主要包括传导充电系统与设备、传导充电接口及通信、传导充电检测3个专业。主要内容包括传导充电系统的通用要求、特殊要求、电磁兼容性要求等；关键充电设备和零部件如非车载交流/直流充电设备、充放电设备等技术要求；传导充电接口连接装置要求及关键部件之间通信协议；传导充电设施互操作性、协议一致性等测试方法和检测要求等。该部分标准关注于传导充电系统与设备的基本参数、功能要求、性能指标、检测试验及接口通信。

（2）在无线充电方面，主要包括无线充电系统与设备、无线充电接口及通信、无线充电检测3个专业。主要内容包括无线充电系统的通用要求、特殊要求、电磁兼容性要求等；关键充电设备和零部件如地面设备、车载设备等技术要求；车载设备与无线充电设备通信协议及互操作性要求；无线充电系统电磁兼容、通信协议、互操作及关键设备的测试方法和检测要求等。该部分标准关注于无线充电系统与设备的基本参数、功能要求、性能指标、检测试验及通信互操作性。

（3）在电池更换方面，主要包括动力电池箱、换电系统与设备、充电设备、换电接口及通信、换电检测5个专业。主要内容包括动力电池箱类的编码、动力蓄电池型号、规格及尺寸、检验规则以及快速更换电池箱通用要求等；快换系统、电池仓、电池架等关键设备的技术要求；动力蓄电池箱用充电机技术要求；电池箱连接器、动力仓总成通信协议等换电接口和通信协议要求；换电系统兼容性测试规范等。该部分标准关注于换电系统与设备的基本参数、功能要求、性能指标、检测试验及接口通信。

（三）建设与运行

在规划建设及运行方面，主要包括施工验收、计量、电能质量、与电网互动、运行管理5个专业。主要内容包括计量类标准有非车载充电机计量、交流充电桩计量、电池箱电能计量以及直流电表技术要求等；充换电设施电能质量；与电网互动标准有充电设施接入电网技术、试验规范、电网间歇性电源与电动汽车充电协同调度技术等；运行管理类标准有分散充电设施技术、能效等级要求、测评方法、充换电设施规划、充换电设施运行管理等；施工验收类标准有充换电设施建设、充换电设施工程施工和竣工验收等技术要求。该部分标准构成了一整套充换电建设规范，对充换电站的功能、技术、安全、选址、布局、建设、验收、运行等方面要求进行明确和细化。

（四）充换电站及服务网络

在充换电站及服务网络方面，主要包括充换电站、服务网络2个专业。主要内容包括充换电站的通用技术要求、供电技术、设计规范、监控系统、通信协议等；充换电服务网络的信息交换、运营监控系统、计费控制单元等。该部分标准是为促进电动汽车智能充换电服务的创新和进步，规范化充换电运营监控系统及服务网络，同时带动了充换电设施、充换电站及车载终端等关联产业的发展，从而推进整个充换电设施、运营监控系统的建设和运营。

三、充电设施标准体系总表

充电设施标准体系总表见表A-1。

表A-1　　充电设施标准体系总表

序号	标准编号	标准名称	国（行、团）标	状态
➢ 基础通用				
	✧ 术语			
1	GB/T 29317—2012	电动汽车充换电设施术语	GB	在修订
2	NB/T 33028—2018	电动汽车充放电设施术语	NB	已发布
	✧ 标志标识			
3	GB/T 31525—2015	图形标志　电动汽车充换电设施标志	GB	已发布
4		电动汽车充电设施故障分类及代码	NB	在制定
	✧ 信息安全			
5	GB/T 37295—2019	城市公共设施　电动汽车充换电设施安全技术防范系统要求	GB	已发布

续表

序号	标准编号	标准名称	国（行、团）标	状态
6	T/CEC 208—2019	电动汽车充电设施信息安全技术规范	CEC	已发布
7		电动汽车充电基础设施可信防护规范	NB	在制定
➢ 电能补给				
■ 传导充电				
✧ 传导充电系统与设备				
8	GB/T 18487.1—2015	电动车辆传导充电系统　第1部分：通用要求	GB	在修订
9	GB/T 18487.2—2017	电动汽车传导充电系统　第2部分：非车载传导供电设备电磁兼容要求	GB	已发布
10		电动汽车大功率非车载充电机技术规范	NB	在制定
11		电动客车顶部接触式充电系统　第1部分：通用要求	GB	在制定
12	NB/T 33001—2018	电动汽车非车载传导式充电机技术条件	NB	已发布
13	NB/T 33002—2018	电动汽车交流充电桩技术条件	NB	已发布
14	NB/T 33021—2015	电动汽车非车载充放电装置技术条件	NB	已发布
15		电动汽车大功率非车载充电机技术要求	NB	拟制定
16		20kW及以下非车载充电机技术条件及安装要求	NB	在制定
17		电动汽车顶部接触式充电设备技术规范	NB	在制定
18		基于直流母线的一体化充电站通用要求	NB	在制定
19		群控式充电系统技术要求	CEC	拟制定
20		电动汽车非车载充电机用分流器技术要求	CEC	拟制定
21	T/CEC 366—2020	电动汽车63A交流充电系统特殊要求	CEC	已发布
22	T/CEC 212—2019	电动汽车交直流充电桩低压元件技术要求	CEC	已发布

续表

序号	标准编号	标准名称	国（行、团）标	状态
23	T/CEC 365—2020	电动汽车柔性充电堆	CEC	已发布
24		电动汽车非车载充电电源模块技术条件	CEC	在制定
25	T/CEC 368—2020	电动汽车非车载传导式充电模块技术条件	CEC	已发布
26	T/CEC 214—2019	电动汽车非车载充电机　高温沿海地区特殊要求	CEC	已发布
27	T/CEC 213—2019	电动汽车交流充电桩　高温沿海地区特殊要求	CEC	已发布
28		低速电动车辆非车载充电机通用技术要求	CEC	在制定
29		电动汽车全自动传导式充电装置通用要求	CEC	在制定
30		电化学储能装置传导式充电设施技术规范	CEC	在制定
	✧　传导充电接口			
31	GB/T 20234.1—2015	电动汽车传导充电用连接装置　第1部分：通用要求	GB	已发布
32	GB/T 20234.2—2015	电动汽车传导充电用连接装置　第2部分：交流充电接口	GB	已发布
33	GB/T 20234.3—2015	电动汽车传导充电用连接装置　第3部分：直流充电接口	GB	已发布
34	GB/T 27930—2015	电动汽车非车载传导式充电机与电池管理系统之间的通信协议	GB	在修订
35	GB/T 33594—2017	电动汽车充电用电缆	GB	已发布
36		电动汽车大功率充电连接组件技术要求	GB	拟制定
37	NB/T 33003—2010	电动汽车非车载充电机监控单元与电池管理系统通信协议	NB	已发布
38		电动汽车充电设施控制器与功率模块之间的通信协议	NB	拟制定
39		电动汽车非车载传导式充电模块通信协议	CEC	在制定
	✧　传导充电设施检测			
40	GB/T 34657.1—2017	电动汽车传导充电互操作性测试规范　第1部分：供电设备	GB	已发布

续表

序号	标准编号	标准名称	国（行、团）标	状态
41	GB/T 34658—2017	电动汽车非车载传导式充电机与电池管理系统之间的通信协议一致性测试	GB	已发布
42		电动汽车传导式充电设备安全性测试规范	GB	在制定
43	NB/T 33008.1—2018	电动汽车充电设备检验试验规范　第1部分：非车载充电机	NB	已发布
44	NB/T 33008.2—2018	电动汽车充电设备检验试验规范　第2部分：交流充电桩	NB	已发布
45		交流充电接口电路模拟器 技术条件	NB	在制定
46		直流充电接口电路模拟器 技术条件	NB	在制定
47		电动汽车充电设施现场检测技术规范	NB	在制定
48		电动汽车非车载充电机现场检测仪	NB	在制定
49		电动汽车大功率非车载充电机测试要求	NB	在制定
50		群控式充电设备技术要求与测试规范	CEC	拟制定
51		电动汽车非车载充电机功率测评方法	NB	拟制定
52	T/CEC 215—2019	电动汽车非车载充电机检验试验技术规范　高温沿海地区特殊要求	CEC	已发布
53	T/CEC 216—2019	电动汽车交流充电桩检验试验技术规范　高温沿海地区特殊要求	CEC	已发布
54		电动汽车充电设施状态评价及鉴定导则	CEC	在制定
■ 无线充电				
✧ 无线充电系统与设备				
55	GB/T 38775.1—2020	电动汽车无线充电系统　第1部分：通用要求	GB	已发布
56	GB/T 38775.3—2020	电动汽车无线充电系统　第3部分：特殊要求	GB	已发布

续表

序号	标准编号	标准名称	国（行、团）标	状态
57		电动汽车无线充电系统　第8部分：商用车特殊要求	GB	在制定
58		立体停车库无线供电系统　技术要求及测试规范	GB	在制定
59		电动汽车无线充电系统　地面设备	NB	拟制定
60		电动汽车无线充电系统　车载设备	NB	拟制定
61	T/CEC 277—2019	纯电动场（厂）内车辆无线充电系统技术条件	CEC	已发布
	✧　无线充电接口			
62	GB/T 38775.2—2020	电动汽车无线充电系统　第2部分：车载充电机和无线充电设备之间的通信协议	GB	已发布
63		电动汽车无线充电系统　第6部分：互操作性要求及测试 地面端	GB	在制定
64		电动汽车无线充电系统　第7部分：互操作性要求及测试 车辆端	GB	在制定
65		电动汽车车载充电机和无线充电设备之间的通信协议	GB	在制定
	✧　无线充电设施检测			
66	GB/T 38775.4—2020	电动汽车无线充电系统　第4部分：电磁环境限值与测试方法	GB	已发布
67		电动汽车无线充电系统　第5部分：电磁兼容性要求和测试方法	GB	在制定
68		电动汽车无线充电系统　通信一致性测试	GB	拟制定
69		电动汽车无线充电系统　测试规范要求	GB	拟制定
70		电动汽车无线充电系统　地面设备测试规范	NB	拟制定
71		电动汽车无线充电系统　车载设备测试规范	NB	拟制定
72		电动汽车无线充电电磁暴露限值与测试方法	GB	在制定
73		电动汽车无线充电系统　通信协议一致性要求及测试 地面端	CEC	在制定

续表

序号	标准编号	标准名称	国（行、团）标	状态
■ 电池更换				
✧ 动力电池箱				
74	GB/T 34013—2017	电动汽车用动力蓄电池产品规格尺寸	GB	已发布
75		电动汽车电池更换用电池箱编码	GB	在制定
76		汽车用动力电池编码标准	GB	拟制定
77	NB/T 33024—2016	电动汽车用动力锂离子蓄电池检测规范	NB	已发布
78	NB/T 33025—2020	电动汽车快速更换电池箱通用要求	NB	已发布
79	NB/T 10436—2020	电动汽车快速更换电池箱冷却接口通用技术要求	NB	已发布
80		电动汽车快速更换电池箱规格尺寸	CEC	拟制定
81	NB/T 10435—2020	电动汽车快速更换电池箱锁止机构通用技术要求	NB	已发布
✧ 换电系统与设备				
82	GB/T 33341—2016	电动汽车快换电池箱架通用技术要求	GB	已发布
83		电动汽车电池更换用电池箱架通用技术要求	GB	在制定
84	NB/T 33006—2013	电动汽车电池箱更换设备通用技术要求	NB	已发布
85	NB/T 33026—2016	电动汽车模块化电池仓技术要求	NB	已发布
86	NB/T 33027—2016	电动汽车模块化充电仓技术要求	NB	已发布
87	NB/T 10434—2020	纯电动乘用车底盘式电池更换系统通用技术要求	NB	已发布
88		电动汽车电池更换系统安全要求	NB	在制定
89		电动汽车电池更换系统结构和用例	NB	在制定
90		纯电动乘用车快换装置通用技术要求	CEC	在制定

续表

序号	标准编号	标准名称	国（行、团）标	状态
	✧ 充电设备			
91	NB/T 33020—2015	电动汽车动力蓄电池箱用充电机技术条件	NB	已发布
	✧ 换电接口			
92	GB/T 32879—2016	电动汽车更换用电池箱连接器通用技术要求	GB	已发布
93	GB/T 32895—2016	电动汽车快换电池箱通信协议	GB	已发布
94	GB/T 32896—2016	电动汽车动力仓总成通信协议	GB	已发布
95		电动汽车更换用电池箱连接器用例	CEC	拟制定
96		电动汽车快速更换电池箱数据接入与安全监控技术规范	NB	在制定
	✧ 换电设施检测			
97		换电系统（快换电池箱、车辆、换电系统）兼容性测试规范	NB	拟制定
➢ 充换电站及服务网络				
	✧ 充换电站			
98	GB/T 29772—2013	电动汽车电池更换站通用技术要求	GB	已发布
99	GB/T 29781—2013	电动汽车充电站通用要求	GB	已发布
100	GB 50966—2014	电动汽车充电站设计规范	GB	在修订
101	GB/T 51077—2015	电动汽车电池更换站设计规范	GB	在修订
102		电动汽车顶部接触式充电站设计规范	NB	在制定
103	NB/T 33005—2013	电动汽车充电站及电池更换站监控系统技术规范	NB	已发布
104	NB/T 33007—2013	电动汽车充电站/电池更换站监控系统与充换电设备通信协议	NB	已发布
105	NB/T 33018—2015	电动汽车充换电设施供电系统技术规范	NB	已发布
106		电动汽车无线充电站　设计规范	NB	拟制定
	✧ 服务网络			
107		电动汽车充换电服务网络运营管理系统间数据交换	GB	在制定

续表

序号	标准编号	标准名称	国（行、团）标	状态
108		电动汽车充换电服务信息交换 第1部分 总则	GB	拟制定
109	NB/T 33017—2015	电动汽车智能充换电服务网络运营监控系统技术规范	NB	已发布
110		电动汽车充电计费控制单元 第1部分：技术条件	NB	拟制定
111		电动汽车充电计费控制单元 第2部分：与充电桩通信协议	NB	拟制定
112		电动汽车充电计费控制单元 第3部分：检验技术规范	NB	拟制定
113	T/CEC 102.1—2016	电动汽车充换电服务信息交换 第1部分：总则	CEC	在修订
114	T/CEC 102.2—2016	电动汽车充换电服务信息交换 第2部分：公共信息交换规范	CEC	在修订
115	T//CEC 102.3—2016	电动汽车充换电服务信息交换 第3部分：业务信息交换规范	CEC	在修订
116	T/CEC 102.4—2016	电动汽车充换电服务信息交换 第4部分：数据传输及安全	CEC	在修订
117		电动汽车充换电服务信息交换 第5部分：充换电服务智能卡技术规范	CEC	在制定
118		电动汽车充换电服务信息交换 第6部分：充换电设备接入服务平台接口规范	CEC	在制定
119		电动汽车充换电服务信息交换 第7部分：电动汽车与充电设施服务平台信息交换接口技术规范	CEC	在制定
120		电动汽车充换电服务信息交换 第8部分：监管信息接口规范	CEC	在制定
121		电动汽车充换电服务信息交换　第9部分：管理信息平台功能规范	CEC	在制定
122		电动汽车充换电服务信息交换 第10部分：即插即充技术导则	CEC	在制定
123		电动汽车充电基础设施信息服务平台　功能规范	CEC	在制定
124		电动汽车充换电设施运维服务评价规范	CEC	在制定

续表

序号	标准编号	标准名称	国（行、团）标	状态
125		电动汽车充电服务身份认证技术规范	CEC	在制定
➢ 建设与运行				
	✧ 计量			
126	GB/T 28569—2012	电动汽车交流充电桩电能计量	GB	在修订
127	GB/T 29318—2012	电动汽车非车载充电机电能计量	GB	在修订
128		电动汽车电池箱电能计量	GB	在制定
129	GB/T 36277—2018	电动汽车车载静止式直流电能表技术条件	GB	已发布
130		电动汽车无线充电系统　电能计量	GB	拟制定
131		电动汽车更换用电池箱电能计量规范	CEC	拟制定
	✧ 电能质量			
132	GB/T 29316—2012	电动汽车充换电设施电能质量技术要求	GB	已发布
	✧ 与电网互动			
133	GB/T 36278—2018	电动汽车充换电设施接入配电网技术规范	GB	已发布
134		电动汽车智能车载终端　车与充换电设施互动控制技术条件	GB	拟制定
135		电动汽车充电设施接入电网试验规范	GB	拟制定
136	NB/T33029—2018	电动汽车充电与间歇性电源协同调度技术导则	NB	已发布
137		电动汽车电池更换站与电网协调调度导则	NB	拟制定
138		电动汽车充放电双向互动　第1部分：总则	NB	在制定
139		电动汽车充放电双向互动　第2部分：有序充电	NB	在制定
140		电动汽车充电设施与电网互动第3部分：微电网	NB	拟制定
141		能源互联网与电动汽车互动规范	GB	在制定

续表

序号	标准编号	标准名称	国（行、团）标	状态
142	T/CEC 239.7—2019	电力需求响应信息模型　第7部分:电动汽车	CEC	已发布
✧　运行管理				
143	GB/T 51313—2018	电动汽车分散充电设施工程技术标准	GB	已发布
144		电动汽车充电设施能效等级要求	GB	拟制定
145		电动汽车充电设施能效等级测评方法	GB	拟制定
146	NB/T 33019—2015	电动汽车充换电设施运行管理规范	NB	在修订
147	GB/T 37293—2019	城市公共设施　电动汽车充换电设施运营管理服务规范	GB	已发布
148	NB/T 33023—2015	电动汽车充换电设施规划导则	NB	已发布
149		电动汽车无线充电系统 运行维护规范	NB	拟制定
150		电动汽车充电桩及运营平台信息安全技术规范	NB	在制定
✧　施工验收				
151	GB 50067—2014	汽车库、修车库、停车场设计防火规范	GB	已发布
152	NB/T 33004—2020	电动汽车充换电设施工程施工和竣工验收规范	NB	已发布
153	NB/T 33009—2013	电动汽车充换电设施建设技术导则	NB	在修订
154	NB/T 33022—2015	电动汽车充电站初步设计内容深度规定	NB	已发布
155		电动汽车充电设施接入运营安全评价规范	NB	在制定
156		电动汽车无线充电站　工程施工和竣工验收规范	NB	拟制定
157		电动汽车无线充电系统　检修规范	NB	拟制定

参考文献

[1] [美]梅尔达德·爱塞尼等，杨世春，华旸，熊素铭，译. 现代电动汽车、混合动力电动汽车和燃料电池电动汽车（原书第3版）. 北京：机械工业出版社，2019.

[2] 赵立军，佟钦智. 电动汽车结构与原理. 北京：北京大学出版社，2012.

[3] 刘春晖，贺红岩，柳学军. 图解电动汽车结构原理. 北京：化学工业出版社，2018.

[4] 崔胜民. 新能源汽车技术. 2版. 北京：北京大学出版社，2014.

[5] 刘超群，魏斌，吴晓康. 等. 电动汽车移动式无线充电技术工程化应用研究[J]. 电网技术，2019，43(06): 2211-2218.

[6] 王震坡，张雷，刘鹏，等. 电动汽车充电技术与基础设施建设[M]. 北京：机械工业出版社，2018.

[7] 陈珩. 电力系统稳态分析[M]. 北京：中国电力出版社，2015.

[8] 熊信银，朱永利. 发电厂电气部分[M]. 北京：中国电力出版社，2009.

[9] 李佑光. 供配电系统[M]. 四川：重庆大学出版社，2016.

[10] 尹克宁. 电力工程[M]. 北京：水利电力出版社，1987.

[11] 熊信银，唐巍. 电气工程概论[M]. 北京：中国电力出版社，2008.

[12] 张保会，尹项根，等. 电力系统继电保护[M]. 北京：中国电力出版社，2005.

[13] 熊信银，张步涵. 电气工程基础[M]. 武汉：华中科技大学出版社，2005.

[14] 何瑞华，尹天文. 我国低压电器现状与发展趋势[J]. 低压电器，2014(01):1-10+26.

[15] 曾嵘，周旋，王泽众，等. 国际防雷研究进展及前沿述评[J]. 高电压技术，2015，41(01):1-13.

[16] 宋继军，菅雅弘，潘仰光. 金属氧化物避雷器现状及发展趋势[J]. 电力设备，2005(08):1-3.

[17] 卢燕. 电涌保护器的性能与试验方法研究[D]. 南京信息工程大学，2008.

[18] 林海雪. 现代电能质量的基本问题[J]. 电网技术，2001(10):5-12.

[19] 郎维川. 供电系统谐波的产生、危害及其防护对策[J]. 高电压技术，2002(06):30-31+39.